U0682411

山西省哲学社会科学"十一五"规划课题成果

三晋俗语研究

吴建生 李淑珍 著

山西出版集团
书海出版社

图书在版编目（CIP）数据

三晋俗语研究／吴建生，李淑珍著．—太原：书海出版社，
2009.9
ISBN 978 - 7 - 80550 - 838 - 2

Ⅰ.三… Ⅱ.①吴…②李… Ⅲ.西北方言 - 俗语 - 研究 -
山西省 Ⅳ. H 172.2

中国版本图书馆 CIP 数据核字（2009）第 171930 号

三晋俗语研究

著　　者：吴建生　李淑珍
责任编辑：孔庆萍
装帧设计：清晨阳光（谢成）工作室

出 版 者：山西出版集团·书海出版社
地　　址：太原市建设南路 21 号
邮　　编：030012
发行营销：0351 - 4922220　4955996　4956039
　　　　　0351 - 4922127（传真）　　4956038（邮购）
E - mail：sxskcb@163.com　发行部
　　　　　sxskcb@126.com　总编室
网　　址：www.sxskcb.com

经 销 者：山西出版集团·书海出版社
承 印 者：山西出版集团·山西新华印业有限公司

开　　本：787mm×1092mm　　1/16
印　　张：23.75
字　　数：380 千字
印　　数：1 - 1 500 册
版　　次：2010 年 1 月第 1 版
印　　次：2010 年 1 月第 1 次印刷
书　　号：ISBN 978 - 7 - 80550 - 838 - 2
定　　价：50.00 元

如有印装质量问题请与本社联系调换

目　录

序

温端政

近年来，山西省社会科学院语言研究所所长吴建生研究员先后承担了山西省社科院重点课题和山西省哲学社会科学"十一五"规划课题"山西方言语汇研究"，带领科研人员，对山西方言语汇进行了搜集、整理和研究。现在调查研究的阶段性成果《三晋俗语研究》即将问世，这是一件值得祝贺的喜事。

山西省社会科学院语言研究所成立于 1978 年（当时称"山西省哲学社会科学研究所语言研究室"，1983 年随着山西省哲学社会科学研究所改建为山西省社会科学院，改称现名）。30 年来，语言所的科研人员一直致力于山西方言调查研究。1983 年开始主持"六五"规划哲学社会科学国家重点项目"山西省各县市方言志"，先后以《山西省方言志丛刊》和《山西省方言志丛书》的名义出版了 41 种方言志；接着又与中国社会科学院语言研究所联合主持了"七五"规划哲学社会科学国家重点项目"山西省方言通志"，出版了这个项目的主要成果《山西方言调查研究报告》（侯精一、温端政主编，山西高校联合出版社，1993）；这两个国家重点项目为山西方言调查研究打下了坚实的基础。此后，又参加了李荣主持的"八五"规划哲学社会科学国家重点项目"现代汉语方言大词典"，出版了《忻州方言词典》（温端政、张光明编纂，江苏教育出版社，1995）和《万荣方言词典》（吴建生、赵宏因编纂，江苏教育出版社，1997）。

这些研究成果，基本上反映了山西方言在语音、词汇和语法等方面的基本面貌和主要特点。而方言语汇调查研究，相对来说，比较薄弱。方言谚语和歇后语多作为"标音举例"，收罗若干条。俗成语或不收或附属在词汇里收集一些，方言惯用语则基本没有涉及。

随着调查研究的深入，大家发现山西方言不仅语音、词汇、语法等方面特点突出，而且语汇非常丰富。人们逐渐认识到，如果说山西的方言跟山西的煤炭一样，是无穷无尽的宝藏，那么，山西方言语汇则是宝藏中的宝藏。

越珍贵的宝物，隐藏得越深。方言语汇也是一样，具有"潜藏性"。没有现成的调查提纲，也不像语音、词汇、语法资料那样可以从发音合作人那里获得。方言语汇往往深藏在语言的"底层"，如果不是调查人自己的母语，如果没有长时期的积累，是很难有所收获的。

《三晋俗语研究》的作者是土生土长的山西人，他们利用熟悉母语和长期从事山西方言调查研究的优势，锲而不舍地进行深入调查，搜集了大量的资料，并利用计算机的先进技术创建了语料数据库，为本书的写作和下一步的继续研究奠定了比较充足的资料基础，这是非常难能可贵的。

本书的另一个可贵之处在于，作者并不满足于资料的罗列，而注意运用汉语语汇学和认知语言学的理论，对所收集到的大量方言语汇资料，从结构、语义、内部比较、认知研究等多方面进行科学分析，既有语汇的概括研究，又有对语汇的组成部分包括谚语、惯用语、歇后语和俗成语等的重点深入研究，从中发现规律，从而建立起比较完整的方言语汇系统。书中还较为详细地探讨了"山药蛋派"作家作品中运用俗语的情况，分析了语言大师赵树理运用民间语言的高超技巧，有助于帮助读者学习和提高运用语言的能力。

山西省是中华文明的发源地之一，具有丰富的文化遗产。这些丰富多彩的地方文化蕴含在浩繁的方言语汇条目中，更加直接地承载了方言区人民的文化传统、思维习惯和生活方式，因此，这一研究具有更深刻的文化意义。

"三晋"是山西省的别称。春秋末韩、赵、魏三家瓜分晋国，是为战国时的韩、赵、魏三国，史称"三晋"。方言语汇和民族共同语——普通话的语汇有所不同，它没有像"爱屋及乌"、"安常处顺"、"暴殄天物"、"杯水车薪"等来自古代典籍的"雅成语"。方言语汇，一般包括谚语、惯用语、歇后语和俗成语，合称"俗语"。所以，本书把山西方言语汇称为"三晋俗语"，也是合理的。

《三晋俗语研究》，是在像山西这样方言比较复杂的一个省的范围内俗语的调查研究成果，这在我国方言调查研究的历史上，还不多见。其创新意义，影响深远。

2009 年 9 月 8 日

第一章 绪 论

第一节 俗语概说

什么是"俗语"？这是研究俗语者首先碰到的问题。我们先来看下面的例子：

(1) 众人拾柴火焰高；三个臭皮匠，顶个诸葛亮；不听老人言，吃亏在眼前；麻狐吃咾大胆的，河嘞淹杀会水的

(2) 猪八戒照镜子——里外不是人；飞机上撂相片——丢人不知深浅；过了芒种种芝麻——迟了三春；盖上筛蒸窝窝——走气不在一圪垛儿

(3) 磨洋工；八字还没一撇；吃饭不知饥和饱，睡觉不知颠和倒；大斧片咾手不挲

(4) 七上八下；描眉画眼；死磨硬缠；死抠烂打；胡燫冒撂

我们把 (1) 类称作谚语，(2) 类称作歇后语，(3) 类称作惯用语，(4) 类称作俗成语。观察这些例子，有以下几方面的突出特点：

第一，它们都是语言中的"现成话"。在交际中，这些"现成话"往往是作为一个固定的结构整体运用的，具有相对的定型性。

第二，这些"现成话"都是人们说话时经常使用的，具有鲜明的口语性。

第三，这些"现成话"生动形象，流行于民间，具有较强的通俗性。

第四，有些"现成话"具有一定的方言性，不加解释，外地人难以理解。如上面的"麻狐吃咾大胆的，河嘞淹杀会水的"是晋中一带通行的谚语，意思是"狼会吃掉胆大的人，河里会淹死擅长游泳的人"，由此而告诫有本领的人做

1

事不可大意；"盖上筛蒸窝窝——走气不在一圪垛儿"是忻州、原平等地常用的歇后语，比喻在做事过程中漏洞很多；"大斧片咾手不挲"是晋西一带通行的惯用语，意思是"狠狠地打过了以后又用手轻轻地抚摸"，比喻人玩弄伎俩威恩兼施；"胡煽冒撂"是晋南通行的俗成语，指吹牛，说大话。

这些具有鲜明特点的"现成话"，我们统称为俗语。

关于俗语的科学定义和范围，学术界有不同的观点。我们先来看几部通行的影响较大的工具书中关于"俗语"的定义：

【俗语】通俗并广泛流行的定型的语句，简练而形象化，大多数是劳动人民创造出来的，反映人民的生活经验和愿望。如"天下无难事，只怕有心人"。也叫俗话。

——《现代汉语词典》（第5版）

【俗语】流行于民间的通俗语句，带有一定的方言性。包括谚语、俚语、惯用语等。

——《辞海》（1999年版）

【俗语】1. 民间流传的说法。《史记·滑稽列传》："民人俗语曰'即不为河伯娶妇，水来漂没，溺其人民'云。"2. 通俗流行并已定型的语句。《汉书·路温舒传》："故俗语曰：'画地为狱议不入，刻木为吏期不对。'"《老残游记》第十三回："既是没才的这们少，俗语说的好，'物以稀为贵'，岂不是没才的到成了宝贝了吗？"丁玲《一九三一年春上海》之一："那是因为'主贤客来勤'。萧云几乎说出这句俗语来。"3. 方言土语。北魏·郦道元《水经注·濡水》："濡水……西北入难河。'濡'、'难'声相近，狄俗语讹耳。"唐·刘知几《史通·杂说中》："所以晋楚方言、齐鲁俗语，六经诸子载之多矣。"朱光潜《艺文杂谈·〈但丁的"论俗语"〉》："他（但丁）所谓俗语，就是与教会所用的官方语言（拉丁）相对立的各国人民大众所用的地方语言。"4. 指当地的习惯称呼。《红楼梦》第五五回："这厅上也有一处匾，题着'补仁谕德'四字；家下俗语皆只叫'议事厅儿'。"

——《汉语大词典》（1988）

可以看出，这几部工具书对俗语的界定并不明确，而且解释并不一致。

在学术界，关于俗语的讨论众说纷纭。分歧较大的观点有两种。一种可以归纳为"俗语上位说",以温端政的系列论述为代表。温端政在《中国俗语大词典·前言》（1989）中认为，俗语是"群众所创造的、并在群众中流传、结构相对定型的通俗而简练的语句"。由此认识出发，他主张俗语居上位，是属概念；谚语、歇后语、惯用语和口头上常用的成语居下位，是隶属于俗语的种概念。在《俗语的性质、范围和分类》一文（2005）中，他进一步阐述了自己的观点，认为，俗语除了具有语的一般特点（如由词和词组合而成，结构相对固定，具有多种功能，属于叙述性的语言单位等）外，还具有以下两个特点：一是为人民群众所创造，具有群众性；二是流传在群众的口头上，具有鲜明的口语性和通俗性。所以，俗语首先应包括谚语、歇后语、惯用语，以及来源于口语系统的"口头上常用的成语"（即俗成语），而不应该包括方言词、"俗语词"、来自书面系统的成语和来自名家名篇的名言警句。

另一种为"俗语两分说"，以王勤的观点为代表。王勤在《俗语的性质和范围》（1990）中认为，俗语分为广义的和狭义的两类，"广义的俗语"泛指词汇材料中通俗平易流行于口头中的现成语句；从广义的俗语中剔拣出成语等剩下的固定词汇材料称为"狭义俗语"，简称俗语。它与成语、谚语、歇后语、惯用语处于同一地位，同一级次。成语、谚语、歇后语、惯用语和俗语都是隶属熟语之下的种概念。构成俗语外部形态的语音单位是音节，少者几个音节，多者十几个音节，参差不等。例如五言式的"皮笑肉不笑、有奶便是娘"，六言式的"拆东墙补西墙、驴唇不对马嘴"，七言式的"一个萝卜一个坑、占着茅坑不拉屎"，八言式的"睁一只眼闭一只眼、说的比唱的还好听"，九言式的"羊群里跑出个骆驼来、当一天和尚撞一天钟"，十言式的"鼻子不是鼻子脸不是脸、躲过了初一躲不过十五"，十言以上式的"过了这个村就没这个店、你走你的阳关道，我走我的独木桥"等等。

不同的观点给俗语的研究带来了困惑。那么，是否确实需要从"广义俗语"中分出"狭义俗语"来呢？我们认为，从汉语"语"的实际情况来看，并没有十分的必要。

第一，"俗语"的名称古已有之，如汉代刘向的《说苑·贵德》："狱吏专为深刻，残贼而无极，偷为一切，不顾国患，此世之大贼也。故俗语云：'画地作狱，议不可入；刻木为吏，期不可对。'"虽然不同文献中的"俗语"所指对象不完全一致，内涵外延界限也不很清晰，但其是一个居于上位的大类，它包含一些小类的总体认识已经得到了社会和学术界的基本认可。正如王勤所言："广义俗语的叫法在社会上有一定的影响，甚至在语言学术语中也占有一席之地是有原因的。它继承了历代传统的说法，有一定的社会基础，用起来自然方便些；同时俗语本身也确有通俗性的特点。"在这种情况下，生硬把"俗语"分为"广义的"、"狭义的"两类，使其"降格"为同成语、谚语、歇后语、惯用语并列的一类，容易造成概念上的混乱，使学习者和研究者陷入迷茫。

第二，无论是"成语"、"谚语"、"歇后语"还是"惯用语"，实际上或多或少都存在"雅"与"俗"的问题。来自于古代典籍的"语"比较雅，来自于民间口语的"语"比较俗，研究它们的"雅"、"俗"问题，是汉语"语"的研究中应该深入探讨的重要方面之一。在"四语"之外，徒增加一个被称为"俗语"的部分，为今后进一步探讨"语"的"雅"、"俗"问题会带来一些不必要的麻烦。

第三，随着研究的深入，惯用语的范围在不断扩大。上举所谓"狭义俗语"的例子，如"皮笑肉不笑、拆东墙补西墙、一个萝卜一个坑、睁一只眼闭一只眼、羊群里跑出个骆驼来、过了这个村就没这个店、鼻子不是鼻子脸不是脸、你走你的阳关道，我走我的独木桥"等，实际上都应该属于惯用语。

基于这种认识，我们认为，"俗语上位说"的观点更符合汉语实际情况。因此，本书所讨论的"俗语"，指的是"群众所创造的、并在群众中流传、结构相对定型的通俗而简练的语句"，包括"谚语"、"歇后语"、"惯用语"和四字格式的"俗成语"。

第二节 俗语的分类

根据以上所述，我们把俗语分为谚语、歇后语、惯用语和俗成语四类。

一、谚语

谚语是以传授经验、传播知识为目的的表述性语言单位，吕叔湘先生称之为"典型的俗语"。谚语以知识性、哲理性为基本特征，在语义方面和其他语类有较大的不同。

谚语可以从不同的角度分类：

从结构上看，可以分为单句型、复句型；

从内容上看，可以分为农谚、气象谚、社会谚等；

从历时角度看，可以分为古谚和今谚；

从地域角度看，可以分为吴谚、闽谚、皖谚、蜀谚、晋谚等。

谚语含义丰富，哲理性强，因此，以内容分类最为常见。如"谷雨前后，种瓜点豆"、"庄稼一枝花，全靠粪当家"是农谚；"月晕而风，础润而雨"、"早烧不出门，晚烧行千里"是气象谚；"万荣有个飞云楼，半截插在天里头"、"晋南有三宝：猴头、红柿、稷山枣"、"众人拾柴火焰高"、"靠山吃山，靠水吃水"、"诚招天下客，誉从信中来"、"学如逆水行舟，不进则退"等等均为社会谚。

谚语取材广泛，内容极为丰富。尤其是社会谚，涉及到社会生活的方方面面。有些谚语劝导人们扬善抑恶、勤劳俭朴、团结友爱，颂扬人世间的美好与正义，如"火要空心，人要实心；勤能补拙，俭以养廉；人心齐，泰山移；善有善报，恶有恶报"；有些谚语批评、鞭笞丑陋、虚伪的人或事，如"白日不做亏心事，半夜不怕鬼上门；为人莫贪财，贪财不自在"；有些谚语反映丰富的人生体验，是人们生活中的百科全书，如"酒逢知己千杯少，话不投机半句多；家有一老，黄金活宝；诚招天下客，誉从信中来；冬吃萝卜夏吃姜，不用医生开药方"。谚语是传统文化中的瑰宝，时时刻刻活跃在人民群众的口头，在日常生活中发挥了不可低估的作用。

二、歇后语

歇后语是一种"引述语"。从结构来看，歇后语是俗语中最有特点的一类。歇后语由前后两部分组成，前一部分是"引子"，后一部分是对前一部分的注释和说明，前后两部分之间有停顿，大多用破折号或逗号连接。例如："八仙过海——各显神通"、"外甥打灯笼——照旧（舅）"、"泥菩萨过河，自身难保"、"老鼠拉木锨，大头在后边"等等。

歇后语的后一部分表示的是该条语的基本意义，是表义的重点；前一部分在表义方面只是起"引出下文"的辅助作用。如"老鼠拉木锨，大头在后边"还可以说成"老鼠盗葫芦，大头在后边"、"老鼠拖扫帚，大头在后边"、"耗子拖棒槌，大头在后边"等等，其基本意思都是一样的，表示更重要的人或事物还在后边。

有少数常用歇后语在使用时会省略后面的部分，形成一种"歇后"的效果。如：

（1）她几回给我开窍，我都是擀面杖吹火，她心气也就冷了。（刘绍棠《野婚》）

（2）杏花接过信，看了一眼赵成儿，赵成儿说："念吧，没关系。"杏花先从头至尾默读一遍。赵大娘催她说："别哑巴吃饺子啦，大声念道念道！"（李英儒《战斗在滹沱河上》一〇）

（3）天保一听，再也耐不住火性，如同一枚炸弹爆炸了！跳起身来，把茶杯往茶几上一顿，瞪着两眼，指着赵六，逼问道："你别猫哭老鼠了！凤姊哪天死的？你说！"（张孟良《儿女风尘记》一部九）

（1）中的"擀面杖吹火"是"擀面杖吹火——一窍不通"的省略形式，（2）中的"哑巴吃饺子"是"哑巴吃饺子——心里有数"的省略形式，（3）中的"猫哭老鼠"是"猫哭老鼠——假慈悲"的省略形式。因为这些歇后语大家都比较熟悉，不用说也知道它的实际含义，省略了后一部分，可以起到精炼、含蓄的效果。

从语义上来看，多数歇后语都具有双关性，即表面上说的是一种现象，实际上隐含着另一层意思。这类歇后语我们称为"双关式歇后语"。例如：

孔夫子搬家——净是书（输）

猪八戒喝了磨刀水——心里锈（秀）

卖完了小鱼——光剩下抓虾（瞎）了

纸糊灯笼——心里明

张天师被鬼降住——无法可使

哑巴吃黄连——有苦说不出

　　也有一些歇后语，字面意思就是歇后语所要表达的意思。这类歇后语，我们称为"直陈式歇后语"。例如：

老虎屁股——摸不得

孔明哭周瑜——假慈悲

铁路警察——各管一段

泥菩萨过河——自身难保

狗逮耗子——多管闲事

高射炮打蚊子——大材小用

　　多数歇后语具有很强的诙谐性，所以也有人称其为"俏皮话"。

三、惯用语

　　惯用语是非"二二相承"的描述性语言单位。传统的观点认为，惯用语多是三个字的动宾关系的词组，如"开夜车"、"扯后腿"、"卖关子"、"爱面子"、"打官腔"、"打下手"等。近年来的研究，突破了"三字组"的界限，从"描述性"入手分析惯用语，扩大了惯用语的队伍，也从根本上解决了惯用语和谚语界限不清的问题。

　　惯用语从结构形式上看可以分为两类，一类是不表示完整意思的词组，如"开夜车"、"扯后腿"、"炒鱿鱼"等；另一类是表示完整意思的句子，这类惯用语不受字数的限制，少的三四个字，多的七八个字，甚至也有十来个字的，如"唱对台戏"、"拆东墙补西墙"、"皇帝不急，急死太监"、"不知葫芦里卖的什么药"、"不知东风压倒西风，还是西风压倒东风"等。

　　惯用语无论是词组形式的还是句子形式的，最突出的特点是，它们都缺乏知识性，不以传播知识为目的。从这点上看，惯用语和谚语有根本的不同。惯用语是描述性的，它描绘人和事物的形象、性质和状态，描述行为动作的性状，而不像谚语那样，告诉人一个道理或者对人进行警示和劝诫。

四、俗成语

俗成语是成语中的一个重要的组成部分。我们把成语定义为"二二相承"的描述语或表述语（参看温端政2005）。因此，仅从四字结构和两两相承这两个极具特点的结构形式上看，就可以很轻松地把成语和其他语类区分开来。如"千山万水"、"姹紫嫣红"、"和风细雨"、"襟怀坦白"等。

从来源上来看，成语可以分为两类，一类来自古代书面语，一般都有出处，如"守株待兔"、"唇亡齿寒"、"狐假虎威"、"开卷有益"、"流芳百世"、"胸有成竹"等；另一类来自群众口语，如"三心二意"、"鸡毛蒜皮"、"大惊小怪"、"家长里短"、"驴年马月"等。

我们把来自古代书面语的一类成语称作"雅成语"，简称"成语"，把来自群众口语的这一类成语称作"俗成语"。汉语方言中有很多俗成语，结构复杂，特点突出，值得我们深入研究。

第三节　山西方言和俗语研究

本书所论三晋俗语，指的是山西方言中的俗语。在专题研究山西方言中的俗语之前，有必要对山西方言研究作一简单回顾。

一、山西方言研究

对山西方言的初步调查，可以追溯到上个世纪初。1910年，瑞典汉学家高本汉从研究音韵的角度出发，调查了山西太原、大同、太谷、兴县、文水、晋城、临汾等地的方言，其中前六点的资料收入到他的重要学术著作《中国音韵学研究》中。30年代末，刘文炳撰写了《徐沟语言志》，注意到山西方言中有入声这一重要现象。50年代末，由山西省教委组织，以山西大学中文系的师生为主，对山西方言进行了较为全面的普查，其成果为《山西方言概况》（1961年油印本）。从50年代起至80年代末，北京大学师生曾五次到山西进行方言调查，在教与学的过程中，促进了对山西方言的研究。日本语言学家桥本万太郎曾在1956年以侨居日本的山西人为发音人，调查了山西朔州、五台、汾阳、安邑四个点的方言，并撰写了长篇专论《晋语诸方言的比较研究》，于 1976、1977 年连载于《亚非语言文化研究》。

从上世纪 80 年代初开始，山西方言的调查研究进入了新的历史时期，研究成果颇丰。中国社科院李荣研究员在《官话方言的分区》（1985）一文中，提出了把"晋语"从"北方官话"中分立出来的观点，并对学术名词"晋语"和"山西方言"作了明确界定。这一观点，在中国社科院和澳大利亚人文科学院合编的《中国语言地图集》（香港，1987、1989）中阐述得更加明确、充分，从而引起了学术界对晋语研究的浓厚兴趣和对山西境内方言研究更进一步的关注。

由温端政主持的国家"六五"期间哲学社会科学重点科研项目"山西省各县市地方志中的方言志"于 1982 年启动，至 1996 年，以《山西省方言志丛书》的形式，出版了 41 种，每种 10 万字左右。其中，《语文研究》增刊 11 种：平遥、怀仁、太谷、晋城、陵川、洪洞、襄垣、寿阳、祁县、文水、万荣；语文出版社 8 种：长治、忻州、大同、原平、孝义、和顺、临汾、文水（修订本）；社会科学文献出版社 1 种：阳曲；山西高校联合出版社 21 种：吉县、汾西、沁县、新绛、山阴、永济、天镇、武乡、清徐、介休、临县、盂县、左权、运城、朔州、屯留、广灵、长子、定襄、灵丘、蒲县。这套丛书规定了一致的体例和共同的编写内容，一般包括八个方面：（一）导言，介绍当地的人文、历史、地理及语言概况；（二）语音分析，描写当地方言的声韵调以及变调、儿化、轻声、文白异读等语音现象；（三）同音字表；（四）方言语音和普通话语音的比较；（五）分类词表（前期收入 600 条左右，后期收入 1000 条左右）；（六）语法特点，重点调查"圪"的用法和重叠式，其他特点由各方言点撰稿人自己掌握，不强求一致；（七）语法例句；（八）标音举例，规定"九九歌"和"半头砖"作为统一记音材料，其他有谚语、歇后语、绕口令、儿歌、谜语等，内容不限。

以丛书方式编写方言志，是山西的首创。大体一致的体例和编写内容，为各方言间的比较提供了方便；有些内容灵活安排、自由掌握，在有限的篇幅内尽可能多地反映了各地方言的特点；与普通话语音的初步比较，突出了方言研究的实用性，对当地推广普通话工作很有帮助。

侯精一、温端政主编的《山西方言研究调查报告》（山西高校联合出版社，1993），是"七五"国家重点研究项目"山西省方言通志"的最终研究成果。全书分上下两卷。上卷为总志卷，分别介绍了山西方言概况，山西方言的语音、词汇、语法特点，列举了9个代表点的语法例句和长篇语料，并配有50幅山西方言语音、词汇地图；下卷为分区卷，在介绍六大方言区分区语言特点的基础上，重点介绍了六大区101个点的语音系统，并附有31幅方言分区地图。这部书的出版，揭示了山西方言的复杂性和特殊性，为全省方言的比较研究奠定了相当规模的基础。81幅方言地图，展示了山西方言分区的全貌以及语音、词汇同异的地理空间分布。

在李荣先生主编的《现代汉语方言大词典》（江苏教育出版社）41本分卷中，山西编写了《太原方言词典》（沈明1994）、《忻州方言词典》（温端政、张光明1995）、《万荣方言词典》（吴建生、赵宏因1997）三种。作为分卷本，这三部词典按照《现代汉语方言大词典》统一的体例编写，包括引论、正文、索引三大部分；同时又反映了各自方言的特点，在收词、注音、用字、释义、举例方面，各具千秋。太原是一座具有2500年历史的城市，地处晋语的中心地带，又是山西省的省会，其方言的重要性不言而喻。《太原方言词典》反映了太原方言的诸多特点，记录了太原方言内部地理的差别和年龄的差别；特别是词典正文以城区老派话为标准，记录了太原方言的7000条词语，但在必要时也列出新派的说法，读者从中可以看到语言变迁的痕迹。忻州市位于太原市的北部，忻州方言属于晋语区，其语音、词汇、语法均很有特点。《忻州方言词典》收词丰富，特别是收集了大量的"圪"头词语和俗成语，体现了忻州方言在构词方面的特点；较多的谚语和歇后语用例，使人感到浓浓的地方文化气息扑面而来。万荣县位于山西省的西南部，是1954年由原万泉县和荣河县合并而成的，县东、县西语音上多有不同，许多词语的说法也不一样。《万荣方言词典》比较详细地记录了这种差异，例如县东分尖团音，县西不分尖团音等，为正在变化中的万荣县东、县西话修了一份有用的"家谱"。这三部词典的出版，使相对来说较为薄弱的山西方言词汇调查研究有了新的起点，为进一步深入研究晋语以及山西南部方言打下了良好的基础。

杨增武主编，张光明、温端政编纂的《忻州方言俗语大词典》（上海辞书出版社，2002），是迄今为止山西方言调查研究中篇幅最大、收条最多的一部工具书。全书147万字，分上下两编，上编收具有方言特色的一般词语17000余条，下编收谚语和歇后语近 5000 条。这部词典收条量之大，特别是俗语的收集量之大，为汉语方言学界少见。

侯精一所著《现代晋语的研究》（商务印书馆，1999）一书，收录了作者关于现代晋语研究的重要论文 37 篇，是作者 20 年晋语研究的集大成之作。全书内容丰富，分析细致，大致可归为三大类：一类是晋语研究以及山西方言研究总论；一类是晋语某一区或某些点方言记录以及某些语言现象的观察；一类是作者家乡话平遥方言的研究，包括平遥方言语音研究、词汇研究、语法研究等。乔全生所著《晋方言语法研究》（商务印书馆，2000），是研究山西方言语法的第一部专著，书中对山西方言中的附加式构词及其形态特征、重叠式的构成形式及特征、"子尾"等诸多重要问题，发表了自己的看法。

温端政的语言学论文选集——《方言与俗语研究》（上海辞书出版社，2003）一书中，讨论山西方言的论文有 16 篇，对山西方言语音、词汇、语法以及方言俗语均做了较为深入的探讨，特别是有关晋语独立的系列论文，曾在学术界引起较大反响。王临惠所著《汾河流域方言的语音特点及流变》描写了汾河流域方言的特点，重点讨论了汾河流域方言语音演变的过程以及汾河在这些语音演变过程中所起的作用，并对一些不合规律的语音现象做出了合理解释。

乔全生主编的《山西方言重点研究丛书》从 1999 年开始，已经出版了十余种。其中《洪洞方言研究》由中央文献出版社出版，平鲁、武乡、河津、太原北郊区、高平、娄烦等点的研究著作由山西人民出版社出版。《山西方言重点研究丛书》在《山西方言志丛书》的基础上，增加了新的调查点，有的点增加了专题研究内容，对山西方言的讨论逐渐深入。

在以上专著出版的同时，有近 300 篇有关山西方言研究的论文发表，涉及方言分区、语音、词汇、语法等多个方面。

山西方言研究取得的丰硕成果，曾在全国居于领先地位。

二、山西方言中的俗语研究

从山西方言研究的整体情况来看，研究重点多在语音、词汇和语法特点等方面，有关俗语的成果相对较少。

温端政、张书祥最早注意到山西俗语的特殊性和重要性，编写了《忻州俗语志》（语文出版社，1986）。该书翔实地记录了近 3000 条忻州通行的谚语、歇后语、惯用语以及口头上常用的成语等，并加以初步解释。郭建荣编写了记录孝义俗语的《胜溪俗语》（学苑出版社，1991）。范瑞婷、王海静《民谣俗语说山西》（山西人民出版社，2003）通过山西流行的民谣和俗语，生动展现了山西的"地理气候"、"名胜古迹"、"矿产资源"、"商业贸易"、"百姓食谱"等概貌。张光明主编的《忻州歇后语词典》（上海辞书出版社，2006）收录了忻州各县（市区）通行的方言歇后语 2600 余条，每个条目均用国际音标注音，随后进行释义，并列出用例。这是第一部以方言歇后语冠名的"语"类工具书，不仅为方言"语"的研究开拓了新的领域，同时也为社会学、民俗学等相关学科提供了丰富的研究资料。

有关俗语研究的论文也比较少。温端政《忻州方言四字组俗语的构成方式和修辞特色》（1986）是研究山西方言俗语的首篇重要文章。文章叙述了忻州方言四字组俗语的构成方式，把其归纳为"复合式"、"重叠式"、"附加式"、"'圪'字式"四类，并叙述了忻州话四字组俗语在修辞上的特色，包括同义现象丰富、形象鲜明、生动活泼以及修辞手法具有多样性等。在《"语词分立"和方言语汇研究——重温吕叔湘先生〈中国俗语大辞典·序〉》（2005）中，他主张把"语词分立"的理论运用于汉语方言研究中，提出在重视方言词汇调查研究的同时，应当重视方言中"语"的调查研究。

吴建生在《万荣俗语初探》（2005）中认为，以往的方言调查研究，以语音、词汇、语法为主要内容，对"语"的关注较少，这是一个较大的缺憾。方言中的俗语能够深层次地反映出方言语音、词汇、语法方面的特点，同时也反映了当地自然环境、生产习俗以及社会生活和民俗风情，应当加强研究。马启红《山西太谷方言惯用语探析》（2007）从惯用语的修辞手法、附加意义和文化信息三个方面对太谷方言的惯用语进行了考察和分析。李淑珍《山西方言四字格的语义特点及认知研究》（2007）讨论了山西方言四字格俗语的构成方式和语义特点，分析了其内部差异，并从认知角度对其中的一些语言现象做了解释。

第四节 山西俗语的特点

事实上，方言中俗语的数量并不比词汇少，甚至更多。以往认为方言中语的数量少于词的观点，是不符合汉语方言的实际情况的。例如《忻州方言俗语大词典》（上海辞书出版社，2002）共收录了词和语2.2万余条，其中"语"的条目达1.26万条（其中谚语约3.3千条，歇后语约1.3千条，惯用语和成语约8千条），约占总数的57%，"语"的数量比"词"还多。《忻州歇后语词典》（上海辞书出版社，2006）收录了忻州地区通行的歇后语2600余条，如果把此条目和即将出版的《忻州方言成语词典》以及正在编写中的《忻州方言谚语词典》《忻州方言惯用语词典》的条目汇总起来，其条目的总数将远远超过《忻州方言俗语大辞典》中"语"的总量。又如万荣方言，已经收集到谚语、歇后语、惯用语以及俗成语近5000条。语类齐全、数量繁多的山西俗语，逐渐引起方言研究者的关注。可以预见，对山西俗语的研究，将成为山西方言研究中的一个新的亮点。

汉语俗语产生于民众之中，集中了人民群众长期的生产、生活实践斗争经验，是人民智慧和意志的结晶。与丰富的汉语方言词汇一样，方言中的语汇也是极其丰富的。各地不同的生产方式、民俗风情，孕育了不同的习俗；而智慧、幽默、新鲜、活泼，富有表现力的带有地方特色的俗语，不仅反映了其鲜明的语言特点，也从不同角度折射出当地特有的自然环境、生产习俗和浓郁的地方文化。因此，地方俗语的研究，是方言研究工作者不应忽视的一个重要领域。

山西历史上早就有人收集、整理、记录过民间谚语。如清代著名的"三代帝师"祁寯藻，就曾于1836年利用返家乡寿阳（古称马首）守丧的时间，考察记录了当地的农业生产情况，编撰了《马首农言》一书。其中《农谚》一章，收录了农谚200余条。民国年间，曾任山西农业专门学校校长的山西河津人刘迻九，也编著过一本《山西农家俚言浅解》，流传至今。在各地方志中，也记录了不少颇具方言特色的谚语。这些都是山西方言文化遗产中的宝贵财富。

以下分析山西俗语的主要特点：

一、方言特点

从语言学角度观察地方俗语，方言性是第一性的。地方俗语有广义和狭义之分。广义的地方俗语，指的是方言中所有的语，既包括和普通话不同的语，也包括除语音外和普通话在形式和意义上完全相同的语。狭义的地方俗语指方言中和普通话构语成分完全不同或部分不同的语。山西俗语中存在着大量狭义地方俗语，具有十分鲜明的方言特点。

（一）具有众多的俗成语

山西方言中有大量的俗成语。这些俗成语形式独特，结构复杂，语义丰富，如果不加解释，外地人很难理解。以和顺方言的"～眉～眼"式俗成语为例（田希诚1990）：

> 白眉瞪眼：形容无动于衷或痴呆。
>
> 猴眉怪眼：形容人形象不舒展，委琐。
>
> 立眉霸眼：形容人面容表现出凶相。
>
> 没眉铰眼：形容人做事不要脸面。
>
> 求眉虎眼：形容人不高兴。
>
> 人眉竖眼：形容人假装正人君子。
>
> 神眉画眼：形容女人装扮妖冶。
>
> 贼眉绺眼：形容人面带奸猾相。

这类"～眉～眼"式俗成语在山西各地都很多。据初步调查，忻州方言里这类成语有近300个，不但可以用来形容人的容貌俊俏（周眉正眼、光眉俊眼）或丑陋（丑眉怪眼、猪眉洼眼），形容人的外表和表情（土眉悖眼、黑眉蹙眼；舒眉展眼、诓眉塞眼），还可以用来形容人的性格特点（慈眉善眼、灵眉利眼；呆眉悖眼、鬼眉六眼）等，其数量之繁多，含义之丰富，表达之细腻，运用之广泛，足以让外地人闻语兴叹。

我们再看晋中榆次方言中丰富的附加式俗成语：

A 类

圪机三摇：形容走路摇摇晃晃，不稳当。 忽底忽闪：形容瞬间，时间短。

圪团诿曲：形容地方窄小，不舒服。 忽雷爆阵：形容突然发作。

圪朽八带：形容瓜果等表皮发皱。 忽溜倒腾：形容做事干脆利索。

B 类

麻儿圪烦：形容烦躁，心情不好。 麻里倒烦：形容麻烦。

冒儿失砍：形容冒失，不稳重。 日里八脏：形容很脏。

弯儿圪溜：形容道路曲折或物体不直。 松里忽塌：形容松弛。

C 类

跌倒马爬：形容人走路不稳当。 圪撩卜斥：形容人性格很古怪。

神经马爬：形容人做事不合常理。 凉哇卜斥：形容饭菜等很凉。

噎人马爬：形容被食物噎住，难受。 凉五卜斥：形容人做事说话没有分寸。

A 类前加"圪、忽"等成分，带有表"小"和"短暂"的意思；B 类中嵌"儿、里"等成分，起调节音节的作用；C 类后带"马爬、卜斥"等成分，在调节音节的同时，还带有一种嫌弃、厌恶的色彩。这种细微的差别，非当地人是无法准确把握和体会的。

（二）特有的语音现象，构成了颇具特色的地方俗语

1. 有些语是利用方言声母的特点构成的，不懂当地方言的人，往往不明其义。例如：

（1）耕地甩鞭子——催牛（吹牛）（忻州）

（2）韭菜炒调和儿——混葱（充）（和顺）

（3）和尚进家——僧（生）人（祁县）

（4）枕住茅沿石板睡觉——离屎（死）不远（平遥）

"催牛"就是"吹牛"，"混葱"就是"混充"，例（1）、例（2）反映了忻州、和顺等地 c‒ch 相混的特点。例（3）、例（4）中的"僧"谐音"生"， 15

"屎"谐音"死",反映了祁县、平遥等地 s–sh 相混的特点。山西方音在声母方面的重要特点之一就是平翘舌音声母不分,这一典型的语音现象,在上面几条歇后语中明显反映出来。

(5) 卖菜的摆到街外头——出了集（奇）啦（永济）

例（5）中的"集",指集市。"集",深摄开口三等入声从母字;"奇",止摄开口三等平声群母字。在普通话中,"集"的声母不送气,"奇"的声母送气,两者不同音;而在晋南一些方言里,古全浊声母字今一律读送气音,所以,从母字"集"和群母字"奇"同音相谐,构成了双关歇后语。

2. 方言韵母方面的特点也反映在一些俗语中。例如:

(1) 骑上葫芦过河——不沉（成）（忻州）

(2) 一毛钱买了个牛蹄子——咬筋（京）（五台）

(3) 蝙蝠进了家儿——不像燕（样）儿（忻州）

(4) 三人同一心,黄土变成金;三人不一心,捣鬼冒惑松（和顺）

(5) 二月清清明,遍地青;三月清,没一根不见一根青草（大同）

(6) 初一下雨初二晴,十五下雨半月淋（怀仁）

例（1）中的"不沉"谐音"不成";例（2）中"咬筋"谐音"咬京",即咬京腔,讽刺学北京腔说话的人;例（3）中"燕儿"谐音"样儿",批评人做事没有规矩;例（4）中的"冒惑松",是"互相捣乱"的意思,例中"松"和"金"押韵;例（5）中"青"和"根"押韵;例（6）中"晴"和"淋"押韵。上面几条歇后语和谚语,充分反映了山西方音前后鼻音韵母不分的特点。

3. 有入声是山西方言声调最重要的特点,在一些俗语中也突出地显现出来。例如:

(1) 一丈布扯了九尺——只有一尺（吃）啦（襄垣）

(2) 裁缝丢了剪子——尽谋尺（吃）哩（忻州）

（3）画匠丢了粉刷——没刷（说）（祁县）

（4）秋后哩的荞麦——没熟（说）（和顺）

例（1）、例（2）中的"尺"，梗摄开口三等昌母入声字；"吃"，梗摄开口四等溪母入声字。在普通话里，"尺"今读上声，"吃"今读阴平，两字声母韵母相同，声调不同；而在襄垣、忻州等方言里，"尺、吃"两个古入声字今仍读入声，声韵调完全相同，由此而构成了同音双关歇后语。例（3）、例（4）中的"说"、"刷"、"熟"都是古入声字，在普通话中三者今读音不同；而在祁县方言里，"说"的读音与"刷"相同，在和顺方言里，"说"的读音与"熟"相同；由于语音不同，两地歇后语引注结构的"引"的部分所用材料也有所不同：祁县用的是"画匠丢了粉刷"，和顺用的是"秋后哩荞麦"。

（三）反映了当地特有的词汇特点

1. 有些条目中带有古词语。例如万荣方言中有这样几个例子：

（1）成才的朴子不用栝

（2）四月芒种想的铍，五月芒种抢的铍

（3）双双核桃双双枣，婆夫两儿谄得好

（4）厦檐底下呐虫蚁儿——飞不远

例（1）是社会谚语，比喻悟性好、可造就的人不用多指点就能成才。语中的"朴子"指树。"朴"，《广韵》屋韵博木切："樸朴，丛木。"《诗·大雅·棫朴》："芃芃棫朴，薪之槱之。"毛传："朴，枹木也。""栝"是修剪的意思，《集韵》末韵古活切："栝，说文檃也。"檃，《类篇》于谨切，檃栝。"檃栝"是矫正竹木邪曲的工具，揉曲叫檃，正方称栝。《荀子·性恶》中说："枸木必将待檃栝烝矫然后直。"例（2）是农业谚语，指四月芒种麦子还没有大熟，只能挑熟了的先收割一点；五月芒种麦子已经熟透，一刻也不敢耽误，应赶紧抢收回来。句中的"铍"是"割"的意思，《广韵》末韵普活切："两刃刈也。"《六韬·农器》："春铍草棘，其战，车骑也。"例（3）是惯用语，指夫妻二人和睦相处。语中的"谄"，《集韵》合韵葛阁切，说文言部"谐也"。例（4）是歇后

17

语，用普通话说就是"屋檐下的鸟儿——飞不远"。"虫蚁儿"是万荣老一代人对鸟儿的泛称，现在已经不用，但这个词却在歇后语中保留了下来。近代白话文中有这样的用例："贼短命，你是城楼上雀儿，好耐惊耐怕的虫蚁儿！"（《金瓶梅》24回）

这样的例子在山西方言中有很多。

2. 有些语并不是山西方言特有的，北京话和别的方言里也有，但在山西方言里，除了语音的独特性之外，语中的一些词语也带有浓厚的方言特点。例如：

> 北京：一瓶子不满，半瓶子晃荡
> 平遥：一瓶子不满，半瓶子圪动
> 北京：半夜看三国掉眼泪儿——替古人担忧
> 万荣：半夜看三国流雨颗儿——替古人担忧
> 北京：光屁股撵狼——胆大不害羞
> 清徐：赤屡子撵麻狐——胆大不害羞
> 北京：茶壶里煮饺子——肚里有货，嘴里倒不出来
> 太谷：茶壶里煮扁食——肚肚里有货，嘴里倒不出来

3. 有时候，由于观察角度和取材方式的不同，同一条谚语在各地的说法也不同。例如：

> 人活脸，树活皮，扳磨儿手推磨活的槐个磨不脐磨眼（太谷）
> 人活脸，树活皮，石榴儿活的槐个圪嘴嘴（文水）
> 人活脸，树活皮，南瓜活的个肚不脐肚脐（武乡）
> 人活脸面树活皮，棒棒活的个楝楝高粱秆皮（忻州）
> 人活脸面树活皮，疥蛤蟆活的个白肚皮（山阴）
> 人活脸，树活皮，蛤蟆活的青青泥（万荣）

18　　　　这些语活跃在日常口语中，也是山西俗语的重要组成部分。

4. 有些常用语中带有圪头词、合音词、分音词等。例如：

　　（1）有女嫁在刷豆村介休村名，比较富裕，跌在好面白面圪洞洞坑。指掉到福窝里，过上了富裕生活（介休）

　　（2）大人打了个勃担瓮大水缸，小人不敢问；小人打了个灯盏盏，大人老圪喃嘟囔（阳曲）

　　（3）桑三个钱的醪糟——穷烧烧酒，比喻傲慢的人（临汾）

　　（4）滚水锅熬圪榄子木棍子——煮椽（祖传）（忻州）

　　例（1）中的"圪洞洞"是由"圪"构成的名词；例（2）中的"圪喃"是由"圪"构成的动词；例（3）中"桑"是同音代替，表示"三个"的合音；例（4）中"圪榄"是"杆"的分音词，语中指木棍。这几条语，极具山西方言特色。

（四）反映了不同的语法特点

　　山西方言的比较句很有特色。从同一条谚语不同的比较词上，我们可以看到南北不同的地域特点。例如：

　　　好死不如赖活着（太原）

　　　好死不且赖活着（五台）

　　　好死不胜赖活着（陵川）

　　　好死不照赖活着（万荣）

又如晋南地区流通很广的一句谚语：

　　　起面馍馍白面馒头不就菜，油泼辣子美得太

　　例中的"美得太"相当于普通话的"好得很"。"……得太"是晋南话中表示程度高的一种句式，在一般句子中，句末表示程度的副词"太"可以重叠，表示程度更深，而在惯用语或谚语中，由于受节奏和韵律的限制，句末的"太"　19

不重叠。

二、文化特点

由于俗语形式的多样性和内容的丰富性，使得在群众生产和生活实践中产生，又服务于人民群众的地方俗语在反映当地社会生活、民情风俗方面，比方言词汇具有更强的承载力。从丰富多彩的地方俗语中，我们可以看到浓郁而富有特色的地方文化。

（一）反映社会经济生活和地方习俗

在晋中地区广泛流传着下面一些谚语：

> 秤平斗满，尺子绷展
>
> 让人买卖主顾多
>
> 生意靠实诚，买卖凭本钱
>
> 买死了店户年年在，卖死了客人永不来
>
> 一片公心平似水，十分生意稳如山
>
> 真金不怕火炼，好货不怕铺摊 好东西不怕摊开来给人看

这些谚语是对晋商"诚信为本"经营思想的高度概括和总结。当地还有不少商业谚语，反映出晋商的经营理念和经营作风：

> 好市莫赶，烂市莫丢
>
> 九等买卖十一作
>
> 快不赶，慢不懒
>
> 能叫宁叫人等客，不叫客等人
>
> 气大隔财，和气消灾
>
> 三分利钱吃饱饭，七分利钱饿一半 合理赚取利润能长久做好生意，贪心牟取暴利反
>
> 而会折本
>
> 挑剔是买主，喝彩夸奖是闲人
>
> 一分二分不嫌少，千笔万笔不麻烦

地方饮食习俗也可以从俗语中反映出来。如晋南是产麦区，以馒头为主食，称作"馍"或"馍馍"。当地关于"馍"的谚语和惯用语很多，当地人随口可以说出一大串来。例如：

不吃馍馍不叫饭

黑馍多就菜，丑人多作怪

老汉离不了婆婆，娃娃离不了馍馍

馍馍不好一笼子，庄稼不好一季子

馍馍吃够吃饱，万事不愁

馍馍米汤，吃得眼窝挤合指因发胖，而使得眼睛快要挤住的样子

起面小麦面粉发酵的面团蒸馍馍，不用问婆婆

正月亲戚多，馍馍换馍馍

对晋南人来说，在一定程度上，"馍"已经不完全是物质上的必需品，而成为一种精神上的安慰与寄托。谚语"不吃馍馍不叫饭"就是对这种现象的总结。除了充当人们一日三餐、果腹充饥的主食外，馍还具有重要的礼仪功能。无论是婚丧嫁娶、生儿育女、逢时过节，还是宴请宾客、建造新房、走亲串友，都可以带着花样繁多、含义丰富的馍制品作为礼物互相赠送。在你来我往的"馍"交际中，"馍馍换馍馍"等大量"馍"类俗语应运而生。

在晋中清徐一带方言里，"馍"和"馒头"是有区别的。作主食吃的或一般礼仪用的叫"馍"，而"馒头"专指送葬时为祭奠死者特制的一种大馍。当地的一条歇后语形象地反映了这一区别：

上寿蒸馒头——寻的挨比头

"挨比头"是挨耳光的意思，"上寿"指为做寿的人敬送礼品。在给人祝寿时送去祭奠死人的馒头，那当然是自找挨打了。这条歇后语常用来讥讽自找倒霉的人。

在晋北的众多饮食语汇中，有关"糕"的条目最多，例如：

搬家不吃糕，一年搬三遭

不吃油糕不粘油手指不得好处也不会受连累

大同人不攒膘，有了黄米就吃糕吃黄米糕费粮食，批评人不节俭

鸡肉蘸素糕——再好也没啦

四十里莜面三十里糕，十里的荞面饿断腰吃莜面可走四十里路，吃糕可走三十里路，吃荞面走十里就饿了

油抹糕，两面光形容人处世圆滑

有钱难买馏油糕

黄米糕搋用力压和揉到，做买卖话到

糕，《现代汉语词典》指"用米粉、面粉等制成的食品，种类很多，如年糕、蜂糕、蛋糕等"。山西的糕，特指用黍子面或黍子去皮后的黄米面做成的食物。黍子耐干旱、抗盐碱、适宜贫瘠土地耕种，是晋北一带重要的粮食作物之一。因此，晋北的"糕"类俗语比其他地区丰富得多。"糕"谐音"高"，在以"糕"为美食的浓浓风情中，同时寄托着人们"步步高"的企盼与祝福。随着文化的交流，这种饮食习惯连同一些"糕"类俗语已经遍及山西各地。

（二）反映丰富的人生经验和深刻的人生道理

有些俗语，包含着当地群众在长期的实践中积累、总结出来的丰富的人生经验和深刻的人生道理，放射着智慧的火花。例如：

（1）儿多女多，吃了哥_{父亲}姐儿_{母亲}的鼻子耳朵（平遥）

（2）不怕百事不利，单怕灰心丧气（原平）

（3）阳婆爷_{太阳}不打一家门上过（阳曲）

（4）麻狐吃咾大胆的，河嘟淹杀会水的_{狼吃了胆子大的，河里淹死会游泳的}（清徐）

例（1）形象描述儿女多的父母为儿女吃苦受罪的事实，启示人们不要过多生育；例（2）告诫人无论在什么情况下都不能丧失信心和勇气；例（3）揭示"机遇对谁都一样公平"的道理；例（4）提醒人做事要小心谨慎，即使在很熟

悉的领域，也不可大意。

这类谚语涉及到人们生活的方方面面，语言精炼，含意深刻，深受人民群众喜爱，是一份不可忽视的知识财富。

（三）反映当地自然环境和生产特点

在山西各地浩繁的谚语中，农业谚语占有相当的数量，这充分体现了山西农耕经济的普遍特点。世世代代口耳相传的民间俗语，反映出当地的自然环境和生产方式。例如晋南古称河东，是黄河流域农业生产比较发达的地区之一。这一带为产麦区，素有"山西粮仓"之美称。经济作物方面，以棉花为首。因此，有相当多的农谚反映小麦和棉花的播种耕作。例如：

> 稠麦呛死草
>
> 麦苗开花一场风，十个麦粒九个空
>
> 想吃麦面，伏里犁地三遍
>
> 立夏种棉花，有树没疙瘩_{棉桃}
>
> 棉花不打掐_{整枝}，光长柴架架
>
> 麦茬浇棉花，十年九不差

因所处地理位置不同，气象谚语的构成条件和观察角度也有所不同。如云雾笼罩山顶的自然现象是有雨的预兆，一般称作"山戴帽"。清·梁章钜《农候杂占》卷二"山占"："海州朐山俗言朐山戴帽即雨盖，盖谓云出覆冒其上为雨候也。"在山西，此条谚语有众多不同的说法。例如：

（1）稷王山戴帽儿，龙圪蚤_{龙虱}溜道儿（新绛）

（2）孤山戴帽，长工睡觉（万荣）

（3）南山戴帽，长工睡觉（介休）

（4）五龙山戴帽，长工睡大觉（蒲县）

（5）山戴帽，不过三天雨就到（吉县）

（6）山戴帽，狨狳_{松鼠}叫，全是大雨兆（和顺）

众多朴素、精辟，琅琅上口的农业、气象谚语，是当地人民在长期的农业生产过程中所积累的一份宝贵的文化遗产，值得珍惜。

小　　结

我们在晋南搜集到这样两条惯用语："擀饭三光：面光，手光，盆儿光"；"和的面铁蛋，擀下顽子圆案"。

前一条是对做面条的基本要求，反映了当地的生活习俗，其中的"擀饭"指擀面条；后一条是对新媳妇做面条手艺的夸赞，"顽子"指手擀的细而长的面条。当地旧俗，新娘子进门三天之内，要做一顿顽子饭"亮手艺"。这种"顽子饭"要求面和得硬，擀得薄，切得细，煮到锅里不化，捞到碗里不粘。我们也不无遗憾地看到，随着社会的发展，在机器压面的冲击下，当地妇女这种做面条的好手艺，现在已经不多见了。可以预见，反映这种手艺和民俗的俗语，也将会随着事物的消失而逐渐消失。

方言俗语传承了独特而丰富多彩的地方文化，反映了人民群众集体智慧与实践经验，是各地群众语言艺术的结晶。它具有很强的感染力和生命力，长期活跃在人民群众的口语之中。但是，我们也应当清醒地看到，随着时间的推移和现代化进程的推进，带着泥土芳香的方言俗语也处在急剧的演变之中，有些甚至在逐步弱化或消失。例如《忻州俗语志》（语文出版社，1986）中所收的2700多个条目，经初步核对，现在40岁以下的青年人，已经有900余条不会说了，有的甚至没有听说过，更不要说懂得其意义了。因此，方言俗语的调查研究具有紧迫性。面对全球化和市场化的挑战以及普通话的逐步普及，如果不尽快启动抢救工程，这一宝贵的文化遗产就有可能随着一代人的逝去而大量消亡。这将会给地方文化的传承带来不可弥补的损失。

著名方言学家李荣先生在主持编纂《现代汉语方言大词典》分卷本的过程中，反复强调词条的例句一定要尽可能地记录当地方言中的"现成话"。当今天我们欣赏和研究41种分卷本的精彩例句之时，不能不叹服先生的英明。李先生在为《山西方言志丛书》所作的序言中说："对研究语言的人来说，山西的方言跟山西的煤炭一样，是无穷无尽的宝藏，亟待开发。"这句话适用于山西方言语音、词汇、语法的研究，同样也适用于俗语的研究。

附注：

　　方言材料主要取自温端政主编的《山西省方言志丛书》，分别是：语文研究增刊：平遥（侯精一，1982）、怀仁（温端政，1983）、太谷（杨述祖，1983）、陵川（金梦茵，1983）、襄垣（陈润兰、李维实，1984）、祁县（杨述祖、王艾录，1984）、文水（胡双宝，1984）、万荣（吴建生，1984）；语文出版社：忻州（温端政，1985）、大同（马文忠、梁述中，1986）、原平（金梦茵，1989）、和顺（田希诚，1990）、临汾（潘家懿，1990）；社会科学出版社：阳曲（孟庆海，1991）；山西高校联合出版社：吉县（蔡权，1990）、新绛（朱耀龙，1990）、山阴（杨增武，1990）、永济（吴建生、李改样，1990）、清徐（潘耀武，1990）、介休（张益梅，1991）、蒲县（蔡权）。其余材料均为作者补充调查所得。

参考文献：

　　［1］马国凡. 谚语·歇后语·惯用语. 辽宁人民出版社，1961

　　［2］侯精一. 平遥方言民俗语汇. 语文出版社，1995

　　［3］侯精一. 现代晋语的研究. 商务印书馆，1999

　　［4］沈明. 太原方言词典. 江苏教育出版社，1994

　　［5］孙维张. 汉语熟语学. 吉林教育出版社，1989

　　［6］王勤. 俗语的性质和范围. 湘潭大学学报（社会科学版），1990（4）

　　［7］温端政. "语词分立"和方言语汇研究. 语文研究，2005（2）

　　［8］温端政. 汉语语汇学. 商务印书馆，2005

　　［9］温端政. 忻州方言四字组俗语的构成方式和修辞特色. 语文研究，1986（1）

　　［10］温端政. 中国俗语大词典·前言. 上海辞书出版社，1989

　　［11］温端政主编. 汉语语汇学教程. 商务印书馆，2006

　　［12］吴建生. 万荣俗语初探//俗语研究与探索. 上海辞书出版社，2005

　　［13］吴建生，赵宏因编纂. 万荣方言词典. 江苏教育出版社，1997

　　［14］吴建生. 惯用语的界定及惯用语词典的收目. 语文研究，2007（4）

　　［15］张光明、温端政编纂. 忻州方言俗语大辞典. 上海辞书出版社，2002

　　［16］张光明主编. 忻州歇后语词典. 上海辞书出版社，2007

第二章　谚　语

　　谚语是人民群众在长期的生产和生活实践中创造出来的，是劳动人民集体智慧的结晶。它们内涵丰富，用词精练，比较直接和全面地反映了人民群众的生活、思想和有关的社会现象。中国地域广大，幅员辽阔，方言众多，每种方言都有自己丰富多彩的谚语，这些谚语既具有全民性，又具有极强的地域性，它们忠实地记录和反映了方言使用者对自然和社会的认知和实践经验，是方言和地方文化研究不可缺少的一部分。

　　山西各地谚语众多，仅《忻州俗语大词典》记录的忻州谚语就有 3342 条，山西各地方言志中对流行于当地的谚语也有少量摘录，而这远远不是山西谚语的全貌，还有大量的谚语尚未被我们整理记录下来。山西谚语内容丰富，涵盖了人民群众生活的方方面面，形象地再现了山西人民真实的历史生活，具有丰富的文化内涵和很强的地域特色。

第一节　谚语的结构

　　谚语以传授知识为目的，每一条谚语都表示一个完整意思，语义上具有表述性。这就决定了谚语在结构上相当于表示完整意思的句子，具有类似句子的结构。虽然谚语没有一定的语调，还不是完整意义上的句子，但我们仍然可以参照句子的分析方法来分析谚语。

　　从结构类型上来看，山西谚语可以分为单句型、复句型和紧缩复句型三种。

一、单句型

(1) 小心没大错（临县）

(2) 明人不用细敲打（忻州）

(3) 巧人是拙人的奴（介休）

(4) 惯子如杀子（阳曲）

(5) 能叫唤的不是好牲口（陵川）

(6) 一窝狐子不嫌酸（忻州）

(7) 没有三十年不透风的墙（洪洞）

(8) 没裸没有贴面的厨子（忻州）

(9) 哪有耗子不偷油（忻州）

单句型谚语可以是主谓句型，如例（1）至例（6），也可以是非主谓句型，如例（7）至例（9）。

二、复句型

复句型谚语有些是靠语序直接组合而成的，多数是两个语节，也可以由三个或三个以上语节组合而成。由两个语节组合而成的，例如：

(1) 茶叶淡了不如水，人没钱儿不如鬼（平遥）

(2) 吃亏人常在，讨便宜狼拽（陵川）

(3) 软处好起土，硬处好打墙（阳曲）

(4) 狼怕跺，狗怕摸（临汾）

(5) 吃饭在牙口，种地在茬口（屯留）

(6) 吃咾人家的嘴软，荷拿咾人家的手短（临县）

由三个语节以上组合而成的，例如：

(1) 头伏浇地一碗油，二伏浇地半碗油，三伏浇地没啦油（介休）

（2）木匠怕的是钻天铆，泥匠怕的是裹窑脑儿，铁匠怕的是灌锎刀（孝义）

（3）一人说话满有理，俩人说话见高低，三人说话有证人（襄垣）

（4）耕地怕墓，看戏怕柱，上桌怕哩左骨朵_{左撇子}（左权）

（5）偷来钱，一眨眼；赢得钱，一阵儿烟；敲诈钱，两三天；血汗钱，花万年（原平）

（6）单丝不成线，单马不上阵，孤树不成林（平鲁）

上述这些依靠语序直接组合而成的复句型谚语，都是并列关系。也有些靠语序组合而成的复句型谚语，内部两个语节之间并非并列关系。例如：

（1）姐姐不嫁，耽搁了姊妹_{妹妹}（忻州）

（2）挡住千人手，捂不住万人口（忻州）

（3）不听老人言，吃亏在眼前（大同）

（4）没有驴肚子，吃不了草圪节（灵丘）

例（1）是因果关系，传统上姐妹出嫁要按序进行，因为姐姐不出嫁，所以耽误了妹妹出嫁。例（2）是让步关系，意思是就算能挡住一千个人的手，也挡不住一万个人的口去传播消息。例（3）、例（4）都是假设关系，例（3）的意思是，如果不听老人的经验劝告，就会吃亏；例（4）的意思是如果没有真本事，逞能也没有用。

还有些复句型谚语是借助关联词语组合而成的，通过关联词语，我们便能明显看出复句前后语节的结构关系，其中最多的要数假设、让步和取舍（选择）关系，例如：

（1）若要弟兄贤，明算伙食钱（忻州）

（2）要想光景好，三百六十个早（平鲁）

（3）不怕使十天，就怕猛三鞭（忻州）

（4）不怕瞎主意，就怕没主意（新绛）

（5）能要灵丹一颗，不要羊粪蛋儿一坡（孝义）

（6）宁绕十步远，不抢一步险（平鲁）

例（1）、例（2）分别用"若要……"、"要想……"表示假设关系，例（1）指兄弟之间要想关系好，就必须在金钱账目上没有纠葛；例（2）指如果想过好日子，就必须养成勤谨的好习惯。例（3）、例（4）用"不怕……就怕……"表示让步关系，例（3）的意思是对牲口来说，辛苦一点儿不要紧，最怕的是人随便乱打；例（4）的意思是办法不好不要紧，最怕的是没有任何办法。例（5）、例（6）分别用"能要……不要"、"宁……不……"表示取舍关系，例（5）的意思是宁可选择少而精，不愿选择多而差；例（6）的意思是宁可麻烦费事，也不冒险。

复句型谚语还可以是多重复句，可以是两个语节，也可以是多个语节，其中第一层多为并列关系，也有其他关系（例（5）为转折关系），例如：

（1）猫儿不急不上树，兔儿不急不咬人（阳曲）

（2）挨上好邻家，吃酒又戴花；挨上赖邻家，挨板又扛枷（和顺）

（3）养儿不教成不了人，栽树不护成不了林（平鲁）

（4）寅时不起，误一天的事；幼时不学，误一生的事（原平）

（5）穿不穷，吃不穷，打算不到常受穷（平遥）

例（1）为两个语节，例（2）为四个语节，两条谚语第一层为并列关系，第二层为条件关系。例（3）为两个语节，例（4）为四个语节，两条谚语第一层为并列关系，第二层为假设关系。例（5）第一层为转折关系，第二层为并列关系。

三、紧缩复句型

有些谚语为了达到简洁、易记的效果，在结构上往往采用紧缩的形式，看上去就像一个紧缩复句。例如：

（1）跟上师婆_{巫婆}误了生活（陵川）

（2）摆酒席容易请客难（忻州）

（3）贴羊儿也贴个瘦的（临县）

（4）孩儿不哭娘不理（平鲁）

（5）刀快不怕脖子粗（忻州）

例（1）是"如果跟上师婆，就会误了生活"的紧缩，是假设关系，意思是朋友对人的影响很重要。例（2）是"摆酒席虽然容易，但请客却难"的紧缩，是转折关系。例（3）是"即使贴羊儿，也要贴个瘦的"的紧缩，是让步关系，意思是即使要帮助，也是先帮助最需要的人。例（4）是"如果孩儿不哭，娘就不理"的紧缩，是假设关系，意思是如果不积极反映问题，就不会引起重视，例（5）是"只要刀快，就不怕脖子粗"的紧缩，指只要本领过硬，就不担心问题难解决，是条件关系。

第二节　谚语的语义

谚语是以传授知识为目的的，地方谚语是某地区人民生产和生活经验的总结，传达的是与当地生活有关的一些信息。山西地处黄土高原，丘陵起伏，沟壑纵横，水资源缺乏，农业耕作、生活习俗等都受到自然条件的限制。山西各地谚语就是当地人民在这样的生活条件下总结出来的。

一、反映山西干旱的气候

山西位于黄河中游，东有太行，西南临黄河，北抵长城。因外河而内山，素有"表里山河"的美称，又是一个内陆省份，属温带—暖温带、半湿润—半干旱大陆性季风气候。由于地势较高，东、南面又有山岭环绕，与华北平原同纬度各地相比，气温偏低，降水偏少，冬、春降水更少，常有春旱发生。"十年九旱"可以说是山西普遍的气候特点。长期以来，农业是山西的主要产业，劳动人民靠天吃饭，对雨的渴求也就特别强烈，山西各地的气象谚语中，有很大一部分是预测下雨的。山西又属多山地区，各地地理环境差别较大，地区不同，人们的经验也不同。不同地区的劳动人民通过对周围各种物候的仔细观察，积累了大量的经验，这些经验浓缩成为谚语，又用于指导生活和农业生产。

（一）通过云的形状及走向预测天气

（1）勾勾云，道道云，今人今日不下是早生指第二天早上（太谷）

（2）南山有了棉花云，小五台儿搭棚子（忻州）

（3）天上鱼鳞甲，地上水疙瘩（寿阳）

（4）石梯铺云，当日有雨（忻州）

（5）天上花花云，明天晒死人（武乡）

（6）白云下雨多，黑云惊老婆（万荣、汾西）

（7）早看东南，晚看西北，不用问人，当日有雨（忻州）

（8）云朝东，一场风；云朝南，水潭潭；云朝西，河儿溢；云朝北，刮倒芝麻下倒谷（万荣）

（9）云往东，扑了空；云往南，水推船；云往西，稀泥糊糊擦圪膝；云往北，打倒麻子带倒豆（山阴）

（10）云往东，一场空；云往南，雨来欢；云往西，雨来倾；云往北，雨来急（太谷）

（11）云朝东，一场空；云朝南，雨越难；云朝西，淋水鸡；云朝北，稀泥泥（去声）圪膝（临县）

（12）云往东，刮场风；云往南，水浇田；云往西，黄河溢；云往北，晒干麦（永济）

从例（1）至例（5）可以看出，如果云层呈勾状或絮状肯定有雨，而如果成花状必然无雨。从例（6）可以看出，如果云层呈白色将降大雨，而如果云层呈黑色，只是瞬间降雨，不会持久。从例（7）可以得知，如果早上东南方向或晚上西北方向有云层堆积，则表示当日肯定有雨。山西境内山峦叠嶂，丘陵起伏，沟壑纵横，这些地理特点也影响了人们通过云的走向对雨势的判断，导致不同地区人们经验的不同。从例（8）至例（12）可以看出，山西大部分地区云往东走预示着无雨，云往西、南方向走将会有大雨，云往北走将有急雨；而在西北

部的临县、孝义等地，云往南走却预示着不会下雨；在南部的永济，如果云往北
走，却是大晴天的预兆。

（二）通过彩霞或彩虹出现的时间和方位预测天气

    （1）日出胭脂红，不雨也得阴（寿阳）

    （2）早烧连阴，晚烧晴（盂县）

    （3）早烧不出门，晚烧行千里（万荣）

    （4）早烧天阴晚烧晴，烧了失熄立刻消失，浅不得等不得上炕（忻州）

    （5）东虹圪雷西虹雨；南虹出来晒死你，北虹出来卖儿女（屯留）

    （6）东虹忽雷西虹雨，南虹旱，北虹乱（晋城）

    （7）东虹吼雷西虹雨，起了南虹下粗雨（吉县）

    （8）东虹呼雷西虹雨，南虹出来发大水（忻州）

    （9）东虹忽雷西虹雨，起了南虹下大雨，北虹起来卖儿女（寿阳）

    "烧"即"火烧云"，指日出或日落时出现的红霞。人们根据彩霞出现的时间就可大致预测天气。从例（1）至例（4）可以看出，如果彩霞出现在早上，即使不下雨，也会是阴天；如果出现在夕阳落山时，第二天一定是个大晴天；而如果出现的红霞又让云层淹没了，则大雨马上就会来临。根据彩虹出现的方位也可预测天气，从例（5）至例（9）可以看出，彩虹在东，只会打雷不会下雨；彩虹在西，一定有雨；彩虹在北，必然无雨，无雨无收成，老百姓只好靠卖儿女来生活（夸张的说法）；彩虹在南，则由于地理的位置不同，出现不同的经验，在屯留、晋城等地预兆干旱无雨的天气，而在吉县、忻州、寿阳等地则可能是大雨倾盆。

（三）通过风时和风向预测天气

    （1）六月东风刮干海，六月北风当时雨（洪洞）

    （2）五月东风海底干，六月东风水连天（和顺）

    （3）立夏南风刮干海，立秋南风地不干（汾西）

    （4）秋刮南风雨连天，夏刮南风海底干（蒲县）

（5）夜刮南风井底干（保德）

（6）西北风，一场空（大同）

勤劳淳朴、善于观察的人们同样可以利用刮风的季节、时间和风向来预测天气。由于所处地区的不同，人们的经验也有别。从例（1）、例（2）可以看出在洪洞一带，六月如果刮东风，气候将会干燥无雨；如果刮北风，则表示有雨将临。而在和顺一带，六月刮东风却是大雨来临前的征兆。但也不是绝对的，根据每年气候条件的不同，和顺又有"天旱东风不下雨，雨涝西风不晴天"的说法。从例（3）、例（4）可以看出在汾西、蒲县等地，夏季刮南风是气候干燥的一个预兆，秋季刮南风则预示着降雨量会很大。从例（5）可以看出，在保德一带，晚上刮南风则是无雨的预兆。而在大同一带，如果刮的是西北风，虽说民间有"风在雨头，屁在屎头"的说法，但仍然不会下雨，只能落得一场空。

（四）通过雨时、雨日、雨相预测天气

（1）早起滴一点，晌午晒破脸（永济）

（2）早雨下不长，一天七八场（临县）

（3）初一下雨初二晴，十五下雨半月淋（怀仁、忻州）

（4）初一有雨半月泥，十五有雨半月晴（盂县）

（5）初一阴，初二下，要晴得看初七八（吉县）

（6）八月初一洒一阵，旱到来年五月尽（寿阳）

（7）七月七，牛郎织女泪圪滴（陵川）

（8）重九不下看十三，十三不下一冬干（吉县）

（9）九月儿初五至十三，没雨一冬干（忻州）

（10）雷声雨，三后晌（广灵）

（11）猛雨不过道（临汾）

（12）五黄六月，立马等道（临汾）

从例（1）、例（2）可以看出，如果雨从清早就开始下，一般时间不会很长，而且是间断性的。从例（3）至例（5）可以看出，在忻州、怀仁等地，如果初一有雨，下雨时间不会长，如果十五有雨，却会连着下半个月之久。而在盂县、吉县一带情况却正好相反，如果初一有雨，会连下半月之久，如果十五有雨，下半月会是大好晴天。从例（6）可以知道，如果八月初一有雨的话，那么会有很长一段时间无雨干旱的日子。从例（7）至例（9）可以看出，传统的七月七日是牛郎织女相会的日子，一般会有雨。农历九月初九重阳节前后一般也会有雨，如果这个时间段无雨的话，整个冬季就很少降雨（雪）了。例（10）至例（12）反映的是夏季下雨的经验，如果是下午突发暴雷而下雨，则未来三天下午都会有雷雨，而且下雨范围较窄，时间较短，一会儿就过，行人可以"立马等道"，雨过就可上路。

（五）通过物象来预测天气

（1）燕子钻天，蛇溜道蛇穿过大路，不到饭时雨就到（永济）

（2）圪蟆蛤蟆上岸水瓮水缸浸，哈叭狗儿打嚏喷（武乡）

（3）蛤蟆叫唤水瓮津，不信山里挽艾根，艾根生白点，定有大雨淋（和顺）

（4）蚂蚁晾窝，圪伶松鼠吼，野鸡叫，要变天（沁县）

（5）蜜虎儿蚂蚁搬家，蛇过道，老牛一吼雨就到（平遥）

（6）鸡儿上架早，明儿天气好（天镇）

（7）鸡上架迟，蛐蟮蚯蚓窝外拉屎，老艾艾白了眼，天下雨（沁县）

动物似乎对气候的变化有一种本能的反应，劳动人民通过长期的生活观察，总结出一套利用动物的异常变化来观察天气变化的经验。他们观察范围广泛，有天上飞的燕子、野鸡；有地上爬的蚂蚁、蛇、蚯蚓；有家里养的牛、鸡、狗；有河里游的蛤蟆；有树上走的松鼠等。他们还通过观察水缸是否返潮，山里的艾根是否有了白点来判断是否有雨。

（六）反映自然灾害的谚语

山西地处黄土高原，多山少雨，历史上旱灾频发。因此特别重视雨水，也特别害怕干旱，在山西谚语中有很多是反映这一地域特点的。例如：

（1）大旱三年，不跟雨锄田。谷苗旱个死，老来一包籽（和顺）

（2）年年防天旱，月月防贼盗（洪洞）

（3）临县临县，十年九旱，一年不旱，冷雨打咾八遍（临县）

（4）春旱不算旱，伏里下透吃饱饭，秋旱减一半（和顺）

（5）春旱收，秋旱丢（忻州）

（6）五月儿种田争回头（旱年春季种不上，五月补种争取好的收成）（忻州）

（7）油汉油汉 危害庄稼的蚜虫，越旱越油，越油越旱。（忻州）

（8）小旱不过五月十三，大旱不过五月二十六（蒲县）

（9）四月儿没雨五月儿旱，六月儿连阴也扯蛋（忻州）

二、反映农耕文化和农牧文化

山西是一个农业大省，晋南是重要麦棉产区，晋西北畜业比较发达，雁北则以耐旱的谷子、莜麦、胡麻为主。一方水土养一方人，勤劳智慧的山西人民，在这块古老的土地上辛苦耕耘，在不断的农业生产实践中总结出一整套生产种植经验，并以谚语的形式流传下来，这些农谚带有很强的地域特色，蕴藏着深厚的农耕文化和农牧文化。

（一）关于农作物种植季节的谚语

农作物的种植，首先要不违农时，适时耕种，所以谚语有"农忙季节要抓紧，早起三日顶一工（文水）"、"春争日，夏争时；春迟一日，秋迟十日（忻州）"、"迟种的庄稼收不下（忻州）"、"误了三月土，枉受一年苦（蒲县）"。

在山西大部分地区，四月份，即清明谷雨时节是适宜种瓜豆、种棉花的时间，农谚有"清明前后，种瓜点豆（阳曲）"、"谷雨前，好种棉，谷雨后，安瓜种豆（洪洞）"、"枣发芽，种棉花（沁县）"，如果过了季节，就会出现"立夏种棉花，彻老没疙瘩（临汾）"的现象。但在雁北地区，由于气候比较寒冷，种瓜豆比较晚，所以农谚有"小满前后，点瓜种豆（怀仁）"。

五月份，即立夏、小满时节，是种植玉米、高粱、谷子等大秋作物的最佳时间，农谚有"立夏玉米小满谷（吉县）"、"立夏种莜子，小满种谷子（太谷）"。

"立夏忙忙浑种谷（怀仁）"。山西也是油料作物——胡麻的主要产区之一，农谚有"立夏种胡麻，七股八沟权，小满种胡麻，到秋只开花（武乡）"。

伏天是种植秋菜和荞麦的季节，荞麦耐寒瘠，主要在晋西北地区种植，农谚有"头伏萝卜二伏芥，三伏种的好白菜（吉县）"、"头伏蔓菁二伏菜，三伏秋前撒白菜（和顺）"、"头伏荞麦中伏菜，末伏种下毛毛菜（忻州）"、"头伏萝贝二伏菜，三伏里头种荞麦（大同）"。

山西是重要的小麦产区，小麦一年两种，农谚有"春分春麦，秋分秋麦（忻州）"、"春风麦入土（保德）"、"七月白露后十天，八月白露前十天（吉县）"、"白露早，寒露迟，秋风种麦正当时（忻州）"、"清明麦，苫住老鸹鸦（万荣）"。

夏至是一个重要的分界线，农谚有"过了夏至不栽秧（广灵）"、"夏至不种豆，种豆不落叶（忻州）"、"夏至不种豆，种豆将够豆（忻州）"、"夏至不种高山黍，还有十来八晌小糜黍（怀仁）"。

（二）关于农作物种植技巧的谚语

要想做一个好的庄稼人，还必须掌握一定的生产技巧。常言道"种地无宝，三年一倒（屯留）"，庄稼要种好，必须学会轮作。山西各地反映轮作的谚语很多，如"豆后谷享大福，谷茬豆吃肥肉（屯留）"、"不怕重茬谷，只怕谷重茬（忻州）"、"吃饭在牙口，种地在茬口（屯留）"、"若要发，勤倒茬；若要富，喂母猪（吉县）"等。

庄稼要长好，一要靠适时种植，二要靠有效的田间管理。山西谚语中，反映根据墒情适时种植的有"干种湿出来，湿种不出来（和顺）"、"麦种泥窝窝，黍谷种的黄墒墒（吉县）"；反映根据土壤的地力种植的有"生地萝卜熟地瓜，石板地里把黍下（长子）"、"生地茄子熟地蒜（忻州）"；反映种植深浅的有"麦深谷浅，黍子埋住半咻半个脸（吉县）"；反映禾苗稀稠的有"麦稠一堵墙，黍稠一片穰（广灵）"、"稠倒荬子稀倒谷（长子）"。

俗话说"苗前一根草，赛过毒蛇咬（天镇）"，出苗以后的田间管理更加重要，在山西谚语中，有很多是反映管理技巧的。如反映耕锄时间的有"糜锄两耳谷锄针，荬子锄个出了垄（忻州）"、"头伏锄，满罐油；二伏锄，半罐油；三伏锄，瞎葫芦（灵丘）"、"伏里刺破皮，顶住秋后犁一犁（临汾）"、"秋天划破地皮，胜过春天犁十犁（襄垣）"、"处暑锄田划破皮，强如来春耕十犁（和顺）"；反映锄耧技巧的有"耕三耙四，锄耧八遍，八米二糠（大同）"、"花锄七遍，圪瘩辦蒜（洪洞）"、"南瓜深锄八遍，长得膘厚又面（忻州）"、"茄锄八遍，枝枝权权结遍（忻州）"、"干锄谷黍，湿锄豆，濛生小雨锄小豆（和顺）"、"谷锄深，麦锄浅，豆子锄的半个脸"、"头锄浅，二锄深，三锄莫伤根指锄糜谷"、"头锄深，二锄浅，三锄四锄挖脸脸指锄高粱玉荄"、"锄糜糜浮皮皮（忻州）"。

要让庄稼长得好，就要多灌溉，勤施肥。俗话说"粪大水勤，粮长千斤（忻州）"，山西各地这方面的谚语也有很多，如"种地不上粪，等于瞎胡混（山阴）"、"人是铁，饭是钢，庄稼没粪不生长（武乡）"、"巧种地不如巧上粪（陵川）"、"粪肥土，土肥苗（忻州）"、"庄稼一枝花，全靠粪当家（陵川）"、"猪粪荄子羊粪谷，鸡粪南瓜面忽秃（忻州）"、"猪粪冷，马粪热，地里上肥不能缺（武乡）"等。

（三）关于农作物收获的谚语

山西中南部是重要的小麦产区，根据气候和地理位置的不同，麦子的收割季节也不同，谚语有"四月芒种想的锊，五月芒种抢的锊（万荣）"、"夏至：小麦开镰，一齐下田（吉县）"、"小暑吃麦麦，大暑吃角角（忻州）"，从中可以看出，麦子的收割时间由晋南到晋北逐渐靠后。

"不刮春风地不开，不刮秋风米不来（长治）"，秋分、寒露前后正是糜谷等大秋作物开始收割的时间，农谚有"秋风糜子寒露谷，熟不熟要拾掇（临县）"。但在晋中，根据具体情况，又有谚语"秋分糜糜寒露谷，秋分糜糜割不的，寒露谷儿且不的等不得（平遥）"，意思是，人说是"秋分糜糜"，但秋分时节还不能收割，说是"寒露谷儿"，但寒露之前就得割。俗话说"寒露百草枯，霜降起菜园（忻州）"，意思是寒露时节百草枯萎，霜降时节地里的菜都要收回来，这方面的农谚有"寒露不起葱，起葱一场空"、"霜降不起葱，越长越空心（忻州）"、"立冬不起菜，迟早要受害（太谷）"、"立夏剪香椿，立冬卧白菜（怀仁）"。

（四）与畜牧业有关的谚语

山西地处黄土高原，具有发展畜牧业得天独厚的条件，许多地区的生产，长期以来以畜牧业为主或半农半牧，这形成了山西独特的畜牧文化。忻州一带的畜牧业历来比较发达，每年六月的五台山骡马大会，历史悠久，远在隋唐时期就已开始，至今还吸引着内蒙、河北、陕西以至青海、宁夏的农牧民前来交易。农历六月的五台山气候凉爽，山高坡宽，水草丰盛，是理想的天然牧场，据说，在骡马大会上每天有一万多头牛、驴、骡、马上市河滩。当地有如此发达的畜牧业，自然也流传着很多与畜牧业有关的谚语。一些谚语是反映正确喂养牲畜的，如"牲口使得勤，喂养要担心"、"冬天喂不好，春耕不用套"，告诉人们要想让牲畜多出力，必须要精心喂养；"草膘料力水精神"，说明草、料、水一样都不能缺；"寸草铡三刀，没料也上膘"，告诉人们喂牲口的草切得越短越利于牲口吸收；"冰冻草、发霉料，不是打胎就损膘"，告诉人们牲口的饲料要精心挑选，绝不能马虎。喂养也得讲究技巧，"同样料同样草，不同喂法不同膘"、"早喂喂在腿上，晚喂喂在嘴上"；要在春耕前几个月就让牲口养足体力，并且"饿不急喂，渴不急饮，饱不急行，乏不急停"。另外，牲畜生活的环境也很重要，圈棚要干净、卫生，冬暖夏凉，谚语有"养畜没巧，圈宽食饱"、"冬拴热夏拴凉，春秋拴在花阴凉"等。

要想养好牲畜，还必须爱惜牲畜，不能随意鞭打，谚语有"不怕使十天，就怕猛三鞭"、"打冷鞭拐急弯儿，十有八九要流产"、"饱不加鞭，汗不当风"等。

劳动人民在长期的生产过程中还积累了一套挑选牲畜的方法。好的牲畜"头要精秀眼有神，性情温顺有精神"，买牲畜首先要看嘴，所谓"先买一张嘴，后买四条腿"，告诉人们买牲口时首先要看食槽，食槽宽的牲口能吃，长得壮，有力气。其次，还要看皮毛的色泽和蹄子，所谓"远看一张皮，近看四方蹄"、"牛要四脚圆，猪要四脚粗"，皮毛光滑柔软，蹄子平稳结实才是好牲畜。

三、反映地方民间文化心理

谚语不仅是人民群众劳动生产经验的总结，也是社会生活经验的总结。地方谚语以某地人民群众的现实生活为出发点，真实地记录了当地独特的民情风俗和社会生活，反映了当地群众的社会心理和行为取向。山西民风纯朴，山西人老实忠厚，待人耿直，言而有信，喜善厌恶，崇尚温良，具有中华民族勤劳、勇敢、善良等特点。山西谚语更是丰富多彩，从这些独特的谚语中可以透视出当地群众普遍的文化心理和行为取向。

（一）节俭爱家

山西是一个农业大省，千百年来，劳动人民辛勤耕耘，努力奋斗，养成了节俭的良好习惯。"穿衣吃饭量家当"，在山西各地的谚语中有很多是反映节俭观念的。平时饮食要节俭，如"少挖酱，少打醋，三年过来省条裤（陵川）"、"一天省一口，一年省一斗（忻州）"、"瓮口头不省，到瓮屡子就赶不上啦（平遥）"、"天天省把米，三年了不起（陵川）"；穿衣要节俭，如"新三年，旧三年，补补纳纳又三年（陵川）"、"衣服穿破才算衣，媳妇儿到老才算妻（忻州）"；生活琐事也要节俭，如"家有千斤油，不点双灯头（忻州）"、"请人不得不舍花，过时光不得不仔细（忻州）"，只有这样，才能做到"俭用省求人（忻州）"。

（二）勤劳致富

几千年来，山西农民日出而作，日落而息，靠自己勤劳的双手创造着幸福的生活。在日常农耕生活中，他们总是早起晚睡，谚语有"早起不忙，早种不荒（忻州）"、"早起三光，迟起三慌（陵川）"、"早起三天赛过一工（阳曲）"、"庄户人要早起，买卖人要算计（忻州）"、"寅时不起，误一天的事（原平）"、"男人不忘秋刹地，女人不忘夜拿针（襄垣）"。他们不相信命运，认为"不在乎院子不在乎坟，只要生下勤勤的人（汾西）"、"人勤地不懒，大囤圪堆小囤满（襄垣）"、"勤谨勤谨，衣饭作总不愁（阳曲）"。生活中，人们也喜欢勤快，反对懒惰，谚语有"人勤肚饱，人懒饿倒（忻州）"、"不怕穷，就怕懒（忻州）"、"越吃越馋，越坐越懒（武乡）"、"手懒嘴馋，日子艰难（忻州）"、"小伢儿勤，爱死人；小伢儿懒，拿棍撵（永济）"。

（三）诚信实在

"人无信不立，商无信不存（忻州）"，山西人老实厚道，诚实守信，与人交往实实在在，不会虚情假意，答应人的事一定要做到。谚语有"应人事小，误人事大（新降）"、"不怕天，不怕地，就怕为人没信义（忻州）"、"为人为彻，杀人见血（保德）"。女孩子在挑选对象时，"不看穿，不看戴，只看男方人实在（忻州）"。做买卖讲究公平，"公平交易，买主满意，童叟无欺，顾客拥挤（忻州）"。生活中人们鄙视不学无术，夸夸其谈的人，谚语有"不懂装懂，一辈饭桶（忻州）"、"不怕人笑话，就怕自己夸（忻州）"、"能说会说，死将来死的时候饿杀死（清徐）"。山西人知恩图报，谚语有"吃米别忘略忘了种谷的人，吃水别忘略打井的人（洪洞）"、"喝酒不忘烧酒的人，吃水不忘打井的人（汾西）"等。

（四）独立自强

山西多数地区山多水少，自然条件差，晋北的朔州有这样的谚语"城西关外沙田薄地，种上萝卜越长越细，刮起旋风通天独地"。勤劳善良的山西人民在这片土地上不畏艰苦，顽强奋斗，繁衍生息，创造出悠久的历史和灿烂的文化。面对贫瘠的土地，为了生存，山西人走南闯北，足迹遍布大江南北，"有鸡叫狗咬的地方就有忻州人（忻州）"。"黄金有价艺无价（忻州）"、"家种千亩地，不如随身带武艺（襄垣）"、"艺高人胆大（忻州）"，在外闯荡靠的是吃苦耐劳的精神和一门精湛的技艺。好的技艺要从小学起，"要想武艺好，从小学到老（忻州）"，学技艺要学精而不贪多，"艺多不养家"、"不要千样全，只要一样成（忻州）"，只要手艺精通，自然有人用，"不怕人不请，就怕艺不精（忻州）"。

山西人外出闯荡，靠的不仅是精妙的技艺，还凭借自己的聪明才智在商海里打拼，创造了历史上的晋商神话。山西人经商，首先靠的是"诚信为本"的经营理念，在晋中地区，至今广泛流传着这样一些谚语："生意靠实诚，买卖凭本钱"、"秤平斗满，尺子绷展"；其次，不能太过贪心，要讲究薄利多销，谚语有"三分利钱吃饱饭，七分利钱饿一半"、"一分二分不嫌少，千笔万笔不麻烦"、"让人买卖主顾多"；再次，对待顾客要热情和气，谚语有"和气客自来，冷语客不买"、"买卖不成仁义在"等。

四、反映当地风俗民情

地方俗语本身就是一种典型的民俗事象，反映了当地的民俗文化风貌，许多民俗现象直接反映在地方俗语中，"由于语汇形式的多样性和内容的丰富性，使其在反映当地社会生活、民情风俗方面，比方言词汇具有更强的承载力"（温端政 2005）。考察山西各地的谚语，我们可以详细地了解山西各地的民情风俗和人民群众的社会生活，试举例说明。

山西北部的忻州地区流传着这样的谚语"立咾秋挂锄钩，跌跤看戏放牲口"、"立咾秋，挂锄钩，走街看戏挠羊赛"。忻州素有"摔跤之乡"的美称，摔跤，忻州方言叫"跌跤"，摔跤比赛又称"挠羊赛"，"挠"意思是"扛"，因获胜的"挠羊汉"要把获胜的活羊"挠"在肩上扛回家而得名。比赛中还实行"过五关斩六将"的规则，这是受到三国时蜀汉大将关羽故事的启发而制定的，摔跤手连胜五个对手便是"好汉"，连胜六个对手便是"冠军"，即"挠羊汉"。忻州"跌跤"传统由来已久，据传，元明时代，忻州水草丰盛，是牧羊的理想场所，于是"挠羊赛"便以羊作为输赢的赌注。关于"挠羊赛"的最初起源，众说纷纭，有人认为出自古代的一门军营跤术，有人认为是对蒙古族"角抵"的接受和演化，这些我们都无从考证，从现在流传的谚语中可以看出，跌跤是当地群众农闲时的一种休闲娱乐活动。经过秋前多次锄草，杂草已没了气势，不会威胁庄稼生长；刚立秋，尚未到收割季节，正是农闲时期，当地群众就以"跌跤"来娱乐。当地还有一种传统，凡有庙会，都要举行"挠羊赛"，谚语有"赶会不摔跤，瞧得人就少，唱戏又摔跤，十村八村都来看热闹"。农闲时节，当地民间除了"摔跤"以外，还经常"唱戏"，唱的是传统剧目，据说是为了感谢神灵一年的庇护。

晋南万荣县有这样一些谚语"出门三件宝，馍馍、草帽和棉袄"、"老汉婆婆，小娃馍馍"、"要受活舒服，吃酥馍没有馏过的馒头"，这些谚语反映了馒头在当地人日常生活中的重要地位。饮食习俗的形成是与当地生产条件紧密联系的，晋南是山西小麦的主产区，小麦在当地人的饮食结构中占有很大的比重，这在客观上造成了当地人对馒头的依赖，这种依赖甚至超出了物质本身而进入了精神领域，仿佛有了馒头就有了一切，谚语"馍馍能吃够，万事都不愁"反映的就是这种情况。

一些谚语，只有当地人才能明白。如忻州有这样一条谚语："二十里铺讲不得话，关城子儿打不得架"，"二十里铺"在忻州城北20里处，当地群众善于说话，在此地说话，要处处留心；"关城子"在忻州城南40里处，当地群众精通武术，到此地千万不能与当地群众发生武力冲突，否则就要吃亏。在朔州，流传着这样一条谚语："穷三泉，饿徐村，讨吃出在神五村，养骡压马梁地村"，朔州地处雁北，雁北是一个土地贫瘠，自然灾害频发的地区，当地有这样的说法，"一出雁门关，两眼泪汪汪"、"雁北十三县，县县穷光蛋"、"河曲保德州，十年九不收，男人走口外，女人挽苦菜"（口外，指右玉县的杀虎口外，靠近内蒙古的土默特旗，清康熙实行"移民实边"政策后，山西各地居民由杀虎口进入土默特旗，然后向西移民），三泉和徐村都是朔州有名的穷村庄，当地群众生活困难，缺衣少食，神五村的人常因贫穷而外出要饭。当地畜牧业发达，梁地村的人更是善于养骡养马。这些谚语，非当地人不能明其意。

有些谚语还跟古代的节日习俗相关，如忻州谚语"癞蛤蟆躲不过端午节"就来源于古人端午节时采药捕蟾的习俗。古时民间普遍认为，端午时节药草正旺，药力最盛，这天采到的药材疗效最佳，捕捉到的蟾蜍药用价值最高。蟾蜍，俗名癞蛤蟆，其皮腺体的白色分泌物叫做"蟾酥"，有强心、镇痛、止血等作用，人们在这天捕到蟾蜍后，用针刺破其眉，将毒汁挤出，制成药丸，有退热消肿止痛的奇效。人们还将古墨装到蟾蜍腹内，在端午节这一天午时放在太阳底下曝晒，制成"蛤蟆墨锭"，据说可以治百病。这些习俗至今在有些地方仍然存在。端午节这天也成了癞蛤蟆最害怕的一天，谚语"癞蛤蟆躲不过端午节"便由此而来，后来语义经过慢慢演化，比喻该来的迟早要来，躲也躲不掉。

有些看似简单的谚语，却有着深厚的文化和历史积淀，如忻州谚语"果园不摘帽，瓜地不提鞋"（从人家的果园经过，不要举手去摘帽子，以免人家疑心在摘果子，从人家的瓜地经过，即使鞋子脱落了，也不要弯腰去提，以免人家疑心在偷瓜）。据《乐府诗集》记载，三国时曹植《君子行》："君子防未然，不处嫌疑间；瓜田不纳履，李下不正冠"，忻州这条谚语告诫人要避嫌，正是由此而来。再看一条谚语："千日打柴，不够一炉烧（保德）"，告诫人不要铺张浪费，要懂得节俭。宋·普济《五灯会元》卷一二："洪州翠岩可真禅师，福州人也。住翠岩日僧问：'如何是学人著力处？'师曰：'千日斫柴一日烧'。"斫，原指大锄，引申为"砍"，比喻事情的一举成功，要靠多日的努力。保德这条谚语用了否定的形式，表达了完全不同的意思，可谓巧妙。忻州还有这样一条谚语："刘备谋江山，张飞谋日馕"，"日馕"，意思是"吃"，带有贬义，指有志向的人谋的是前途，无志向的人图的是吃食，这条谚语由三国故事演绎而来，虽然历史上张飞并非一个没有志向只懂吃的人，但这条谚语却把人的思想带入遥远的历史长河中。

第三节 谚语的修辞手法

在表现手法上，有些谚语采用的是直陈式，即不使用任何修辞手段，直接把语义表达出来，如"大蒜是个宝，常吃身体好（襄垣）"、"吃饭不就菜，各人自己心里爱（长治）"、"种杨树喂母猪，十年就能发圪节—个大财主（洪洞）"、"修桥补路积阴功（临县）"、"早起三天赛过一工（阳曲）"等。有些谚语则通过运用比喻、对偶、夸张等修辞手法，将语义形象生动地表现出来。

一、对偶

对偶是用字数相同、结构相似或相同，意义对称的一对短语或句子来表达两个相对或相近意思的修辞方式。山西谚语大量采用了对偶的修辞手法，按前后语节在内容意思上的关系又可分为三种：

（一）正对

前后语节分别从两个角度、两个侧面说明同一事理，意思上相似相补，相辅相成。例如：

(1) 贪色刀下死，贪财丧残生（忻州）

(2) 真金不怕火烧，好媳妇不怕人瞧（襄垣）

(3) 常说口里顺，常做手不笨（忻州）

(4) 勤能补拙，俭能养廉（平鲁）

(5) 喝酒不忘烧酒的人，吃水不忘打井的人（汾西）

(6) 吃了人的嘴软，用了人的腿短（陵川）

例（1）从贪色、贪财两个方面告诫人不可贪。例（2）从两个方面说明了真正的好人好物经得起考验。例（3）从两个方面说明了经常练习的重要性。例（4）从勤、俭两个方面说明了勤俭的重要性。例（5）从两个方面告诉人们要知恩图报。例（6）从两个方面告诫人们不要随便接受别人的好处，否则就要受制于人。

（二）反对

前后语节分别从两个不同的方面着眼，意思上相反或相对。例如：

(1) 双桥好过，独木难行（襄垣）

(2) 人移活，树移死（忻州）

(3) 白酒红人面，黄金黑人心（天镇）

(4) 火要虚，人要实（祁县）

(5) 水葫芦，旱西瓜（怀仁）

(6) 人要长交，账要短算（忻州）

例（1）"双桥"与"独木"相对，"好过"与"难行"相反，告诉人们做事应多方考虑，力求稳妥。例（2）"人"与"树"相对，"活"与"死"相反，告诉人们不要固守一方，要勇于尝试新的环境。例（3）"白酒"与"黄金"相对，"红"与"黑"相反，告诉人们金钱容易使人迷失本心。例（4）"火"与"人"相对，"虚"与"实"相反，告诉人们做人要实在。例（5）"水"与"旱"相反，"葫芦"与"西瓜"相对，告诉人们葫芦喜涝，西瓜喜旱。例（6）"人"与"账"相对，"长"与"短"相反，告诉我们人与人之间要长期交往才能互相了解，而账目却要及时清算，以防遗忘。

（三）串对

前后语节着眼于互相之间有关联的事物，彼此具有承接、因果、假设、让步等关系，意思上相连相成。例如：

(1) 立冬不起菜，迟早要受害（太谷）

(2) 见人不施礼，多走十五里（山阴）

(3) 春天不到地里走，秋后饿得满街走（襄垣）

(4) 前晌立秋秋，后晌哨飕飕（祁县）

(5) 天天省把米，三年了不起（陵川）

(6) 为人谁能没有过，就怕知过不改过（平鲁）

例（1）前后语节为假设关系，告诉人们立冬时就该起菜了。例（2）为因果关系，告诉人们问路要有礼貌。例（3）也是因果关系，告诉人们只有春天辛勤耕种，秋天才会有收获。例（4）为承接关系，指一立秋，天气就凉了。例（5）为条件关系，告诉人们要时刻注意节俭。例（6）为让步关系，指犯错不可怕，重要的是要及时改正。

二、比喻

比喻是利用事物间的相似点，借一个事物来说明另一个事物，它也是山西谚语最主要的修辞手法之一。一般由三部分组成：本体、喻体、比喻词，根据这三部分的隐现情况，又可将比喻分成三类：

（一）明喻

本体、喻体、比喻词都出现的比喻，叫明喻。例如：

（1）棉花锄七遍，疙瘩棉铃像蒜瓣（万荣）
（2）一年打二春，黄草贵如金（忻州）
（3）饥饭甜如蜜，饱饭蜜不甜（天镇）
（4）儿女好比手指头，咬着一指十指痛（平鲁）
（5）脸面值千金，银钱如粪土（阳曲）
（6）先生改大夫，好比快刀割豆腐（长子）

例（1）至例（5）的两个语节中，只有其中一个语节运用了比喻的修辞手法。例（1）中比喻出现在后一语节，本体"疙瘩"指棉铃，比喻词"像"，喻体"蒜瓣"，形容棉铃长得像蒜瓣子一样又大又多。例（4）中比喻出现在前一语节，本体"儿女"，比喻词"好比"，喻体"手指头"，指对父母来说，儿女就跟自己的手指头一样重要。例（6）的前后语节分别作为本体和喻体，中间用比喻词"好比"来连接，二者有相似点"容易"，意思是教书先生和大夫都是文化人，改行比较容易。

（二）暗喻

暗喻只出现本体和喻体，而不出现比喻词，多用"是"、"叫"等来连接本体和喻体。例如：

(1) 人到四十五，正是出山虎（忻州）

(2) 嫁子儿媳妇一碟菜，全凭婆遮盖（临县）

(3) 媒人的嘴，兔子的腿（大同）

(4) 人怕伤心，树怕剁根（永济）

例（1）前后语节分别充当本体和喻体，中间用"正是"来连接，指45岁正是干事业的巅峰阶段。例（2）只有前一个语节用了比喻，本体和喻体之间没有连接词，意思是"儿媳妇"像"一碟子菜"一样，有些缺点、过错需要婆婆遮掩。例（3）前后语节分别充当本体和喻体，中间没有任何连接词，二者之间有一个共同点"快"，形容媒人的嘴快。例（4）拿"树"比"人"，拿"剁根"比"伤心"，综合起来拿"树怕剁根"比"人怕伤心"，指伤了的心灵难以平复，正如剁了根的树木难以存活一样。

（三）借喻

借喻本体和比喻词都不出现，只出现喻体。很多具有比喻义的谚语都是通过借喻来实现的，在结构形式上，可以是单语节，也可以是双语节。例如：

(1) 山场大了有绿骡子（忻州）

(2) 猪毛栽不到羊身上（临县）

(3) 顶梁不正底梁歪（平遥）

(4) 半截子瓦渣也能绊死人（洪洞）

(5) 千锤捣锣，一锤定音（临县）

(6) 老虎下山受狗欺，凤凰落架不如鸡（天镇）

例（1）比喻世界大了，什么样的人都有。例（2）比喻不是亲生的孩子，很难跟父母、家庭真正融为一体。例（3）比喻上级或大人带了不好的头，下面的人或子女就会跟着走。例（4）比喻不起眼的小人物有时也能扳倒大人物。例（5）比喻意见众多，必须有人做最后的决定。例（6）比喻有权势的人一旦失势，就会受人欺凌，甚至连一般人都不如。

三、比拟

比拟就是借助丰富的想象，把物当作人来写（拟人），或把人当作物来写（拟物），或把甲物当成乙物来写，山西谚语多采用拟人的修辞手法，把物当成人来写，赋予人的思想、感情和活动。例如：

（1）枣树不识羞，离了地皮就的溜吊（忻州）
（2）人勤地不懒，大囤圪堆小囤满（襄垣）
（3）六月里韭，驴不瞅（万荣）

例（1）"识羞"本来是人的心理，用来描写枣树，指枣树刚刚长高一点儿就结枣，是把植物当作人来写。例（2）"懒"本来是人才有的行为，用来描写地，指只要勤于耕作，就会有收获，是把无生物当作人来写。例（3）在万荣方言中，"瞅"的意思是人用眼看，这里用来写驴，突出表现了六月的韭菜已经没有任何香味，没人爱吃，这是把动物当作人来写。

四、夸张

夸张是指在客观事实的基础上，运用丰富的想象力，故意对事物的某些方面作夸大或缩小的描述，以增强表达效果。可分为扩大夸张、缩小夸张、超前夸张三种。例如：

（1）吃药不忌嘴，大夫跑断腿（长子）
（2）打不完毡上的土，诉不完穷人的苦（忻州）
（3）麦熟杏儿黄三晌午（忻州）
（4）苗前一根草，赛过毒蛇咬（天镇）
（5）二月清，遍地青；三月清，没一根（大同）
（6）头伏呜吟蝉叫，背上黄米没人要（长治）

例（1）、例（2）为扩大夸张，"跑断腿"形容大夫跑的次数多；"毡上的土"形容穷人受的苦多。例（3）"三晌午"为缩小夸张，指麦子和杏儿一旦进入成熟期，变化很快。例（4）、例（5）均为扩大夸张和缩小夸张相结合，例（4）"一根草"为缩小夸张，"毒蛇咬"为扩大夸张，指很少的杂草都会对庄稼造成很大的伤害；例（5）"遍地青"为扩大夸张，"没一根"为缩小夸张，指清明节若在二月，则青草遍地，若在三月，则地里青草很少。例（6）为超前夸张，指头伏蝉鸣，粮食就会大丰收。

五、借代

借代是不直接说出所要表达的人或事物，而是借用与它密切相关的人或事物来代替的一种修辞方法，恰当地运用借代可以突出事物的本质特征，增强语言的形象性。常见的有部分代整体，特征代本体，个别代一般，具体代抽象等。例如：

（1）没裸没有乡下泥腿，饿煞城里油嘴（忻州）

（2）老手旧胳膊，一只顶两只（临县）

（3）饿喽糠也甜，饱喽肉也嫌（临汾）

（4）小时惯偷针，大了敢偷金（原平）

（5）三拳头打出亲弟兄（忻州）

例（1）用"泥腿"指代乡下人，用"油嘴"指代城里人，是用特征代本体。例（2）用"老手旧胳膊"指代有经验的人，是用部分代替整体。例（3）用"糠"和"肉"分别指代"不好吃的东西"和"好吃的东西"，例（4）用"针"和"金"分别指代"小东西"和"贵重东西"，都是用个别代替一般。例（5）用"三拳头"指代"打架"，是用具体代抽象。

六、排比

排比是将三个或三个以上结构相同或相似、内容相关的短语或句子排列在一起，用来增强语势，强调内容，加重情感。在山西谚语中，一般为三项排比和四项排比。例如：

(1) 天黄有雨，地黄有风，人黄有病（陵川）

(2) 入山问路，入乡问俗，入国问禁（平鲁）

(3) 头伏耕地一碗油，二伏耕地半碗油，三伏耕地没啦油（汾西）

(4) 饥不择食，寒不择衣，慌不择路，贫不择妻（平鲁）

(5) 春雾风，夏雾热，秋雾连阴，冬雾雪（长治）

七、回环

回环是用词语相同而语序相反的两个短语或句子回环往复说明的一种修辞方式，运用回环修辞手法构成的谚语，前后语节语义上互相关联，互相依附，反映了事物之间相互依存的关系。例如：

(1) 花开不结籽，结籽不开花（忻州）

(2) 会的不忙，忙的不会（忻州）

(3) 留情不说话，说话不留情（平鲁）

(4) 成人不自在，自在不成人（平鲁）

(5) 开水不响，响水不开（平鲁）

例（1）中"花开不结籽"指的是大麻的雄株（俗称花麻）只开花不结籽；"结籽不开花"指的是大麻的雌株（俗称小麻）只结籽不开花。例（2）中"会的不忙"指有本领、有技能的人做起事来从不忙乱；"忙的不会"指做事手忙脚乱的人必然没有真本事。例（3）中"留情不说话"指如果要给对方留情面，就不会开口；"说话不留情"指一旦开口，就不留情面。例（4）中"成人不自在"指要做一个真正的人，就不能随心所欲，想干啥干啥；"自在不成人"指想要随心所欲，就难以成为一个真正的人。例（5）中"开水不响"，指茶壶里的水一旦开了，就没有声音了；"响水不开"指茶壶里的水如果有声音，就代表没有开。

此外，有些谚语还用了顶真的修辞手法，前后顶接，结构整齐，环环相扣，如"粪肥土，土肥苗（忻州）"、"人有不如自有，自有不如怀揣（平鲁）"等。

第四节 谚语的认知研究

从语义理解上，我们把山西谚语分为三类：一类是通常根据字面意义理解的，如"早霞不出门，晚霞行千里"告诉人们早晨有红霞，预示着当天有雨，不宜出行，傍晚有红霞，预示着次日天气好，适宜远行；"头伏萝卜二伏芥，三伏种的好白菜"告诉人们种各种蔬菜的时间；"三百六十行，行行出状元"告诉人们只要好好干，各行各业都会出人才。一类通常做隐喻性理解，如"狗嘴里吐不出象牙"比喻坏人嘴里说不出什么好话来；"强扭的瓜不甜"比喻用强制手段行事，不会有好结果；"无风不起浪"比喻事情不会无缘无故发生，总会有起因。还有一类是由传统的"比兴"手法创造的谚语。这类谚语，从形式上看，由前后两个语节组成，前后两个语节是平列的，从内容上看，其中有一个语节只起"比兴"作用（可以是前语节，也可以是后语节），略有比喻的意味，但并不是谚语要表达的实际意思，另一个语节才是谚语真正要表达的内容，如"针怕扎在病处，话怕说在根上"，后语节告诉人们说话要切中要害才能有效；"人怕揭短，树怕剥皮"，前语节揭示人最怕自己的短处被揭露而丢面子的道理。下文主要从认知角度来讨论后面两类，即做隐喻性理解的谚语和带"比兴"句的谚语。

一、基于相似的隐喻性谚语

传统隐喻理论将隐喻看做一种语言现象，是一种修辞手段，"就修辞学而言，我国对隐喻研究有自己的发展史和传统"（胡壮麟 2004，223 页）（关于隐喻的传统修辞作用，在本书第三节讨论山西谚语的修辞手法时有较为详细的论述）。现代隐喻理论则认为，隐喻不仅是一种语言现象和修辞手法，更是人类的一种思维和认知世界的方式，是人类用某一领域的经验来说明或理解另一领域的经验的一种认知活动。作为一种思维和认知方式，它是一种以词为焦点，语境为框架的语用现象。只要在一定的语境中，某一类事物来谈论另一类不同的事物就构成了隐喻，隐喻可以在各个语言单位层次上出现，包括词、词语、句子和话语（束定芳2000）。

（一）一种源自体验的隐喻表达

隐喻是一种基于自身经验的认知表达，"语言中有很多例子证明许多隐喻性思维来自我们身体的经验"（束定芳2004），人总是用日常生活中所体验到的东西来表达抽象的感受。日常生活的衣食住行、吃喝拉撒都能通过隐喻来表达抽象的概念，从而形成具有隐喻性的谚语。如"不戴帽子，不知头大小"比喻不亲自实践，就不会得出正确的结论；"吃别人嚼过的馍馍不香"比喻做事如果单纯模仿别人就不会有创新；"冷手抓不住热馒头"比喻心太急则办不成事；"不拉屎就不要占茅子"比喻不做事就不要占着位子不走。

日常劳动和生活经历更是隐喻产生的源泉。有些谚语本是一种劳动经验，把这些经验映射到抽象领域，便产生了隐喻意义。如"绳子总是从细处断"比喻事情总是在最薄弱的环节或意志不坚的人身上出问题；"起头容易结梢难"比喻事情开头容易，可是要做好就难了；"小时不捅砍，到大难成材"本指管理树木要从树苗开始，比喻孩子如果从小教育不好，大了就很难成为有用的人才，告诉人们教育孩子要从小抓起；"不动笤帚地不净"比喻不真正采取行动，就解决不了实际问题。

（二）隐喻中的意象

在隐喻结构中，两种通常看起来毫无联系的事物被联系在一起，是因为人类在认知领域里对他们产生了相似联想，人类通过联想，用生活中所熟悉的动物、物体或情景事件等来映射相似的、陌生的或抽象的事物或事件。一些地方谚语所描绘的动物、事件或情景，可以唤起我们对当地自然环境或人文环境的联想和想象，我们以隐喻性谚语中出现的动物意象为例来讨论。

人类对世界的认知是一个渐进的过程，在漫长的农耕生活中，人类能够直接接触和感知到的除人自身以外的生命应该算是各种动物，因此，人类总是习惯把动物与人自身联系在一起，从而构成各种隐喻表达。山西地处黄土高原，历史上曾是畜牧业非常发达的地方，许多地区的生产长期以畜牧业或半农半牧为主，因此，在山西谚语中也出现了很多动物的意象，有些谚语是山西特有的，有些则带有普遍性，全国各地都有。如"山场大了有绿骡子"比喻世界大了，什么人都有；"羊群儿丢了羊群儿寻"比喻问题出在哪儿，就从哪儿着手解决；"一个槽子上拴不住两个叫驴"比喻两个情形相同或实力相当的人不能在一块共事；"马尾巴长只苦马屁窟"，苦：遮盖，屁窟：屁眼儿，比喻人再有本事，也只能管自己的事，管不了别人的事；"鞭子打的是快牛"比喻干得越好，领导或上级逼得就越紧；"瘦死的骆驼也比马大"比喻权势或富贵之家即使失势，也还有一定的威势。有些谚语还反映了人类对大型猛兽的畏惧，如"东山老虎吃人，西山老虎也吃人"，比喻无论到哪里都躲不过，强者总是要欺压弱者。

一些小家畜也常常被用来隐喻人，如"摆尾巴的狗不咬人"比喻只知道听从、附和的人不会有什么大出息；"死狗扶不到墙头上"比喻无能的人，别人再怎么用力扶持都没有用；"猫儿不急不上树，兔儿不急不咬人"比喻人一旦被逼无奈，就会冒险做出一些过激的行为；"吃饱的猫儿不捉鼠"比喻条件太过优越，会使人失去前进的动力。

有些谚语中的动物意象是用当地特有的方言词来表达的，如"一窝狐子不嫌酸（忻州）"，当地人称狐狸为"狐子"，比喻臭味相投的人互不嫌弃；"麻狐吃咾大胆的，河嘞淹杀会水的（清徐）"，当地人称狼为"麻狐"，这条谚语比喻本领再大的人，也会有失手的时候，提醒人做事要小心谨慎；"蚂蜜虎□〔səu³¹〕倒泰山（平遥）"，意思是蚂蚁一点一点地搬，就可以搬倒泰山。这条谚语比喻人多力量大，只要齐心协力，坚持不懈，就能成功。

二、基于类比联想的谚语

汉语谚语中还有一类由比兴手法创造的谚语，比兴手法在我国诗歌创作中源远流长，从《诗经》起就已开始运用，"比者，以彼物比此物也。""兴者，先言他物以引起所咏之词也。"（宋·朱熹）从心理学的角度讲，比和兴属于两种心理现象，其共同的心理机制，就是类比联想，"比"通常是有意识的，而"兴"则多为无意识的，如"劈柴看纹理，做事凭道理"，前后两句之间没有任何关联，前句只起"兴"的作用，目的是为了引出后句，而有意识联想的"比"是根据两种事物或现象的类似点而推测它们之间其他的类似点，进而产生联想的一种思维活动。下面我们就来考察一下山西谚语中由有意识联想的"比"而创造的谚语。

通过对山西方言谚语的整理，我们发现，从语言形式上看，这类谚语是由平列的两个语节组成，一个语节只起"比"的作用，另外一个语节才谚语真正要表达的内容。"托物兴辞的起兴是汉民族口头创作的传统手法之一，用意合法托物兴辞创造谚语也是汉民族谚语创造的重要方式之一"（沈怀兴 2004）。人类通过把周围的各种现象跟人类自身做类比，发现了一些共同之处，从而加深了对自身和社会的认识，这是一个由浅入深，由一般到特殊的认识过程，是一个由感性认识到理性认识的飞跃。类比的方式可以由具体到具体，也可以由具体到抽象，两个语节之间必然有一个类比点相连接，这个类比点可以是动作，也可以是状态或结果。

（一）动作类比

"穷汉敬富汉，老鼠忽舔猫屁眼"，忽舔，意思是巴结，这条谚语前后语节的类比点是"巴结"这个比较抽象的动作，穷人巴结富人，正如老鼠去巴结猫一样，最终不会有什么好下场。

（二）状态类比

"鸟美在羽毛，人美在学问"前语节和后语节有一个共同的类比点即"美"，通过鸟和人的类比，告诉人们有学问、有修养的人才真正美；"赖瓜籽多，赖人理长"，前后语节的类比点是表示品质不好的"赖"，由不好的瓜往往有很多的籽粒而联想到不好的人往往有很长的歪理；"黑馍馍甜，丑媳妇贤"，前后语节的类比点是表示外表不好的"黑、丑"，由黑馒头的香甜而联想到丑媳妇的贤惠，告诉人们不要以貌取人；"话多人不信，雨多涝了田"，与前面几条谚语不同的是，这条谚语"比"的部分是后一语节，前后语节的类比点在于"多"，让人由雨水太多而产生的危害联想到话语太多而产生的不好后果，告诫人说话不在多，而是要真实可信。

类比点也可以是否定形式，如"灯不明要拨，事不明要说"，前语节的"明"意思是明亮，后语节的"明"意思是明白、清楚，前后两个语节的类比点是一个是否定形式，即表示状态的"不明"，让人由"油灯的不亮"联想到"事理的不明"，由"拨动灯芯之后变亮"联想到"说明事理之后明白"，通过类比，告诉人们事理不明就一定要说出来让人明白。

（三）结果类比

有些谚语，前后两个语节之间由一个表示结果的类比点相连接。如"碾谷要碾出米来，说话要说出理来"，虽然两个语节都有表示动作的词，但是动作不是这条谚语的中心，它更关注动作的结果，因此前后两个语节的类比点是"碾出"和"说出"，用"碾谷子最终结果是碾出米来让人食用"来类比"说话最终结果是要说出道理来让人信服"，由于有人类联想的参与，使这条谚语富有形象性和想象性。

在山西谚语中还存在这样一类谚语，前后两个语节也有共同的类比点，但是类比的结果却完全不同。如"大豆不挤不出油，时间不挤自会溜"，前后两个语节有一个共同的类比点是表示动作的"挤"，"挤"指"用压力使从孔隙中出来"（现代汉语词典642页），由具体的榨油动作"挤"而联想到"从繁忙中挤时间"，但是结果却不同，大豆不挤的结果是油不会自己出来，而时间不挤的结果却是自己能溜走，后语节才是表达的重点，这其实是在人的认知领域里对二者产生了另外一种联想——正反联想的结果，使要表达的意思更加明确、生动；"瓶口能扎住，人口扎不住"，共同的类比点是动作"扎"，但是结果却不一样，瓶子的口子能扎住，使东西不漏出去，而人的口却扎不住，使得消息四处散播，后语节才是谚语要表达的意思。再如"人移活，树移死"，共同的类比点是"移"，而结果却不一样，人如果更换工作地点和环境，发展会更好，而树如果移栽，就会枯死，前语节才是谚语要表达的真正意思。

小　结

地方俗语以其独特的语言和表达方式忠实地记录了当地的自然环境和生产习俗，反映了当地群众真实的社会生活，使劳动大众在长期实践中积累、总结出来的经验得以流传。这些俗语所折射出的历史和文化，为我们勾勒出一副当地群众真实生活的历史画卷，分析这些俗语可以为我们再现当地的历史和文化。从认知上来看，人类的认知和思维方式是共通的，地方俗语语义的产生和扩展也完全符合人类的普遍认知规律，通过人类共同的隐喻、转喻、联想、类比等认知事物的方式，俗语的语义也由单纯对客观事物的表述向抽象领域映射，从而丰富了人类的思维和表达方式。

中国地域广大，幅员辽阔，全国各地方言众多，随着对方言研究的深入开展，对地方俗语的研究也越来越多，这里仅以山西境内各地流传的已经被人们整理记录的谚语为语料来考察，而这些远远不是山西谚语的全部，还有大批的谚语尚未被人们记录、整理，需要我们进一步去发掘、研究，而这正是我们下一步要做的。通过对这些谚语的整理、研究，我们可以从中吸取丰富的知识和营养，使劳动人民的生产和生活经验能够在新时期发扬光大，从而指导我们创造更加和谐美好的生活。

参考文献：

［1］胡壮麟. 认知隐喻学. 北京大学出版社，2004

［2］乔全生主编. 山西方言重点研究丛书. 1999－2007

［3］沈怀兴. 汉语谚语中意合法的应用. 语言教学与研究，2004（3）

［4］束定芳. 隐喻学研究. 上海外语教育出版社，2000

［5］束定芳. 隐喻研究中的若干问题与研究方向. //语言的认知——认知语言学论文精选. 上海外语教育出版社，2004

［6］王进. 汉语惯用语隐喻的发生机制. 修辞学习，2006（3）

［7］温端政. 方言和晋语研究. 方言，1998（4）

［8］温端政. 方言和民俗. 中国语文，1988（3）

［9］温端政. 《谚海》前言. 语文出版社，1999

［10］温端政主编. 汉语语汇学教程. 商务印书馆，2006

［11］温端政主编. 山西省方言志丛书. 1983－1996

［12］吴建生. 万荣俗语初探//俗语研究与探索. 上海辞书出版社，2005

［13］杨增武主编. 忻州方言俗语大词典. 上海辞书出版社，2002

附：

谚语例释

说　明

1. 语目资料主要来源于《山西省方言志丛书》（温端政主编，语文研究增刊/语文出版社/山西高校联合出版社出版，1983－1996）、《山西方言重点研究丛书》（乔全生主编，山西人民出版社，2002－2007）、忻州方言俗语大词典（温端政、张光明，上海辞书出版社，2002）。临县、万荣、壶关等点条目为编者调查所得。

2. 语目后逐条注释，并在括号内注明谚语类型。如"农谚"、"气象谚"、"生活谚"。

3. 有的语条各地的形式有细微差别，为便于比较，有选择地保留了一些副条。如相连副条出处一致，只在最后一条注明。

A

【挨好人出好人，挨上巫婆会跳神】（社会谚）跟什么人接触就学什么人。指生活环境对人的影响很大。（河津）

也作"挨上勤勤勤快的人没懒哩，挨上吃嘴没攒哩"、"挨上秀才肯读书，挨上屠夫学杀猪"（河津）、"跟好人出好人，跟上师婆会跳神"（临县）、"伴好人出好人"（忻州）、"挨上朱砂是红的，挨上烟煤是黑的"（原平）。

【挨上好邻家，吃酒又戴花；挨上赖邻家，挨板又扛枷】（社会谚）碰上好邻居，彼此友好，和睦相处；碰上不好邻居，纠纷四起，官司不断。指选择邻居很重要。（和顺）

也作"伴上好邻家，吃酒又戴花；伴上赖邻家，挨了板子又坐监"（忻州）。

【爱苗惜子，必定饿死】（社会谚）指过分宠爱孩子而舍不得管教，正如过分爱惜禾苗而舍不得间开一样，将来一定要受害。（太谷）

B

【八月初一洒一阵，旱到来年五月尽】（气象谚）五月尽：五月底。指八月初一的雨预示着很长一段时间将持续干旱。（寿阳）

也作"八月初一洒一阵，旱到明年五月尽"（和顺）、"八月初一下一阵，旱到来年五月尽"（怀仁）。

【八月十五阴，正月十五雪打灯】（气象谚）指八月十五阴天和正月十五下雪都是年景好的征兆。（祁县）

也作"八月十五月不明，来年元宵雪打灯"（蒲县）、"八月十五云遮月，正月十五雪打灯"（怀仁）、"八月十五云遮月，正月十五雪打灯，当年好收成"（长子）、"八月十五下一星，单看明年雪打灯"（万荣）。

【白的容易黑，黑的不易白】（社会谚）比喻歪曲事实很容易，但要澄清就难了。（襄垣）

【白露早寒露迟，秋分种麦正当时】（农谚）指秋分时节正是种冬小麦的最好时候。（忻州）

也作"白露早，寒露迟，秋分种麦正适时"（高平）。

【摆酒席容易请客难】（社会谚）指设宴容易，但要把客人都请到就难了。（忻州）

【半截子瓦渣也能绊死人】（社会谚）瓦渣：碎瓦片。比喻不起眼的小人物有时也能扳倒大人物。（洪洞）

【饱带干粮晴带伞】（社会谚）指要防患于未然。（应县）

【鞭子打的是快牛】（社会谚）比喻干得越好，领导或上级压的任务就越多，逼得就越紧。（忻州）

【兵差差一个，将赖赖一窝】（社会谚）指领头人的品格素质对整个团体的影响很大。（应县）

【不戴帽子，不知头大小】（社会谚）比喻不亲自实践，就不会得出正确的结论。（忻州）

【不恨杀人的，只恨帮刀的】（社会谚）指阴谋背后的主使者才是最令人痛恨的。（忻州）

也作"不恨杀人的，单恨递刀的"（临县）。

【不经冬寒，不知春暖】（社会谚）比喻只有经历磨难，才能更加体会生活的美好。（忻州）

【不怕百事不利，单怕灰心丧气】（社会谚）指人无论在什么情况下都不能丧失信心和勇气。（原平）

【不怕虎狼坐当面，只怕有人耍两面】（社会谚）指与敌人面对面斗争还可以还击，而耍两面派的人却让人难以提防。（原平）

【不怕虎生双翼，就怕人起两心】（社会谚）指人心不团结是成功最大的敌人。（忻州）

【不怕慢，只怕站】（社会谚）指做事情慢点儿没关系，但就怕不坚持。（陵川）

也作"不怕慢，单怕站"（武乡）、"不怕慢，光怕站"（太原）、"不怕慢，就怕站"（应县）。

【不怕千巧，就怕一错】（社会谚）指人最怕犯错误，一旦犯错，连以前的成绩也会大打折扣。（忻州）

【不怕人不请，就怕艺不精】（社会谚）指只要技艺精湛，就不担心没人用。（忻州）

【不怕人有错，就怕不改过】（社会谚）犯错并不可怕，怕的是有错而不改。劝人要及时改正错误。（太原）

【不听老人的话，手背儿该朝下】（社会谚）指老年人见多识广，阅历丰富，如不注意听取他们的意见，就要吃大亏。（新绛）

也作"不听老人话，手背朝了下"（长治）、"不听老人话，时光就带差"（忻州）、"不听老人言，吃亏在眼前"（大同）。

【不图一时乱拍手，只求他日暗点头】（社会谚）指不要满足于一时的荣誉，而要刻苦努力，以赢取人们心底的佩服与尊重。（忻州）

【不在院子不在坟，只要生下勤林人】（社会谚）指家业的兴旺发达，并不在于是否有好风水，只要人勤快，就能致富。（洪洞）

也作"不在乎院子不在乎坟，只要生下勤勤勤快的人"（汾西）。

C

【蚕老一时，麦熟一晌】（农谚）指麦子和蚕一样，一旦进入成熟期，一时一个变化，必须抓紧时间收割。（临汾）

【草膘料力水精神】（农谚）指牲口吃草长膘，吃料长力，喝水长精神，一样都不可缺。（忻州）

【茶叶淡了不如水，人没钱儿不如鬼】（社会谚）没钱的人，没人愿意理。指旧社会世态炎凉。（平遥）

【长舌底下压死人】（社会谚）指流言蜚语最可怕。（应县）

【常将有日思无日】（社会谚）指即使日子富裕，也应该节俭度日。（应县）

【常说口里顺，常做手不笨】（社会谚）指凡事要经常练习，才不会生疏。（忻州）

【秤砣虽小压千斤】（社会谚）比喻衡量一个人，不能光看外表，而要看有没有真本事。（应县）

【吃饱的猫儿不捉鼠】（社会谚）比喻过于优越的条件会使人丧失前进的动力。（忻州）

【吃不穷，喝不穷，打算不到一世穷】（社会谚）指日常的吃穿用度并不能使人穷困，过日子必须要学会周密计划，否则就要受穷。（文水）

也作"吃不穷，穿不穷，打划不到一辈穷"（陵川）、"吃不穷，穿不穷，数算不到一世穷"（洪洞）、"吃不穷，喝不穷，检点不到一辈穷"（原平）、"吃不穷，穿不穷，不会计算一生穷"（太原）、"吃不穷，穿不穷，算计不到受了穷"（代县）、"穿不穷，吃不穷，打算不到常受穷"（平遥）、"穿不穷，吃不穷，颠倒不对一辈穷"（和顺）。

【吃的是面和米，讲的是情和理】（社会谚）指做人应该讲情义、讲道理。（忻州）

【吃饭不拉呱，酒醉不骑马】（社会谚）拉呱：闲聊。指吃饭时最好不要说话，喝醉酒最好不要骑马。（应县）

【吃饭在牙口，种地在茬口】（社会谚）茬口：指轮作作物的种类和轮作的次序。指牙口好了，吃饭才能香；茬口选好了，才能多产粮。（屯留）

【吃亏不算傻，让人不算呆】（社会谚）劝人不要过分计较利害得失。（应县）

【吃了人的嘴软，用了人的腿短】（社会谚）指吃用了人家的，遇事就只能迁就、听从。（陵川）

也作"吃咾人家的嘴软，荷咾人家的手短"（临县）、"吃咾人家的嘴软，偷咾人家的手短"（武乡）、"吃了人家的嘴软，拿了人家的手短"（长治）。

【吃米别忘略种谷的人，吃水别忘略打井的人】（社会谚）忘略：忘了。告诫人们享受幸福的时候，不要忘了别人的恩德或创业者的艰辛。（洪洞）

【吃药不忌嘴，大夫跑断腿】（社会谚）指在吃药治病的同时也要忌口，不能吃的不要乱吃。（长子）

也作"病人不忌嘴，先生跑断腿"（介休）、"吃药老婆不忌嘴，跑断大夫腿"（武乡）、"吃药不忌嘴，跑折大夫腿"（长治）。

【稠倒茭子稀倒谷】（农谚）茭子：高粱。指高粱留苗要稀，而谷子留苗要稠。（长子）

【丑人多作怪，拙人难侍候】（社会谚）指丑人为吸引注意力而常常搞怪，笨人因为不会又不懂而常常胡乱挑剔。（忻州）

【出门看天色，进门看眼色】（社会谚）指行事时要学会观察对方的表情变化。（忻州）

也作"出门看天色，进门看脸色"（长治）。

【出门人三辈小，不是哥便是嫂】（社会谚）指出门在外，要处处忍让，说话做事要格外小心，对人要礼貌尊敬。（河津）

也作"出门三分小"（应县）。

【锄糜糜，浮皮皮】（农谚）指糜子不能深锄。（忻州）

【锄上有水，杈上有火】（农谚）指用锄头为农作物松松土，就能减少水分挥发，抗旱；用杈子多翻几遍，粮食就容易晒干。（陵川）

也作"锄头有水，杈头有火"（蒲县）、"锄钩子有水，犁弯子有火"（忻州）、"锄头自带三分水"（应县）、"锄尖尖上有水，杈尖尖上有火"（临县）。

【处暑不出头，割的喂老牛】（农谚）如果高粱在处暑时节还没有抽穗，就不会有收成了。（怀仁）

也作"处暑不出头，割的喂了牛"（文水）、"处暑不出头，割上喂唠牛"（和顺）。

【处暑不带耙，误了来年夏】（农谚）夏：夏收。指冬小麦种植前一定要用耙子来平整土地以保持底墒，否则次年小麦的夏收就要受影响。（万荣）

【穿衣吃饭量家道，搽胭抹粉称人才】（社会谚）指人吃穿用度要根据家境，量力而行。（临县）

也作"穿衣吃饭量家当，搽油抹粉量衣裳"（忻州）。

【传言过话，自讨挨骂】（社会谚）指爱传播流言蜚语的人最终会自讨苦吃。（应县）

【春打收咧，秋打丢咧】（农谚）指春天下冰雹，禾苗尚小，还有机会复生或补种，而秋天庄稼即将成熟，如果下冰雹的话，一年就白白辛苦了。（灵丘）

【春风不刮地不开，秋风不刮籽不来】（农谚）指春风吹来土地解冻，秋风刮起万物成熟。（忻州）

也作"离了春风地不开，离了秋风籽不来"（山阴）、"不刮春风地不开，不刮秋风米不来"、"春不刮，地不开"（长治）。

【春风吹破琉璃瓦】（气象谚）指尽管春天来了，但风依然寒冷猛烈。（定襄）

【春旱不算旱，秋旱减一半】（农谚）指秋旱比春旱对庄稼的危害更大，秋季正是大秋作物灌浆成熟期，急需雨水，此时缺水，常会造成籽粒秕壳，农作物将严重减产。（忻州）

也作"春旱不算旱，伏里下透吃饱饭，秋旱减一半"（和顺）、"春旱不算旱，秋旱收一半"（应县）、"春旱收，秋旱丢"（忻州）。

【春捂秋冻，不生杂病】（社会谚）指初春时节，天气不稳定，不要急着脱棉衣，再捂一捂；初秋时节，不要急着添加衣物，再冻一冻。这样才能适应天气的变化，身体才能健康。（襄垣）

D

【打架不能劝一边，看人不能看一面】（社会谚）指看待人或处理问题要全面。（忻州）

【打了缸说缸，打了盆说盆】（社会谚）比喻要就事论事，不要牵扯太远。（陵川）

也作"打了锅子说锅子，打了盆子说盆子"（长治）、"打了盆说盆，打了碗说碗"（应县）。

【打蛇不死终是害】（社会谚）比喻扫除坏人或恶势力一定要彻底。（忻州）

【打蛇打七寸，擒贼先擒王】（社会谚）比喻做事要抓住要害。（应县）

【大豆不挤不出油，时间不挤自会溜】（社会谚）指不要把时间白白浪费，要珍惜时间。（原平）

【大旱不过五月二十五】（气象谚）相传这一天关老爷磨刀，多少要下点儿磨刀水。（晋城）

【大旱三年，不跟雨锄田】（农谚）指大旱之后，一旦下雨，不宜立即下地锄田，防止把地踩实。（忻州）

【单看立秋晴一日，农夫不用力耕田】（农谚）古人常根据立秋这一天的天气来预测一年的收成，如果立秋日天气晴朗，来年必定风调雨顺，不用有旱涝之忧，农民可以坐等丰收。（寿阳）

【弹打一溜线，风刮一大片】（气象谚）指冰雹只在很窄的范围下，而起风的话则是大面积的。（太谷）

【挡住千人手，捂不住万人口】（社会谚）指流言的传播是无法人为制止的。（忻州）

【刀快不怕脖子粗】（社会谚）比喻只要本领过硬，就不担心问题难解决。（忻州）

【灯不拨不亮，话不说不明】（社会谚）油灯不拨动灯芯，灯光就不亮；话语不说清楚，人就不会明白。指一定要把话说明白，是非才能清楚。（应县）

【地是刮金板，就看人勤懒】（农谚）指只要勤于耕作，种地也能致富。（和顺）

【地在人种，事在人为】（社会谚）指事情成功与否取决于人是否努力，正如收成好坏取决于人是否勤劳一样。（忻州）

【爹有不敌娘有，娘有不敌怀揣】（社会谚）指要过好日子，只有靠自己。

（长治）

【顶梁不正底梁歪】（社会谚）比喻长者或上层人物品行不端，下面的人自然也跟着学坏。（平遥）

【东虹圪雷西虹雨，南虹出来卖儿女】（气象谚）彩虹在东，只会打雷；彩虹在西，将会下雨；而彩虹在南则必定干旱。（武乡）

也作"东虹风，西虹雨，南虹出来卖儿女"（沁县）、"东虹圪雷，西虹雨；南虹出来晒死你，北虹出来卖儿女"（屯留）、"东虹忽雷西虹雨，南虹出来晒死人"（长子）、"东虹忽雷西虹雨，南虹旱，北虹乱"（晋城）。

【东虹忽雷西虹雨，起喽南虹下大雨，起喽北虹卖儿女】（气象谚）当地人根据彩虹的位置可以判断是否有雨：彩虹在东，只会打雷；彩虹在西，一定下雨；彩虹在南，会有大雨；彩虹在北，必定干旱无雨，只好靠卖子女维生。（太谷）

也作"东虹忽雷西虹雨，起了南虹下大雨，北虹起来卖儿女"（寿阳）、"东虹呼雷西虹雨，南虹出来发大水"（阳曲）、"东虹吼雷西虹雨，起了南虹下粗雨"（吉县）。

【东雨不往西行，来咾沟满河平】（气象谚）指东边的雨带一般不会向西移动，而一旦雨带西移，就要下大雨。（屯留）

也作"东雨不往西行，行过来沟满河平（高平）、"东雨不往西行，行上来沟满河平"（长子）、"东雨西行，沟满河平"（吉县）。

【豆后谷享大福，谷茬豆吃肥肉】（农谚）指豆子和谷子轮作就有好收成。（屯留）

【独子难交，独柴难烧】（社会谚）交：交往。指独生子女往往因为在家中过度受宠而很难与人交往。（永济）

【多一个爷爷一炉香，多一个奶奶一盏灯】（社会谚）爷爷：迷信的人对神的敬称。指多一个人就得多操一份心。（阳曲）

E

【饿喽糠也甜，饱喽肉也嫌】（社会谚）指饿时吃饭，再不好的饭菜也觉得香甜；饱时吃饭，再好的饭菜也觉得没味。（临汾）

【儿不嫌母丑，狗不嫌家穷】（社会谚）指孩子永远不会嫌弃自己的父母，

狗永远会忠实于自己的主人。（长治）

也作"儿不嫌母丑，狗不嫌家寒"（临县）。

【儿女银钱不要强求】（社会谚）指生儿或生女、钱多或钱少都是不可强求的。（忻州）

【儿行千里母担忧，母行千里儿不愁】（社会谚）指父母对子女的牵挂远甚于子女关心父母。（河津）

【儿要自养，谷要自种】（社会谚）指孩子还是亲生的好。比喻自己的事情应该自己做。（忻州）

【耳听不如眼见，眼见不如手做】（社会谚）指实践得出的结论才最可靠。（忻州）

【二八月，乱穿衣】（气象谚）指农历二月和八月气候冷暖不定，人们穿得有厚有薄，多少不一。（广灵）

【二十里铺讲不得话，关城子儿打不得架】（社会谚）二十里铺：在忻州城北二十里，当地群众会说话；关城子：在忻州城南四十里，当地群众善武术。指在行家面前不要逞能。（忻州）

【二月清，遍地青；三月清，没一根】（农谚）指清明若在二月则青草遍地，若在三月则难得见一根青草。（大同）

也作"二月清明遍地青，三月清明没一根"（山阴）。

【二月重河冻，米面憋破瓮】（农谚）指农历二月发生倒春寒，对农作物生长有利。（大同）

F

【饭后行百步，赛如上药铺】（社会谚）指饭后散步，对身体有益。（怀仁）

也作"饭后走百步，强似去药铺"（天镇）、"饭后三百步，免得进药铺"（忻州）。

【房怕不稳，人怕忘本】（社会谚）指人若忘本，就跟房子不稳一样，难以长久。（忻州）

【风不刮西，刮西连夜吼】（气象谚）指一旦在酉时起风，则要整整刮一夜。

（太谷）

【凤凰落架不如鸡，虎离深山兔子欺】（社会谚）比喻有权势的人一旦失势，就会受人欺凌，处境连普通人都不如。（忻州）

也作"凤凰落架不如鸡，老虎下山被狗欺"（河津）、"老虎下山受狗欺，凤凰落架不如鸡"（天镇）。

【伏里没雨，谷里没米】（农谚）指伏天的雨水对谷物的生长非常重要，如果此时缺水，就会出现秕糠。（武乡）

【伏里雨多，谷子米多】（农谚）指伏天是农作物生长的黄金时期，雨水充足，粮食就会丰收。（怀仁）

也作"伏里有雨，谷里有米"（忻州）。

【伏天划破皮，胜过秋天犁一犁】（农谚）指夏收后犁地可以活土、匀墒、保表墒，又可以纳雨蓄墒，利于冬小麦的播种。（忻州）

也作"处暑锄田划破皮，强如来春耕十犁"（和顺）、"伏里刺破皮，顶住秋后犁一犁"（临汾）。

【伏雨隔犁沟】（农谚）指伏天的雨多为阵雨，下雨范围很小。（陵川）

G

【干锄穈子湿锄谷，淋淋滴滴锄小豆】（农谚）指农作物不同，锄草时对土墒的要求也不同。（吉县）

也作"干锄谷黍湿锄豆，濛生小雨锄小豆"（和顺）、"干锄穈黍湿锄豆，天阴下雨漫葫芦"（怀仁）。

【干种湿出来，湿种不出来】（农谚）如果没雨，宁可在土壤干时种植，因为一下雨，土壤就会碎开，利于出苗。而如果在土壤湿度很大时种植，等土壤干了，就容易结成硬块，不利于出苗。指种植时要注意土壤的湿度。（和顺）

【隔山不算远，隔河不算近】（社会谚）指山路再远也能走完，但如果河水上涨就难以通行。（河津）

也作"夹河千里远"（临县）。

【跟好人学好人，跟上巫婆学跳神】（社会谚）跟什么样的人接触就学什么样的人。指朋友对人的影响很重要。（盂县）

也作"跟好人学好人，跟上死狗跳死井"（武乡）、"跟好人学好艺，跟上贼汉偷东西"（长治）、"跟上师婆误了生活"（陵川）。

【耕三耙四，锄耧八遍，八米二糠】（农谚）八米二糠：一斗谷子可碾出八升米、二升糠。指谷子多耕、多耙、多锄，有利于保墒抗旱，秋后谷子颗粒饱满。（大同）

也作"耕三耙四锄八遍，天不下雨也耐旱"（河津）、"犁三耙四锄五遍，八米二糠不会变"（吉县）、"谷锄四遍，八米二糠"（忻州）。

【孤人难活，孤柴难着】（社会谚）指一个人难以过日子，正如一根柴难以点着一样。（忻州）

【谷怕秋来旱，人怕老来穷】（社会谚）秋天正是谷子灌浆成熟期，如果此时受旱，收成就会锐减。指人最担心的是老了受穷，正如谷子最怕秋天受旱一样。（襄垣）

【谷雨前后，安瓜点豆】（农谚）指谷雨时节最适合种瓜豆。（太谷）

也作"谷雨前后，安瓜种豆"（沁县）、"谷雨前后，安瓜溜豆"（武乡）、"谷雨前后，种瓜点豆"（太原）。

【惯子如杀子】（社会谚）娇惯孩子就如同杀了孩子。指过分宠爱，最终会害了孩子。（阳曲）

【果园不摘帽，瓜地不提鞋】（社会谚）在果园不摘帽子，以免让人怀疑偷摘果子，在瓜地不提鞋子，以免让人怀疑偷摘瓜菜。比喻凡事要小心，避免引起不必要的怀疑和麻烦。（忻州）

【过光景要仔细，为朋友要丰厚】（社会谚）指日常生活中要注意节俭，可是与朋友交往却不能吝啬。（汾西）

【过了惊蛰没硬地】（农谚）指惊蛰一过，土地慢慢解冻，可以开始春耕春播了。（吉县）

也作"惊蛰地门开"（洪洞）。

【过社没生田】（农谚）社：社日。立春后第五个戊日称为春社，是农家祭社（土地神）祈年的日子；立秋后第五个戊日，称为秋社，古人多借这个节日集会竞技。指春社日过后，土地解冻，只待播种。（忻州）

H

【蛤蟆叫唤水瓮津，不信山里挽艾根，艾根生白点，定有大雨淋】（气象谚）
津：指下雨前水缸外有渗出的水珠。指雨前有征兆。（和顺）

也作"蛤蟆跳，水瓮津，如若不信挽艾根"（寿阳）、"蛤蟆吼，水瓮浸，老
婆不信揣瓮根"（平遥）、"圪蟆上岸水瓮浸，哈叭狗儿打嚏喷"（武乡）、"圪狸
松鼠嗝喽打嗝水瓮津，若要不信挽艾根"（盂县）、"水缸穿裙蛤蟆叫，倾盆大雨就
要到"（河津）、"蚂蚍蜉过道水瓮津"（忻州）、"蚂蚁晾窝搬家，圪伶松鼠吼，野
鸡叫，要变天"（沁县）。

【好茶不怕细品，好事不怕细论】（社会谚）好茶不怕人仔细品尝；好事不
怕人反复议论。指如果自身没有问题，就不怕别人追究。（忻州）

【好话入耳三春暖，恶语伤人六月寒】（社会谚）指甜言入耳，即使春寒料
峭，也会使人感到温暖；恶语伤人，即使炎热夏季，也会使人感到心寒。（陵
川）

【好话三句软人心】（社会谚）指顺心入耳的话往往令人产生恻隐之心。（忻
州）

【好马不在叫，人美不在貌】（社会谚）判断马的优劣，不在叫声的高低；
评价人的善恶，不在外表的好坏。指心灵美才是真正的美。（原平）

【好猫儿不叫，好狗儿不跳】（社会谚）比喻有真本事的人不会哗众取宠，
鼓吹自己。（忻州）

【好人一句话，好马一鞭子】（社会谚）指好人一句话就能点醒，好马打一
鞭就能快跑。（忻州）

【好事不出名，赖事转周城】（社会谚）人们往往容易把注意力放在坏事上
而忽略好事，所以好事没人传颂而坏事却流传很广。（代县）

也作"好事不出门，丑事传千里"（河津）。

【好媳妇不在巧打扮】（社会谚）指俊美的人不需要精心打扮也漂亮。（陵
川）

【喝酒不忘烧酒的人，吃水不忘打井的人】（社会谚）告诫人们做事不能忘
恩负义，不能忘本。（汾西）

【黑馍馍甜，丑媳妇贤】（社会谚）馍馍：馒头。丑媳妇虽然容貌丑陋，但是善良，贤惠。指人的心灵美更重要。（陵川）

【话不要说煞，路不要走绝】（社会谚）劝人说话做事要为自己留点回旋的余地。（忻州）

【话说三遍淡如水，再说三遍没人理】（社会谚）指话经多次重复，便枯燥无味，让人厌烦。（孝义）

也作"话说三遍淡如水，再说一遍打驴咀"（陵川）、"话说三遍淡如水，再说三遍狗不听"（临县）。

【话说三遍稳，绳捆三道紧】（社会谚）指有些问题要多落实、多叮嘱几次才稳妥。（忻州）

【会说的不如会听的】（社会谚）指会说话的人说得再含蓄、巧妙，会听话的人也能从中捕捉到真实情况或有用信息。（应县）

【会说的两头瞒，不会说的两头传】（社会谚）指善于调解的人懂得什么该说，什么不该说，从而化解双方的矛盾；而不善于调解的人，把双方背后的真实想法全部传递给对方，反而容易激化矛盾。（忻州）

【会说的惹人笑，不会说的惹人跳】（社会谚）会说话的人，让人感到心情舒畅；而不会说话的人，一说话就把人惹恼了。指谈话的技巧非常重要。（原平）

【会说话想哩说，不会说话抢哩说】（社会谚）指会说话的人想好了才开口，不会说话的人却贸然出口，往往容易坏事。（忻州）

也作"会说话想呢说，不会说话抢呢说"（晋城）。

【活到老学到老，八十的婆婆子还学巧】（社会谚）指学无止境，人应该不断地学习以求进步。（汾西）

【火大没湿柴】（社会谚）指火势大了，再湿的柴火也能烧着。（忻州）

【火要空心，人要虚心】（社会谚）指火空心了才能旺盛，人虚心了才能进步。（襄垣）

【火要虚，人要实】（社会谚）指火要旺，必须空心；人要立足，必须实在。（祁县）

也作"火要空心，人要实心"（太原）、"人要实心，火要虚心"（天镇）。

【货到地头死】（社会谚）指任何商品如果在某地大量积聚，就必然要降价处理。（忻州）

J

【饥饭甜如蜜，饱饭蜜不甜】（社会谚）指饥饿时再不好的饭食也吃着香，饱食时再好的饭食也觉得不好。（天镇）

【急屁眼猴改不下好汉】（社会谚）急屁眼猴：比喻性急的人。改：嫁。指女人性子一急，做事必然马虎，连对待婚姻也是如此，不管好坏，随便找个人就嫁。（汾西）

也作"忙婆姨寻不下好汉"（临县）。

【家有千斤油，不点双灯头】（社会谚）指家里再富有，也要处处节约。（忻州）

【家有千口，主事一人】（社会谚）指一个集体人再多，也只能由一个人做主。（陵川）

【家种千亩地，不如随身带武艺】（社会谚）指家业再大，也不如有一技之长，更有保障。（襄垣）

【奸巧伶俐不要使尽，要给儿女留三分】（社会谚）告诫人不要过分耍奸取巧，要为子孙后代积德行善。（永济）

【俭用省求人】（社会谚）指平日注意节俭，就可以避免什么事都求人帮助。（忻州）

【见了长人，不说短话】（社会谚）指说话时要注意区分不同的对象，说该说的话。（忻州）

【见人不施礼，多走十五里】（社会谚）指向人问路要有礼貌，否则就要吃苦绕远。（山阴）

也作"问人不施礼，多走十来里"（应县）。

【娇儿无孝子】（社会谚）指孩子不能过分宠爱和娇惯，否则就不懂得孝顺父母。（忻州）

【脚正不怕鞋歪】（社会谚）比喻作风正派，就不怕别人说三道四。（襄垣）

【借一驴，还一马】（社会谚）指借了别人的东西，要懂得感激，应该加倍

偿还。（陵川）

【金窝银窝不如自己的穷窝】（社会谚）指别的地方再好，也不如自己的穷家好。（忻州）

也作"金窝窝，银窝窝，丢不下自己的穷窝窝"（临汾）、"金窝银窝，不如个人奈穷窝"（河津）。

【惊蛰河破河不破，春分河乱一锅粥】（气象谚）指惊蛰前后，气温尚不稳定，冰河有时解冻有时未开；春分时节，封冻的冰河都已化开，但河面上常常飘满冰块。（广灵）

【井拿绳探，人拿话探】（社会谚）井的深度要用绳子来测量，人的想法要用话语来探问。指通过交流，才能掌握人内心的真实想法或事情的真相。（原平）

【久旱知雨贵，黑天显灯明】（社会谚）长期遭受干旱，才知道雨水的珍贵；漆黑的夜晚，才更显出灯光的明亮。指只有长期盼望、艰难得来的东西才知其珍贵，才会倍加珍惜。（忻州）

K

【开店三年会相命】（社会谚）指久开店铺的人，会通过观察人的衣着、谈吐等来判断一个人的大概状况。（忻州）

【空花不结果，空话不成事】（社会谚）指只说空话而不行动不能解决问题。（忻州）

【靠兄靠弟，不如靠手靠背】（社会谚）指人最终还得靠自己的努力立足。（忻州）

L

【懒驴上坡屎尿多】（社会谚）懒惰的驴子上坡时总是借拉屎拉尿歇息。比喻懒人总是找借口偷懒。（陵川）

【狼怕跺，狗怕摸】（社会谚）狼最怕人跺脚，而狗最怕人弯腰，以为要摸石头打它。告诉人如果碰到凶狼恶狗该如何避祸。（临汾）

【老虎不吃回头食】（社会谚）比喻强者说话、做事从不后悔。（忻州）

【老手旧胳膊，一个顶俩仨】（社会谚）指长期从事某行业的人经验多，能力强。（陵川）

【垒高墙，喂恶狗，不如十字路口交朋友】（社会谚）指再怎么严加防范，也不如多交些朋友，这样，在危难时刻才能得到帮助。（汾西）

也作"打高墙养乖狗，不如四下交朋友"（阳曲）。

【冷打一条线，天旱一大片】（气象谚）指冰雹只在很窄的范围下，而天旱则是大面积的。（平遥）

【冷手抓不住热馒头】（社会谚）比喻心太急则办不成事；也比喻没有积累，不可能一下成功。（忻州）

【立冬不起菜，迟早要受害】（农谚）指白菜要在立冬以前就收回来，否则就会被冻死。（太谷）

【立秋不带耱，不如屋里坐】（农谚）耱：平整土地用的农具。指秋后犁地一定要用耱平整土地以保持底墒。（万荣）

【立秋下雨万物收，处暑下雨万物丢】（农谚）指立秋正是大秋作物抽穗、灌浆的关键期，如果雨水充足，就能保证颗粒饱满，而处暑时正是秋收时节，过多的雨水不仅妨碍收秋，而且会使已经成熟的谷子等腐烂、霉变，造成严重减产。（寿阳）

【立夏剪香椿，立冬卧白菜】（农谚）指香椿要在立夏时收，而白菜要在立冬前后收回。（忻州）

【立夏种棉花，彻老没疙瘩】（农谚）彻老：（棉花）长到老。指棉花应该在谷雨时节播种，如果立夏时节才种，到秋天就会结不上棉铃。（临汾）

也作"立夏种棉花，有苗没疙瘩"（万荣）。

【脸面值千金，银钱如粪土】（社会谚）指人活在世上，面子比什么都重要。（阳曲）

【劣汉争食，好汉争气】（社会谚）指没本事的人争的是一口吃，有骨气的人争的是一口气。（原平）

【零账怕总算】（社会谚）指平时的零碎小账，加起来也是一笔不小的数目。（忻州）

【五月里的韭，驴过来瞅】（农谚）瞅：斜眼看。韭菜割茬而收，春韭鲜嫩

71

碧绿，散发着清香，并且营养丰富，人们最喜欢吃，到了夏季，韭菜经过多茬收割，其香味和营养价值都大大降低，没人愿意吃。（临县）

【六月六，见谷秀】（农谚）秀：植物抽穗开花。指在农历六月初就可以看到谷子抽穗开花了。（和顺）

【路是弯的，理是直的】（社会谚）指路可以是弯的，但真理永远不能被歪曲。（忻州）

【驴乏半升料】（农谚）困乏的驴只要吃半升草料就又能恢复体力。指驴恢复体力很快。（忻州）

M

【麻狐吃咾大胆的，河嘞淹杀会水的】（社会谚）麻狐：狼。提醒人本领再大，做事也得小心谨慎。（清徐）

【马善被人骑，人善被人欺】（社会谚）指人过于善良就容易遭受欺辱，正如马过于驯服就会谁都能骑一样。（长治）

【马尾巴长只苫马屁窟】（社会谚）苫：遮盖。比喻人再有本事，也只能管了自己的事，管不了别人。（忻州）

【蚂蚁跑快饿折腰，陶圪虫稳坐吃得胖】（社会谚）陶圪虫：米面里生的虫子。比喻各人有各人的命运和生存之道。（襄垣）

【骂人不揭短，打人不打脸】（社会谚）指为人处事要有分寸，在争斗怒骂时，要给对方留点面子。（长治）

也作“骂人休揭短，打人休打脸”（陵川）。

【骂人没好口，打人没好手】（社会谚）指在发生言语或武力冲突时，双方的言行都会有失分寸。（应县）

【买卖成交一句话】（社会谚）指做生意一旦双方最后拍板，就不能轻易反悔。（忻州）

【买卖说谎挣了钱，庄稼说谎耍了拳】（社会谚）指卖主故意吹嘘自己的商品就能卖出好价钱，而农民如果不实实在在种地的话，收成就会受影响。（和顺）

【买卖走三家，赛如问行家】（社会谚）指买东西时要多跑几家店来回比较。

（应县）

【麦稠一堵墙，黍稠一片穰】（农谚）穰：稻、麦等的杆子。指麦苗宜稠，黍苗宜稀。（广灵）

【麦盖三场被，枕着油馍睡】（农谚）油馍：烙饼。三场被：指八月、十月、第二年三月都有雨。指只要能保证这三场雨，麦子就能丰收。（晋城）

也作"麦盖三层被，头枕馒头睡"（河津）。

【麦黄种谷，谷黄种麦】（农谚）指夏麦成熟，开始种谷子；谷子成熟，开始种冬麦。（汾西）

【麦深谷浅，黍子埋住半外脸】（农谚）指不同的农作物对下播深度要求不同，麦子要播得深，谷子要种得浅，黍子刚刚苫上一层土就行。（吉县）

【麦收八十三场雨】（农谚）指八月、十月和第二年三月若都下雨，就能保证麦子丰收。（忻州）

【麦种泥窝窝，黍谷种的黄墒墒】（农谚）指麦子适宜在刚下过雨墒情最好的时候播种，而黍子和谷子却要过几天，土壤稍干时再播种。（吉县）

【卖石灰刮不得卖面的】（社会谚）刮不得：嫉妒。指同行之间为了争利，互相嫉妒，各不相让。（万荣）

也作"卖石灰的见不的卖好面的"（平遥）。

【慢工出巧匠】（社会谚）工匠精雕细刻才能磨炼出精巧的手艺。泛指细心慢做，才能把事情做好。（忻州）

【芒种黍子急种谷】（农谚）指在该种黍子的芒种时节，赶快补种谷子都会有收成。（怀仁）

【猫儿不急不上树，兔儿不急不咬人】（社会谚）比喻人一旦被逼无奈，就会冒险、蛮干，做出过激的行为。（阳曲）

【没财不要强求财，求上财来惹祸害】（社会谚）告诫人们不要不择手段、过分地贪恋钱财，否则会引祸上身。（陵川）

【没有金刚钻儿，就不要揽瓷器罐儿】（社会谚）指做人要实事求是，不要逞能。（新绛）

【没有驴肚子，吃不了草圪节】（社会谚）圪节：一截一截的草。比喻没有真本事，逞能也没有用。（灵丘）

【媒人的嘴，兔子的腿】（社会谚）指媒人为了促成婚姻，说谎像兔子跑起来一样快。（大同）

【门神老咾不捉鬼】（社会谚）门神：旧俗贴在门上用来驱鬼镇邪的神像。比喻人老了不中用了，许多本领都使不出来了。（临县）

【糜锄两耳谷锄针，荛子锄个出了垄】（农谚）指最佳的锄苗时间，糜子在长出两片叶子时锄最好，谷子在长到一针大时锄最好，高粱则要等到出垄再锄。（忻州）

【糜谷伤镰一把糠，好麦伤镰出面多】（农谚）指糜子谷子不能早收，一定要完全成熟了才能收割，否则就要减产，而麦子却适宜在八成熟时收割，此时产量最高。（蒲县）

【棉花锄七遍，疙瘩像蒜瓣】（农谚）指棉花多锄几遍，棉铃才能结得又多又好。（万荣）

也作"花锄七遍，圪瘩瓣蒜"（洪洞）、"棉锄八遍，赛过蒜瓣"（忻州）。

【明人不用细敲打】（社会谚）指明白人一点就清楚，不用反复细说。（临县）

【磨道儿不愁等个驴脚蹭，三年不愁等个闰月年】（社会谚）脚蹭：脚印。指机会总会到来。（忻州）

【母羊下母羊，三年五个羊】（农谚）指一只母羊三年繁殖五只羊。（广灵）

也作"母儿母儿三年五儿"（洪洞）。

N

【男怕穿靴，女怕带帽】（社会谚）如果久病的男病人脚部浮肿了，或者久病的女病人头部浮肿了，就说明病情严重了。（介休）

【男要俏，一身皂；女要俏，一身孝】（社会谚）皂：黑色。孝：孝服，白色。指男人穿黑色最帅气，女人穿白色最俏丽。（忻州）

也作"男要俏，一身皂；女要俏，三分孝"（应县）。

【南风送九九，干死荷花气死藕；北风送九九，船儿停在后门口】（气象谚）指九九将尽时如果刮南风，预示旱年，如果刮北风，预示涝年。（寿阳）

【能叫唤的不是好牲口】（社会谚）比喻能说的往往不一定能干。（陵川）

【你敬我一尺，我敬你一丈】（社会谚）指如果对方敬重自己，自己就应该更加敬重对方。（长治）

【你有初一，我有十五】（社会谚）指各人都有得意的时候。（忻州）

【年年防天旱，月月防贼盗】（社会谚）指时刻都要有忧患意识。（洪洞）

【碾谷要碾出米来，说话要说出理来】（社会谚）指说话要有道理才能使人信服。（忻州）

【鸟美在羽毛，人美在学问】（社会谚）鸟的羽毛美才漂亮；而人的学问扎实才美丽。指鸟的漂亮是外在的，而人的美丽是内在的。（原平）

【宁吃仙桃一口，不吃烂杏儿一顿】（社会谚）比喻宁可选择少而精，也不愿选择多而差。（临县）

也作"能要灵丹一颗，不要羊粪蛋儿一坡"、"能吃香桃儿一筐，不吃烂杏儿一盘"（孝义）、"宁吃鲜菜四两，不吃烂肉半斤"（河津）、"宁吃鲜桃儿一口，不吃烂杏不数"（代县）、"宁吃鲜桃一口，不吃烂杏一斗"（应县）。

【宁和好人打一架，不和灰人说句话】（社会谚）灰人：品行不好的人。告诫人不要和品行不好的人打交道。（忻州）

【宁买一干，不买湿的加三】（社会谚）指买干的货品时，宁可要干而少的，不要湿而多的。（忻州）

【宁与好汉拉马坠镫，不与松囊拿谋定计】（社会谚）松囊：无能的人。指宁愿在能干人手下做事，也不给无能人出主意。（临汾）

【宁与明白人牵马提镫，不替糊涂人定智拨谋】（社会谚）指宁可替明白人奔波效劳，也不替糊涂人出谋划策。（洪洞）

【宁与千人好，不与一人仇】（社会谚）指与人交好，千人都不觉多；与人结怨，一人都太多。（忻州）

【宁走十步远，不走一步险】（社会谚）指宁可多费点事，也不能冒险。（应县）

P

【朋友千个好，冤家一个多】（社会谚）指朋友再多也不觉多，而仇人一个就太多了。（忻州）

【劈柴看纹理，做事凭道理】（社会谚）指做任何事都必须有道理才能行得通。（忻州）

【瓶口能扎住，人口扎不住】（社会谚）指流言蜚语一经传播，就无法收回。（忻州）

Q

【千锤捣锣，一锤定音】（社会谚）比喻意见众多，但总得有人最后做决定。（临县）

【墙里说话墙外听】（社会谚）指私下谈话，一定要防范被人偷听。（临县）

【荞麦怕的卸犁雨】（农谚）指荞麦生长期短，开花期间最怕下雨。（忻州）

【巧人是拙人的奴】（社会谚）指精明能干的人因为其巧而经常为笨人做事情。（临县）

【巧媳妇子插不下没米的粥儿】（社会谚）再巧的媳妇，没有米也煮不出粥来。比喻人再有本事，如果没有必要条件也很难成事。（平遥）

也作"巧媳妇难做无米粥"（长治）。

【巧种地不如巧上粪】（农谚）会种地还不如会上粪。强调粪肥对庄稼的重要性。（陵川）

也作"巧种不如鳖下粪"（河津）、"巧做不贴拙上"（洪洞）。

【茄子不开空花，谚语全是实话】（社会谚）指谚语都是人们对真实生活的经验总结。（原平）

【亲戚远离亲，隔壁高打墙】（社会谚）指亲戚离得越远越亲热，邻居住得越近越要保持距离。（忻州）

【好借好还，再借不难】（社会谚）指借了人的东西要及时归还，有了良好的信誉，下次才好再借。（临县）

【清明洗了墓头土，淋淋拉拉四十五】（气象谚）指清明节要是起风，一刮就要刮四五十天。（寿阳）

【晴天铺好路，雨天不踩泥】（社会谚）比喻凡事应该提前做准备，到时候就不会受困。（忻州）

【请人不得不舍花，过时光不得不仔细】（社会谚）舍花：肯花钱；时光：

光景；仔细：节俭。指请客时应该大方，但平时过日子却应该节俭。（忻州）

【穷汉敬富汉，老鼠忽舔猫屁眼】（社会谚）忽舔：溜舔。指穷人去巴结富人，正如老鼠去巴结猫一样，不会有好结果的。（和顺）

【穷家难舍，热土难离】（社会谚）指居住、生活惯了的地方难以割舍。（忻州）

【穷舍命，富抽筋】（社会谚）指穷人与人交往，往往热情大方，尽其所能；富人却经常吝啬小气，舍不得花钱。（临县）

【秋分凉，拙老婆忙】（社会谚）拙：笨。指秋天到了，天气已经转凉，没有事先准备的笨女人才急忙为家人添置防寒的衣物。（长治）

也作"秋风儿凉，懒老婆着了忙"（广灵）。

【秋刮南风雨连天，夏刮南风海底干】（气象谚）指秋天刮南风有雨，夏天刮南风主干。（蒲县）

也作"夏吹南风海底干，秋刮南风地不干"（沁县）、"夏刮南风海底干，秋刮南风水连天"（长治）。

【秋后不深耕，来年虫子生】（农谚）指秋后要深翻土地，这样可以把害虫的幼虫冻死，为下一年做准备。（忻州）

【秋天划破地皮，胜过春天犁十犁】（农谚）指秋后深翻土地，有利于冬天积存雨雪，还能把虫害冻死，对来年农作物的播种有益。（襄垣）

【求人不胜求自己，张箩不胜缠簸箕】（社会谚）不胜：不如。指凡事都要靠自己。（陵川）

R

【人不得十全，车不得圆】（社会谚）人不可能完美，就像车轮子不可能绝对圆一样。指世上的人和事不可能都是十全十美的，总会留有缺憾。（临县）

【人不亏地皮，地不亏肚皮】（农谚）指只要辛勤耕作，就会有好收成。（武乡）

【人多协靠龙多旱，媳妇多了不做饭】（社会谚）协靠：互相依靠。指人多了互相依靠，什么事也做不成。（阳曲）

也作"龙多旱，人多乱，媳妇子多了不制饭"（长治）。

【人跟种子，麦跟垄子】(社会谚)垄子：在耕地上培成的一行行的土埂，在上面种植麦子等农作物。指孩子的相貌特征、脾气秉性等都遗传自父母。(忻州)

也作"地跟垄子，人跟种子"(长治)。

【人哄地皮，地哄肚皮】(农谚)劝诫人种地要下功夫，否则就没有收成，就要挨饿。(太谷)

【人活脸，树活皮，扳磨儿活的槐个磨不脐】(社会谚)扳磨儿：手推磨。磨不脐：磨眼。人靠脸面活着，就像树靠树皮活着，手推磨全靠磨眼发挥作用一样。指为人要树立良好的声誉。(太谷)

也作"人活脸，树活皮，蛤蟆活的青青泥"(万荣)、"人活脸，树活皮，南瓜活的个肚不脐"(武乡)、"人活脸，树活皮，墙儿活的一层泥（祁县）"、"人活脸，树活皮，石榴儿活的槐圪嘴嘴"(文水)、"人活脸面，树活皮，狗儿活的四条蹄"(太原)、"人活脸面树活皮，疥蛤蟆活的个白肚皮"(山阴)。

【人怕不要脸，驴怕卧磨道】(社会谚)指人如果不顾脸面，什么坏事都能做出来。(忻州)

【人怕揭短，树怕剥皮】(社会谚)指人最怕短处被揭而失去面子，正如树最怕树皮被剥而难以存活一样。(天镇)

【人怕伤心，树怕剜根】(社会谚)指心灵的伤口很难愈合，正如无根的树木难以存活一样。(永济)

【人怕起绰号儿，地怕踩斜道儿】(社会谚)指人一旦有了难听的绰号就很难抹去，就像庄稼地一旦被人当小路走开，就很难阻止一样。(孝义)

也作"人怕叫鬼号，地怕走斜道"(代县)。

【人勤地不懒，大囤圪堆小囤满】(农谚)指只要人肯辛勤耕作，粮食就会丰收。(襄垣)

【人往亲处走，水往低处流】(社会谚)指人总喜欢到亲近处走动，正像水总是向低洼处流动一样自然。(忻州)

【人心换人心，八两换半斤】(社会谚)旧时重量单位十六两为一斤。指朋友之间的友谊是相互的，人与人之间要互相体谅，以诚相待。(文水)

【人要长交，账要短算】(社会谚)指人与人之间要长期交往才能互相了解，而账目却要及时清算，以防遗忘。(忻州)

【人在人情在，人死一笔勾】（社会谚）指世态炎凉，人情淡薄，友情也难以长久。（忻州）

也作"人在人情在，人走人情坏"（长治）。

【人在事中迷，就怕没人提】（社会谚）指当事人往往因为对利害得失考虑得太多而对事情认识不清，需要旁人去提醒、指点。（原平）

【人直有人合，路直有人走】（社会谚）指正直的人谁都愿意相处，正如笔直的路谁都愿意走一样。（忻州）

【软处好起土，硬处好打墙】（社会谚）地面松软了，人们都来挖土；地面结实了，人们都来砌墙。比喻世人都喜欢欺负弱者，投靠强者。（阳曲）

【若要弟兄贤，明算伙食钱】（社会谚）指兄弟之间要保持良好关系，在金钱往来上必须清清楚楚。（忻州）

【若要公道，打过颠倒】（社会谚）指要想把问题处理得公平合理，就要站在对方的立场上考虑问题。（代县）

也作"人要公道，打转颠倒"（太原）。

S

【三家协靠，塌了锅灶】（社会谚）指人多了互相依赖，反而容易误事。（原平）

也作"三家四靠，倒略炉灶"（洪洞）。

【三人同一心，黄土变成金；三人不一心，捣鬼冒惑松】（社会谚）冒惑松：互相捣鬼。指众人同心协力，不可能的事也会变成可能；而如果互相猜忌，背后捣鬼，最终什么都干不成。（和顺）

【三日无粮不聚兵，一顿不吃大年馑】（社会谚）年馑：饥荒。军中三天断粮，士兵就会离开；人一餐不吃，就饥饿难挨。指丰衣足食才能凝聚人心。（忻州）

【三岁看大，七岁看老】（社会谚）指从一个人幼年时的性情、志向就能看出其将来是否能有所作为。因此，教育要从人的小时候抓起。（长治）

也作"三岁看大，七岁至老"（广灵）、"三岁至大，七岁至老"（临县）。

【三天不打，上房揭瓦】（社会谚）指孩子要多教育。（长治）

也作"三天不打，上棚揭瓦"（临县）、"三天不打，上房搬砖溜瓦"（代县）。

【三天不拿手中生】（社会谚）生：生疏。三天不干活，再干就觉得生疏了。指知识或技艺要常常温习。（陵川）

【山场大了有绿骡子】（社会谚）比喻世界大了什么样的人都会有。（忻州）

【上山看山势，入门看人意】（社会谚）上山要观察山的走势，进门要观察主人的脸色。指做事要善于观察人的反应。（忻州）

【烧得纸多，惹得鬼多】（社会谚）比喻招惹得越多，带来的麻烦事就越多。（孝义）

【身怕不动，脑怕不用】（社会谚）指整日不动弹，身体就会越来越差；整日不用脑，思维就会越来越迟钝。劝人要多锻炼，多动脑。（原平）

【生地茄子熟地蒜】（农谚）生地：生荒地。熟地：经过多年耕种的地。指茄子适宜在生地种植，而蒜适宜在熟地种植。（忻州）

【参不落地不冻，有耧有籽只管种】（农谚）参：参星，古代二十八宿中西方七宿之一。当地人以参星为标准来确定小麦的播种期，认为只要参星不落，土地就不冻，就可以种麦。（万荣）

【绳子总是从细处断】（社会谚）比喻问题总是出在最薄弱的环节或意志不坚的人身上。（忻州）

【师傅领进门，修行在个人】（社会谚）指师傅只起引导作用，能否有出息，还得靠自己。（应县）

【虱多不咬，债多不愁】（社会谚）虱子多了，反而不觉痒；债务多了，反而不发愁。指欠债太多，愁也没用，心里反而放开了。（忻州）

【是驴是马，跑一跑就知；是金是铜，炼一炼就明】（社会谚）比喻人究竟有没有真本事，通过比试或实践就可知道。（原平）

【黍锄耳，豆锄荚】（农谚）指黍子宜在刚长出两片叶子时锄苗，而豆子适合在豆荚出来后锄苗。（和顺）

【树直用处多，人直朋友多】（社会谚）指正直的人朋友自然就多，正如笔直的树用处必然多一样。（忻州）

【双桥好过，独木难行】（社会谚）比喻做事应该多方考虑，力求稳妥，如

果一意孤行，必将陷入困境。（襄垣）

【谁呀家的娃娃不哭，谁呀家的锅底没黑】（社会谚）反问，指谁家都有不顺心的或招人议论的事。（原平）

【死店活人开】（社会谚）店是死的，而人是活的。指遇事要积极想办法，而不是消极等待。（临县）

【死狗扶不到墙头上】（社会谚）比喻无能的人，别人再怎么用力扶持都没有用。（忻州）

也作"死狗扶不上墙"（应县）。

【四月八，冻死黑豆芽】（气象谚）农历四月初八，还会把已经出芽的庄稼冻死。指春天气候时热时冷，气温不稳定。（蒲县）

【四月儿没雨五月儿旱，六月儿连阴也扯蛋】（农谚）指如果出苗期受旱，苗没出好，那么后期雨水再多也无济于事。（忻州）

【四月儿有雨五月儿旱，六月儿连阴吃饱饭】（农谚）四月是农作物出苗关键期，六月是旺盛生长期，此时如果雨水充足的话，即使五月无雨，也能丰收。（忻州）

也作"四月好雨五月旱，六月连阴吃饱饭"（河津）。

T

【贪色刀下死，贪财丧残生】（社会谚）劝人不要过分贪婪财色。（忻州）

【桃饱杏伤人，李子树下埋死人】（社会谚）指桃能补中益气，营养丰富，对人体有益，宜多吃；而杏肉性热，还有小毒，吃多了会伤身体，李子性寒，吃多了会伤胃，杏和李子都应少吃。（太原）

也作"桃饱杏伤人，李树底下埋死人"（应县）、"桃饱杏伤人，李子树下抬死人"（长子）。

【天旱不忘锄田，雨涝不忘浇园】（农谚）指天气干旱时要为土地松土以减轻干旱，雨水多时也不能掉以轻心，要给土地充分浇水。（忻州）

也作"天旱不忘锄田，雨涝不误浇园"（大同）、"天旱锄田，雨涝浇园"（蒲县）、"天旱误不了锄田，雨涝误不了浇园（怀仁）、"天旱勤锄田，雨涝勤浇园"（阳曲）。

【天旱东风不下雨，雨涝西风不晴天】（气象谚）一般来说，东风下雨西风晴，但是如果遇到旱年，刮东风也不会下雨，如果遇到涝年，刮西风也不会晴。（和顺）

也作"天旱东风不下雨，雨涝西风刮不晴"（河津）。

【天热不忘很衣裳，肚饱不忘很干粮】（社会谚）很：拿。指做事要有长远打算，提前做好防备工作。（襄垣）

也作"热了别忘带衣裳，饱了别忘带干粮"（忻州）。

【天塌放大家】（社会谚）指巨大的自然灾难临头，大家都受害，谁也逃不掉。（临县）

【天无一月雨，人无一世穷】（社会谚）老天不可能一个月连续下雨，人不可能一辈子处于穷困中。指人总会有时来运转的时候。（忻州）

【天阴通水道】（社会谚）阴天预示着要下雨，要及时通好下水道以防大雨来临。泛指任何事都要提前做准备。（洪洞）

【头伏呜吟蝉叫，背上黄米没人要】（农谚）呜吟蝉：蝉。指头伏蝉叫，预示着秋后收成好，粮食卖不出去。（长治）

【投亲不如访友】（社会谚）指亲戚关系不如朋友关系亲切、随便。（忻州）

W

【娃要养得亲，麦要种得深】（社会谚）指孩子要亲自养育才有深厚感情，麦子要播得深才能长好。（吉县）

【万般不可利巴做】（社会谚）利巴：外行。指任何事外行人一参与就要出问题。（忻州）

【为人不做亏心事，半夜敲门心不惊】（社会谚）没做昧良心的事，半夜听到敲门声，也不会惊慌。指为人正派，任何时候心里都踏实。（洪洞）

也作"为人不做亏心事，不怕半夜里鬼敲门"（汾西）。

【五年六月七日八时】（社会谚）指人逐渐衰老的程度，五十岁以年论，六十岁以月论，七十岁以日论，八十岁以时辰论。（忻州）

【五月东风海底干，六月东风水连天】（气象谚）指当地气候，五月刮东风越刮越干旱，六月刮东风雨水多。（和顺）

【物见原主会说话】（社会谚）指物主往往会最先发现自己家的东西。（介休）

【误了三月土，枉受一年苦】（农谚）指三月是播种的最佳季节，千万不能错过。（蒲县）

X

【夏至东风潮，麦子水里捞】（农谚）指夏至前后正是夏麦收割季节，刮东风预示着要下雨，对收麦非常不利。（忻州）

【夏至遇端阳，面贵一千天】（农谚）指如果端午节正好是夏至日，那么小麦收成三年不好。（晋城）

【闲时做上忙时用，一年庄稼二年种】（农谚）要想种好地，头一年就要提前为下一年做准备。指凡事提前做好准备，到时候就不会慌乱了。（怀仁）

【小洞不补，大洞难堵】（社会谚）比喻小问题不解决，等发展成大问题就难解决了。（忻州）

【小时惯偷针，大了敢偷金】（社会谚）一个人如果小时候犯了错，家长不严加管教的话，大了就会犯大错。指教育要从小抓起。（原平）

也作"小时偷针，长大偷金"（应县）、"小时偷针针，大咾偷金金"（临县）。

【新三年，旧三年，补补纳纳又三年】（社会谚）指穿衣服要懂得节俭。（陵川）

【行要好伴，住要好邻】（社会谚）出行要有好伙伴，居家要有好邻居。指周围环境的好坏对人的影响很重要。（忻州）

【凶人不久，猛雨不长】（气象谚）指凶恶的人无法长久立足，正如暴雨不会下很长时间一样。（临汾）

【学好三年，学坏三天】（社会谚）指人要学好难，而学坏却很容易。（忻州）

Y

【言轻别劝人，力小不拖架】（社会谚）拖架：拉架。知道自己说话没用，就不要去规劝他人；知道自己力量有限，就不要去给他人拉架。指要认清自己，

免得自讨苦吃。(忻州)

【眼愁手不愁】(社会谚)指光看不做就发愁,但真正动手做就很容易。告诉人们只要动手做,就没有完成不了的工作。(山阴)

【燕子钻天蛇溜道,不到饭时雨就到】(气象谚)蛇溜道:蛇穿过大路。燕子低飞,蛇穿大路都是雨前的征兆。(永济)

也作"燕呐钻天蛇溜道,不过三天雨就到"(河津)、"小燕低飞蛇窜道,老牛鸣叫雨就到"(襄垣)、"蛇拦道瓮津流,燕燕钻天天不由"(汾西)、"蛇过道水瓮津,如若不信挽艾根"(忻州)、"水瓮渗水蛇过道,老牛嗲叫,山戴帽,不过三天雨就到"(吉县)、"蜜虎儿蚂蚁搬家蛇过道,老牛一吼雨就到"(平遥)。

【羊群里丢了羊群里找】(社会谚)比喻问题出在哪儿就要从哪儿着手解决。(应县)

【要收花,旱五八】(农谚)五月雨水过多,不利于棉花幼苗的生长;八月雨水过多,不利于棉铃的开花成熟。指五月和八月是棉花的关键期,干旱的气候对棉花的成长和成熟比较有利。(万荣)

【一个槽子上拴不住两个叫驴】(社会谚)叫驴:公驴。比喻一块地盘上不能出现两个强者,否则就会互相争斗,两败俱伤。(忻州)

【一个朋友一条路,一个冤家一堵墙】(社会谚)多一个朋友,就多一条路子;而多一个冤家,就多一个障碍。劝人要多交友,少结怨。(原平)

也作"为人一条路,惹人一堵墙"(河津)。

【一颗黄豆磨不成浆,一圪瘩砖头垒不起墙】(社会谚)比喻个人力量太薄弱,难以成大事。(原平)

【一年打两春,黄土变成金】(农谚)如果一年中有两个立春日,则庄稼丰收。(寿阳)

也作"一年打二春,黄草贵如金"(忻州)。

【一人肚里没有计,三人肚里唱台戏】(社会谚)比喻人多智慧多。(原平)

也作"一人不敌二人计,三人肚里唱本戏"(应县)。

【一人说话满有理,俩人说话见高低,三人说话有证人】(社会谚)指判断事理,不能只听一面之词,而要询问双方当事人以及证人。(襄垣)

【一人一个儿性性，一颗麦子一个儿缝缝】（社会谚）指一个人一个脾气秉性。（孝义）

【一窝狐子不嫌酸】（社会谚）狐子：狐狸。比喻臭味相投的人互不嫌弃。（忻州）

【寅时不起，误一天的事；幼时不学，误一生的事】（社会谚）寅时：夜里三点到五点。早晨晚起，耽误一天；小时不学，耽误一生。告诉人们要抓紧时间工作和学习。（原平）

【应人事小，误人事大】（社会谚）指答应了别人的事一定要办到。（新绛）

【有话说在明处，有药撒在疼处】（社会谚）指话要当面讲清楚才能解决问题，正如药要敷在患病处才能发挥效力一样。（忻州）

【有钱不置半年闲】（社会谚）指再有钱也不要置办长时间无用的闲物。（忻州）

也作"有钱不买半年闲"（应县）。

【有钱难买回头看】（社会谚）劝人不要什么都不顾，一味向前，还要时时回头，对自己做过的事进行检点。（应县）

【有钱难买五月旱，六月里连阴吃饱饭】（农谚）指五月幼苗刚出土，雨水多了幼苗容易烂死，野草容易生长，所以越旱越好；六月正值暑期，气候炎热，如果雨水充足，庄稼生长就快，粮食就能丰收。（蒲县）

【有志不在年高，没志空活百岁】（社会谚）指人贵在有志向，而不在乎年龄的大小。（武乡）

也作"有志不在年高，无志空活百岁"（太谷）。

【冤仇可解不可结】（社会谚）指冤仇应该尽量化解，而不要越结越深。（陵川）

也作"冤家宜解不宜结"（长治）。

Z

【在家千日好，出外一时难】（社会谚）指出门在外不比在家，时刻都会碰到难处。（忻州）

也作"在家千日好，出门事事难"（长治）。

【早起不忙，早种不荒】（社会谚）起床早，时间充裕，做事就能从容；播种早，日子长，庄稼就能长好。劝人凡事趁早。（忻州）

【早起三光，迟起三慌】（社会谚）指早点起床，再多的事也能从容干完，如果起床晚了，做起事来就会手忙脚乱。劝人要早起。（陵川）

【早起三天赛过一工】（社会谚）三天起早多干的活，就相当于一个工作日干的活。指起早就能多干活，劝人要早起。（阳曲）

【早烧不出门，晚烧行千里】（气象谚）烧：出现红霞。指清晨红霞主雨，傍晚红霞主晴。（万荣）

也作"早烧不出行，晚烧千里行"（天镇）、"早烧不出门，晚烧晒死人"（吉县）、"早烧连阴晚烧晴"（盂县）、"早烧阴，晚烧晴，半夜里烧，浅不到等不到明"（广灵）、"早霞不出门，晚霞晒煞人"（武乡）、"早霞不出门，夜霞晒死人"（汾西）、"早霞有雨晚霞晴，黑来霞来到不了明"（高平）。

【贼咬一口，入骨三分】（社会谚）指如果贼一口咬定说某人犯了罪，那么他就很难洗刷清楚。（大同）

【针怕扎在病处，话怕说在根上】（社会谚）指说话、做事要切中要害才能有效果。（忻州）

【真的假不了，琉璃瓦不了】（社会谚）指真的永远不会变成假的，正像琉璃永远不会被当作瓦一样。（大同）

【真金不怕火烧，好媳妇不怕人瞧】（社会谚）比喻真正的人或事物能经得住任何考验。（襄垣）

也作"真金得不怕火炼，好女得不怕人看"（河津）。

【争的吃不上，让的吃不了】（社会谚）争的：争抢；让：礼让。指凡事斤斤计较，最终什么也得不到；而为人谦让，却能收获很多。告诫人做人要懂得谦让。（陵川）

【知心人说的知心话，知心人害的知心人】（社会谚）指知心朋友之间往往疏于防范，反而更容易被对方加害。（忻州）

【种地无宝，三年一倒】（农谚）指种地要懂得合理轮作。（屯留）

【住惯的坡不嫌陡】（社会谚）指再不好的东西，习惯了也不觉得不好了。

（忻州）

【抓药三年会行医】（社会谚）指从事某一行业时间长了，自然通晓其中的道理。（忻州）

【庄稼一枝花，全靠粪当家】（农谚）庄稼长得好，全靠粪肥施得勤。强调肥料对庄稼的重要性。（陵川）

也作"庄稼一枝花，全凭粪当家"（屯留）、"庄稼一枝花，全靠肥当家"（河津）。

【走了和尚走不了寺】（社会谚）"寺"谐"事"。指事情已经出了，想躲也躲不过。（忻州）

第三章　惯用语

惯用语是俗语的重要组成部分。它不仅存在于共同语中，在各地方言中也大量存在。惯用语字数多少不一，最少的三个字，如："戳漏子闯祸"、"打壁头虚报账"、"添小字在背后诬陷别人"等，最多的可达十个字以上，如"用时抱到怀里，不用时撂到崖底指忘恩负义"、"吃哩五谷想六谷，挨哩比斗耳光想圪独拳头，形容贪得无厌"、"钳子夹住，斧子也捣不出来形容过分贪财、吝啬"等。

第一节　惯用语的结构

从结构上看，惯用语可分为两种类型，一类不表示完整的意思，我们叫做"词组型"惯用语，如"背斗子为不正当男女关系牵线搭桥（山阴）"、"出糊糊糊弄事（文水）"、"穷摆脆摆阔气（临汾）"、"倒杠子背后说坏话（大同）"等；一类表示完整的意思，具有类似句子的结构，我们叫做"句子型"惯用语，如"瞎猫碰略姐死老鼠（洪洞）"、"跑了鸡儿才栅窝呀（忻州）"、"嘴是蜜钵钵儿，心是蛆壳壳儿（和顺）"、"白天游玩走四方，黑夜熬油补裤裆（灵丘）"等。

有的惯用语由一个语节构成，有的惯用语由两个语节构成，根据惯用语语节数的不同，又可以将惯用语分为单语节型、双语节型和多语节型三类，其中单语节型又可以分为词组型、单句型、复句型三类；双语节型又可以分为对偶型和非对偶型两类。下面分别来看。

一、单语节词组型惯用语

（一）述宾式

述宾式惯用语在惯用语中占有很大的比重（特别是三个字的惯用语），以至于在惯用语研究初期有一种错误认识，认为惯用语都是三字述宾式。经过学者们多年的研究，现在学界已基本达成共识，不管是几个字，也不管是否是述宾式，只要语义具有描述性，结构相对固定但又不是二二相承，便都可以叫做惯用语。例如：

  （1）倒杠子（大同）

  （2）行门户（河津）

  （3）挨头子（临县）

  （4）遭后继母（忻州）

  （5）拾了一炮壳（万荣）

  （6）哄凉胡子（平鲁）

  （7）结下死疙瘩（万荣）

  （8）端恶水盔子（忻州）

"倒杠子"指背后说坏话；"行门户"指行人情；"挨头子"指受人指责、斥骂；"遭后继母"比喻受到不公正的待遇；"拾了一炮壳"比喻撞上倒霉事；"哄凉胡子"指欺骗不了解实情的人；"结下死疙瘩"比喻双方把关系搞僵；"端恶水盔子"比喻做得罪人的事。

（二）述补式

述补式惯用语的述语多由单音节动词或形容词充当，补语可以是单音节词，也可以是各种类型的词组。例如：

  （1）撅哩高（忻州）

  （2）吃架不起（太谷）

  （3）能得离天四指（万荣）

  （4）饿得脑打蝇子（临县）

  （5）厚哩城墙套堡子（忻州）

  （6）好得扎花子（临县）

  （7）把接不下（忻州）

  （8）细得一根头发破八瓣（临县）

  （9）吃不倒（平鲁）

  （10）干得焙饼子（临县）

  "撅哩高"形容人高傲自负；"吃架不起"指无力承担或惹不起某人；"能得离天四指"形容人过分精明；"饿得脑打蝇子"形容饥饿到了极点；"厚哩城墙套堡子"形容人脸皮厚；"好得扎花子"形容人好或双方关系好；"把接不下"指借故刁难，纠缠不休；"细得一根头发破八瓣"形容人非常吝啬小气；"吃不倒"指敌不过别人；"干得焙饼子"形容非常穷困，没有一点儿积蓄。

（三）主谓式

  由主语和谓语两部分构成。从目前收集到的山西惯用语的情况来看，多为三字，并且主语多为人体部位。例如：

  （1）脸子多（太谷）

  （2）鼻道长（忻州）

  （3）两头尖（太谷）

  （4）眼大瞪（忻州）

  （5）胃口大（临县）

  （6）底脑头混沌（忻州）

  "脸子多"，指一会儿一变脸，形容人爱生气；"鼻道长"形容人嗅觉灵敏；"两头尖"指两面讨好；"眼大瞪"指吃惊，惊奇；"胃口大"指受贿者贪婪；"底脑混沌"指人思想混乱。

（四）偏正式

（1）白肚皮（忻州）

（2）跑茅子嘴（忻州）

（3）修不起的三神庙（临县）

（4）碰鼻儿香（忻州）

（5）靠边边站（太谷）

（6）随风倒（平鲁）

（7）一面砍（临县）

（8）耐揉搓（忻州）

例（1）至例（3）为定中式，例（4）至例（8）为状中式。"白肚皮"指能劳动而不劳动，靠剥削过着富裕生活的人；"跑茅子嘴"指守不住秘密的人或惯说脏话的人；"修不起的三神庙"指永远没出息的人；"碰鼻儿香"形容香味浓烈；"靠边边站"指因不够资格而受到排挤或冷落，也指先不顾及某人；"随风倒"指立场不坚定，两面摇摆；"一面砍"比喻裁决问题不公平，偏袒某一方；"耐揉搓"比喻人承受力强。

（五）联合式

联合式惯用语由两个或两个以上语法性质相同或相似的成分构成，这些成分之间结构关系相同或相近，形式上不对等。例如：

（1）认亲不认理（万荣）

（2）来如风川去如灭（临县）

（3）心强命不强（平鲁）

（4）多三钱少二分（忻州）

（5）说了皮说不了瓤（万荣）

（6）皮子不亲肉不亲（忻州）

（7）舍嘴不舍身子（临县）

（8）家败人亡鬼吹灯（太谷）

“认亲不认理”指处理问题时只帮亲人，不管理在哪边；“来如风川去如灭”形容来去的速度快；“心强命不强”指人心高气傲，命运却很悲惨；“多三钱少二分”指数额差距不大；“说了皮说不了瓤”指只能表面安慰一下，难以真正解决问题；“皮子不亲肉不亲”指双方没有任何关联，没有感情；“舍嘴不舍身子”指嘴上说得好听，实际并不帮忙；“家败人亡鬼吹灯”指彻底败落，一切都完了。

（六）连谓式

连谓式惯用语一般由两个谓词性成分连用，两个成分共用一个主语，在时间上有先后关系，中间没有语音停顿，也没有任何关联词语。例如：

(1) 见窟窟就下蛆（太谷）

(2) 抱住葫芦抠籽儿（忻州）

(3) 捏住鼻子喝醋（万荣）

(4) 劁咾猪撂在麻地里（临县）

(5) 搬倒油瓨盛油的缸寻芝麻（万荣）

(6) 掏上雀喂猫（平鲁）

(7) 搭起台子等戏子（临县）

(8) 拿着麦秸秆当龙头拐拄（万荣）

(9) 揪住胡子问年纪（忻州）

“见窟窟就下蛆”比喻一有机会就干坏事；“抱住葫芦抠籽儿”比喻强人所难；“捏住鼻子喝醋”比喻勉强受委屈；“劁咾猪撂在麻地里”比喻事情办完了，对各方当事人却没有个圆满的交待；“搬倒油瓨寻芝麻”比喻丢了大的捡小的；“掏上雀喂猫”比喻损害一方去帮助另一方；“搭起台子等戏子”指一切准备好了，就等关键人物出现；“拿着麦秸秆当龙头拐拄”指把上级或领导随便的一句话当作军令一般去执行，或把一点儿小权利运用到极致；“揪住胡子问年纪”指人不停地追问。

此外还有兼语式，如“有眼不识金镶玉（陵川）”、“促督王八下枯井（忻州）”、“打的鸭子上架咧（汾阳）”。

二、单语节单句型惯用语

严格说来，上述各类词组型惯用语也都可以叫做单句型惯用语，因为都可以加上句调成为句子，成分间的语法关系可以像分析单句的句法关系一样来分析（参看孙维张《汉语熟语学》五）。这里之所以把"单语节单句型惯用语"单列出来，一是因为这类惯用语可以表达完整的意思，二是为了跟"单语节复句型惯用语"做对比。下面所列单句，都是典型的"主－谓－宾"结构。例如：

（1）黑脊背养活哩白肚皮（忻州）
（2）痴婆娘等汉哩（万荣）
（3）瞎公鸡瞅得一颗瘪荞麦（临县）
（4）强盗遇上打劫贼（忻州）
（5）狗肉上不了抬秤（平鲁）
（6）豆腐跌下肉价钱（汾阳）
（7）瞎猫碰略节_{碰了个}死老鼠（洪洞）
（8）锥尖子遇上枣骨子_{枣核}（忻州）
（9）细狗儿抖下麻狐架（平遥）

"黑脊背养活哩白肚皮"指农民辛苦劳作养活了不劳而获的人；"痴婆娘等汉哩"指人在无望中等待；"瞎公鸡瞅得一颗瘪荞麦"比喻没眼光的人看上了没前途的事情；"强盗遇上打劫贼"指强手碰到了一起；"狗肉上不了抬秤"讥讽人不识抬举；"豆腐跌下肉价钱"比喻事物的价格远远超过了本身的价值；"瞎猫碰略节死老鼠"比喻人碰巧获利；"锥尖子遇上枣骨子"比喻强者相遇；"细狗儿抖下麻狐架"比喻人装腔作势。

三、单语节复句型惯用语

这类型的惯用语，表面的结构形式虽然是一个语节，但往往不能用单句的结构加以分析，从其语义内容上来说，语节内部的前段和后段之间有着各种复杂的关系，因此，看起来更像是一个紧缩复句。例如：

（1）没啦四方屁眼就不要坐八仙桌（临县）

（2）早知尿床不铺毡（平鲁）

（3）烧成灰迹也认得你（太谷）

（4）烧着手哩脚不疼（忻州）

（5）不到黄河不脱鞋（万荣）

（6）按住葫芦瓢起来（忻州）

（7）驴不走怨臭棍（万荣）

（8）吊起骡子给马听（长治）

"没啦四方屁眼就不要坐八仙桌"，"没啦四方屁眼"和"不要坐八仙桌"是假设关系，意思是没有本事就不要兜揽事情；"早知尿床不铺毡"中"早知尿床"和"不铺毡"也是假设关系，意思是早知道结果不好，当初就不该做；"烧成灰迹也认得你"，意思是不管你如何变化，都能认出，"烧成灰迹"和"认得你"是让步关系；"烧着手哩脚不疼"意思是因为烧着的是手，所以脚不会疼，"烧着手"和"脚不疼"是因果关系，比喻对别人的痛痒或不幸毫不关心；"不到黄河不脱鞋"，意思是只有到了黄河才脱鞋，"不到黄河"和"不脱鞋"是条件关系，比喻不到最后不罢休；"按住葫芦瓢起来"中"按住葫芦"和"瓢起来"是承接关系，比喻问题接二连三地出现；"驴不走怨臭棍"意思是驴不走反倒抱怨臭棍，"驴不走"和"怨臭棍"是转折关系，比喻自己不努力，却抱怨他人或客观条件不好；"吊起骡子给马听"中"吊起骡子"的目的是为了"给马听"骡子的惨叫声，二者是目的关系，比喻惩罚一个人来威慑或警戒另外的人。

四、双语节惯用语

双语节惯用语，前后两个语节之间有比较明显的语音停顿，书面上常用逗号隔开。根据两个语节的内部结构，可把双语节惯用语分为并列式和非并列式两类。例如：

（一）并列式

并列式惯用语在双语节惯用语中占有很大比重，前后两个语节字数相等，结构形式相同，形成对偶或对称关系。例如：

（1）剥草寻蛇，开笼放鸟（忻州）

（2）没哥姐_{父母}的夸孝顺，没儿女的夸干净（平遥）

（3）恨人有，笑人没（万荣）

（4）丝线长，麻线短（临县）

（5）横说横有理，竖说竖有理（太谷）

（6）没缝想下蛆，没风想扬尘（忻州）

（7）见财就起异，图财就害命（太谷）

（8）人在家中坐，事从天上来（平鲁）

　　"剥草寻蛇，开笼放鸟"比喻人自讨苦吃；"没哥姐的夸孝顺，没儿女的夸干净"讽刺那些爱自夸的人；"恨人有，笑人没"指人忌妒心强，喜欢议论嘲笑他人；"丝线长，麻线短"形容说话絮絮叨叨，没有头绪；"横说横有理，竖说竖有理"指人强词夺理；"没缝想下蛆，没风想扬尘"比喻想尽一切办法干坏事；"见财就起异，图财就害命"指为了钱财就起歹心害人；"人在家中坐，事从天上来"指祸事无缘无故降临。

（二）非并列式

　　双语节非并列式惯用语，有些前后语节字数相等，大致对称，有些前后语节字数不等，都可以参照复句的分类系统进行分析。例如：

（1）跑了偷牛的，逮住拔橛的（万荣）

（2）省下腿肌骨，费咾牙床骨（忻州）

（3）有风不扬田，没风打哨哨_{吹口哨}（平鲁）

（4）宁叫眼里流咾脓，不叫嘴里受咾穷（临县）

（5）捣咾脑子，不塞棉花（临县）

（6）为了一口气，卖了二亩地（临县）

　　上述双语节惯用语，前后语节字数相同。其中例（1）至例（3）前后语节之间为转折关系，"跑了偷牛的，逮住拔橛的"指放过了主犯，却逮住了从犯；"省下腿肌骨，费咾牙床骨"指虽然省了力气，却费了口舌；"有风不扬田，没风打哨哨"指有好时机时不行动，等时机过去了却又干着急没办法。例（4）前后语节之间为让步关系，指人做饭时爱贪多或吃饭时爱霸占，宁可吃不了浪费，也不让有一点不足。例（5）前后语节之间为承接关系，比喻人不懂得吸取经验教训。例（6）前后语节之间为目的关系，指人为了争一口气，付出了大的代价。

　　（7）大锅儿淹咾油，虱子屁眼儿炼脂油（忻州）

　　（8）肠子上咬人，肚皮上挖（平遥）

　　（9）有心拜年，过了二月二不迟（平鲁）

　　（10）手拿讨吃棍，亲戚邻居不敢认（忻州）

　　上述双语节惯用语，字数不等，结构不对称。例（7）、例（8）前后语节之间为转折关系，"大锅儿淹咾油，虱子屁眼儿炼脂油"比喻丢了大的利益，却在小利益上斤斤计较；"肠子上咬人，肚皮上挖"，意思是肚子里痒，却在肚皮上使劲挠，比喻采取措施没有针对性。例（9）前后语节之间为假设关系，指如果有心做某事，什么时候都可以。例（10）前后语节之间为因果关系，指人穷困潦倒，导致所有人都躲避。

　　另外，还有少数惯用语是由三个甚至四个语节构成，如"见饭饥，见水渴，见人吃饭就眼热（太谷）"、"做一行，怨一行，当了和尚怨道场（平鲁）"、"起得早，吆喝得高，营生针线做不了（忻州）"、"泥匠住的跌皮墙，木匠住的疙杈房，卖鞋老婆赤脚走，熬盐老汉喝淡汤（原平）"、"赶上猪，猪不快；赶上羊，羊不快（临县）"等等。

第二节　惯用语的语义及相关问题

一、语义构成方式

　　惯用语的语义形成是一个复杂的过程，其中最常见的几种形成方式是：

（一）白描法

（1）记性不大，忘性不小（临县）

（2）白天游玩走四方，黑夜熬油补裤裆（灵丘）

（3）白刀子进去，红刀子出来（平鲁）

（4）长袍子，短褂子（临县）

（5）认亲不认理（万荣）

（6）眉一斜，眼一揆_{侧目而视}（太谷）

"记性不大，忘性不小"指人记忆力差；"白天游玩走四方，黑夜熬油补裤裆"指白天闲逛游玩，晚上才干活；"白刀子进去，红刀子出来"指刀对刀拼杀；"长袍子，短褂子"指穿的衣服长一件，短一件，不体面；"认亲不认理"指做事时只认亲情不说道理；"眉一斜，眼一揆"指人因生气而眉毛眼睛都斜立起来。这些惯用语采用的都是直陈或如实描绘的白描手法。

（二）夸张法

（1）三盔子十八碗（忻州）

（2）吹到天上去了（万荣）

（3）树叶儿掉下来也怕砸了脚（平鲁）

（4）脸比城墙厚（临县）

（5）一根头发一槐—个嘴（太谷）

（6）一点三马勺，三点一老盆（临县）

"三盔子十八碗"形容人吃得多；"吹到天上去了"形容大话说得太离谱；"树叶儿掉下来也怕砸了脚"形容人极其胆小；"脸比城墙厚"形容人的脸皮厚到了极点；"一根头发一槐嘴"形容人话多；"一点三马勺，三点一老盆"形容雨下得大。以上惯用语都采用了夸张的手法。

（三）引申法

(1) 一人一把号，各吹各的调（大同）

(2) 手儿敲磬儿，眼儿看供儿（平遥）

(3) 脑袋当钵盂子敲（太谷）

(4) 挨肚疼还不能吭气（万荣）

(5) 七妮子当家，八妮子主事（忻州）

(6) 长不说长，短不说短（临县）

"一人一把号，各吹各的调"引申指各人自行其是，步调不一致；"手儿敲磬儿，眼儿看供儿"引申指人做事心不在焉；"脑袋当钵盂子敲"引申指被人耍笑；"挨肚疼还不能吭气"引申指吃了亏还不能声张；"七妮子当家，八妮子主事"引申指想主事的人太多；"长不说长，短不说短"引申指对事情没有任何交待。

（四）比喻法

(1) 胡拉被子乱扽毡（河津）

(2) 金钟上不碰，瞎撞烂缸沿（平鲁）

(3) 吃不倒敌不过瓜瓜搂蔓蔓（临县）

(4) 套了辕里卸不下（万荣）

(5) 编笸箩不收沿子（忻州）

(6) 重打锣鼓重唱戏（平鲁）

"胡拉被子乱扽毡"比喻搞错了对象或弄错了事实；"金钟上不碰，瞎撞烂缸沿"比喻做事找不着关键人物或关键点；"吃不倒瓜瓜搂蔓蔓"比喻敌不过厉害的，就来对付弱小的；"套了辕里卸不下"比喻摆脱不了生活的重担；"编笸箩不收沿子"比喻做事有头无尾；"重打锣鼓重唱戏"比喻从头开始。比喻是惯用语语义形成的一个最常见的手段。

（五）借代法

（1）肠子头短（万荣）

（2）七嘴八舌头（临县）

（3）三盔子十八碗（忻州）

（4）吹鼓手命穷，好日子没啦对勾（临县）

（5）高门不进，低门不去（太谷）

（6）取了真经是唐僧，闯下乱子孙悟空（平鲁）

"肠子头短"指人胸怀不宽，用"肠子头"来借代胸怀；"七嘴八舌头"指人多话多，用"嘴、舌头"指代"说话"；"三盔子十八碗"形容人饭量大，用"盔子"、"碗"指代容器内的食物；"吹鼓手命穷，好日子没啦对勾"指命运不好的人有点好事，却偏偏凑到了一起，无福全部消受，用"吹鼓手"指代命运不好的人；"高门不进，低门不去"指婚姻处于两难的境地，富贵家去不了，贫贱家不想去，用"高门"指代富贵之家，"低门"指代贫贱之家；"取了真经是唐僧，闯下乱子孙悟空"，指有了功劳是领导的，出了问题责任由下属承担，用"唐僧"来指代领导，"孙悟空"来指代"下属"。

此外，在山西方言惯用语中，有许多非常诙谐幽默的表达，细细品味，不禁为劳动人民的聪明睿智而折服。如忻州方言中有如下例子：

（1）数席瓣子：指赤身睡在苇席上。

（2）戴麻绳坎肩子：指用麻绳捆绑起来。

（3）欺负土坷垃：指种田务农。

（4）骑黄土骡子：指在土路上步行。

（5）修地球：指干农活儿。

（6）抢元宝：指奔跑时面朝地摔倒。

（7）沤眼睛：指睡觉。

（8）坐十一号儿汽车：指步行。

（9）转地球：指理发。

二、语义特点

(一) 描绘性

惯用语属于描述性语言单位，其所进行的描绘，主要是围绕人展开的，常见的有五个方面：

1. 描绘人的相貌

 (1) 翻鼻子瞪眼（万荣）

 (2) 淡眉失斯眼（临县）

 (3) 蚕沙婆姨黑脸汉，打起架来没人看（太谷）

"翻鼻子瞪眼"形容人生气发火时的面容；"淡眉失斯眼"指人眉毛太淡，肤色过白；"蚕沙婆姨黑脸汉，打起架来没人看"指人的脸色很黑。从上面的例句可以看出，在描绘人的相貌时，惯用语侧重于描绘人外表的丑陋，较少描绘人外表的美丽，像"生得七特，长得可喜指人长得漂亮可爱"这类例子比较少。

2. 描绘人的性格

 (1) 抬上棺材说死话（平遥）

 (2) 三打打不出个响屁来（临县）

 (3) 钱儿在肋肢线上穿的（汾阳）

"抬上棺材说死话"形容人爱抬杠，认死理儿；"三打打不出个响屁来"形容人性格沉闷，不善言辞；"钱儿在肋肢线上穿的"形容人吝啬贪财。

3. 描绘人的心理

 (1) 吃了粗糠忘了穷，好了疮疤忘了疼（陵川）

 (2) 吃咾猪肝想猪心，得咾白银想黄金（忻州）

 (3) 吃烧饼怕跌咾芝麻（忻州）

"吃了粗糠忘了穷,好了疮疤忘了疼"指人吃了亏而不知道吸取教训;"吃唠猪肝想猪心,得唠白银想黄金"讽刺人贪心不足;"吃烧饼怕跌唠芝麻"指人做事过分小心。

4. 描绘人的动作行为

（1）干敲梆子不卖油（万荣）

（2）强盗走唠挠出棍来哩（临县）

（3）逮住拐子使劲踹（太谷）

"干敲梆子不卖油"比喻只表面上做样子而不办实事;"强盗走唠挠出棍来哩"指事后才采取措施;"逮住拐子使劲踹"比喻一旦抓住能使唤的人就可劲地用。

5. 描绘人的境遇

（1）时气不高运气低,骑的骆驼狗咬腿（忻州）

（2）赶上猪,猪不快;赶上羊,羊不快（临县）

（3）火炕喽出来,跳的泥坑喽（太谷）

"时气不高运气低,骑的骆驼狗咬腿"形容人运气差到了极点;"赶上猪,猪不快;赶上羊,羊不快"指不管做什么事都不能成功;"火炕喽出来,跳的泥坑喽"形容人的经历境遇一直不好。

有些惯用语,从字面上看,描绘的是动物的心理或行为,但实际上是通过动物来比喻人,最终描绘的还是人,如"牛不知角弯,马不知脸长"讥讽人没有自知之明;"性暴骡子噘瞎眼"比喻性格倔强粗暴的人最终伤了自己,还什么也没得到;"各鸡刨各食"比喻各人为各人的生计而奔波;"细狗儿抖下麻狐架"比喻人装腔作势。

（二）贬义性

惯用语的贬义性指的是,惯用语主要从消极的一面来描述人的遭遇、形象或动作行为等。这一点从上面的描述性中已经可以看出来,再如：

(1) 赤脚哩撵兔，穿鞋哩吃肉（和顺）

(2) 扶起爷爷，跌倒娘娘（临县）

(3) 喝水遇的空茶壶，尿尿遇的满夜壶（忻州）

(4) 掏了狐子住上狼（平鲁）

(5) 圪出眉要眼（临县）

(6) 眼又斜来嘴又歪，耳朵烂的两半槐个（太谷）

(7) 比死人多出一口气（临县）

(8) 夸得浆水出来醋（壶关）

(9) 正请不坐，小桌后底圪摸（陵川）

例（1）描述了旧时劳动人民享受不到自己的劳动成果的悲惨境遇；例（2）指问题接二连三地出现；例（3）形容人的运气差到了极点；例（4）比喻赶走一个敌人又来一个更强的；例（5）、例（6）形容人相貌丑陋；例（7）形容人无用；例（8）指人不经夸，越夸越过分；例（9）讥讽人不识抬举。

值得注意的是，有大量惯用语描绘的是旧时底层民众贫穷饥饿的困苦境地，惯用语对消极面的描绘由此可见一斑。如描写家庭贫穷的有："鸡沟子底里掏蛋哩"、"荷起针来没线，荷起剪子来没布"、"穿衣镜没水银"、"房无一间，地无一垄"、"四只扣碗差配配"、"有房子没院墙，扎的一留荭棍笆"、"椅床床顶桌子，喝水使得合钵子"、"风扫院，月照灯，万字条子弯龙枕"；因贫穷而缺衣少食的有："浑身上下一张皮"、"揭不开锅"、"吃了上顿没下顿"、"米米面面没啦三二升"、"清汤灌大肚"、"没米的稀粥，没面的拌汤"、"喝米汤，就咸菜"、"有奈无奈，瓜皮就菜"、"咸盐干辣面调料少"；因贫穷而导致饥饿的有："狼多肉少，成天饿吵"、"前腔贴住后腔"、"饥一顿饱一顿"、"肠子头都烤干啦"；在如此窘迫的境况中，日子过得很艰难："四大节好过，穷日子难过"、"年好过，日月难过"、"人穷鬼掀门"、"穷汉赶上闰腊月"；唯有拼命节俭才能维持生命："牙缝子儿圪抠"、"勒住裤带过日子"、"一分钱掰成两瓣子花"。

三、惯用语的表达特点

惯用语，是流行在人民群众口头上定型的习惯用语，其语义通俗浅近，形式自由灵活，用词朴实，甚至有些粗俗，带有强烈的口语色彩。主要表现在以下几个方面：

（一）秽词多

秽词，即带有脏字的词语，一般只在口语中出现，在正式或庄重的场合极少应用。在山西惯用语里出现的秽词，集中体现为跟人类生殖和排泄器官有关的词语。例如：

（1）溜勾子拍马屁（文水）

（2）尻发痒因无聊而干出有害的事（忻州）

（3）吹牛尿赛如狼嚎，舔屁眼不用人教（临县）

（4）鸡儿屁眼，猫儿尿喻小气（万荣）

（5）见人屙屎屁眼疼（太谷）

（6）屎逼到屁眼门子上才寻茅子（临县）

（7）占住茅的厕所不巴屎拉屎（万荣）

（8）假干净，尿洗脸（临县）

（9）推屎没尿，茅的睡觉（万荣）

（二）叠词多

重叠是汉语的一种很重要的语法手段。山西方言重叠式非常丰富，从名词、动词、形容词到数词、量词、副词等都能重叠，大部分的重叠形式，在构词、构形以及表达上都体现出极强的口语化和随意性，正式场合和庄重场所一般不用。山西惯用语作为当地群众的口头语汇，也汇聚了很多重叠形式。例如：

（1）白纸黑道道指有写下的凭证（忻州）

（2）阴坡坡对阳洼洼（临县）

（3）荷拿鸡蛋壳壳包住你（太谷）

（4）白晌游门打站站，黑了熬油纺线线（万荣）

（5）下脖子底里顶上个圪叉叉（临县）

（6）割喽得老头刚木碟碟大（太谷）

103

(7) 吃虱子还留下四只腿腿形容人小气（平遥）

(8) 嘴是蜜钵钵儿，心是蛆壳壳儿（和顺）

（三）词缀多

在山西方言惯用语中出现的词缀中，最多的要属"圪"。"圪"缀词大多表示口语化风格色彩，庄重事物一般不用"圪"。例如：

(1) 虚一圪列条状物，实一圪列指说话虚虚实实，不可靠（临县）

(2) 平地儿起圪堆比喻凭空捏造谣言（忻州）

(3) 塌圪窝儿欠债亏损（临汾）

(4) 白天悠悠圪串，黑夜熬油哄汉（太谷）

(5) 刨圪愣找碴儿（天镇）

(6) 刨渣皮里挑圪柴（壶关）

(7) 有圪节节有矛盾（文水）

(8) 正请不坐，小桌后底圪摸（陵川）

(9) 一斧两圪节比喻说话办事直爽、干脆（河津）

(10) 烧圪针，吃碱葱，到佬晚上不点灯（朔州）

另外还有"忽"缀词，如"贼眉忽拉眼"、"三打一忽搅"、"前顶后忽沓形容鞋大，很不合脚"、"蛤蟆三跳还得一忽歇"，还有些惯用语中出现了"日"缀词，如"挤眉疙眨眼，日鬼不停点"、"日粗话大，偷跑步大"、"夹哄带日叨"、"日嘴二万贯"等。这些词缀都是日常口语中常用的，体现了惯用语的口语色彩。

（四）起兴多

起兴，"先言他物以引起所咏之词也"，是中国古代诗歌常用的表现手法，具有起情、创造气氛、协调韵律、连接上下文等作用，可使作品咏唱自由，行文轻快活泼。中国许多传统的民歌等常常运用起兴的手法来烘托气氛，调节韵律。这种手法在山西惯用语中也得到了很好的发挥和运用，其中所兴之辞跟惯用语的语义几乎没有关联，就语义来说，有或者无，不会对惯用语的语义造成影响，但这样的表达，能调节惯用语的韵律和节奏，使得惯用语说出来朗朗上口，更易在民间传诵。从结构上来说，起兴之辞可以在前，也可以在后。如：

  （1）豌豆青皮皮，婚姻苫咾眼皮皮（临县）

  （2）恶鹊尾巴长，有喽媳妇忘嘞娘（太谷）

  （3）高高山上一根棍，吃了一顿说一顿（陵川）

  （4）双双核桃双双枣，婆夫_{夫妻}俩谄得好（万荣）

  （5）舔屁眼不用人教，啃西瓜皮不叫人瞧（临县）

  （6）人笨心俏，麦箭箭上睡觉（忻州）

  例（1）至例（4）四条惯用语，前语节为起兴语节，例（5）、例（6）两条惯用语，后语节为起兴语节，前后语节的末字或押韵，或相同，使得整条惯用语读起来节奏明快，抑扬顿挫，体现了语言的韵律美，也体现了劳动人民的聪明才智。

（五）诅咒多

  诅咒是人对周围人、事或对现实不满而又无能为力时，为排除恶劣情绪、达到内心平衡而发出的咒骂，是人类最重要的、见效最快而对社会危害最小的一种感情宣泄的途径。常见于口语当中。在山西俗语中也有很多与诅咒有关的惯用语，以太谷方言为例。

  （1）斑子黑豆_{指严重的皮肤病}一起害

  （2）害伤寒_{中医指外感发热的病，过去医术不发达，很难治愈，死亡率高}

  （3）不棱蹦的天上教你跌下来_{嫉妒他人而发的咒语}

  （4）养上没屁眼的娃娃

  （5）天打五雷轰

  （6）死喽倒埋喽你

  （7）三辈子不能转为人

  这些咒语，有的诅咒人得重病、遭大灾，生不如死，如例（1）、例（2）、例（3）；有的诅咒人没有后代，如例（4）；有的诅咒人遭天谴，如例（5）；有的诅咒人死不得其所，如例（6）；有的诅咒人永世不得超生，如例（7）。虽然诅咒并不一定就成为现实，但对诅咒者而言，能极大地释放内心的仇恨与愤怒，从而达到心理的平衡，避免了现实的冲突。

四、惯用语所蕴含的是非观

在对人或事物的价值取舍或是非评判上，惯用语不同于谚语。谚语是人类生产和生活经验的总结，它往往通过直接经验来教导人们什么才是正确的，应该怎样去做；而惯用语的贬义性，决定了它只能通过对不好的或错误的方面进行贬斥，从而从反面来肯定好的方面，是一种隐性的曲折的表达。从山西各地通行的一些惯用语中，我们不难发现当地人评判人和事物的是非标准和价值体系（下文不再一一标注出处）。

（一）贬斥丑陋，崇尚美丽

（1）猪嘴狗獠牙

（2）七勾三脑袋

（3）前背锅，后撅肚

（4）山眉子古怪

（5）胳膊罗圈腿又拐

（6）斜眉子特溜眼

"猪嘴狗獠牙"指人嘴巴突出，牙齿不整齐；"七勾三脑袋"形容人容貌非常丑陋；"前背锅，后撅肚"指人体形不好看；"山眉子古怪"指人长相怪异；"胳膊罗圈腿又拐"指人四肢畸形；"斜眉子特溜眼"指人眼睛斜视，容貌难看。这些惯用语从对异类的贬抑中，张扬的是对美的追求。

（二）贬斥糊涂，崇尚明理

（1）戴帽子不知头大小，吃饭不知肚大小

（2）吃饭不知饥和饱，睡觉不知颠和倒

（3）脑子里住壁虱着嘞

（4）脑子里嵌铅锭子着嘞

（5）三打打不醒

（6）七灯竿，八秤锤，十二脑畔九井绳

"戴帽子不知头大小，吃饭不知肚大小"、"吃饭不知饥和饱，睡觉不知颠和倒"形容人糊涂或智力低下；"脑子里住壁虱着嘞"、"脑子里嵌铅锭子着嘞"，脑子，指脑袋，脑袋里有异物"壁虱"、"铅锭子"的人，自然聪明不到哪儿去；"三打打不醒"三个巴掌都打不醒某人，极言其糊涂的程度深；"七灯竿，八秤锤，十二脑畔九井绳"极言人傻的程度深。有很多这样的惯用语，都在贬斥或咒骂人头脑糊涂或弱智，从反面来看，这又是人们对聪明、明理的向往和褒扬。

（三）贬斥懒惰，崇尚勤俭

（1）懒眉子失斯眼

（2）横草不敢拿哩放顺

（3）锥子也扎不动

（4）嘴勤尿子懒，吃饭拣大碗

（5）不是怕尸首坏咾，连气也不想出

（6）出气还得人打帮咧

"懒眉子失斯眼"直接从面部表情上来描绘人的懒惰；"横草不敢拿哩放顺"从外在表现上来描绘人的懒惰；"锥子也扎不动"，即使用锥子扎，也不会动一下，懒的程度可想而知；"嘴勤尿子懒，吃饭拣大碗"，描写人好吃懒做；"不是怕尸首坏咾，连气也不想出"，尸首，咒骂语，指身体，"出气还得人打帮咧"，打帮，帮忙劝说，这两条惯用语用夸张和假设的手法，描绘人懒到了极点。

（四）贬斥忤逆，崇尚孝道

（1）儿跟婆姨女跟汉，撂下老鬼没人看

（2）十个儿女能养活，两个老人轮饭吃

（3）凑上墙头没人管

(4) 十个黑铃铃没啦一个响的

(5) 家有二老不孝顺，跑在庙上求神神

(6) 活哩不孝顺，死咾胡念颂_{哭悼}。

"儿跟婆姨女跟汉，撂下老鬼没人看"指子女成家立业，各自生活，没人照顾父母；"十个儿女能养活，两个老人轮饭吃"，父母养活了众多的儿女，等父母老了，却只落得到各家轮流吃饭的下场，甚至于"凑上墙头没人管"；"十个黑铃铃没啦一个响的"，用比喻和夸张的手法描绘了众多的子女却没有一个孝顺的；"家有二老不孝顺，跑在庙上求神神"，讥讽一些人不孝顺老人，却去求神灵保佑自己；"活哩不孝顺，死咾胡念颂"，更是讽刺一些人父母在世时不孝，去世了却在那儿装模作样，假意哭悼。这些惯用语贬斥了某些人的不孝行径，意在彰显中华民族的传统美德，也是对后人的警醒和告诫。

（五）贬斥无能，崇尚高强

(1) 烧砖烧不咾，打瓦打不咾

(2) 熬胶不粘，做醋不酸

(3) 比死人多出一口气

(4) 虚大无才瞎宝贝

(5) 穿衣哩架子，馕饭哩圪筒

(6) 给人抠鞋还嫌你指头粗嘞

"烧砖烧不咾，打瓦打不咾"、"熬胶不粘，做醋不酸"，既不会烧砖，又不会打瓦，既不会熬胶，又不会做醋，一个人无能到什么程度，可想而知，这样的人也就"比死人多出一口气"；"虚大无才瞎宝贝"是对只长了个高个子而没有任何才能的人的调侃和戏谑；"穿衣哩架子，馕饭哩圪筒"指责人只会穿衣吃饭瞎糟蹋东西，而什么都不会干，连"给人抠鞋还嫌你指头粗嘞"。没有任何才能的人在社会上是难以立足的，通过对这些人的贬斥和鞭挞，表达激发其努力向上，提高自身能力的意愿。

（六）贬斥忘恩负义，崇尚知恩图报

（1）良心背到脊背上

（2）揩嘴亡恩，扰子害孙

（3）图情不领倒谢哩

（4）猪八戒倒打一耙子

（5）用时抱到怀里，不用时撂到崖底

（6）将刚过河就要拆桥，一卸磨就要杀驴

"良心背到脊背上"斥责有些人做事不讲良心，忘恩负义；"揩嘴亡恩，扰子害孙"贬斥人刚擦了嘴就忘了别人的恩德，这样的人"图情不领倒谢哩"，有时候甚至还会"猪八戒倒打一耙子"；更有些人"用时抱到怀里，不用时撂到崖底"，有用靠前，没用靠后，"将过河就要拆桥，一卸磨就要杀驴"，转眼就把帮助过自己的人忘到脑后，甚至为了自己的利益，向对自己有恩的人下手。知恩图报是我们中华民族的传统美德，通过全社会对这种忘恩负义行为的斥责，教育人一定要懂得感恩。

（七）贬斥低贱品行，崇尚高贵人格

（1）见窟窿就钻

（2）针尖上削铁，鸡屎里寻谷

（3）擒不住葫芦子擒把子

（4）卖沟子，嫖婊子

（5）明抬举，暗作害

（6）闪死门里的，跌死门外的

"见窟窿就钻"比喻只要有利可图就不肯放过；"针尖上削铁，鸡屎里寻谷"讽刺人钻营爱财；"擒不住葫芦子擒把子"比喻人欺软怕硬；"明抬举，暗作害"指表面上恭敬对人，暗地里却在害人；"闪死门里的，跌死门外的"指人说话胡吹乱侃，没准头。这些惯用语从各个方面描述了人不好的品行，意在告诉人们，

这样的行为是要遭到人唾弃的，从而规范人们的言行，树立正确的道德标准。

五、惯用语中蕴含的人文历史

走在山西各地的街头巷尾，常常能听到这样一些惯用语，它们散发着浓厚的历史气息，能把人的思想带入远古时代，勾起人无限的遐想和想象，这就是惯用语中蕴含的人文历史，是惯用语产生和发展的悠久历史的见证。

（1）求张良拜韩信

张良、韩信均为汉朝的开国元勋，二人才华出众，一文一武，辅佐刘邦夺取江山，名扬天下，民间惯用语"求张良拜韩信"到现在仍在使用，指去拜访求助于有才有谋的人。

（2）人家滚油浇心嘞，你是东吴招亲嘞

东吴招亲的故事出自《三国演义》，《三国演义》第五四回载，在赤壁之战中，孙权刘备二人联手战胜曹操后，刘备借东吴荆州暂驻。周瑜设下计谋，用孙权的妹妹诱骗刘备入吴招亲，准备之后将刘作为人质以索回荆州。不料孙权的母亲见刘备英姿出众，真的将女儿（孙权的妹妹）嫁给了刘备。婚后，刘备按诸葛亮的计谋逃出了东吴，这才有了历史上"周郎妙计安天下，赔了夫人又折兵"的故事。惯用语"人家滚油浇心嘞，你是东吴招亲嘞"在山西地区流传广泛。滚油，指煮沸的油，指一方有十万火急之事，一方却按部就班，若无其事，也指人不会见机行事。

（3）借钱赛如三结义，讨账赛如请诸葛

"三结义"，即有名的"桃园三结义"。三国时期，刘备、关羽和张飞三人早年在涿郡张飞庄后桃花盛开的桃园，备下乌牛白马，祭告天地，焚香再拜后结为异姓兄弟，不求同年同月同日生，只愿同年同月同日死。"请诸葛"指的是历史上著名的"三顾茅庐"的故事，诸葛亮隐居南阳隆中时，刘备曾三次到他的住所，问以天下大计，最终请诸葛亮出山，"三请诸葛亮"至今仍为人们口头上的惯用语，形容请某人很难。惯用语"借钱赛如三结义，讨账赛如请诸葛"，有的地方也作"赊账好比三结义，要账难似请诸葛"意思就是借钱时双方的友情十分深厚，到还账之时，便像请诸葛亮出山一般，难上加难了。

（4）说曹操，曹操到

这条惯用语仍然出自三国故事。东汉末年，李傕、郭汜联手追拿汉献帝，有人献计推荐曹操，说他平剿青州黄巾军有功，可以救驾，然而信使未出时联军已经杀到，正在走投无路之际，夏侯惇奉曹操之命率军前来"保驾"，将李郭联军击溃，曹操也被加封官爵。"说曹操，曹操到"指的就是这一事件，现在多用来指刚说某人，某人就出现了。

（5）七郎八虎闯幽州
（6）七王子，八佞棍，最小的是佘太君

这两条惯用语出自杨家将的故事。杨家将的故事在山西民间家喻户晓，妇孺皆知，至今，山西代县鹿蹄涧的杨家祠堂仍保留完好。北宋时期，杨继业一家满门忠烈抗击契丹，忠心耿耿保家卫国的英勇事迹在民间传为佳话。"七郎八虎闯幽州"，描绘了杨家将奋勇抗击契丹的悲壮场景。杨家人骁勇善战也给人留下了深刻的印象，惯用语"七王子，八佞棍，最小的是佘太君"，指的就是在一个团体中，人人都是厉害角色，都不好招惹。

（7）宋江杀人，唐牛子顶命

《水浒传》二十四回描写，宋江在怒杀阎婆惜之后，被阎婆发现，正在阎婆与宋江二人扭打之时，撞见了唐牛儿，唐牛儿平日得到宋江不少照顾，又因前一天吃过阎婆的亏，看见阎婆在追赶宋江，便前来阻拦，宋江才得以脱身。阎婆的叫嚷声早已惊动了衙役，但都碍于宋江的面子，不好动手，此时见宋江已走，便都扑过来，将唐牛儿绑了。惯用语"宋江杀人，唐牛子顶命"讲的正是这一幕，现在常用来指某人犯错，无关的人受惩罚。

（8）周仓无计，脑刀一世

周仓，原为张宝部将，张宝死后投奔关羽，后成为关羽的贴身护卫，传说其"形容甚伟"，"两臂有千斤之力"，戏曲中常见他为关羽扛大刀。在普通民众心目中，周仓只是关公身边一个小人物，一辈子跟着关公，替关公扛刀。"周仓无计，脑刀一世"，就指人一辈子没出息。在山西方言中，"老周仓"常用来骂年龄渐大而没长进的年轻人。脑，是个同音代替字，就是"扛"的意思。

（9）杀鞑子

山西北部古代属边境地区，历史上常与北方游牧民族发生战争。"鞑子"，是当地人对所有北方游牧民族的称呼。双方交战，难免杀声震天，到现在当地人都用"杀鞑子"一词来形容小孩在剃头时大哭大叫的样子。人们还用"长毛鞑子"来讥讽头发很长的人。

（10）二郎担山撵太阳

这个惯用语源自在中国流传很广的民间故事。传说远古时期，天上有十个太阳，整天炙烤着大地，庄稼枯死，民不聊生。二郎很有力气，他担着两座大山去追赶太阳，追上一个就压到山底下，一共压了九个。在全国各地，至今仍有很多山叫做二郎山。二郎，有的地方传说是天上的二郎神，有的地方则传说是一个力气特别大的小伙子，在山西很多地方的口语中都有"二郎神"的说法，指行事莽撞、不稳重的人。可见，在当地人的心目中，二郎应为天上的神，"二郎担山撵太阳"这个惯用语也常用来比喻人做事莽撞、不稳重。

六、惯用语的传承性

惯用语的传承性，指的是有些惯用语是由古代惯用语直接或间接演化而来的，在古典文学作品中都能找到相关的记载，这些惯用语在山西方言中的语义为理解其在古代的意义提供了有力的佐证。

（1）黄鸡儿一窝，黑鸡儿一窝/黄鸡一窝窝，黑鸡一窝窝

我们可以与古典文学中的用例对比一下：

《红楼梦》第六十五回："今连他正经婆婆大太太都嫌了他，说他雀儿拣着旺处飞，黑母鸡一窝儿，自家的事不管，倒替人家去瞎张罗。"

《儿女英雄传》第四十回："二位姑奶奶罢呀，他这望后来也会那红纸二房也似价的咧！再说咧，你姐儿俩还这么贤良呢！也有我大伙儿倒合他黑母鸡一窝儿、白母鸡一窝儿！"

可以看出，从"黑母鸡一窝儿"、"黑母鸡一窝儿、白母鸡一窝儿"到今忻州方言"黄母鸡一窝，黑母鸡一窝"和太谷方言"黄鸡一窝窝，黑鸡一窝窝"，尽管形式上有微小的变化，颜色从白变为黄，但这个惯用语的意义基本没有发生大的变化，仍然是比喻脾性相投的人总在一块儿。

（2）猪猫儿狗不是

在《醒世姻缘传》第八十七回中有这样的叙述："因违了寄姐的限期，寄姐已是逐日'鸡猫狗不是'的寻闹，说狄希陈恋着家里那瞎老婆，故意不肯起身，叫寄姐住在船上，孤清冷落，如呆老婆等汉一般。""鸡猫狗不是"指人看什么也不顺眼，乱发脾气。在今忻州方言中有"猪猫儿狗不是"一语，语义同"鸡猫狗不是"完全一致，只是作为语的方言变体，把"鸡"换成了"猪"。

（3）闹饥荒

我们先来看两个古典文学的用例。

《红楼梦》第一十六回："那薛老大也是打饥荒的，这一年的光景，他为要香菱不能到手，和姨妈打了多少饥荒。"

《官场现形记》第六〇回："同太太、姨太太打饥荒，姨太太哭了两天不吃饭，所以他老人家亦不上院了。"

"打饥荒"常见的含义是因经济困难而向人借债，但在上述两例中，"打饥荒"并不能按这个意思来理解，而是"闹意见、闹别扭"的意思，这跟忻州地区"闹饥荒"的意思完全一致。可见，方言中的俗语可以为通语的解释提供有力的佐证。

(4) 吃虱子还留八根腿/吃虱子还留下四只腿腿

《警世通言》卷二八："原来李克用吃虱子留后腿的人。因见白娘子容貌，设此一计，大排筵席。"惯用语"吃虱子留后腿"形容人极端吝啬小气，在今太谷方言中仍保留了这一意义，形式为"吃虱子还留八根腿"，平遥方言中也有"吃虱子还留下四只腿腿"的说法。而在今忻州地区，有一条惯用语采用的是这一语的否定形式——"吃虱子不留后腿"，比喻做事不留后路。

(5) 屁眼大屙了心锤/屁眼大把心都屙嘞/屁窟大把心屙唦

《金瓶梅》三一回："大妗子要茶，我不往后边替他取茶去？你抱着执壶儿，怎能的不见了？敢屁股大，吊了心了也怎的？"

《林兰香》四回："早间夫人们在前厅吃酒，酒壶倒在炭火上，起有七八尺高，几乎无有烧着顶隔。他这火不知是如何起法，明日打听出来，亦教那些屁孔宽大掉落了心的，从此亦好留神。"

在上面两例中"屁股大，吊了心"、"屁孔宽大掉落了心"为同义语，第一例叱责人健忘，第二例斥责人做事粗心大意，在今山西各地方言中都保留了这条惯用语的不同形式，如临县"屁眼大屙了心锤"，忻州"屁窟大把心屙唦"，太谷"屁眼大把心都屙嘞"，其中，临县、忻州两地，这条惯用语用来斥责人没记性，而在太谷方言中，用来斥责人做事不用心，正好对应了该语古代的两个意思。

（6）两个肩肩抬一个嘴/两肩膀扛的槐嘴

元杂剧《刘弘嫁婢》一折："牵过那驴子来套上，打动打动，阿列阿列，去了罢。那里去？我有甚么呢？那里有那板箱竖柜来？沿身打沿身，身上的衣裳，肚里的干粮，两个肩膀抬着个口，每日则是吃他家的。便好道这大树底下好乘凉。一日不识羞，十日不忍饿，把这羞脸揣在怀里，我还过去。"

《儿女英雄传》二六回："只可笑我张金凤定亲的时候，我两个都是两个肩膀扛张嘴，此外我有的就是我家拉车的那头黄牛，他有的就是他那没主儿的几个驮骡。"

上两例中，"两个肩膀抬着个口"和"两个肩膀扛张嘴"为同义惯用语，流传至今，山西临县说"两个肩肩抬一个嘴"，而太谷则说"两肩膀扛的槐嘴"。这条惯用语有人解释为"要生活而没有谋生的本领"，从语言事实和方言语义来看，这个解释有欠妥当，应该是指人白吃饭或身无一物。

（7）十七的养上十八的，笤帚养上圪刷子

《儿女英雄传》三三回："舅太太道：'你别仗着你们家的人多呀！叫我们亲家评一评，咱们俩到底谁比谁大？真个的，十七的养了十八的了！'……舅太太生怕说出'烧火的养了当家的'这句下文，可就太不雅驯了。"

俗语"十七的养了十八的"，字面义是小的生了老的，引申指事情不合情理。太谷方言中"十七的养上十八的，笤帚养上圪刷子"意同此。

（8）你有来言我有去语，你有唢呐我有咪咪。

《儿女英雄传》四〇回："这等一个'扛七个打八个'的何玉凤，'你有来言我有去语'的张金凤，这么句'嫁而后养'的话，会闹得嘴里受了窄，直挨到这个分际，还是绕了这半天的弯儿，借你口中言，传我心腹事，话挤话，两下里对挤，才把这句话挤出来！"

上例中俗语"你有来言我有去语"，"你有来言"、"我有去语"对举，语义侧重于一方"我有去语"，形容人能说会道。而太谷方言中，"你有来言我有去语，你有唢呐我有咪咪"，语义侧重于双方的对比，后语节更加重了对比的程度，意指"双方针锋相对，不相上下"。咪咪是一种小乐器，能置于人嘴巴或鼻腔中。可以看出，两者虽然语义侧重点有所不同，但其基本的语义没有改变。

第三节　惯用语的比较研究

惯用语的比较从两个方面进行。第一，同全国通行的惯用语（简称通语）进行比较；第二，在山西各地惯用语之间进行内部对比。

一、山西惯用语跟通语的比较

先来看下面的例子：

A组（山西惯用语）	B组（通语）
过的河比你过的浇道也多	过的桥比你走的路多
过喽这槐寺，就没这槐庙	过了这个村，就没这个店
背的猪头不认账	背着牛头不认赃
人要是倒嘞霉，喝口凉水也腻嘴	人倒霉，喝凉水都塞牙
说一就是一，说二就是二	一是一，二是二
毛驴不喝水强按头	牛不喝水强按头
一竿子拨摺不着	八竿子打不着
死猪不怕滚水浇	死猪不怕开水烫
走门槛子	走后门
背红板凳	坐红椅子
不说黄黑	不分青红皂白
没心机（因受挫折而灰心丧气）	没心机（自由词组）

通过比较可以看出：

1. 山西惯用语地方味浓厚，有些词是地地道道的方言词。如通语说"八竿子打不着"，而太谷则说"一竿子拨撂不着"，"拨撂"就是一个方言词，意思是向远处扔；通语说"过的桥比你走的路多"，而太谷方言则说"过的河比你过的浇道也多"，"浇道"是方言词，指灌溉田地用的窄长水道；通语说"死猪不怕开水烫"，而忻州则说"死猪不怕滚水浇"，当地把开水叫做"滚水"。

2. 山西惯用语口语性更强，一些口语词或口语中常用的虚词都会出现。如通语说"人倒霉，喝凉水都塞牙"，而太谷则说"人要是倒嘞霉，喝口凉水也腻嘴"，其中加了"要是"、"嘞"等虚成分；通语说"走后门"，而忻州则说"走门槛子"。

3. 山西惯用语在词语的选择上似乎更加自由。如通语说"背着牛头不认赃"、"牛不喝水强按头"，而太谷则说"背的猪头不认账"、"毛驴不喝水强按头"。

4. 有些在方言中属于惯用语的，在普通话中不一定也是惯用语。如在忻州方言中，"没心机"指因受挫折而灰心丧气，属于惯用语；而在普通话中"没心机"只能算是一个自由词组，不能算做语。

二、内部比较研究

我们以忻州和临县两地的惯用语为例。

（一）语形相同，语义不同

语　　形	语义（忻州）	语义（临县）
有眉眼	指有势力，有后台	指人面子薄或有骨气
抖架子	指打交道	指为显示身份而装腔作势
得依济	指得到孩子为家庭所做的奉献	指得到老人遗留的财产
没脑水	没有主见	指人没有智慧，考虑事情不周
呛棒子	指人倒霉	指双方性格不合，关系僵硬
没搁拉儿	指与人或事没有瓜葛	指事情不会被耽搁
没脚后跟	指答应为人办事而没有回音	指人没有骨气、恒心与毅力
三箭两把头	形容做事干脆利落	形容走路速度快
顺毛毛儿摸挲	形容性格温顺	指顺着人的脾气或性子行事
碎刀刀儿割切	比喻一点一点地折磨或伤害	比喻钱财被一点一点地花掉

从上表可以看出，由于语义引申的方向或侧重点不同，导致了同样语形的惯用语，在忻州和临县两地，产生了不同的语义。如"有眉眼"，如果用"眉眼"来指代对方的脸面，则语义为"有势力，有后台"，而如果用"眉眼"来指代自己的脸面，则语义就变成"有骨气"或"面子薄"；"得依济"，"依济"指可以用来依靠的物质基础，如果受益人为父母，则语义为"得到孩子为家庭所做的奉献"，如果受益人为子女，则语义变为"得到老人遗留的财产"；"碎刀刀儿割切"，如果割切的对象为人，则语义为"比喻一点一点地折磨或伤害"，如果割切的对象为物，语义就变为"比喻钱财被一点一点地花掉"。人类思维方式的发散性和多样性，使得人们可以通过词语最简单的组合传达最大量的信息。

（二）语义相同，语形不同

语形（忻州）	语形（临县）	语　义
狗窝寄油糕	油糕寄在狗窝里	指东西藏不住
眼没水	没眼水	形容人眼力差，识别力不强
眼吹火	眼吹灯	指遭受沉重的打击
瞎狗蹲住个屎盘子	瞎女子掰住铁锅沿	比喻事情很凑巧
胡搅汉，汉搅胡	胡搅胡，汉搅汉	比喻把不同的东西搅和在一起
扎瞎眼也会算卦	不是瞎子也会算卦	指早已预料到会出现某种情况
吃上文昌爷的屁哩	吃里文秀才的屎哩	形容人走路慢
一圆棍不挨，挨唠两扁担	一椽柳不挨，挨唠三条子	比喻不想吃小亏，结果吃了大亏
没秧水	没油水	指人言行过分，惹人讨厌
死鸡儿熬白菜	死鸡儿拌白菜	比喻磨洋工

从上表可以看出，表达同样的意义，不同的地方可以采取不同的形式。有些是通过变换词语的位置实现的，如"狗窝寄油糕——油糕寄在狗窝里"、"眼没水——没眼水"、"胡搅汉，汉搅胡——胡搅胡，汉搅汉"；有些是通过词语的替换实现的，如"眼吹火——眼吹灯"、"没秧水——没油水"、"吃上文昌爷的屁哩——吃里文秀才的屎哩"、"一圆棍不挨，挨唠两扁担——一椽柳不挨，挨唠三条子"；有些是通过语的不同结构关系实现的，如"扎瞎眼也会算卦——不是

瞎子也会算卦"，前一条的内部结构关系为让步，后一条的内部结构关系为转折；有些则是设想出不同的场景，如"瞎狗蹲住个屎盘子——瞎女子掰住铁锅沿"。这些不同的表达形式，都体现了俗语的丰富性和句式的多样性。

第四节　惯用语的认知研究

认知语言学认为，人的语言深深扎根于人的认知结构中。人的语言能力直接反映了人的认知能力，而隐喻和转喻是人类两种最重要的认知方式。

一、隐喻

现代认知语言学认为，隐喻是人类的一种重要的认知现象，是人类用某一领域的经验来说明或理解另一领域的经验的一种认知活动。在日常生活中，人们往往参照他们熟知的、有形的、具体的概念来认识无形的、抽象的概念。可以说，源于日常经验的认知结构构成了语言运用的心理基础。人们用某一领域的经验来表达另一领域的经验时，需要找出这两个不同领域的概念之间的相互关联。这种关联是客观事物在人的认知领域里的联想，即把一些概念投射到另一些概念中去，这就是隐喻机制。在这一认知机制中，一个认知域被映现到另一认知域上，前者叫来源域，后者叫目标域。来源域一般来说是可以被直接理解的经验，对说话者或听话者来说比目标域更为熟悉，人们把更为熟悉的事物的特点和结构映射到陌生的事物上，从而认识陌生事物的特点和结构。

在山西惯用语中，隐喻现象无处不在，可以说隐喻是惯用语语义发展的一个非常重要的手段。人类借助于生活中各个领域的经验来认识周围的人或事物，下面我们从来源域入手来看山西惯用语中的隐喻现象。

（一）饮食领域

（1）烧滚把水烧开擢舀出，晾凉再烧

（2）蘸喽盐盐咧

（3）喝泔水

（4）吃过水面

119

（5）迁不哩_{等不上}吃热粥

（6）贪多嚼不烂

例（1）"烧滚擢出，晾凉再烧"字面义是把水烧开后舀出来，等凉了再烧，比喻做事翻来覆去，使人讨厌；例（2）"蘸喽盐盐咧"字面义是做饭时放少许盐，比喻某物被分散或零星用完，没起多大作用；例（3）"喝泔水"本来不大可能是人的行为，只有猪狗才喝泔水，比喻用言语来巴结奉承上级，含有鄙视斥责的意味；例（4）"吃过水面"本指把面条煮熟后捞出，在凉水里浸一下再吃，比喻为买卖双方牵线搭桥，暗中谋利；例（5）"迁不哩吃热粥"指粥太热，人等不及吃，比喻人急于行事；例（6）"贪多嚼不烂"本指嘴里吃的东西太多而嚼不碎，比喻事情摊得太多而做不好。

这样的例子还有很多，如"好吃难消化_{比喻因贪不义之财而带来后患}"、"一个锅里搅稀粥_{比喻合伙儿做事}"、"喝河捞_{比喻受害}"、"吃干饭_{指光吃饭不做事}"、"吃汤水_{指谋生}"、"说哩馍馍糕来啊_{指人言行不一}"、"蘸盐醋_{比喻杯水车薪}"、"灌米汤_{比喻用花言巧语蒙骗人}"、"喝凉粉_{指事情做起来顺手、得劲}"；"喝汤汤_{指自己没主见，跟着别人说话、行事}"、"包饺子_{比喻把敌人全部包围后收拾}"、"一百石米也摊不成一圪塔糊_{比喻人难以成事}"、"混打一锅粥_{比喻不分彼此或好坏而混合在一起}"等等。

（二）动物领域

（1）老牛尿官道_{大道}

（2）黑老洼笑猪黑

（3）母猪寻上萝卜窖

（4）有心下蛋，无心抱儿子_{孵小鸡儿}

（5）信货骡子不拐弯

（6）瞎狗看星宿

在山西惯用语中，以动物为来源域的隐喻有很多，从"马、牛、驴、骡"等大牲口到"猪、猫、鸡、狗"等小家畜，从飞禽到走兽，凡是人类生活中可能遇到的动物，都能进入隐喻系统。例（1）"老牛尿官道"比喻人说话啰嗦，抓不住重点；例（2）"黑老洼笑猪黑"，乌鸦还笑话猪黑，比喻人不知自丑，反而讥笑别人；例（3）"母猪寻上萝卜窖"比喻人老到一处寻利；例（4）"有心下蛋，无心抱儿子"比喻人做事没有恒心；例（5）"信货骡子不拐弯"比喻人做事认死理，不会变通；例（6）"瞎狗看星宿"比喻人不认识某物。

类似的例子还有："兔儿过咾八道梁"比喻事情早已过去；"猫儿嚼烂揸布"比喻人说话没完没了；"蚂虮蜉蚂蚁顶黑紫样儿骡子使唤"比喻把小孩当大人用；"狼碰开门子狗也进来嘛"比喻坏人作恶开了先例，常人也跟上干坏事；"蛇丝想站，腰背里没力"比喻人想自立，但基础不行；"老马得咾一胎"比喻人仗着有功而自尊自贵；"拐毛驴遇（上）圪堎堎小土堆"指拐毛驴本来就走得慢，遇个小土堆索性就不走了，比喻懒人借机就偷懒；"老鼠圪抓猫屁眼"比喻人不自量力去招惹厉害对手。

（三）动作行为

（1）自己哩虱子往直先人头上捉

（2）点捻子

（3）闲钱买官道

（4）凑湿窟窟挤尿床

（5）打黄牛震黑牛

（6）逮住拐子使劲蹿

这些动作行为可能是实际发生的，也可能是通过联想而来的。例（1）"自己哩虱子往直先人头上捉"比喻嫁祸于人；例（2）"点捻子"本指用火柴等点燃爆竹的火药捻子，比喻出坏主意；例（3）"闲钱买官道"，用多余的钱来买人人可走的大路，比喻多此一举；例（4）"凑湿窟窟挤尿床"，就着湿地来挤尿床的人，比喻借机整人；例（5）"打黄牛震黑牛"比喻打击一方来吓唬另一方；例（6）"逮住拐子使劲蹿"比喻逮着能使唤的人就可劲地用。

（四）娱乐领域

（1）射箭子

（2）插戏全本戏演出前的折子戏比成本戏全本戏多

（2）插戏（全本戏演出前的折子戏）比成本戏（全本戏）多

（3）戴红胡腮（胡子）

（4）重打锣鼓重唱戏

（5）搭起台子等戏子

（6）抹（脱帽）剃胡彩（胡子）

（7）唱三花脸

例（1）"射箭子"本来指射箭活动，比喻怂恿别人做事；例（2）"插戏比成本戏多"，戏剧表演时，在正式的成本戏开场之前有一小段折子戏（有的地方叫会子戏），比喻人说话没准头，抓不住重点；例（3）"戴红胡腮"，古典戏曲中有扮成红脸戴着红胡子的正面角色，义正词严，不留情面，比喻遭受冷遇而落得没趣；例（4）"重打锣鼓重唱戏"，戏剧表演开场前通常先敲锣打鼓来热场，比喻重新开始做事；例（5）"搭起台子等戏子"，比喻一切准备就绪，关键人物却迟迟不出现；例（6）"抹帽剃胡彩"，本指唱戏时一人担当多个角色，一会儿戴帽一会儿脱帽，一会儿戴胡子一会儿摘胡子，转义用来形容人忙；例（7）三花脸，指戏曲中的丑角，经常扮丑引人发笑，也最会随着情势办事，"唱三花脸"就指人随着情势转变自己的态度和方向。

此外，还有来源于农事领域的惯用语，如"返耩地"，"耩"指用耧播种，本指重新播种，比喻返工；"摊了一场，没起一权"字面义指摊了一场麦穗，结果只收回了一权麦子，比喻做事有头无尾；"叼糜子掐谷"字面义指随手割糜谷等，比喻随手进行偷盗；"瞎栽蒜"，"蒜"比喻人的脑袋，比喻张冠李戴地乱称呼他人；"开小块地"比喻暗中另谋职业；"认垄子"本指到地里干活儿时每个人都认清自己应占的地垄，比喻接受新的工作。

也有来源于住所隐喻的惯用语，如"头大门盖坏"，字面义指第一道大门坏了，比喻大儿子没有做出好榜样；"间架不大人间深"，本指房子结构不算大，但有深度，比喻人个子小而饭量大；"说话没窑掌"，"窑掌"指窑洞的后壁，指人说话没分寸，随意夸大。

还有些源于身体隐喻的惯用语，如"脑比身子大"比喻附属物比原物还贵或收入还没有投入大，得不偿失；"卜脐（肚脐）嫌肚大"，比喻不怎样的人还嫌弃他人；"无头没特老脑袋"比喻做事不完整；"没脚后跟"斥责人没有骨气、决心与毅力；"鼻子比脸大"比喻开支大于收入。

二、转喻

现代认知语言学认为，转喻也是人们认识事物的一种重要方式，而不再是简单的词语之间的替代。一个物体、一件事情、一个概念可能有很多属性，人的认知往往更多注意到其最突出的、最容易记忆和理解的属性，即凸显属性。对事物凸显属性的认识来源于人的心理上识别事物的凸显原则。例如，一个人会有很多特征，如果他的大鼻子最显眼、最突出，他就会被叫做"大鼻子"。

转喻涉及的是一种"接近"和"凸显"的关系，如果说隐喻是不同认知域之间的投射，那么转喻则是在相接近或相关联的不同认知域中，一个凸显事物替代另一事物，如部分与整体、容器与其功能或内容之间的替代关系。如英语中"head"代替智力，"heart"代替感情，汉语中"国脚"代替著名足球运动员（参看赵艳芳2001）

山西惯用语中出现的转喻现象主要有以下三种：

（一）用容器来代替内容

（1）七盘子八碟子，二十四槐烩碗子

（2）七盆子八大碗

上面两例用"盘子"、"盆子"、"碗"等容器来代替里面的内容，"七"、"八"为概数，形容数量多，其中"七盘子八碟子，二十四槐烩碗子"形容饭菜丰盛，花样多，而"七盆子八大碗"则形容人能吃。类似的例子还有"吃哩碗里哩，看哩锅里哩"等。

（二）用人体工具代替功能

（1）七嘴八舌头

（2）嘴叉窝儿深

例（1）用说话的人体工具"嘴、舌头"来代替说话，"七嘴八舌头"形容人多嘴杂；例（2）用人体工具"嘴叉窝儿"来代替说话，"嘴叉窝儿深"说明开口大，用来比喻受贿者胃口大，贪得无厌。

（三）用凸显动作来代替抽象概念

（1）转桌子

（2）吹胡子瞪眼

"转桌子"是人在极度焦虑、忧愁时的一个凸显动作，用这个动作来指代忧愁；"吹胡子瞪眼"是人生气时的一个凸显动作，用这个凸显动作来指代发火，这两个惯用语语义的形成都是人类转喻思维的结果。

小　结

惯用语研究是一门既古老又年轻的学科，说它古老，是因为它研究的对象在群众口头已经流传了几百年甚至上千年；说它年轻，是因为专门针对惯用语展开研究还是很晚近的事情，而专门针对各地惯用语的研究甚至可以说没有正式起步。这些蕴藏在民间的活的语言化石，是群众智慧的结晶，为我们描绘出了各地真实的语言生活图画，有些惯用语还可以为民俗的发展和俗语的演变提供重要的证据。仔细品味这些智慧的宝石，我们从中还能发现更多有价值的东西。

参考文献：

[1] 郭文亮. 平鲁方言志. 太原：山西教育出版社，1990

[2] 李小平. 山西临县方言詈辞文化信息解读. 吕梁教育学院学报，2006（1）

[3] 束定芳. 隐喻学研究. 上海：上海外语教育出版社，2000

[4] 孙维张. 汉语熟语学. 长春：吉林教育出版社，1989

[5] 乔全生. 晋方言语法研究. 北京：商务印书馆，2000

［6］乔全生主编. 山西方言重点研究丛书. 太原：山西人民出版社，2002 - 2007

［7］温端政. 汉语语汇学. 北京：商务印书馆，2005

［8］温端政主编. 山西各县市方言志丛书. 语文出版社/山西高校联合出版社，1983 -
1996

［9］吴建生. 万荣方言词典. 南京：江苏教育出版社，1997

［10］张光明，温端政等. 忻州方言俗语大辞典. 上海：上海辞书出版社，2002

［11］赵艳芳. 认知语言学概论. 上海：上海外语教育出版社，2001

附：

惯用语例释

说　明

1. 语目资料主要来源于《山西省方言志丛书》（温端政主编，语文研究增刊/语文出版社/山西高校联合出版社出版，1983－1999）、《山西方言重点研究丛书》（乔全生主编，山西人民出版社，2002－2007）、《忻州方言俗语大词典》（温端政、张光明，上海辞书出版社，2002），临县、万荣、壶关等点条目为编者调查所得。太谷点的部分条目由马启红同志提供。

2. 有的语条各地的形式有细微差别，为便于比较，有选择地保留了一些副条，副条和主条出处一致的，副条不再标明出处。

A

【挨笨刀】比喻怕吃小亏，结果吃了大亏。（忻州）

【挨肩肩】指同胞兄弟姐妹年龄相差不大。（应县）

也作"挨肩子"（忻州）、"挨身身"（临县）。

【挨锣锤子】比喻吃亏。（忻州）

【挨头子】指受训斥或被责骂。（临县）

也作"吃头子"（平鲁）。

【矮子里头选将军，筷子里头拔旗杆】比喻在条件较差的一组里挑选相对较好的。（平鲁）

【按下葫芦漂起瓢】比喻问题接连不断出现。（应县）

【熬胶不粘，做醋不酸】比喻人或物无用。（忻州）

B

【八十里没坡】指事情不着边际或还没有眉目。（河津）

【八五不着实】形容人说话办事不实在，靠不住。（河津）

【拔出萝卜带出泥】比喻揭露某件事情的同时也顺带暴露了有关的人或事。（万荣）

【把人抬在干案上】指把某人置于某种尴尬的境地，难以脱身。（临县）

【把状元关到罗门外】罗门：院子的大门。指小瞧了真正有才学的人。（临县）

【白吃哩果子还嫌酸】比喻白得好处还要挑剔。（忻州）

【白天一锅饭，黑夜一枕头】指生活需求不高。（长治）

【白天游玩走四方，黑夜熬油补裤裆】白天到处游玩，晚上才忙着干活。指人不会合理安排时间。（灵丘）

也作"白天游游走四方，黑夜熬油补裤裆"（忻州）、"白日悠悠走四方，黑夜熬油补裤裆"（平鲁）、"白天游门儿走四方，黑来熬夜补裤裆"（壶关）。

【摆架班儿】指故意做出某种态势以显示自己的身份、地位。（和顺）

也作"拿架子"（大同）。

【搬门子】指通过拉关系办事。（天镇）

【搬起石头砸自己的脚】比喻害人不成却害了自己。（平鲁）

【半年说了六个月】指说了很久事情仍未解决，等于没说。（临县）

【半升麻子走南京】比喻用尽手段讹诈人。（忻州）

【半夜想起朝南睡】比喻心血来潮突然想要做某事。（忻州）

【包饺子】比喻被全部收拾。（平鲁）

【饱饭憋得拐肠疼嘞】指责人有吃有喝还不满足，无事生非。（临县）

【抱住葫芦抠籽儿】比喻采取强硬的手段逼迫人。（忻州）

【背斗子】指为不正当男女关系搭桥牵线。（山阴）

【背黑锅】指替人承担错误或过失。泛指受冤枉。（大同）

【背红板凳】比喻考试得最后一名。（忻州）

【背筐箩】指蒙受冤屈。（长治）

【背上半斗笑五升，穿着烂袄笑补丁】讥讽人不看自己而一味嘲笑别人，没有自知之明。（万荣）

【背上牛头不认赃】比喻证据确凿，却依然不承认自己的错误或罪行。（万荣）

也作"背上牛头不认账"（平鲁）、"背着牛头不认赃"（忻州）。

【逼哩哑子打哇哇】打哇哇：哑巴一边比划，一边叫唤。哑巴都被逼得干叫唤。形容人做事太过分，欺人太甚。（忻州）

【鼻子比脸大】比喻开支大于收入。（忻州）

【编筐篮子不收沿子】筐篮子：用柳条等编成的筐。比喻做事有头无尾。（忻州）

【别人求我夏天雨，我求别人六月儿霜】别人求我办事，我态度温和；我求别人办事，却遭到冷遇。形容求人办事的艰难。（忻州）

【拨草寻针，开笼放鸟】比喻自讨苦吃。（平鲁）

【泊油花】比喻不付出努力就获得名利。（平鲁）

也作"捞油水"、"捞稻草"。

【卜脐还嫌肚大嘞】比喻自己不怎么样，还嫌弃他人。（临县）

【不吃凉粉腾板凳】比喻不想做事就把职位让出来。（万荣）

【不吃油糕，不沾油手】比喻既不想得利，也不想卷进是非中。（忻州）

【不到黄河心不死，到咾黄河活嘰死】指不到最后时刻不想放弃，可等到了最后关头却又毫无办法。（临县）

【不分烦】斥骂人头脑糊涂，不明事理。（沁县）

【不分里外】指不分关系亲疏，平等对待。（忻州）

【不够垫牙旮旯】牙旮旯：牙缝。形容东西太少，不能成事。（临县）

也作"不够渗牙缝子"（忻州）。

【不刮风就指望下雨】比喻不付出就想有所得。（太谷）

【不会割桌子，光会对缝子】割：制做。缝子：本指木头的缝，转指话语间的岔子。比喻自己不行，还只会找别人的岔子。（忻州）

【不活脸】斥责人不知羞耻。（沁县）

也作"不活人"（临县）。

【不见人长，光见衣服小】形容小孩子长得快。（万荣）

【不看来的亲戚抬的石蜡】看：指望。指有了意外的收获。（临县）

【不入脂髓】本指因消化功能不好而不能正常吸收营养，比喻钱花不在正经地方。（忻州）

【不是断狼的狗】讥讽人没有真本事。（临县）

【不是怕尸首坏咾，连气也不想出】斥责人过分懒惰。（忻州）

【不是蒸糕的火灶】讽刺人不成事，没出息。（临县）

【不说黄黑】指不问清楚原由就采取行动。（忻州）

【不说爷爷不活臭】多指小孩子任意胡闹，不仅不听劝，反而越来越过分。（临县）

【不图馍馍单图气】指不求有好结果，只为了争一口气。（临县）

【不显三不露四】指显露不出迹象来。（忻州）

【不摘人味儿】斥骂人不像个人样儿。（盂县）

【不知道马王爷有几只眼】马王爷：迷信称掌管房屋的神，长三只眼。指不知道某人的厉害。（平鲁）

【不走小路不圪背，不讨便宜不吃亏】圪背：绕道。指事情公平合理，双方都不吃亏。（陵川）

C

【擦屁股】比喻处理别人未了结的事情。（忻州）

【财迷转唠向，走路都算账】嘲讽人过于迷恋金钱。（万荣）

【裁褯子，等屁眼】褯子：尿布。比喻时间或物品刚够用，一点儿富余也没有。（临县）

【拆东墙，垒西墙】比喻采取有害的方法救急而不顾后果。（应县）

也作"拆上东墙垒西墙，拆上帽子补裤裆"（忻州）、"拆东墙，补西墙"（万荣）。

【馋羊下的个馋羔羔】比喻子女遗传了父母不好的本性。（临县）

【缠八头】指纠缠不休。（应县）

【缠缠簸箕镂镂桶，一样不成景】讽刺人什么事也做不好。（运城）

【缠丝丝，绞把把】形容人说话或做事不利索，纠缠不休。（临县）

【长不说长，短不说短】指关于某事，什么情况也不交待。（临县）

【长胡样】指事情没有做完，场面混乱。（应县）

【长袍子，短褂子】形容人穿着不整齐。（临县）

【肠子上咬人，肚皮上挖】肚子里面痒，却在肚子外面使劲挠。比喻采取措

施没有针对性。（平遥）

【唱三花脸】比喻跟随情势变化转变自己的态度和方向。（平鲁）

【唱双簧戏】比喻表里不一。（平鲁）

【炒出豆子众人吃，砸了铁锅一人赔】比喻好处众人分享，出了事却由一人承担。（平鲁）

也作"炒下豆子众人吃，打咾砂锅一人赔"（忻州）。

【扯了龙袍也是死，打了太子也是死】指无论错误或罪行大小，处理结果都一样，索性无所顾忌起来。（平鲁）

【陈谷得烂芝麻】谷得：谷子。指陈旧的琐碎又无用的事。（河津）

【趁红火】指在别人忙乱时又来增添麻烦。（壶关）

【成数不够】形容人不明事理，智力差。（河津）

也作"分数不够"、"不够数"。

【城来误了，村来误了】指两头的好处都没有赶上。（平鲁）

【吃不倒瓜瓜搂蔓蔓】吃不倒：敌不过。比喻敌不过强者就去欺负弱者。（临县）

【吃不开汤水】比喻没能力谋生或跟周围人关系处不融洽。（临县）

【吃不住个比斗好打架】比斗：嘴巴。讥讽人没本事还好凑热闹，瞎逞能。（忻州）

【吃饭不知饥和饱，睡觉不知颠和倒】形容人糊涂，不懂事。（忻州）

【吃非饭】指不务正业。（平鲁）

【吃过水面】比喻为买卖双方牵线，从中谋利。（临县）

【吃红饭，屙白屎】白屎：狼的粪便为白色。斥骂人心狠手辣，不做人事。（临县）

【吃哩五谷想六谷，挨哩比斗想圪独】比斗：嘴巴。圪独：拳头。形容人贪心不足。（忻州）

也作"吃咾猪肝想猪心，得咾白银想黄金"。

【吃哩血刺咾牙啊】形容人贪得无厌。（忻州）

【吃了粗糠忘了穷，好了疮巴忘了疼】比喻事过之后就忘了本或不知道吸取教训。（陵川）

【吃了泰山不谢土】指人不知道感恩。（长治）

【吃上鸡毛】本指牲口因吃了鸡毛而咳嗽，形容在别人面前因不敢说话而不断咳嗽的样子。（忻州）

【吃烧饼】比喻考试得了零分。（忻州）

【吃烧饼怕跌了芝麻】形容人做事过于小心或过分在意细微的得失。（忻州）

【吃虱子不留后腿】比喻做事不留后路。（忻州）

【吃虱子还留下四只腿腿】形容人极端吝啬，小气。（平遥）
也作"吃虱子还留八根腿"（太谷）。

【吃眼眼食】指寄居在别人家，苟且度日。（临县）

【吃莜面一独一斤，挽麦子一扑一根】独：吃。挽：拔。指人只能吃饭不会干活儿。（忻州）

【匙上不掭碗上掭】不在这里纠缠，就在那里胡闹。斥责人无故找打或寻机会闹事。（临县）

【赤脚哩撵兔，穿鞋哩吃肉】指旧时社会不公，穷人干活受苦，富人却轻松享受。（和顺）

【抽圪老，揭簸箕】圪老：一种用柳条编织或硬纸片糊成的圆形器具，可放米面等。指到处乱翻，也比喻详细打听（含贬义）。（临县）

【臭骨子拦前台】臭骨子：有狐臭的人。斥骂人不顾脸面，有点事就首先跳出来闹。（临县）

【臭骨子扎下根】本指狐臭遗传给了下一代。比喻赖在某地不愿离开。（临县）

【出糊糊】①指闯祸或出问题。（临县）②打浆糊，转指糊弄事。（文水）

【除咾秧儿没蘑菇】比喻除过开支，没有盈余。（忻州）

【穿连裆裤】比喻双方臭味相投。（平鲁）

【穿皮人】指大家聚到一起嘲笑别人。（沁县）

【穿衣哩架子，馕饭哩圪筒】圪筒：筒。讽刺人无用。（忻州）

【串门子】①指到别家闲聊。（长子）②也特指男女间不正当的交往。（临县）

【吹牛屎赛如狼嚎，舔屁眼不用人教】斥骂人爱胡吹，爱巴结人。（临县）

【吹牛皮不贴印花】印花：印花税。讥讽人爱吹牛。（忻州）

【戳漏子】指闯下祸事。（天镇）

【从小没娘，到大话长】本指从小没娘的孩子说起自己的痛苦经历来耗费的时间长。常形容人话多，说起来没完没了。（忻州）

【凑湿窟窟挤尿床】凑：就。尿床：尿床的人。比喻借机会整人。（临县）

【凑湿窟窟尿尿】比喻借某种有利时机行事。（临县）

【粗谷米，笨茶饭】指农家的日常饮食。（临县）

【粗喉咙哑嗓】形容说话嗓门大，声音高。（长治）

也作"粗圪咙大嗓"（高平）、"粗忽咙大嗓子"（忻州）。

D

【搭起台子等戏子】指一切条件都具备，只等重要的或关键的人物到来。（临县）

【打屎斗】比喻为人办事时，乘机私吞钱财。（应县）

【打壁头】指虚报账。（吉县）

【打边鼓】比喻从旁鼓动怂恿。（忻州）

【打不完毡上的土，诉不完穷人的苦】打：拍打。毛毡上面沉积的灰土越拍打越多。形容旧社会穷人受的苦难非常多。（忻州）

【打不着狐子惹一身臊】比喻好处没得到，还惹上了麻烦。（万荣）

【打吵子】（互相）争吵。（忻州）

【打错定盘星儿】比喻打错了主意。（忻州）

【打得鸭子上架哩】比喻强人所难。（万荣）

也作"打哩鸭子上架，撵哩鸡儿浮水"（忻州）。

【打跌门牙肚里吞】指受了委屈或欺凌却不能声张，只好默默忍受。（应县）

也作"打咾门牙咽到肚儿"（忻州）。

【打耳茬】指听别人的耳语。（应县）

【打鼓卖糖，百事不成】形容人没本事，一事无成。（万荣）

【打黄牛震黑牛】比喻打击一方，震慑了另一方。（临县）

【打伙计】指已婚男女搞不正当关系。（文水）

【打饥荒】指清还欠账。（大同）

【打鸡忽哨】形容干活儿不踏实。（忻州）

【打架忘唠拳】比喻有本领没有用上。（忻州）

【打开鼻子说亮话】指把事情公开，当面把话说清楚。（平遥）

也作"打开窗子说亮话"（应县）、"打开天窗说亮话"（平鲁）。

【打老鼠舍不得根油捻捻】油捻捻：灯捻儿。形容人吝啬，办事情舍不得破费一点儿财物。（太谷）

【打路脚不平】指帮助受欺压的人。（洪洞）

【打骡子打马先喝醒】比喻责罚人时应提前发出警告。（忻州）

【打马虎仗】指故意装糊涂，混淆是非。（平鲁）

【打生荏儿】指和陌生人打交道。（应县）

【打死胡汉要胡汉】比喻非要求对方赔偿原物不可。（忻州）

【打死老子盼夜长】形容办事拖沓。（忻州）

【打死卖盐哩】形容饭菜太咸。（忻州）

【打铁不看火色】比喻做事不看情势或不选时间。（万荣）

【打通套子】指暗中串通。（忻州）

【打腕手子上】比喻正遇上自己所擅长做的事。（忻州）

【打小九九】小九九，一种珠算运算方法。指在内心合计，谋算。（忻州）

【打折手】比喻失去了某样重要的趁手物件或得力助手。（临县）

【打支应】指出面应酬。（静乐）

【打籽长半斤】打：算上。算上籽种才多了半斤。形容收成不好。（临县）

【大车里耗唠油，老虎屁眼里掏】比喻大处浪费了，却从小处拼命节省。（临县）

也作"大锅儿淹唠油，虱子屁眼儿炼脂油"（忻州）。

【大斧片唠手不挲】片：劈。不挲：摩挲，抚摸。比喻伤害后再进行安抚。（临县）

【大懒支小懒，小懒没人管】指一个比一个懒惰。（万荣）

【大眉子大眼】形容人长得眉清目秀。（长治）

【大屁眼舍家】斥责人过于大手大脚。（临县）

【带把子】指说话时带脏字或用言语损人。（应县）

【逮住拐子使劲踹】比喻一旦抓着能使唤的人就使劲用。（太谷）

【戴红胡腮】比喻遭受冷遇而落得没趣。（忻州）

【戴帽子不知头大小，吃饭不知肚大小】形容人不明事理，不懂事。（忻州）

【单裤赤脚，脑筋不足】斥骂人头脑糊涂，做事不合理。（临县）

【但有三分奈何】只要有别的办法，就不会采取某种做法。（临县）

【当不当，正不正】形容东西放得位置不当，妨碍别人。（忻州）

【当面锣，对面鼓】指面对面商谈或交流。（河津）

【刀尖子上打能能】打能能：脚尖着地站立。比喻做危险的事。（忻州）

【刀子不快脖子粗】快，刀刃锋利。指事情复杂难办。（忻州）

【倒打一耙】比喻不接受对方的意见，反而指摘或损害对方。（应县）

【倒杠子】指背后说坏话。（大同）

【倒荞麦皮】旧俗长辈断气后，孝子将其枕头内装的荞麦子实的外壳倒在街上，以示人已去世。指代人死。（忻州）

【倒塌庙儿各儿盖嘞】各儿：自己。斥责人不为自己负责，自毁前程。（临县）

【倒昔话】指讲故事。（原平）

【捣咾脑子，不塞棉花】斥责人吃了亏却不知道吸取教训，同样的错误还要再犯。（临县）

【得咾五谷想六谷】形容人贪心不足，想得到更多。（临县）

【得上便宜哈哈笑，不得便宜双脚跳】讽刺那些爱占小便宜的人。（忻州）

【得益济】指得到好处。（平鲁）

【颠葫芦倒马勺】形容人说话啰里啰唆，颠三倒四。（万荣）

【点灰皮】指在某些场合故意挑唆或引起话题，使别人难堪。（应县）

【点捻子】用火柴等点燃爆竹的火药捻子，比喻出坏主意。（忻州）

【叼糜子掐谷】指偷盗地里的庄稼。（临县）

【吊起骡子给马听】比喻惩罚或整治一方，目的是为了威慑或警戒另一方。（长治）

【跌倒不翻身】指讲信义，不反悔。（忻州）

【跌倒拾不得一分】指没有挣钱的渠道或能力。（临县）

【跌进黑豆地里】比喻事情难办。（太原）

【跌凉话】指说风凉话。（静乐）

【跌闷子】比喻做某事心中没有把握，瞎闯瞎碰。（忻州）

【跌平跤】比喻做买卖不赔不赚。（忻州）

【跌死圪狸弯死蛇】圪狸：松鼠。形容某地非常狭窄。（忻州）

【跌在面糊里】比喻陷入是非当中，难以脱身。（临县）

【顶杠子】比喻在工作中挑重担。（忻州）

【顶门子】没有儿子的人，过继兄弟、堂兄弟或亲戚的儿子以顶门立户，继承家业。（忻州）

【顶枪眼】比喻代人受过。（忻州）

【丢帮子跌底】帮子：鞋帮。指因被拒绝而感到脸面无光。（临县）

【丢下耙儿弄扫帚】形容家务非常繁忙。（万荣）

也作"放下耙子弄扫帚"（忻州）。

【东扯葫芦西扯瓢】比喻说话东拉西扯，没有头绪。（临县）

【东风大了随东风，西风大了随西风】指做事两边倒，哪边有利就投向哪边。（临县）

【东沟一梁，西沟一洼】比喻说话东拉西扯，不着边际。（忻州）

也作"东葫芦拉到西蔓上"。

【东磕头，西捣蒜】捣蒜：比喻磕头。指到处求人办事。（临县）

【东耙西扫帚】形容家务繁忙，没一刻空闲。（临县）

【东阴凉倒到西阴凉】形容日子过得非常舒适。（临县）

【豆腐跌上肉价钱哩】比喻自身价值不高的东西却因紧缺或费用增加而使成本提高。（临县）

【端恶水盔子】比喻做得罪人的事。（忻州）

【端哩个囫囵碗】比喻不负任何责任。（忻州）

【端忙工】指做短工。（文水）

也作"打忙工"（临县）。

【对先生讲书，对屠夫宰猪】比喻在行家面前卖弄。（忻州）

【多见面，少说话】指彼此保持一定的距离。（临县）

E

【饿壁虱扒下一脊背】壁虱：臭虫。比喻求助的人太多。（忻州）

【饿得脑打蝇子嘞】脑打蝇子：脑袋摇晃。形容非常饥饿。（临县）

【二郎担山撵太阳】二郎：指二郎神，传说为了使人们免受十个太阳的炙烤，他曾担着两座山去追赶太阳，追上一个就用山压一个。斥责人做事鲁莽，不稳重。（临县）

【二十四句官乱谈】比喻重提旧事，使人讨厌。（忻州）

【二五搭八成】形容心不在焉，满不在乎。（河津）

【二五抖得一十】讥讽人过分显摆或骄傲。（临县）

F

【翻屎眼】斥责人不懂常理，胡乱和别人叫唤。（应县）

【翻不转里外连屎吃】斥骂人分不清好坏，辨不清是非。（临县）

【翻过麻叶儿，折过油果子】麻叶儿、油果子都是油炸食品。比喻不断重复同样的话。（临县）

【翻葫芦倒帽】比喻人说话不算数。（太谷）

【翻死倒活一个钱】比喻翻来覆去就是一回事。（忻州）

【反打算盘子】指自认为对己有利的想法或做法其实是有害的。（临县）

【放梆子】指说大话。（应县）

也作"放大炮"（忻州）。

【放黑水】用刀子捅人。常用来骂人或威胁人。（临县）

【放了多年羊，还认不出个狼和狗】反问，比喻从事某一职业多年，对敌友看得很清楚。（忻州）

【放屁遮唠个荡面罗】荡面：筛面粉。指不起作用。（忻州）

【飞起去落不下】比喻脱离了以前的生存状态，却难以开始新的生活。（临县）

【肥肉上贴膘，瘦骨头上刮油】比喻处理问题不公，越有钱越照顾，越贫穷

越搜刮。(忻州)

【风来熬败风，雨来熬败雨】形容农民劳动的艰辛。(忻州)

【蜂蜜抹嘴刀子心】指嘴上说得好听，内心却很毒辣。(万荣)

【扶起爷爷，跌倒娘娘】比喻接二连三出问题。(临县)

【扶下巴】比喻用言语奉迎、巴结别人。(应县)

G

【干大没瓢子】比喻身体虽高大而力气却很少。(忻州)

【干得焙饼子】形容人非常贫困，一点儿积蓄也没有。(临县)

【干骨头上榨油】比喻勒索穷人。(忻州)

【干吼雷，不下雨】比喻只虚张声势，而没有实际行动。(万荣)

也作"干响忽雷不下雨"。(忻州)

【干盆子硬碗】比喻说话不留情面。(临县)

【干敲梆子不卖油】旧时走街串巷做买卖的人常敲着梆子招徕顾客。比喻只表面上宣传做样子而不办实事。(万荣)

【赶上猪，猪不快；赶上羊，羊不快】形容人的运气差到了极点。(临县)

【高门不来，低门不就】条件高的不肯来，条件低的看不上。指没有合适的婚配对象。(临县)

【圪堆上添土】比喻给有钱人送东西。(忻州)

【圪垛棍颠倒杵】圪垛棍：胳膊。杵：戳，捅。比喻自己人却向着外人，替外人说话、办事。(临县)

【隔山买老牛】比喻不懂而蛮干。(忻州)

【各打锣鼓，各唱各哩戏】比喻各干各的，互不干涉。(忻州)

【各儿连各儿的马鞍子也过不去】各儿：自己。比喻自己连自己的问题都解决不了。(临县)

【各鸡刨各食】比喻各人为自己的生计而奔波。(临县)

【给你三分颜色就开起染匠坊来】颜色：染料。染匠房：给绸、布等纺织品或成衣染色的作坊。比喻别人给点好处或好脸色，就得寸进尺。(平鲁)

也作"给上二分颜色就想开染坊"(忻州)。

【耕地去野下牛哩】野：丢，落。比喻关键时候把需要用的东西落下了。（临县）

【狗连舌头不操心，鸡圪撩爪鬼抽筋】连：伸出。天热时狗伸出舌头散热，天冷时鸡的爪子一伸一缩不想着地。比喻不提前做准备，到急用时才忙乱起来。（临县）

也作"五黄六月不操心，十冬腊月鬼抽筋"。

【狗撵兔】比喻做事情周而复始，没有完结。（河津）

【狗皮袜子没反正】比喻关系密切，不分彼此。（万荣）

【狗肉上不了台秤】斥骂人不识抬举。（平鲁）

【狗窝寄油糕】寄：藏。油糕藏在狗窝里，狗就会把糕吃掉。指某处藏不住东西。（忻州）

【狗踅油葫芦】比喻无所事事，到处闲逛。（万荣）

【狗占八堆屎】斥骂人心没尽，贪图占有。（临县）

【姑娘身子丫鬟命】指女人出身高贵或天生貌美但命运不好，注定要吃苦受累。（万荣）

【鼓破众人捶，墙倒众人推】比喻人一旦失势，许多人都趁机欺侮或打击。（平鲁）

也作"墙倒众人推，鼓破乱人捶"（忻州）。

【关老爷门前耍大刀】指在行家面前卖弄。（万荣）

【掼扑鞋】扑鞋：鞋。做某事就跟抖落鞋里的土一样。形容事情非常容易。（临县）

【灌迷魂汤】指花言巧语设圈套欺骗。（平鲁）

【鬼抽筋】①比喻手舞足蹈地出洋相。②比喻闹别扭。（忻州）

【果园喽揭帽，瓜地喽抽鞋】揭：脱。果园里伸手脱帽会让人误会是摘果子；瓜地里弯腰提鞋会让人误会是偷瓜。指自己造误会，惹麻烦。（太谷）

H

【哈耳朵】指说悄悄话。（屯留）

【海阔由鱼转】比喻条件放得很宽。（临县）

【含上冬腊倒不出水来】冬腊：冰。比喻有话说不出来。（忻州）

【好吃懒做怕动弹】形容人馋而懒。（万荣）

【好话对说咾聋和尚】指听不进别人的劝告。（临县）

【好话说尽，坏事做绝】指表面上说得好听，暗中却尽干坏事。（平鲁）

【好心做咾喂猫儿心】指恩将仇报。（忻州）

【喝泔水】比喻用言语来巴结奉承上级（含斥责意）。（忻州）

【喝凉粉】比喻某事做起来得劲，顺手。（平鲁）

【喝凉水不分你我，吃大豆一人一颗】大豆：蚕豆。形容双方关系密切。（忻州）

【喝水遇哩空茶壶，尿尿遇哩满夜壶】形容人运气差到了极点。（忻州）

【喝汤汤】形容人没有主见，别人说什么就跟着说什么。（平鲁）

【黑不言，白不语】指阴沉着脸，不说话。（临县）

【黑地儿擩暗柴】比喻暗中行贿。（忻州）

【黑老哇笑猪黑】黑老哇：乌鸦。讥讽人只看到别人的缺点，看不到自己的。（临县）

也作"老鸦儿笑猪黑"（忻州）。

【黑夜输咾一条牛，早起挑咾个粪箩头】输：指赌博输了钱。讽刺有些人赌博输了大宗财物，却想靠小小的收入补回来。（忻州）

【横儿草不敢拿哩放顺】形容人极端懒惰。（忻州）

【横儿含住顺咽咾】比喻对人任意欺凌。（忻州）

【哄凉胡子】指欺骗不了解实情的人。（平鲁）

【胡搅汉，汉搅胡】指把不同的东西搅和在一起。（忻州）

【胡拉被子乱扽毡】比喻搞错了对象或弄错了事实。（河津）

【胡麻子，瘪黑豆】指毫无根据地瞎说。（临县）

【胡烧纸，乱上坟】比喻不加选择，胡乱奉承讨好人。（万荣）

【花园里拣花，拣得眼花】指东西太多，挑花了眼。（临县）

【黄不说，黑不道】指不说明原因就行动。（忻州）

【黄孩瘦老婆】形容人面黄肌瘦，身体不好。（临县）

【黄米耳朵面糊心】形容人没主见。（忻州）

【灰比火（还）热】①比喻待非亲生的孩子比亲生的孩子还要亲。②比喻旁人比当事人还着急。（忻州）

【灰渣底子作咾个圪燎坡】作：结亲。圪燎坡：农村倒灰渣的地方。指两个品性不好的家庭结了亲。（临县）

【浑身没啦四两重】斥责人举止轻浮，不稳重。（临县）

【混打一锅粥】比喻不分彼此或好坏地混合在一起。（忻州）

【活哩不孝顺，死了胡念颂】念颂：哭悼。讽刺有些人父母在世时不好好赡养，等父母去世了，后悔也晚了。（忻州）

【活人眼儿攥拳头】比喻当面耍赖，胡说。（忻州）

【火烧屁窟坐不住】屁窟：屁股。形容人着急的样子。（忻州）

【伙夫熬成炊事员】指没有发生根本的改变。（临县）

J

【鸡儿一嘴鸭子一嘴】比喻人多嘴杂意见多。（忻州）

【鸡叫狗咬，黄土埋人】指偏远的乡村过着宁静、原始的生活。（临县）

【鸡窝倒燕儿窝】比喻越折腾对自己越不利。（忻州）

【挤眉圪眨眼，日鬼不停点】形容人鬼点子多，一会儿一个。（万荣）

【脊背看成肚】比喻错看了人。（忻州）

【家有二老不孝顺，跑在庙上求神神】讥讽有些人不孝顺父母，却跑去求神灵庇护（是徒劳无功）。（临县）

也作"家有活佛你不敬，跑在庙上求神神"。

【家有十五口，七嘴八舌头，你要吃干饭，我要喝烧酒】指人多嘴杂，意见难以统一。（临汾）

也作"家有十五口，七嘴八舌头，他要烩豆腐，你要喝烧酒"（忻州）、"家有七八口，七嘴八舌头，你要吃鸡蛋，我要喝烧酒"（临县）。

【假干净，尿洗脸】讥讽人过分要求干净。（临县）

【间架不大入间深】比喻人个子小而饭量大。（忻州）

【拣到篮子儿就是菜】比喻不管好坏，只要有便拿来充数。（忻州）

140 【见饭饥，见水渴，见了枕头就眼涩】眼涩：犯困。看见什么就想要什么。

讽刺那些不顾实际情况而盲目跟风的人。（平鲁）

【见干湿】指分高低。（临县）

【见庙烧香，遇佛磕头】形容对神佛非常恭敬、虔诚。（平鲁）

【见人家穿青，你塌瓮圈圈】塌：穿上或戴上。讥讽有些人不顾自己的实际情况，盲目追逐潮流。（临县）

【见人说人话，见鬼说鬼话】根据场合不同，见什么人说什么话。形容人为人圆滑，善于随机应变。（临县）

【讲礼训】指有礼貌。（临县）

【脚大怨孤拐】比喻不从自身找原因却埋怨他人。（忻州）

【脚手不识闲】形容人很勤劳。（忻州）

【揭得锅盖早哩】比喻还没等时机自然成熟，就迫不及待行动起来。（临县）

【解心宽】消除顾虑，排解烦闷。（平鲁）

【借钱赛如三结义，讨账赛如请诸葛】指借钱时似乎情义深厚，还钱时却一再推延。（太谷）

也作"赊账好比三结义，要账难似请诸葛"（平鲁）。

【今天撂了讨吃棍，明天就把穷人恨】撂：扔。讥讽那些境遇稍稍好转就瞧不起人的人。（忻州）

【金钟上不碰，瞎撞烂缸沿】比喻做事找不着关键人物或关键点。（平鲁）

【筋厮连，骨厮串】指家庭成员之间关系密切。（临县）

【井里跳到窖里，小鬼移到庙里】指无论怎么折腾，都没有改变命运。（临县）

【揪住胡子问年纪】指人不停地追问。（忻州）

【撅折老腰】指做某事尽了自己最大的努力。（临县）

【绝户头】指没儿没女。（洪洞）

【嚼麻绳，咬疙瘩】比喻与人交谈或辩论时纠缠住某一点不放。（临县）

【嚼舌头】指背地里说别人的坏话。（平鲁）

也作"嚼嗓簧"。

K

【开小块地】比喻暗中另谋职业。（平鲁）

【砍一斧子震百枝】比喻惩罚一个人来威吓另一些人。（忻州）

【看人的下菜碟儿】比喻根据对方身份、地位的不同采取不同的态度和做法。（洪洞）

也作"看人头儿下菜碟"（忻州）。

【看天气着出凉粉】比喻根据实际情况决定对策。（临县）

【看西洋景】指看新奇，凑热闹。（平鲁）

【看异样】指看着别人陷入困境而不施以援手，冷眼旁观。（临县）

【扛正梁】比喻承担最主要的。（应县）

【靠小姨子养孩嘞】养：生。指盲目依靠别人。（临县）

【瞌睡想个枕头头】比喻需要某种条件来满足需求。（临县）

【可肚儿一根肠子】形容人性格直爽，有啥说啥。（忻州）

【空口说白话】指只说不做。（河津）

【空手两筐箩】指两手空空，什么也没带。（平遥）

【口是娇娇，心是刀刀；口是蜜钵钵，心是辣角角】指人嘴上说的好听，内心却十分毒辣。（平遥）

【快刀子杀人手摸拴】摸拴：轻轻地来回抚摸。指很快将对手置于死地。（忻州）

L

【拉旱船】指成年男子再婚，养活后娶的女人和带来的孩子。（应县）

【拉黑牛】在赌博或交易过程中，假装赌博或买货，以诱骗他人上当。（临县）

【拉皮条】指为不正当男女关系牵线搭桥。（新绛）

【拉偏套】比喻协助工作，不负主要责任。（平鲁）

【拉起筐箩斗动弹】筐箩：用柳条等编成的生活用具。斗：量粮食的量器。

讥讽人说话东拉西扯，不着边际。（灵丘）

【拉闲呱儿】指闲聊天。（大同）

【腊八不如不腊八】腊八：农历腊月初八日，民间习俗这一天要喝腊八粥。
比喻本想把事做好，结果却越做越糟。（忻州）

【来如风川去如灭】形容行动迅速、快捷。（临县）

【揽洋戏】比喻承揽分外的、棘手的事。（太原）

【懒汉一遭死】指懒惰的人做事怕多次麻烦，一次承担了很多。（壶关）

【懒折腰脊骨】形容人很懒。（平遥）

【狼多肉少，成天饿吵】比喻人多利少，彼此为了利益而整日吵闹。（忻州）

【狼含十里也不吃】形容人精明异常。（临县）

【狼碰开门子，狗也进来嘛】比喻坏人作恶开了先例，常人也跟上干坏事。
（忻州）

【老虎下山一张皮】指人无论什么场合都穿同一件衣服。（万荣）

【老马得咾一胎哩】讥讽人有点儿功劳就自我骄纵起来。（临县）

【老马学窜哩】比喻老年人学艺。（万荣）

【老牛尿官道】比喻说话啰嗦，抓不住重点。（忻州）

【老鼠给猫攒食哩】讥讽人自作自受。（万荣）

也作"老鼠不吃给猫儿攒哩"（忻州）。

【老羊皮换羔子皮】比喻以高龄老人换年轻生命。在打斗中年纪大的人常用
这句话来威胁年轻人。（临县）

【梨果子一样数】比喻不分好坏，同样对待。（临县）

【脸上不挂曹】曹：脏。形容人自尊心强、爱面子。（忻州）

【脸小怨人沟子大】沟子：屁股。比喻自身条件不好，还抱怨他人。（万荣）

【良心背到脊背上】斥责人忘恩负义，没良心。（临县）

【两头不入机】指双方的情况都不了解。（忻州）

【量黄米】比喻到别人家里帮工挣饭吃。（忻州）

【撩风水】指添油加醋褒扬自己。（平鲁）

【燎猫儿胡髭】指无事生非。（平鲁）

【临上轿才穿耳朵眼儿】比喻事到临头才慌忙想办法应付。（万荣）

【另搭台子另唱戏】比喻一切都重新开始。（万荣）

【溜勾子】指用言语或物品向人讨好。（文水）

也作"舔屁眼"。

【溜瓜皮】比喻说话油腔滑调。（忻州）

【留后手】指为避免将来发生意外而采取留有余地的做法。（平鲁）

【笼头抹呀】牲口取了笼头。比喻小孩无法管束。（河津）

【露馅子】比喻事情败露。（平鲁）

也作"露马脚"、"露花脸"。

【驴死笼驮烂】笼驮：用柳条编成的筐子。比喻最终落得一无所有。（临县）

【乱上坟】比喻到处乱跑，找不到正经门路。（忻州）

M

【麻疖子滚成搭背疮】麻疖子：皮肤病，症状是局部出现充血硬块。搭背疮：患于肩膀后部的疮。比喻祸事越发展越大。（忻州）

【马虎捉迷糊】指故意装糊涂。（河津）

【蚂蚍蜉顶黑紫样儿骡子使唤】蚂蚍蜉：蚂蚁。黑紫样儿骡子：皮毛纯黑的骡子。比喻把小孩当大人使用。（忻州）

【买断庄】在一个区域内全部买光。（天镇）

【买马寻毛病】比喻故意挑错。（临县）

【卖呆水】本指无业游民闲游闲逛。比喻白白浪费时间。（平鲁）

【卖狗皮膏药】比喻说假话或漂亮话骗人。（太原）

【卖片汤】比喻光嘴上应付而不实际行动。（应县）

【蛮妮子自娇养】蛮妮子：丫头。讥讽人自己娇惯自己。（太谷）

【猫不上树狗追得不紧】比喻被逼无奈才做出某种举动。（临县）

【猫儿嚼烂揞布】比喻说话没完没了，使人讨厌。（忻州）

【毛虫说它光蛋蛋，臭虫说它香蛋蛋】讽刺那些不知美丑，喜欢自夸的人。（忻州）

【没病揽声唤】比喻自找麻烦，自讨苦吃。（忻州）

也作"没病揽伤寒"（临县）。

【没材料】指做事做不在点子上。（洪洞）

【没吃头】指难以维持生活。（吉县）

【没缝想下蛆，没风想扬尘】比喻寻找一切机会做坏事。（忻州）

也作"没窟窿着下蛆"（临县）。

【没哥姐的夸孝顺，没儿女的夸干净】哥姐：父母。讽刺人爱自夸。（平遥）

【没鬼着斗鬼】指本来光明正大的事却搞得鬼鬼祟祟。（临县）

【没好有赖，荬子鱼儿管待】荬子鱼儿：高粱面做的一种条状面食。没有好吃的，不好的也要让客人吃好。指尽全力热情招待客人。（忻州）

【没胡数】没有数，乱来。比喻胡乱行动，没有任何规矩和约束。（平鲁）

【没脚后跟】①斥责人没有骨气、恒心与毅力。（临县）②比喻（答应为人办事而）没有回音。（忻州）

【没啦买针的，有捣金的】讥讽有些人不置办日常的小而有用的东西，却在毫无用处的大东西上花费钱财。（临县）

【没啦烧香的，尽些扰庙的】比喻来拜访的人虽多，却没人给好处。（临县）

【没龙处数蛇哩】比喻没有更好的人选，只好凑合。（河津）

【没屁眼】斥骂人言行缺德。（太原）

【没上处上，没下处下】形容小孩调皮，贪玩。（临县）

【没上过旋床】斥责人缺少教养。（忻州）

【没油性】指人没趣味。（太原）

也作"没乬性"。

【没闸煞】指行为没有约束。（盂县）

【眉勒骨生硬，后脑勺子痛绵】眉勒骨：额头。痛：很，非常。指人脸皮很厚，但却没主意。（临县）

【眉眼比城墙也厚】眉眼：脸面。斥责人不知羞耻，不顾脸面。（临县）

【焖下稠捞饭】比喻做下了错事。（临县）

也作"焖下二格米的哩"。

【米颗熬到锅沿上，十年的媳妇熬成婆】经过多年煎熬，终于从较低的地位提升到较高的位置。（万荣）

【明抬举，暗作害】指表面上奉承讨好，暗中却使手段害人。（临县）

【摸瞎瞎】指盲目做事。（平鲁）

【磨洋工】拖延时间，得过且过地混日子。（平鲁）

【抹笼嘴】①比喻什么脏话也能说出口来。②比喻吃东西不顾脸面。（忻州）

【抹钱串子】比喻坐吃老本。（忻州）

【沫涕往眼儿流】指做的事惹人讨厌。（忻州）

【母牛伸辕，女人当家】伸辕：驾辕，比喻干重活儿。指女人主持或承担重要任务。（万荣）

【母猪寻上萝卜窖】比喻一次获益以后，总是用同样的方法或手段做事。（临县）

【木脐嫌肚闷】木脐：肚脐。比喻客人嫌弃主人。（忻州）

【墓门前丢盹】指人快死了。（忻州）

N

【拿上金碗讨饭吃】比喻有好条件却不知利用，还在求人施舍。（平鲁）

也作"拿上银碗讨饭吃"（忻州）。

【拿弯子】比喻掌握关键技术。（忻州）

【哪儿黑咾哪儿住】比喻到什么地步算什么地步。（忻州）

【哪一壶不开提哪一壶】比喻故意说对方最忌讳的话或揭出使对方最难堪的事。（万荣）

【耐揉搓】指人忍受力强。（忻州）

【嚷藏经】指背后说别人的坏话。（忻州）

【挠嚎嚎】跑龙套，比喻在别人手下做无关紧要的事。（忻州）

【脑比身子大】比喻附属物比原物还贵或收入还没有投入大。（临县）

【脑袋掖在裤带上】指随时有掉脑袋的危险。（忻州）

【脑子里嵌铅锭子】斥人头脑不清，不精明。（临县）

也作"脑子里住鳖虱着嘞"。

【闹饥荒】特指闹别扭。（忻州）

【闹西湖景】指出洋相。（河津）

【闹玄哩，耳朵上挂镰哩】指做危险的事情。（万荣）

【能存一顿饭，存不住一句话】指人心里装不住事，有点事就想说出来。

（忻州）

【能到台底哩】讥讽人过分逞能却出了丑。（临县）

【泥匠的火火常塌的，裁缝的扣门儿常豁的】指从事某一行业的人常常因为忙或舍不得而难以享受自己的劳动成果。（平遥）

也作"泥匠住哩跌皮墙，木匠住哩烂草房"（忻州）、"泥匠住的跌皮墙，木匠住的疙杈房，卖鞋老婆赤脚走，熬盐老汉喝淡汤"（原平）、"先生要生的娃不识字，木匠屋里没板凳"（万荣）。

【泥鞋水布条】形容养活多个孩子的艰辛。（临县）

【你有杀人意，我有接血盆】指双方针锋相对，谁都不示弱。（太谷）

【碾碥转磨成绣花针】碾碥转：碾子等的中轴。形容人有恒心，有耐心。（临县）

【念闲条】指故意说别的人或事来影射某人。（平鲁）

【尿到夜壶倒到炕】比喻干无用的事。（忻州）

【尿盆倒在夜壶里】指换来换去没有区别。（临县）

【芥汉记住一条道】讥讽人心眼儿太死。（忻州）

也作"憨憨傻子教会一路路"（临县）。

【宁喝一碗展米汤，不吃一顿皱米子】指宁可贫穷而开心地过日子，也不愿衣食无忧却看人的脸色。（临县）

【宁叫噘死牛，不叫退了车】噘死：用力过猛而死。宁愿累死牛，也不愿放弃。比喻为做某事不惜付出一切代价。（临县）

也作"宁叫挣死牛，不叫打窝住车"（河津）。

【宁折不克溜】克溜：弯曲。形容人性格犟，不轻易低头。（忻州）

【牛不知角弯，马不知脸长】讥讽人没有自知之明。（忻州）

【牛吃咾赶车哩唡】比喻奴欺主或小欺大。（忻州）

【牛喝里臭水】喝里：喝进去。形容人低着头不说话的样子。（临县）

【牛牛滚蛋蛋】指打架时两人或多人滚成一团。（平遥）

P

【跑咾鸡儿才苫窝呀】比喻受了损失才想办法补救。（忻州）

【碰倒南墙不回头】形容人倔强固执。（忻州）

【皮不利】形容人做事拖拉。（静乐）

【皮灯天】外面看不出来，里面亮堂。比喻人外表憨厚，内心精明。（应县）

【皮焦里面生】比喻做事没有掌握好分寸。（忻州）

【皮子不亲肉不亲】指彼此没有感情，漠不关心。（忻州）

【屁眼大屙咥心锤】斥人记忆力差或说话不算数。（临县）

也作"屁窟大把心屙哂"（忻州）。

【谝闲椽】指闲谈，闲聊。（河津）

【撇油花】指占便宜，捞好处。（应县）

【聘咥闺女又后悔】指做出决定之后又反悔了。（忻州）

【平地起圪堆】比喻凭空捏造谣言。（平鲁）

【凭上龙王吃社家】比喻跟上大人物享受好处。（临县）

【婆婆嘴碎，媳妇子耳顽】耳顽：听不进去。婆婆话多，媳妇却充耳不闻。形容婆媳关系不和。（忻州）

【破车拦好路】比喻能力低的人阻碍能力高的人发挥作用。（忻州）

【破铺衬烂套的】指破烂的被褥。（壶关）

【扑咥一鼻子灰】比喻被拒绝或被斥责。（忻州）

【扑撕气】指碰到坏运气。（静乐）

Q

【七嗒三八嗒四】形容交谈的内容广泛而随便。（忻州）

【七碟子八碗】形容饭菜丰盛，花样多。（忻州）

【七个三八个四】指絮絮叨叨数落他人的不是。（河津）

【七勾三脑袋】形容容貌十分丑陋。（忻州）

【七九子万友子】指拐了很多弯的亲戚。（太原）

【七窟子八眼睛】形容头部伤口很多。（忻州）

【七帽八扁担】形容距离远或关系疏远。（临县）

【七妮子当家，八妮子主事】指想要当家主事的人太多。（忻州）

148　　【七盆子八大碗】形容人能吃。（临县）

【七爷爷八奶奶】形容需要照看的人很多。（忻州）

【齐花饭，打鸡蛋，一顿吃唠几钵碗】形容由于饭食可口而吃得多。（万荣）

【骑哩毛驴寻毛驴】比喻东西就在手头或身上，却到处找寻。（忻州）

也作"骑上毛驴寻毛驴"（临县）。

【起经做道场】做道场：和尚或道士做法事。形容事情做起来非常繁复。（临县）

【气蒙心】讽刺人糊涂，不精明。（平遥）

【掐咾圪朵儿说叶子】圪朵儿：骨朵，花蕾。比喻看问题不全面。（忻州）

【掐鞋跟】比喻故意挑剔别人的缺点。（忻州）

【千日打柴一火烧】比喻长时间的积攒却在顷刻间花费完毕。（临县）

【前有车，后有道】比喻有先例可以借鉴。（忻州）

【钱儿啬哩】形容人吝啬、小气。（长治）

【钳子夹住，斧子也捣不出来】形容人太过贪财吝啬。（忻州）

【强盗遇上打劫贼】指恶人碰上了坏人。（忻州）

【强盗走咾挠出棍来哩】挠：扛。比喻事情出了才采取措施（已经晚了）。（临县）

【强一豆腐】指稍微强一点。（忻州）

【剐咾猪撂在麻地里】比喻做事有始无终，不负责任。（临县）

也作"剐咾鸟撂在麻地里"。

【敲锣说散话】指没事闲聊，不能当真。（临县）

【敲树打木瓜】形容人胆大、粗野，什么事都敢干。（临县）

【敲竹杠】指敲诈勒索。（平鲁）

【荞麦皮后儿榨油】比喻过分吝啬苛刻。（忻州）

【噙下蛇】比喻惹下了麻烦事。（临县）

【擒不住葫芦擒把子】比喻欺软怕硬，抓不住要找的人，便拿无辜的人出气。（忻州）

【轻拿不得，重荷不得】指不知该如何对待某人。（临县）

也作"轻去轻不得，重去重不得"。

【穷摆脆】指不顾客观条件，一味地摆阔气。（临汾）

【穷牌子，富架子】指本来很穷，还要硬讲阔气。(忻州)

【穷在大街没人问，富贵深山有远亲】人穷了，走在大街上都没人理；人富了，住在深山都有人来拜访。反映了世态炎凉。(洪洞)

也作"穷到街头没人问，富到深山有远亲"(长治)。

【穷嘴饿舌头】指人贪吃别人的东西。(临县)

【求涎水】比喻向人乞求。(忻州)

【求爷爷乞奶奶】指到处乞求别人。(忻州)

也作"求爷爷告娘娘"(临县)。

【求张良拜韩信】指到处托人求情。(临县)

【取了真经是唐僧，闯下乱子孙悟空】比喻有了成绩是领导的，犯了错误就是下属的。(平鲁)

【缺班肠子】斥骂人考虑问题不周密。(吉县)

【缺一铲炭】斥骂人说话、做事没分寸。(朔州)

也作"没蒸熟"。

【瘸子治成瘌跛子】比喻不但原有的问题没有得到解决，而且越折腾情况越糟糕。(万荣)

R

【惹黑眼】比喻得罪人。(忻州)

【惹嘴齿】指招致别人议论。(忻州)

【人家滚油浇心嘞，你是东吴招亲嘞】滚油：煮沸的油。东吴招亲：三国演义第五四回描写，周瑜设下计谋，准备诱骗刘备入吴招亲后将刘作为人质索回荆州，不料刘备听诸葛亮计谋，婚后携妻一起逃出东吴。指一方情况十万火急，一方却若无其事。(临县)

【人家还在崖底压哩，你才看动土日子】指做事分不清缓急。(平鲁)

【人家骑马你上墙】比喻盲目地跟着别人学。(万荣)

【人家偷牛你拔橛】比喻因小错而被冤，替犯大错的人受过。(万荣)

也作"人家偷牛，你拔幂橛"(忻州)。

【人脸揣在怀里，狗脸掏出来】指人做事冷酷无情，不顾情面。(临县)

【人前一面，人后一面】指玩弄两面派手法。（万荣）

【人在家中坐，事从天上来】指祸事无端降临。（平鲁）

【认垄子】到地里干活儿时每个人都认清自己应占的地垄，比喻接受新的工作。（忻州）

【日月大】本指谷物等成熟时间长，比喻人做事磨蹭，耗费时间。（临县）

S

【三把抓一升】比喻到处骗人。（忻州）

【三打打不醒】形容人头脑糊涂，不明事理。（临县）

【三倒俩倒，袍子倒成小袄】比喻越变换越差。（万荣）

【三贯不值二分】形容人花钱大手大脚。（河津）

【三间房看成间半，戚位房看成猪圈】间半：一间半。戚位房：客房。比喻错看了人。（忻州）

【三箭两把头】形容做事干脆利落。（忻州）

【三盍子十八碗】形容人饭量很大。（忻州）

【三勺子也挖不清】形容人脑子混沌不清。（临县）

【三十年的嫌子熬成婆】嫌子：媳妇。旧时媳妇在家庭中的地位很低。指终于有了出头之日。（临县）

【三天不打，上棚揭瓦】一时不教育就到处乱闯。形容小孩淘气。（临县）

也作"三天不打，上房搬砖揭瓦"（忻州）。

【三碗哩两碗，两碗哩三碗】指饭店待客不公平，有关系的将三碗饭折合成两碗卖，没关系的将两碗饭分成三碗卖。（忻州）

【三圆四不扁】形容东西不圆不扁，不成样子。（河津）

【仁核桃俩枣】仁，读"桑"。比喻很少的东西。（万荣）

【臊毒子会粪巴牛作亲嘞】臊毒子：臭虫。会：和。粪巴牛：屎壳郎。比喻家境不好的两家人联姻。（临县）

【杀回马枪】指趁对方不注意突然反击。（平鲁）

【杀鸡着问客嘞】比喻很明白的道理却故意问对方。（临县）

【山水越大越好看】比喻抱着幸灾乐祸的心理，希望事情闹得越来越大。

（临县）

【闪死门里的，跌死门外的】形容人说话胡吹乱侃，没准头。（临县）

【上吊的撒唠手，栽井的入唠口】栽井：跳井自杀。指到后悔时已经晚了。（万荣）

【上咾五道咾添醋】本来只有五道菜，把醋端上来就变成了六道菜。"添醋"谐"添凑"。指本来不够，硬添加上一些无关紧要的东西来凑数。（临县）

【上坡儿腿软的，下坡儿腿闪的】形容人无能，什么事情也做不了。（万荣）

【捎蒿地】指做某事只是捎带，毫不费力。（临县）

【烧不滚，煮不烂】滚：水开。形容人性格疲沓，没有出息。（忻州）

【烧的黑豆秸，煮的吃黑豆】比喻反复消耗的是同样的物品。（临县）

也作"烧哩黑豆秸，煮哩黑豆料"（忻州）。

【烧圪针，吃碱葱，到咾晚上不点灯】圪针：带刺的山柴。形容日子过得凄苦。（朔州）

【烧滚擢出，晾凉再烧】滚：水开。擢：舀。比喻做事翻来覆去，使人讨厌。（忻州）

【烧香带倒服侍子】服侍子：寺庙中侍立在主神左右的神像。指干活儿时碰倒了其他东西。（忻州）

【烧着手脚不疼】比喻对别人的痛痒或不幸毫不关心。（忻州）

【少黄子没瓢子】黄子：鸡蛋黄。比喻人没有主见。（忻州）

【舌头底下压不住一外米颗子】外：个。形容人藏不住话。（万荣）

【蛇丝想站，腰背里没力】比喻想独立奋斗，却没有经济基础。（临县）

【舍嘴不舍身子】指嘴上说得好听，却不肯出力。（临县）

【射暗箭】比喻暗地里害人。（平鲁）

【申时连酉时也不等】一刻都不能等。形容急于去做某事的迫切心情。（临县）

【伸条腿】比喻插手某事。（应县）

【生意做成买卖哩】指做某事非但没得益，反而吃了亏。（临县）

【省油吃素糕】比喻图省事而减少了中间很多环节。（临县）

【虱子圪蚤穿裤着嘞】圪蚤：跳蚤。形容人极端吝啬。（临县）

【十人九眼黑】眼黑：厌恶，与眼明（喜欢）相对。指人缘差，谁都不喜欢。（临县）

【石人眼里下泪】形容场面或情况十分凄惨。（平鲁）

【石头和山里背】和：往。比喻不必要地费力做某事。（万荣）

【时气不高运气低，骑哩骆驼狗咬腿】时气：运气。骑哩：骑着。形容人运气差到了极点。（忻州）

【使短折】指用险恶的手段惩治人。（平鲁）

【屎到沟子门才解裤带】沟子：屁股。比喻事情迫在眉睫才想办法救急。（万荣）

也作"屎逼到屁眼门子上才寻茅子"（临县）。

【手儿敲磬儿，眼儿看供儿】供儿：上供的食品。指做事心不在焉。（平遥）

【手是戥子眼是秤】戥子：测定贵重物品或某些药品重量的小秤。用眼一看，用手一抓就能估量出货品的大概重量。形容买卖人眼力好，手力准。（万荣）

【树叶掉下来也怕砸了脚】形容人过于胆小怕事。（平鲁）

也作"树叶子跌下来怕打着脑袋"（忻州）。

【数梨话果子】比喻不断地絮叨，数说别人的不是。（临县）

【耍手腕】指采取一些非正常手段。（平鲁）

【耍死狗】指耍无赖。（应县）

【耍眼前花】指逢场作戏。（平鲁）

【耍样子】指装模作样。（静乐）

【双扶手也填不到耳朵里】指说的话太不近情理，难以接受。（临县）

【双双核桃双双枣，婆夫俩谄得好】婆夫：夫妻。指夫妻关系和谐融洽。（万荣）

【水过地皮湿】比喻办事浮皮潦草，不解决实际问题。（万荣）

【水米不打牙】指没吃早饭。（忻州）

【睡不着怨枕头】比喻有问题不从自身找原因，而一味抱怨客观条件不好。（忻州）

【顺毛毛不撑】不撑：抚摸。比喻顺着某人的脾性说话或行事。（临县）

【说大话，使小钱】指口头上大方，实际却很小气。（万荣）

【说大事，了小事】指处理各种事务和纠纷。（临县）

【说淡话】指闲聊。（长子）

也作"扯闲话"。

【说风就是雨】比喻想起做什么就马上去行动。（万荣）

【说话没窑掌】形容大话说得太过分。（临县）

【说话能药死蛆】形容话语尖刻无情。（忻州）

【说哩馍馍糕来哪】指言行不一。（忻州）

【说神事，了鬼事】指人神通广大，什么疑难事都能处理。（临县）

【说下钉子就是铁】比喻说话算数，既然答应了就一定能办到。（万荣）

【说小话儿】指说悄悄话。（长子）

【说一不道二，跌倒不翻身】指说话算话，从不反悔。（忻州）

【丝线长，麻线短】形容人说话絮叨。（临县）

【死马当活马治】比喻在绝望的情况下尽最大努力去挽救。（万荣）

【死眉圪蹙眼儿】形容人死心眼。（高平）

【死皮疙瘩脸】指不顾羞耻，一味纠缠。（高平）

【死挽眼眼不开，搓绳绳不转】形容人死相，不会灵活变通。（临县）

【宋江杀人，唐牛子顶命】指某人犯错或犯法，却让另一个人受惩罚。（忻州）

【送棒子】指向人告密。（静乐）

【送撞客】本指送瘟神，比喻把奸佞的人赶走。（平鲁）

【随人便】形容人随和。（平鲁）

【碎刀刀儿割切】比喻一点一点地折磨或伤害。（忻州）

T

【塌圪窝儿】指欠债亏损。（临汾）

也作"塌饥荒"。

【抬上棺材说死话】指人说话爱抬杠，认死理。（平遥）

【贪多嚼不烂】比喻一味追求数量而难以真正把事情做好。（平鲁）

【掏了狐子住上狼】比喻赶走了一个恶人，又来了一个更凶恶的人。（平鲁）

【掏雀儿去掏出蛇来哩】比喻做事惹出了祸患。（临县）

【掏上雀儿喂猫】比喻损害一方的利益来支持另一方。（平鲁）

【讨唠便宜卖唠乖】指既占了便宜，又向人卖了好。（万荣）

【天睁眼，龙咳嗽】老天开眼，真龙出现。指幸运意外降临。（临县）

【添小字】指在背后诬陷人。（临汾）

【田地儿不收，锅头渠儿圪抠】锅头渠儿：锅边放碗、勺的地方。圪抠：指尽量节约。指地里没有收成，就在平时尽量节约。（忻州）

【舔屁眼不用人教，啃西瓜皮不叫人瞧】讥讽人爱巴结讨好人。（临县）

【搽皮不利，鞔鼓不响】搽：剥。鞔（mán）：把皮革固定在鼓框的周围，做成鼓面。形容人或物品无用。（忻州）

【挑旗旗，打伞伞】本指唱戏时挑着旗打着伞，引申指做辅助性工作。（临县）

【铁猫儿过来也得咬个耳朵】形容人过于贪心，不放过任何一个敛财的机会。（忻州）

【铁扫帚遇上铜盆】比喻双方力量均衡，不相上下。（太谷）

【听风就是雨】比喻得到一点儿消息就信以为真。（万荣）

【听河圈里猪吼嘞】河圈：城关水门。指只是道听途说，并不了解内情。（临县）

【捅漏子】指招惹是非。（平鲁）

【偷鸡不成，倒贴一把米】比喻没占到便宜，反而吃了亏。（平鲁）

【偷声暗圪乩】指暗地里做见不得人的事。（静乐）

【吐下真红血，也是苏子水】苏子：苏木，一种名贵木材，苏木水呈红色。比喻已经失信于人，即使说的是真话，也没人相信了。（临县）

也作"吐出真红血，也是苏木水"（忻州）。

【兔儿过咾八道梁】比喻事情早已过去。（忻州）

【推窟窿，出好气】别人怎么说也跟着怎么说。指因怕得罪人而说话没有原则，不负责任。（临县）

W

【剜眼眼，乱窟窟】指抓住一切可利用的时间和机会。（临县）

【王八有钱白大哥】"白"谐"鳖"。讥讽那些被人捉弄，白给他人好处的人。（长治）

【为咾俏，冻得跳】讥讽有些人只图外表好看，冷天不穿厚衣服。（万荣）

【为咾一口气，卖咾十亩地】指为了争回面子，不惜遭受经济损失。（临县）

【问断气】指责小孩好追根问底。（应县）

【瓮粗细，桶高低】调侃个子又胖又低的人。（万荣）

【巫神连巫神也顾不了】指自身都难保，难以顾及他人。（临县）

【无头没特老】特老：脑袋。比喻做事不完整。（临县）

【五马倒六羊】拿五匹马换下六只羊。比喻越变换越不好。（忻州）

【误咾四月儿八】旧俗农历每年四月初八，欲怀孕的妇女到娘娘庙内求神，一旦误期，深感遗憾。常用来比喻误了大事。（忻州）

X

【细狗儿抖下麻狐架】比喻人装腔作势。（平遥）

【瞎促不在年老少】瞎促：蠢笨。斥骂人做事笨拙。（临县）

【瞎圪呲淡笑】斥责人嬉皮笑脸，说话没有正经。（高平）

【瞎公鸡瞅得一颗瘪荞麦】比喻没眼光的人把希望寄托在没前途的人身上。（临县）

【瞎狗眊星宿】比喻看不懂。（河津）

也作"瞎狗看星宿"（忻州）。

【瞎猫碰略姐死老鼠】比喻不具备条件或能力却侥幸获得了成功。（洪洞）

也作"瞎猫逮住一外死老鼠"（万荣）。

【瞎人骑瞎马】比喻不懂礼俗，索性就不讲究了。（忻州）

【下颏子底下求涎水】比喻巴结、乞求他人。（忻州）

【下软蛋】比喻屈从别人。（平鲁）

【吓唬小孩掐鸡鸡嘞】指拿最幼稚的话来威胁人。常用来表示自己不怕威

胁。（临县）

【厦坡滚核桃】形容人说话快。（河津）

【小鬼脑上抹面屎】指把本就不多的东西分给众人，每人一点儿。（临县）

【小家子败气】形容人举止不大方。（太原）

【笑面虎虎杀人心】指外表和蔼，内心却包藏着害人的主意。（临县）

【斜皮二骨经】形容人不正经。（长治）

【斜说斜有理，顺说顺有理】指强词夺理，胡搅蛮缠。（万荣）

【心锤上长牙着嘞】形容人很有决心和恒心。（临县）

【新媳妇上唠床，媒人撂过墙】指事成之后就把帮助过自己的人甩开。（万荣）

【新鞋旧袜子，牛拉轿车子】指彼此不配套。（万荣）

【行门户】指行人情。（河津）

【搿上鼻涕讹人嘞】比喻故意制造事端并嫁祸于人，趁机进行讹诈。（临县）

【寻黑拉儿】指故意找碴儿。（朔州）

Y

【言和意不和】指表面上关系好而实际上互相有意见。（忻州）

【盐滩里说咸话】咸：谐"闲"。指随便闲聊。（临县）

【眼吹火】指批评、训斥他人。（应县）

【眼镜不对】指双方关系不好。（临县）

【眼皮薄】比喻人爱占小便宜。（应县）

【眼窝大，肚子小】眼窝：眼睛。指人贪吃多占，但实际上却吃不下或用不了。（万荣）

【羊群儿丢咾羊群儿寻】比喻在哪儿吃了亏再从哪儿补起来。（忻州）

【咬京腔】讥讽人说普通话。（平遥）

【药杀蛆】药杀：用药毒死。形容言语非常尖酸刻薄。（忻州）

【一百石米也摊不成一圪垯糊】糊：一种把面粉调成糊状倒到蒸笼里蒸熟的面食。比喻人一事无成。（临县）

【一包袱子包起来】比喻一人将责任全部承担起来。（忻州）

157

【一弹弹一个雀儿】比喻彼此都怕欠对方人情，一方给一点儿东西，另一方马上用别的东西补上。(临县)

【一刀切】比喻在处理问题或出台政策时，不同的情况却同样对待。(平鲁)

【一斧两圪节】比喻说话办事干脆、直爽。(河津)

【一圪垯烂肉坏了满锅汤】比喻一个人不好损害了整个集体的声誉。(临县)
也作"一圪星子臭肉坏咾满锅汤"(忻州)。

【一倔二里半】形容性格倔犟，说话粗暴。(忻州)

【一口烧人饭也不吃】指一点儿小小的委屈都不能忍受。(临县)

【一美美一样】指完全相同。(河津)

【一人一把号，各吹各的调】比喻彼此不能互相配合，团结协作。(大同)

【一刃斧子砍】比喻处理事情时偏袒一方。(忻州)

【一手交钱，一手交货】指当面交易，钱货两清。(万荣)

【一外锅里懂稀稠】一外：一个。懂，同音代替字，指搅和。指一家人饮食起居都在一起。也比喻在一处共事。(万荣)
也作"一个锅里搅稀稠"(临县)。

【一外萝卜一外坑】一外：一个。比喻一个人一个职位，没有多余的。(万荣)

【一行也没一行】指没有一点儿技能和本领。(壶关)

【一样的神神两样看敬】比喻以不同的礼节和态度来对待情况相同的人。(临县)

【一圆棍不挨，挨咾两扁担】比喻不想吃小亏，结果吃了大亏。(忻州)

【一只靴子来回替】替：换。比喻干活儿时办法不多或只有一种办法。(忻州)

【用着咾抱在怀里，用不着咾掀在崖底】掀：推。指需要帮助时百般讨好，不需要时又在背后捣乱破坏。(临县)

【有的说上，没的捏上】捏：捏造。指随便议论人，胡乱编造没有发生的事。(万荣)

【有风不扬田，没风打哨哨】打哨哨：吹口哨。比喻机会来时不好好利用，等机会没了又费力去做。(平鲁)

【有圪节节】指双方有矛盾。（文水）

【有今日没明朝】指不久于人世或生活窘迫，无法维持。（万荣）

【有唠连顿上，没唠受恓惶】指人不会合理安排生活，富裕时不懂得节俭，贫困时只好忍受悲凉。（万荣）

也作"有咾连连攮，没咾拍打肚"（忻州）。

【有你何多，没你何少】一个人在场不觉得多余，不在场也不觉得少了谁。指某人的存在与否无关紧要。（临县）

【有胎气】指怀了孩子。（屯留）

【有心拜年，过了二月二不迟】指如果有心做某事，什么时候行动都不算晚。（平鲁）

【有眼不识金镶玉】金镶玉：比喻有价值的人或物。讥讽人不认识有重要价值的人或物。（陵川）

【有也五八，没也四十】有没有某人或某物都一样。（忻州）

【有枣没枣打三杆】比喻抱着侥幸的心理随意做事，不管有没有效果。（万荣）

【有枣树上一圪榄，没枣树上一圪榄】比喻没有明确目标，哪里能谋利算哪里。（平鲁）

也作"有枣儿一杆子，没枣儿也一杆子"（忻州）。

【又要马儿好，又要马儿不吃草】比喻既想让人出力，又不想提供物质保障。（万荣）

【雨后送伞，饭后送碗】事情过了才提供帮助。指行动太晚了，已经不起作用。（万荣）

也作"雨后送伞，背后作揖"、"雨后送伞，贼走闩门"。

【云里没雨哩】比喻没有希望了。（临县）

【运气赶得天转哩】形容人运气非常好，做什么都能成。（万荣）

Z

【葬良心】谴责人做事说话违背天理，不顾良心。（平鲁）

【遭后继母】比喻受到不公平的待遇。（忻州）

【糟蹋五谷不收】斥责人浪费粮食。（临县）

【早知尿床不铺毡】预先知道尿床就不铺床毡了。早知道结果不好，当初就不该做。常用来形容懊悔的心情。（平鲁）

【枣儿大啦，核儿硬啦】比喻孩子大了不服管教。（万荣）

【枣核桃一路数】比喻把不同的人或事物混为一谈，同样对待。（临县）

【扎盘子】指在实施不良行为前先观察一下环境。（应县）

【占住茅的不巴屎】茅的：厕所。巴屎：拉屎。比喻占着某个职位却不做该做的事。（万荣）

【张三的帽塌到李四脑上】塌：随便地戴上或穿上。比喻搞错了对象或弄错了事实。（临县）

【找毛包儿】指故意找碴。（天镇）

也作"刨圪愣"。

【遮不咾风，避不咾雨】指什么作用也起不到。（临县）

【遮咾爷爷盖咾天】形容说话浮夸（使人难以相信）。（忻州）

【这一耳朵进，兀一耳朵出】指听不进或不理会别人的劝告。（万荣）

【针尖对麦芒】指针锋相对展开争斗。（河津）

【针尖上削铁，鸡屎里寻谷】形容人过分爱财钻营。（忻州）

【珍珠没眼瞎宝贝】斥骂人做事没头脑，没眼色。（平鲁）

【正瞌睡就给唠一外枕头】比喻提供了急需的条件或时机。（万荣）

也作"瞌睡给咾个枕头"（忻州）。

【正请不坐，小桌后底圪磨】别人正式邀请不入坐，却在桌子旁边来回磨蹭。指不识抬举。（壶关）

【正想上天遇雷抓】雷抓：民间认为人遭遇雷劈，是被雷神抓走了。比喻正想做某事就遇到了合适的时机。（临县）

【正月十五借夜油】指借东西不是时候。（河津）

【指东家骂西家】指从表面上看是在骂这个人，实际上骂的是那个人。（万荣）

【指甲不长挖掐哩深】比喻言语尖刻，力度大。（忻州）

【指上爷爷化布施】指打着上级或大人物的旗号行事。（平遥）

【重打锣鼓重唱戏】比喻一切都重新开始。（平鲁）

【周仓无计，脑刀一世】周仓：为关公扛刀的人。脑：扛。讥讽人一辈子没出息。（临县）

【猪猫儿狗不是】指故意找茬，看什么都不顺眼。（忻州）

【猪钱不了，羊钱不还】指借了别人的钱物很长时间，却没有一个了结。（临县）

【抓住旋儿风就是鬼】指捕风捉影，有一点迹象就信以为真。（平遥）

【抓住芝麻，丢唠西瓜】比喻得了小利却失了大利。（万荣）

也作"抓住芝麻撂了西瓜"（忻州）。

【砖头瓦渣，看人打发】瓦渣：碎瓦片。指对不同的人给予不同的待遇。（万荣）

【装门面】指为了表面好看而加以粉饰点缀。（太原）

【装囊大】指为了某种目的而装假。（平鲁）

【装洋蒜】指人装糊涂，装腔作势。（太原）

【锥尖子遇上枣骨子】枣骨子：枣核。比喻两强者相遇。（忻州）

【锥子也扎不动】用锥子扎都不会挪动地方。形容人极其懒惰。（临县）

【捉住兔儿放鹰】比喻有十分把握才行动。（忻州）

【自搬石头自打锅】比喻自作自受。（忻州）

【自己哩虱子往直先人头上捉】比喻把自己的麻烦推到别人身上。（忻州）

【自小卖蒸馍，啥事都经过】形容阅历丰富，经历过的事情多。（万荣）

【走时气】指运气好。（静乐）

【嘴剥切】形容孩子口才敏捷，会应对。（应县）

【嘴里叫哥哥，腰里掏家伙】指嘴上说得好听，却在暗中害人。（万荣）

【嘴里念得弥陀佛，心上藏哩杀人刀】指嘴上说得仁慈宽厚，内心十分歹毒。（平鲁）

【嘴是蜜钵钵儿，心是蛆壳壳儿】指嘴上说得动听，内心却很肮脏。（和顺）

【嘴走十里地，沟子不离地】沟子：屁股。讥讽人只会嘴上吹牛，没有实际行动。（万荣）

【左拣右拣，拣下个漏油灯盏】多指男女在选择对象时，千挑万选，最终选

择了一个外人看来条件并不好的。(忻州)

也作"左挑右拣，临了挑唠一外烂灯碗"(万荣)。

【左一锤子，右一錾子】比喻说话东一句西一句，不着边际。(忻州)

【坐的说话不腿疼，睡的说话不腰疼】坐的：坐着。讽刺人事不关己，在一边说风凉话。(平遥)

【做夹生饭】比喻事情没办好，不能彻底解决问题，反而给以后解决问题带来了麻烦。(平鲁)

【做甚要甚的工钱】指人无能，一做事就会造成一定的损失。(临县)

【做一行，怨一行，做了和尚怨道场】指总是抱怨客观条件不好。(平鲁)

【做在人前，吃在人后】多指做饭的人总是先给别人做好饭，等别人吃完了自己才吃。(忻州)

第四章　歇后语

歇后语作为俗语的一部分，是汉语特有的一种语言现象，它由前后两部分组成，前一部分是引语，后一部分根据前一部分的内容对其做出适当的注释，表意重点在后一部分，经常利用谐音、双关等手法构成。

同其他语类相比，歇后语就地取材，地域性更强，它不仅可以反映出一个地区独特的生产、生活习俗，还可以从中了解到当地特殊的地理背景和人文传说。山西歇后语是山西民众在长期的生产生活中总结出来的，它取材广泛，综合运用多种修辞手法，表现了山西民众乐观开朗、风趣幽默的性格特征。

第一节　歇后语的语义特征

从语义上讲，山西歇后语既有歇后语的共性，也有自己独特的方面。主要包括四个方面：

一、形象性

歇后语的形象性主要靠引语来体现。虽然引语在歇后语的表义上只起辅助作用，但由于其本身所具有的描述性和描述对象的多样性，使得歇后语的语义也具有形象活泼、鲜明生动的特点。山西歇后语取材广泛，可以是有生物，也可以是无生物，上至帝王将相，下到平头百姓，从动物植物到生活器具，都可以成为歇后语的主角。下面举例说明。

（一）以人为描述对象

歇后语引语中出现的人物形象，有的是历史或文学作品中的人物，有的是在当地知名度较高或当地传说中的人物，更多的则是一些有生理缺陷或老弱病残的形象，这与歇后语这种语言形式所特有的讽刺性有很大的关系，关于这一点，下文还将有详细的论述，这里仅举例说明。

    （1）关公舞大刀——拿手好戏（陵川）

    （2）瞎子看戏——眼中没人（蒲县）

    （3）哑巴娶媳妇——喜不能言（沁县）

    （4）锅的驼背睡在炕圪洞——正合适（武乡）

    （5）豁牙子啃瓜——有了道道痕迹（忻州）

    （6）黄三豁子拉胡胡胡琴——一股弦（天镇）

    （7）孔夫子唱戏——出口成章（忻州）

    （8）猪八戒背烂套花烂棉花——人景外貌没人景，行李没行李（介休）

    （9）麻会子儿的老汉——灰老汉（定襄）

（二）以动物为描述对象

    （1）苍蝇爬在玻璃上——看到光明，没裸没有出路（忻州）

    （2）店嘞的壁虱——啃客嘞（清徐）

    （3）雕溜溜幼雕请下醉猫虎猫——好请难打发（和顺）

    （4）蛤蟆蹦到脚面上——扒脚谐"巴结"（长治）

    （5）狗逮尿脬——瞎喜欢（阳曲）

    （6）老鼠跌到面瓮里啊——瞪白眼哩（洪洞）

    （7）马下上驴啦——灰啦（天镇）

    （8）老鸹落在猪身上——只见人黑，不见自家黑（陵川）

    （9）狼吃玉蔓菁——寒谐"刚"出水来了（广灵）

（三）以鬼神为描述对象

    （1）寿星骑上狗儿——有福没鹿谐"禄"（平遥）

（2）半夜打阎王——想死等不得明（保德）

（3）判官吃黑豆——鬼馕（忻州）

（4）灶门爷爷吐稀拉稀嘞——赖神神（临县）

（5）玉皇爷掉河里——捞谐"劳"驾不起（临汾）

（四）以农作物或植物为描述对象

（1）芥菜揪了揪掉缨子叶子——想吃圪瘩（介休）

（2）葵花掐了头——灰杆子（忻州）

（3）拉了架的黄瓜——蔫了（忻州）

（4）无花果树上栽茄子——黑青到底了（介休）

（5）小黑豆霜打了十八茬——收成不高（忻州）

（6）杨树没顶顶——圪桩谐"郭庄"（沁县）

（五）以生活器具为描述对象

（1）灯盏没油——火烧芯（忻州）

（2）草筛当锅盖——眼子不少（忻州）

（3）厨子的炒瓢——油水多（忻州）

（4）饭罐子打了耳子——不能提了（忻州）

（5）风匣板儿串锅盖——受咾凉气受滚气（临县）

（六）以身体部位为描述对象

（1）脚后跟上迸裂子——纹裂谐"文力"深嘞（临县）

（2）脚心板儿抹面糊——粘脚谐"张急"，忙乱的意思（忻州）

（3）眉棱骨上长瘤子——额外负担（盂县）

（4）眉毛上挂锥子——扎眼（忻州）

（5）脚板子烤火哩——不像手做事不像话（山阴）

（七）以农事为描述对象

（1）冬凌上种糜子——滑子（临县）

（2）过了芒种种芝麻——迟了三春（吉县）

（3）半夜里掐谷——揣摸下两穗谐"岁"哩（临县）

（4）墙头上种白菜——难浇谐"交"（蒲县）

（5）舍沟里犁地哩——不远啊（洪洞）

（6）切草刀割莜麦——揽得宽（阳曲）

（八）以食物为描述对象

（1）黄瓜打锣——折圪节（长治）

（2）箭箭调凉粉——不挂汤水（忻州）

（3）韭菜炒调和儿——混葱谐"充"（忻州）

（4）辣角子抹油——又光又辣又圆滑（忻州）

（5）馍馍加了顶子——当了桃儿谐"头儿"了（忻州）

（6）面汤锅里煮元宵——糊涂蛋（蒲县）

（7）馅饼上抹油——白捎（忻州）

（8）油炸麻花——甘谐"干"脆（忻州）

（九）以当地风物为描述对象

（1）解原的火炉子——好嘴（忻州）

（2）介休的银条菜当地特有菜名——缺货（介休）

（3）山药蛋抛坡——各顾各（寿阳）

（4）粉房豆腐房——各管另一行（朔州）

（十）以服饰衣物为描述对象

（1）鞋帮做帽檐——高升（吉县）

（2）鞋刷子跌了毛——有板有眼（忻州）

（3）草帽烂了边儿啦——顶好（襄垣）

（4）孝帽子做了包脚布——踩到脚底下了（忻州）

（5）手巾巾扎腰带——就这一遭（娄烦）

上面所列也仅仅是举例性质，事实上，山西歇后语的描述对象远不止这么多，一种语言形式要容纳如此纷繁复杂的意象，就必须借助多种表现手法来实现。

在我们收集到的山西歇后语中，有些歇后语是对现实生活中存在的事物或人类日常活动的真实描述，如"猴子的屁眼——自来红"（忻州），大部分的歇后语则通过大胆的想象，对人的行为或事物进行超常规的搭配，再运用比拟、夸张、示现等多种修辞手法，使歇后语的表义更加灵活生动，富于变化。

1. 拟人

在山西俗语中，有大量的歇后语将无生物或动物当作人来描述，赋予它们人的思想感情和行为方式，使所描写的事物形象逼真，活灵活现。如：

（1）城隍娘娘有了肚——怀的鬼胎（阳曲）

（2）显道神流鼻涕——活大不如活小啦（孝义）

（3）蚊嘴放屁——小气（沁县）

（4）蚂蚱打嚏喷——满嘴庄稼气（忻州）

（5）狼弹拐拐_{单脚跳动}——哄得吃人哩（忻州）

2. 夸张

有些歇后语故意言过其实，对客观事物做夸大或缩小处理，凸显其某一特征，形成一副滑稽的画面，从而达到形象化的表达效果。

故意夸大：

（1）三张纸糊的颗驴脑——好大的脸面（临县）

（2）七岭河儿下豆面——汤宽（忻州）

（3）旗杆上挂灯笼——高明（蒲县）

（4）大炮打蜢子——本重利轻（临县）

（5）勺子掏耳朵——进不去（忻州）

故意缩小：

（1）十亩地里一根谷——独苗苗（太谷）

（2）二分钱一斤醋——又酸又贱（忻州）

（3）三个且三个老汉两根胡彩胡子——又稀又少（临县）

（4）四两棉花——弹谐"谈"不着（襄垣）

（5）三尺长的梯子——搭不上檐谐"言"（忻州）

3. 示现

示现，是利用想象力将无法亲眼目睹的事物或行为，凭借文字的描述，呈现在读者的面前，一般分为追述示现、预言示现、悬想示现三种。山西歇后语中，运用最多的是追述示现和悬想示现。追述示现多为假设性的，其所追述的对象多为历史人物或文学作品中的人物，其描述的人物行为已无据可考，无证可查。悬想示现通过假设和想象，把现实生活中不可能出现的现象或行为说得活灵活现，好像真有其事，增强了山西歇后语的表现力。

追述示现：

（1）赵匡胤踢毽子——散龙心（临县）

（2）孔夫子唱戏——出口成章（忻州）

（3）张飞逮坵蟆蛤蟆——大眼瞪小眼（晋城）

（4）猪八戒背烂套花烂棉花——人景外貌没人景，行李没行李（忻州）

（5）孙猴儿吃蒜哩——就认出兀一牙啊（洪洞）

悬想示现：

（1）剃头刀儿擦屁眼哩——闹悬哩（新绛）

（2）吃棉花屙线——细人（怀仁）

（3）无花果树上栽茄子——黑青到底了（介休）

（4）西瓜皮做鞋底——甚的灰不好材底（临县）

（5）袖圪筒里跑马——没啦几步蹪打（和顺）

（6）牵牛过纸桥——过不去（襄垣）

另外，还有一类歇后语，客观地来看，其引语所描述的动作行为在现实生活中有可能发生，但一般人不会那么做，例如：

（1）裹脚布制孝帽嘞——一步登天（沁县）

（2）棒槌挑牙——拗口（忻州）

（3）盖上筛蒸窝窝——走气不在一圪垛儿（原平）

（4）脱下裤放屁——多打麻烦嘞（临县）

（5）对着镜儿作揖——自尊自贵（忻州）

（6）布袋里划洋火——烧包（蒲县）

（7）擦黑脸照镜儿——吓唬自己（忻州）

二、地域性

山西歇后语的地域性表现在许多方面，有的是当地老百姓根据自己的语音特点结合当地生活习惯创作出来的，有的是根据当地的特点或人文环境创作的，有的是根据当地流传的故事或传说创作出来的。概括起来，主要表现在以下几个方面：

（一）方言语音

地方歇后语是真正活跃在老百姓口头的民间语言。当地人往往根据自己的语音特点，利用词语的谐音，创造出一些饱含智慧的歇后语，外地人如果不懂当地方言，很难听懂。例如：

(1) 卖菜的摆到街外头——出了集谐"奇"啦（永济）

(2) 萝卜干加盐——外咸谐"行"（忻州）

(3) 画匠丢了粉刷——没刷谐"说"（寿阳）

(4) 二分钱的瓜子儿——不为吃为嗑谐"阔"哩（忻州）

(5) 蝙蝠进了家儿——不像燕谐"样"（忻州）

(6) 圪尾下巴上绑担架——抬嘴谐"举"（临县）

(二) 方言词汇

要理解歇后语的意思，首先必须懂得歇后语里词的具体含义。在山西歇后语中，有些方言词汇外地人很难理解，即使在山西，不同方言片的人相互之间也很难沟通。以当地人对一些动物的叫法为例，例如：

(1) 秃嘶叫猫头鹰叫鸣儿——丑名儿在外（和顺）

(2) 耐猴黄鼠狼看鸡——越看越稀（忻州）

(3) 麻狐狼想吃后天爷月亮——妄想（平遥）

(4) 一锹挖出两个瞎佬田鼠——一般般儿的灰（山阴）

(5) 麦麦虎儿蚂蚁戴糠壳子——充大头（文水）

(三) 特殊的山川风物

1. 利用当地的独特风物来构成歇后语

如，山西盛产土豆，土豆在山西俗称"山药"，在山西地区就流行着很多有关土豆的歇后语，如"山药蛋抛坡——各顾各（寿阳）"、"山药蛋上插韭菜——装洋蒜（忻州）"、"山药下山——滚蛋（临县）"、"山药没蔓子——尽蛋（忻州）"、"山药没入窖——野猴（忻州）"、"山蛋打雀——张过了（怀仁）"。又如：

(1) 介休的银条菜——缺货（介休）

银条菜为介休的特色菜，在其他地方很少见，白色，形状像豆芽儿，长短粗细跟筷子相似。这个歇后语利用介休的特色植物创造而来，指稀缺的东西。

（2）平定州哩砂锅子——一套一套哩（忻州）

旧时平定县生产砂锅，所产的砂锅表里光洁，造型优美，坚固耐用。这个歇后语就是利用当地的特产来创造的。本指砂锅成套生产、出售，转指人善于言谈，说起话来一套一套的。

（3）韩岩哩大车进咾城——灰下来啊（忻州）

韩岩村在当地以生产石灰而出名，以前该村人常用大车把石灰运到城里，人见了都说"灰下来啊"。灰，双关，本指石灰，在山西方言中，"灰"又有"坏"的意思。指人的处境越来越糟糕。

（4）炭帽捣折腿——小擦（临县）

山西是产煤大省，"炭帽"是当地人对煤矿工的戏称，矿工在井下作业，时有危险发生，腿折了，生命尚存，那是不幸中的万幸，所以说是"小擦"，即小事一桩。

2. 利用当地特殊的地理形势或环境构成歇后语

（1）采凉山上望御河——远水解不了近渴（大同）

采凉山、御河均在大同市城东，但两地相距很远。比喻长远的打算或远处的事物解救不了眼前的急难。

（2）我走在岳家湾——看透城寺谱"尘事"了（介休）

171

岳家湾、城寺是介休的两个村名，两村相邻，距离很近。本指在岳家湾村就能看到城寺村，这里"城寺"谐"尘事"，谐音双关，指看透了世事。

（3）土默儿川上的狼——善眉善眼儿的吃人呢（大同）

大同与内蒙相邻。土默儿川，即指内蒙土默特旗。据传旧时这里狼特别多，表面看上去不怎么凶，但经常祸害百姓，当地人多受其害。由于有相邻的地缘关系，大同才产生了这一歇后语，比喻人外表善良，内心狠毒。

（4）深沟窑咧夜——好长（天镇）

深沟窑为天镇一自然村名，在天镇县城东南二十里，此村四周高山壁立，早晨见太阳很迟，相对地，晚上的时间便显得很长，所以产生了这样一条歇后语，形容时间或距离很长。

3. 利用当地方音创造地名歇后语

（1）腰肥皮带短——难经难系，谐"南京"（临县）
（2）布袋没口口——难装谐"南庄"（沁县）
（3）锅盖没梁——圆平谐"原平"（原平）
（4）下雨不戴草帽——死淋谐"西林"（沁县）

沁县方言中"西"与"死"同音，所以才产生了"下雨不戴草帽——死淋"这样一条歇后语。

（四）特殊的人文背景和历史传说

有些歇后语是人们根据当地特殊的人文背景和历史传说创作的，不了解相关的背景，根本无法理解。

（1）郑家窑的架——打不得（广灵）

郑家窑为广灵县一自然村名，旧时郑家窑会武术的人很多，外地人怕吃亏，一般不敢与其打架斗殴。这个歇后语指不能动手打，否则会遭殃。

（2）肉蛋娶媳妇——咱管咱美嘞（长治）

这则歇后语源于当地一个有趣的故事。传说早年间，在上党盆地南乡有个英俊魁梧的小伙叫肉蛋，他有一个口头禅"咱管咱美嘞"，凡是他认为已经办妥的事，都用这句话。在他大喜之日，大家都关心地问这问那，他总是用这句话来回答。筵席散后，他向司仪致谢，司仪带着几分醉意调侃他"肉蛋娶媳妇——咱管咱美嘞"，逗得大家哄堂大笑，这个歇后语也在当地流传开来。直到现在，在日常生活中，当地人仍在使用，意思是事情已经办妥了。

（3）寇五子背鼓——空钵（忻州）

据传，寇五子本是原平县的大财主，后因挥霍无度，家境败落。为了糊口，只好给鼓乐队的吹鼓手背鼓，一次他正给人背着鼓在大街上走，被其姑母看见了，姑母非常伤心，寇五子不忍姑母难过，就解释说：不重，里面是空的。这个歇后语便流传下来。指器物内没有东西或比喻人没有文化知识。

三、时代性

语言是社会的产物，不同时代产生的歇后语反映了不同的历史和人民群众的社会生活。临县有歇后语"纣王的江山——铜帮铁底"，从这则歇后语中我们就可以明显地看到历史的影子。随着历史的前进，有些歇后语所反映的事物或现象已经消亡了，有些歇后语则随着新生事物的出现而产生了。总的来说，歇后语的时代性主要是由以下几种原因造成的。

（一）认知局限

有些歇后语的时代性是由于人对客观事物的认知局限造成的，从现在的科学知识来看，很显然已经不适用，但是由于习用已久，所以仍在民间流传。例如：

（1）西方柿——看好吃不得（清徐）

（2）西番柿子——中看不中吃（广灵）

西方柿和西番柿子指的都是西红柿。旧时，山西有些地区的人认为西红柿是只能看不能吃的东西。所以产生了这样的歇后语，转指人或物表面看起来还可以，但实际没本事或派不上用场。

（二）生活水平低

有些歇后语的时代性是由于人们生活水平的提高造成的。

（1）大风里吃炒面——有口难张（阳曲）

过去，生活条件艰苦，物质资料匮乏。在山西有些地区，人们长期吃一种叫做"炒面"的食物，是一种先将玉米、高粱、豆类等炒熟，然后混在一起磨出的面粉，可以干吃或用稀饭、水等拌着吃。干吃时如遇到刮风，面粉会随风飘扬，因此很难张开嘴。人们通过转喻思维，将这一生活经验用到抽象领域，用来指因某种原因不便或不能开口说话。

（2）半夜梦见吃冰糖——想得甜（忻州）

在艰苦的年代里，冰糖可以说是奢侈品，只有有钱人才能经常吃到，普通民众只有在梦中才能品味冰糖的甘甜。现在，随着生活水平的提高，冰糖早已不是什么稀罕的东西，但从歇后语"半夜梦见吃冰糖——想得甜"中，我们依然可以看到那个年代物资的紧缺与匮乏。

（3）绱鞋不用锥儿——针谐"真"好（洪洞）

旧时老百姓的衣着穿戴都是自己缝制，绱鞋（用绳子把鞋帮鞋底缝在一起）时一般要先用锥子在鞋底上穿个孔，然后再把带有细绳的针穿过去，如果事先不用锥子穿孔就能缝制，说明针非常好用。针，谐"真"。形容人或事物确实很好。现在，生活水平提高了，市场经济使得生活用品极大丰富，就算在偏远的农村，衣服鞋帽也都是从市场上购买，很少有人再自己做鞋了，但过去年代的生活却作为历史的印迹保留在歇后语当中。

(4) 火镰包跌进河里啦——有点湿革谐"失格"（繁峙）

火镰包为旧时的一种取火用具，外面包着一个用皮革做成的套子。如果掉进河里，皮革便会被弄湿了。湿革，谐"失格"，转指人的行为有失身份和人格。随着生活水平的提高，现在农村已普遍采用火柴作为取火用具了，但这条歇后语却记录了过去真实的历史生活。

（三）体制变革

有些歇后语的时代性是由于人类社会体制的变革或历史的前进造成的。

(1) 秀才犁地哩——难为生员（万荣）
(2) 丫环不吃剩饭——终究是奴才的（临县）
(3) 丫环掌钥匙——当家不做主（临汾）

清朝时通过院试的童生被称为"生员"，俗称"秀才"。秀才是知识分子，自然不会做农活，让秀才犁地，是难为"生员"，泛指难为某人。在封建社会，丫环地位底下，身份卑微，甚至可以说是封建社会一种特殊的女奴，歇后语"丫环不吃剩饭——终究是奴才的"正体现了那个年代丫环的悲苦命运，即使在一些大家族，少数丫环能掌管某个钥匙，也是"当家不做主"，这些歇后语都深深地打上了时代的烙印，从中可以清晰地看到历史的影子。

（四）科技发展

有些歇后语的时代性是随着科学技术的发展生成的。

(1) 飞机上吹喇叭——响得高（太谷）
(2) 飞机上撂相片——丢人不知深浅（吉县）
(3) 半夜梦见坐飞机——想得倒不低（忻州）

（4）坐飞机上茅房——尿得高（长子）

（5）电线杆上挂温壶——高水瓶谐"平"（忻州）

（6）大树上安电灯——四方有明（忻州）

（7）坐上汽车拾粪——胡混（原平）

（8）火车进站——自嚎谐"豪"（忻州）

（9）火车碰了头——出轨谐"鬼"（忻州）

（10）火车头冒烟——白气（忻州）

语言是人类社会发展的产物，随着科技的飞速发展，必然会有许多新词和新语不断地产生和出现。上面所列的歇后语，均是在飞机、电灯、汽车、火车等产生以后才产生的，它们直接反映了人类科技的发展成果，也反映了时代的进步。

四、贬义性和嘲讽性

歇后语产生于民间，流传于民间，是底层民众用来表达自己的工具。跟其他语类相比，歇后语具有鲜明的感情色彩。在整理山西歇后语时，我们注意到，有大量的歇后语反映的是人或社会现实生活中的消极面和丑陋面。我们把这种消极面和丑陋面统称为歇后语的贬义性。由温端政主编的《分类歇后语词典》从注语出发，对歇后语进行了分类，全书共3134条（不包括副条），其中，"夸赞颂扬"、"诚恳正直"、"欢乐喜庆"等13类表示褒义和中性的歇后语共计715条，占全书的22.81%；"衰败没落"、"空谈妄想"、"愚笨无知"、"软弱无能"等24类表示否定或贬义的歇后语共计2254条，占全书的71.92%；其他类共计165条，占全书的5.26%。

从上面的统计数据我们可以看出，贬义性是歇后语语义的一大特征，这主要靠其注语来体现。但歇后语的前后两部分是紧密关联的，如果没有前一部分引语的引导，注语便成了普通的表达，难以生动。山西歇后语中大量存在的"脏字"歇后语、"涉残"歇后语、"渎圣"歇后语以及"毁鬼"歇后语，都形象地表达了对人或事物的嘲弄与讽刺。正如欧阳若修主编的《中国歇后语大辞典》前言中所说，"要而言之，歇后语一般都是讽喻性的，按意义分类，有多种类别意含否定、嘲讽、轻蔑等的歇后语。"

（一）"脏字"歇后语

在山西歇后语中，有大量的歇后语是用人或动物的排泄器官和排泄物来构成的。其中，带"屎、尿、粪"等排泄物字眼的歇后语最常见。例如：

（1）打上灯笼拾粪哩——寻屎谐"死"呀（万荣）

（2）蝎子的尾尾——毒粪谐"独份"（忻州）

（3）驴粪蛋盖层霜——表光里脏（陵川）

（4）担上大粪不偷吃——屎谐"死"老实（忻州）

（5）背上粪篓推碾——臭一圈（吉县）

（6）脑袋上顶驴粪——屎谐"死"对头（忻州）

（7）屁眼上吊屎嘞——不干净（临县）

（8）尿脬打鼓——空对空（忻州）

（9）尿脬打人——臊气难闻（原平）

（10）尿脬放了气——软了（忻州）

（11）屁眼上扳钵子——嵌谐"悭"出屎谐"死"来哩指非常合适（临县）

（12）驴粪蛋蛋擦屁窟——屎谐"死"对屎指对立双方互不相让（忻州）

带"屎子"、"屁窟屁股"等字眼的歇后语也不少。例如：

（1）赤屎子光屁股打灯楼灯笼——丢丑（忻州）

（2）鸡蛋擦屎——滑上滑下（临县）

（3）赤屎子踢飞脚——利圪刷利索（忻州）

（4）赤屎子撵狼——胆大不害羞（寿阳）

（5）赤屎子穿袍子——光说阔气不嫌羞（忻州）

（6）城墙头擦屎子——撅得高（忻州）

（7）赤屎老婆紧系腰布——遮前顾不了后（临县）

（8）赤屎子烤火——顾前不顾后（忻州）

（9）黄瓜擦屎子——凉棒言行冒失，做事鲁莽的人（忻州）

（10）侧棱状屎放屁——遇高兴嘞（临县）

（11）屁窟坐橛子——根子硬（忻州）

（12）瘸子的屁窟——斜门（忻州）

另外，还有带"屁"字的歇后语。例如：

（1）裤裆放屁——两头儿受气（大同）

（2）放屁隐箩子——顶甚事嘞（临县）

（3）蒙住头放屁——自产自销（天镇）

（4）坛子里放屁——净圆音谐"原因"（临县）

（5）脱下裤放屁——单打麻烦（临县）

（6）公鸡头上放屁——呛着冠子了（忻州）

还有带排泄场所"茅子"（即厕所）字眼的歇后语，仅忻州地区就非常多。

例如：

（1）茅子儿的苍蝇——寻屎哩

（2）茅子儿哩石头——又臭又硬

（3）茅子儿哩耗子——杂吃的

（4）茅子儿道上作揖——多礼

（5）茅子儿嗑瓜子——不要张你的臭口

（6）茅子儿撂石头——溅谐"贱"出屎来啊

（7）茅床没板子——臭架子

（8）茅板石上丢盹——离屎不远

（9）老鼠跌进茅子后儿——屎耗子

带排泄工具"夜壶"字眼的歇后语。例如：

（1）抱住夜壶吹笙——滥竽充数（忻州）

（2）夜壶里放炮——炸壶谐"诈唬"（临县）

（3）夜壶没把子——光剩个嘴儿了（大同）

（4）提上夜壶作揖——蹾底（忻州）

（5）夜壶里倒到尿盆里——见咾大天哩（临县）

排泄物在汉语中本属于禁忌语，为什么会出现如此大量的与脏字有关的歇后语？曾小武（2007）认为，"原始思维和功利价值的审美观念瑕疵是导致歇后语偏爱脏字的主要原因"。我们认为，所谓原始思维，其实就是人类最基本的隐喻思维方式，即将人类能够感知的具体的经验投射到抽象的客观事物上去。在早期人类的审美中，人们常常根据自身的需要来判断客观事物的美丑好坏，对自己有用的就是美的，相反就是丑的。排泄物是身体不需要的，因而是肮脏的、丑陋的，而肮脏丑陋又可以同人类的某些不良行为联系起来，因此在人类的原始思维中形成了这样的隐喻概念"排泄是肮脏丑陋的行为"，在这一隐喻思维的作用下，中国人在骂人时也常常利用这些与排泄物有关的褒渎性的字眼来羞辱对方，脏字歇后语也正是这一隐喻思维的直接或间接的产物。

（二）"弱残"歇后语

在山西歇后语中，出现了大量的人物形象，他们很大一部分是生活在社会底层的小人物，是生活中的弱者。"弱残"歇后语指的就是歇后语的引语所描写的对象是社会生活中的弱势群体，包括残疾人、有生理缺陷的人、年老者、贫穷者等。这些人是日常生活中活生生的人，人民大众选取他们身上各自的典型特征来构成数量众多的歇后语。由于歇后语通行于民间，老百姓在繁重的劳动之余可以互相打趣以消除疲劳，其本身的通俗性和诙谐性，使得这些歇后语在客观上不免带上了嘲讽的印记。但嘲讽之余，又是对这些弱势群体的无限同情。

在歇后语所描写的残疾人中，最常见的是聋哑人和盲人，突出其口不能言、耳不能听，无法表达自己的想法和心情。例如：

（1）哑巴吃扁食——肚里有底（长治）

（2）哑巴吃黄连——苦在心上（忻州）

（3）哑巴见了他嬭母亲——没说的啦（万荣）

（4）哑巴娶媳妇——喜不能言（沁县）

(5) 哑子拜年——多磕头少说话（忻州）

(6) 哑子打官司——有口难言（忻州）

(7) 聋子的耳朵——摆样的（武乡）

(8) 聋子拉胡胡^{胡琴}——瞎扯（忻州）

还有相当数量的歇后语是描写盲人的，也有的是近视眼，突出其看不见东西、认识事物靠触摸、感受不到光亮等特点。例如：

(1) 瞎子剥蒜——扯皮（忻州）

(2) 瞎子打架——抓住不人（忻州）

(3) 瞎子点灯熬夜——白费油（长子）

(4) 瞎子看戏——眼中没人（蒲县）

(5) 瞎子摸象——各说有理（忻州）

(6) 瞎子牵驴——不松手（忻州）

(7) 瞎的戴眼镜儿——多了一层（寿阳）

(8) 瞎汉看广告——尽是条条（忻州）

(9) 瞎嘞打灯笼——一样（沁县）

(10) 瞎子的掏井——越掏越深（临县）

(11) 瞎人骑瞎马——危险（忻州）

(12) 近视眼跟上月亮走——借光（忻州）

也有一些歇后语，通过对肢体畸形或残缺的人特征的形象描写，构成灵活多变的语。例如：

(1) 六指头儿挖咬人哩——多的一划子（洪洞）

(2) 瘸子的屁窟^{屁股}——斜谱"邪"门（忻州）

(3) 拐子担水——摇摇摆摆（忻州）

(4) 豁牙子啃西瓜——尽道道儿（大同）

(5) 歪嘴的吹三号唢呐——斜谱"邪"气（忻州）

（6）背锅的爬坡——前谐"钱"紧（寿阳）

（7）背锅锅睡的墓头子上——翘起来哩（祁县）

（8）背锅子打筋头_{筋斗}——两头不着地（忻州）

（9）背锅子穿袍子——前谐"钱"短（忻州）

（10）锅的睡在炕圪洞——正合适（武乡）

还有一些有生理缺陷的人，其中最多的是脱发的人，突出其脑袋光亮的特点：

（1）秃妮的戴花儿——朝前也不是，朝后也不是（寿阳）

（2）秃子当和尚——将就材地_{材料}（忻州）

（3）秃子的头发——永没长劲谐"进"（忻州）

（4）秃子跟上月亮走——借光（忻州）

（5）秃子进了和尚庙儿——充数儿（忻州）

（6）秃子头上的毛——它也不长，咱也不想（大同）

（7）秃子脱帽子——头明谐"名"（忻州）

（8）秃子照镜儿——光对光（忻州）

（9）圈脸胡，陷顶脑——情亏相补（临县）

歇后语对弱势群体的描写，最多的要数乞丐了。在我们收集到的有限的歇后语中，仅以"讨吃"开头的，就有22条，另外还有两条是以"叫花子"开头的。乞丐的特点是贫困，歇后语就通过虚拟、夸张、假设等多种手法从各个侧面来表现这一点。例如：

（1）讨吃的不要糠干粮——耍穷脾气（武乡）

（2）讨吃的打官司——硬份儿穷吵（临县）

（3）讨吃的打算盘——穷打算（晋城）

（4）讨吃的另分家——好分（武乡）

（5）讨吃的塑在庙里——神像有哩，饿相不倒（临县）

（6）讨吃婆姨老婆说穿戴——穷人说大话（忻州）

（7）讨吃子编笊篱——穷艺术（忻州）

（8）讨吃子拨拉算盘珠子——穷打算（忻州）

（9）讨吃子不睡觉——穷张急忙（忻州）

（10）讨吃子唱歌儿——穷开心（忻州）

（11）讨吃子打了碗——倾家荡产（忻州）

（12）讨吃子摆供——要甚没甚（忻州）

（13）讨吃子的小布衫——分不出里表来（忻州）

（14）讨吃子的嘴——尽说的没吃的（忻州）

（15）讨吃子喝醋——穷酸（忻州）

（16）讨吃子喝凉水——养下的脾胃（忻州）

（17）讨吃子借窝窝——只借不还（忻州）

（18）讨吃子夸祖产——自己没出息（忻州）

（19）讨吃子礼牲——少这没外那个（忻州）

（20）讨吃子卖米——没几升谐"声"（忻州）

（21）讨吃子坐席——沉不住气（忻州）

（22）讨吃子说狗——迟早给你放的（忻州）

（23）叫化子穿白裤儿——染谐"惹"不起（孝义）

（24）叫化子丢了棍棍——该受狗气（平遥）

还有些歇后语描写的是年迈者、体弱者、孤寡者，需要特别注意的是，我们收集到的九条（不含重复条）这类型的歇后语中，有八条是用来描写女性的，只有一条是描写男性的，这可能是因为旧时妇女社会地位低下，更容易成为人们茶余饭后调侃戏谑的对象。

（1）老娘娘坐轿——靠后些儿（忻州）

（2）老奶奶吃大豆——阿咧哇（天镇）

（3）老娘娘的眼睛——花了（忻州）

（4）老婆婆背回回——一回回不顶一回回（临县）

（5）老婆婆吃糕——含口深开口索要的多（临县）

（6）老婆婆擤鼻涕——手里握着嘞（临县）

（7）寡妇不嫁人——死守（沁县）

（8）寡妇没儿——绝了（忻州）

（9）八十老汉吹唢呐——上气不接下气（沁县）

（三）"毁鬼"歇后语

古时生产力水平低下，先民们对一些难以解释的自然现象由畏惧而产生崇拜，在日常生活中，人们对意识形态领域里想象出的鬼神毕恭毕敬，不敢有丝毫冒犯。即便如此，在歇后语当中，这些鬼神仍然被当作戏谑的对象，被人们肆意调侃、嘲弄，显示出强烈的嘲讽性，这类歇后语我们称作"毁鬼"歇后语。例如：

（1）寿星骑上狗儿——有福没鹿谐"禄"（平遥）

（2）财神爷吃豆渣——装穷（天镇）

（3）河神爷爷水推哩——巫神连巫神也顾不咾（临县）

（4）泥神栽到河里——捞不起来啦（万荣）

（5）庙门上筛灰——糟蹋善神神（临县）

（6）蝇蚊子咬泥菩萨——认错了人（盂县）

（7）半夜打阎王——想死等不得明（保德）

（8）赤脚鬼上了花椒树——麻得不觉了（阳泉）

（9）小庙儿里的鬼——没见过世面（新绛）

（10）城隍庙失火了——鬼抽筋呢（大同）

（11）稻黍叶子当纸钱——骗鬼（蒲县）

（12）墓门上贴白纸——哄鬼（寿阳）

（13）墓门上筛锣——惊魂千里（祁县）

从上面的例（1）至例（7）例可以看出，神仙也可以遭难，可以被践踏，还可以被人毒打，从例（8）至例（13）例可以看出，鬼类可以被哄骗，可以被

183

惊吓，也可以被火烧。为什么会出现如此众多"毁鬼"歇后语呢？郭彦成（2001）认为，这与中国鬼神文化自身的局限性有关。"起源于民间的鬼神观念在受到国家主流意识改造的同时，又长期受到精英意识次流的挑战，这使得民间文化意识的主体——世俗百姓对鬼神的迷信始终未能上升到宗教崇拜的高度，人们对'玉皇''阎王'的尊敬度也就始终不能和基督教对'上帝''耶稣'的崇敬同日而语。"我们认为，除了意识形态领域的原因以外，还与人类最基本的思维方式——隐喻思维有关。我们注意到，在有关鬼神的歇后语中，都贯穿着这样一个隐喻概念"鬼神是人"，鬼神可以具有人的一切行为，如"城隍娘娘有了肚——怀的鬼胎（阳曲）"、"灶门爷爷吐稀拉稀嘞——赖神神（临县）"、"望乡台上弹拐拐—条腿蹦——死鬼作乐（阳曲）"、"茅神鬼坐轿——不押倒运（忻州）"、"毛鬼神钻烟囱——自寻黑路（临县）"、"毛鬼神拉胡胡——二二呜呜（临县）"。正因如此，在现实生活中，如果遇到了烦恼与不满而又不能直接指明，人们便借助于隐喻思维，将这些行为加之于鬼神，以表达自己的看法，发泄自己的不满。鬼神是人空想出来的，是看不见摸不着的，不会跟人造成直接的冲突，从这一点上来说，带有嘲讽性的歇后语对于调节人的情绪和维护社会的安定团结也起到了一定的作用。

第二节　歇后语与当地习俗

同谚语相比，歇后语的目的不是传授知识和经验，更多的是运用丰富的想象和联想，通过谐音、双关等手法达到诙谐幽默的艺术效果。用歇后语互相打趣，可以说是老百姓在艰苦的生产和劳动之余的一种最简单最原始的休闲娱乐方式。这些活跃在群众口头的歇后语，作为一种原生态的存在，客观上记录了当地的一些生产和生活习俗，从中我们可以窥到当地群众生活的影子。

一、生产习俗

有些歇后语的引语所用材料来源于群众的日常农业生产劳动，从春天耕种到出苗长成，再到秋天收割，从中我们可以看到一条流畅的农业劳动生产线。例

　如：

（1）墙头儿犁地——一处儿一趟的客（永济）

（2）过了芒种种芝麻——迟了三春（吉县）

（3）补安庄稼过祠儿——得不里大食（临县）

（4）种上荞麦上来豌豆咧——灰得没棱咧（原平）

（5）三月儿的芥菜——生咾心啊（忻州）

（6）入秋的茭子高粱——老来红（忻州）

（7）八十亩地一苗谷——欠生娇生惯养的孩子（万荣）

（8）秋后哩荞麦——没熟谐"说"（和顺）

（9）切草刀割麦子——揽得宽（清徐）

（10）拾下麦子搭火烧——没本儿净利（临汾）

（11）半夜掐谷——揣摸下两穗谐"岁"了（临县）

（12）隔墙簸米——糠来啦（永济）糠，双关，本指谷子的皮壳儿，转指"又"的意思。

（13）下雨天打麦子——难收场（蒲县）

（14）小黑豆霜打了十八茬——收成不高（忻州）

（15）腊月的荞麦——没束谐"说"头（平遥）

　　这些歇后语或真实描写，如"过了芒种种芝麻——迟了三春"、"补安庄稼过祠儿——得不里大食"；或展开想象，如"种上荞麦上来豌豆咧——灰得没棱咧"、"八十亩地一苗谷——欠生"，从中可以看出，当地主要的农作物有小麦、荞麦、高粱、谷类、豆类、芥菜、芝麻等。

二、饮食习俗

（1）大师傅拉拉面——面对面（盂县）

（2）吃饸饹吃出了头发——粗中有细（长治）

（3）扁豆面压饸饹——不起碗子（临县）

（4）半夜里和面——冒揸谐"诈"哩（临汾）

（5）七里河儿下豆面——汤宽（忻州）

（6）茶壶盒里煮扁食饺子——肚肚有货（平遥）

（7）蘸着稀粥吃扁食——越吃越糊涂（保德）

（8）谷殖面拉水花——离骨离散（介休）谷殖面：谷壳磨成的面粉。水花：抻面。离骨离散：粉末状物松散，不能粘合。用手来和谷糠磨成的面粉，松散而和不在一起。比喻离心离德，很不团结。

（9）半斤面放了四两碱——拿死了（保德）

（10）拣上麦子卖馍馍——干挣（忻州）

（11）没油吃花卷——多扭几个圪料（忻州）圪料：捏花卷时扭成的斜圈

（12）拿糕擦屎子屁股——没个完了（大同）拿糕：用莜麦面或玉米面制成的一种糊状食品，一般蘸盐醋汤食用。

（13）半升黄米捏下一笸箩糕——做出来哩（盂县）

（14）计算子上取窝窝——稳拿（忻州）计算子：蒸食物用的竹算子

（15）谷面窝敬神——穷人也有个穷心（临县）

（16）盖上筛蒸窝窝——走气不在一圪垛儿（原平）

（17）锅盘上的米颗儿——熬出来啊（洪洞）

（18）大年下吃了颗烧山药——灰心入肚（忻州）

（19）没吃羊肉羊膻气——自背臭名（河曲）

不同的地方有不同的物质基础，由此而构成了饮食习俗的地域差异和文化差异。前面我们已经知道，山西地区种植小麦、玉米、谷类较为普遍，这一点，从大量关于饮食的歇后语中又得到了印证。山西多数地区日常饮食以面食为主，面粉有的是小麦粉，有的是豆类，其主要食物有面条、饸饹、馍馍（花卷、馒头）等。旧时多以粗粮为主食，主要是用玉茭面做的窝窝头或黍子面做的黄米糕、莜麦面做的鱼鱼等。山西盛产小米，山西人也爱吃小米，所以产生了与小米有关的歇后语"锅盘上的米颗——熬出来啊"。山西又以土豆出名，土豆俗称山药，所以产生了"大年下吃了颗烧山药——灰心入肚"等歇后语。晋西和晋北地区历来就是汉族和北方少数民族杂居的地方，各民族在生活习俗上彼此渗透，北方游牧民族喜好肉食，特别是羊肉，他们的饮食习俗也逐渐融入到了歇后语当中，如"没吃羊肉羊膻气——自背臭名"。

俗话说"民以食为天"，从这些简单的歇后语中，我们看到的是三晋大地人们丰富多彩的日常生活。可以肯定地说，在山西各地民间，还有大量的关于饮食的歇后语没有被挖掘整理出来，还需要我们进一步努力。

三、居住习俗

（1）半崖上打窑——没院谐"怨"（临县）

（2）脑畔里擩伸腿——渣踩不见高低（临县）

（3）房门安在窑门上——改门换户（临县）

（4）石狮子的嘴——张开合不回来（忻州）

（5）疥毒癞蛤蟆坐在门墩上——冒充石狮哩（和顺）

（6）卖了瓦房窑里住——灰倒腾（繁峙）

（7）扫帚顶门哩——叉叉谐"岔"不少（临汾）

从原始的穴居野处到有意识地建房造屋，这是人类的一大进步。窑洞可以说是人类穴居时代居住习惯的遗留。在晋西北地区，至今人们仍习惯于住窑洞。最初的窑洞都是依山而建，顺着山势、地势，把坚实的山体的一面切成平面，然后向平面纵深处挖掘成一个洞穴，把洞穴表面整理光滑就可住人。窑洞一般都建在山脚下，如果是在半山腰，那便成了"半崖上打窑——没院"，即没有院子，当地百姓巧妙地利用了谐音手法，"院"谐"怨"，表示没有怨言。窑洞挖出来以后，会在窑洞的顶部铲出一个平面，叫做"脑畔"，离地面很远，人踩下去会很危险，歇后语"脑畔里擩伸腿——渣踩不见高低"正是利用窑洞的特殊结构而构成的，本指人不知道脑畔的高度，转指人不知道事情的严重程度。在晋西北的临县，人们还经常根据院落的形状，在院子里盖上简易的房子（叫"房"，与住人的"窑"相对），用来堆积农具等杂物。所以产生了"房门安在窑门上——改门换户"这样的歇后语。

在太原、晋中、阳泉一带，住房多以平房为主，犹以四合院形式居多，这跟中、南部地形相对平坦有关。一般人家的四合院都有围墙，有院门，院门装饰也比较讲究。一些有钱的人家还要在院子大门的两侧放置两个守卫门户的坐着嘴微张的石狮子，老百姓利用这一现象，创造了歇后语"疥毒癞蛤蟆坐在门墩上——冒充石狮哩"、"石狮子的嘴——张开合不回来"。相对于窑洞而言，平房可以说是人类住宿条件上的一大进步了，歇后语"卖了瓦房窑里住——灰倒腾"正好从反面说明了这一点。

旧时，人们为了防盗，晚上睡觉时会用一根结实而带叉的棍子，将带叉的一头顶在门上，另一头顶在地上，这样从外面便很难把门推开。所选的棍子必须粗而结实，像扫帚一类的东西生活中人们是不可能用来顶门的，但当地的老百姓运用丰富的联想和想象，利用这一特殊习俗，创造了歇后语"扫帚顶门哩——叉叉不少"，扫帚上全部是小叉，叉，谐"岔"，形容人的心眼儿太多，太挑剔，不易相处。

四、信仰习俗

神灵是歇后语中惯常出现的意象，山西方言歇后语中出现的神灵大都是人们意识形态领域里比较熟悉的形象：灶王爷、龙王爷、城隍爷、玉皇爷、阎王爷、菩萨、门神、寿星等，例如：

(1) 判官吃黑豆——鬼馕（忻州）

(2) 灶门爷爷吐稀拉稀嘞——赖神神（临县）

(3) 灶家爷坐到当院啦——管事太宽（长子）

(4) 城隍娘娘有了肚——怀的鬼胎（阳曲）

(5) 南王村的龙王爷——死坐死吃（定襄）

(6) 老寿星的脑袋——宝贝疙瘩（忻州）

(7) 阎王爷爷出布告——鬼话连篇（阳曲）

(8) 阎王爷开店——死鬼也不上门（太谷）

(9) 阎王吃扁食——有个鬼捣蒜谐"算"（临县）

(10) 门神跌得醋瓮儿里啦——酸门神（孝义）

(11) 显道神流鼻涕——活大不如活小啦（孝义）显道神：迷信指出殡时的开路神，身形高大。

(12) 玉皇爷掉河里——捞谐"劳"驾不起（临汾）

语言是思维的直接体现，上述包含神灵意象的歇后语中，"玉皇爷"、"灶王爷"、"龙王爷"、"城隍爷"、"寿星"、"门神"、"河神"等神灵都来自道教，"阎王"、"菩萨"等神灵来自佛教。由此可见，在山西广大的农村地区，在山西先民的意识观念里，道教和佛教的影响都很大。道教是我国土生土长的宗教，在民间有强大的精神基础，而佛教于西汉末年传入我国，尽管是外来宗教，"但经过与中国固有文化的长期融合，已中国化了，成为乡土文化的有机组成部分，其世俗化程度是很高的。"（乔润令 1995）正因如此，才会有大量的关于道教和佛教神灵的歇后语在民间流传。

第三节　歇后语的内部差异

地方歇后语是当地群众根据当地的人文、地理特点创造出来的，通行范围较小。在山西内部，各地的歇后语也有许多差异，主要表现在以下两个方面：

一、引同注异

（1）猪鼻子后儿里边插大葱——装象谐"相"（忻州）

（2）猪鼻子上栽葱——混葱谐"充"（长治）

上述两条歇后语，引语基本相同，但注语不同，语义侧重点也不同，例（1）侧重于"装"，讥讽人故意装出某种样子来骗人或迷惑人；例（2）侧重于"冒充"，讥讽人冒充有能力的人或大人物。

（3）磨道儿寻块驴蹄蹄——找碴碴（平遥）

（4）磨道上寻驴蹄印——步步不缺（陵川）

上述两条引语相同的歇后语，注语的语义侧重点也不同，例（3）侧重于"找"的动作，比喻故意找碴儿或挑别人的毛病；例（4）侧重于"找"的结果，比喻找人的缺点或差错非常容易。

二、引异注同

有些语义相同的歇后语，从不同的引语可以引出相同的注语，其中有些引语之间存在某种关联，有些引语彼此之间则毫无联系，这是人类思维统一性和多样性的体现。例如：

(1) 包脚布缝衬——一布谐"步"登天（晋城）

包足布子写灵位——一布谐"步"登天（文水）

(2) 骑上葫芦过河——不沉谐"成"（忻州）

木头人跳河——不沉谐"成"（襄垣）

第（1）组歇后语，两个引语涉及一个共同的意象：旧时妇女的裹脚布。在这两条歇后语中，不登大雅之堂的裹脚布，一个到达身体的上部，空间位置有所上升；一个成为祭祖的牌位，社会地位极大提升。正是因为二者在"上升"上的共同点，才使得二者成为同义歇后语，再经过"布"、"步"谐音双关，比喻骤然发迹，地位提高了很多。

第（2）组歇后语，两个引语涉及一个共同的场景：在河里漂。一个是人骑着葫芦过河，因葫芦较轻，浮在水面上；一个是用木头刻成的人，木头也会浮在水面上。正是因为二者在"漂浮"上的共同点，使得它们成为同义歇后语，语中"沉"与"成"谐音双关，比喻事情没有办成。又如：

(3) 马尾穿豆腐——不能提（运城）

饭罐子打了耳子——不能提（忻州）

(4) 吃饸饹吃出了头发——粗中有细（长治）

张飞穿针——粗中有细（晋城）

上面两组歇后语，无论从词汇还是意义上来看，两个引语之间本身毫无关联，但经过不同的语义组合，得出了相同的注语。第（3）组歇后语，豆腐软，马尾细，要把马尾穿在豆腐中提起来，豆腐就会从中断掉，难以提起来；饭罐子本是用来提饭的，两旁有两个耳，如果把耳子打了，饭罐也难以提起来。不同的情形产生了相同的结果"不能提"。提，有多个义项，这组歇后语中涉及两个：①垂手拿着（有提梁、绳套之类的东西）；②谈起，谈到。通过语义引申，"提"由义项①转为义项②，歇后语的意思也发生了质的转变，指人或境况坏到无法提及的地步。

　　第（4）组歇后语，饸饹中夹杂着头发，饸饹粗头发细，便是"粗中有细"；张飞是一个性格粗鲁的人，而穿针时要求把线头捻细，小心穿过针鼻（单从字面上很难理解这个歇后语，张飞何许人也？为什么会是"粗中有细"？受众必须具有相关的历史知识和文化背景，才能明白）。与第（3）组不同的是，这组引语利用的不仅有具体的事物（饸饹、头发、针），也有非具体可感的抽象的事物（张飞的性格特点——粗鲁）。不同的引语，不同的情形同样产生了相同的结果"粗中有细"，"粗"有多个义项，这组歇后语中涉及三个：①（条状物）横剖面大；②鲁莽，粗野；③疏忽，不细心。这组歇后语中涉及到"细"的两个义项：①（条状物）横剖面小；②仔细，细心。在注语中，"粗"的词义分别由①、②向③转移，"细"的词义由①向②转移。从而产生了歇后语的转义：指性格粗鲁的人也有心细的时候，或指某人看上去很粗鲁，做起事来却很细致。

第四节　歇后语中的语语相套现象

　　在对山西歇后语的整理过程中，我们发现这样一种现象：一条歇后语，其引语部分或注语部分，单独说时又是一条典型的俗语，我们把这种现象叫做俗语的语语相套。语语相套现象，使歇后语的表意更加形象生动，耐人寻味。受语形的限制，在俗语中，只有歇后语中存在这种现象。这其中，最常见的表现形式是注语为惯用语、成语、谚语等，也有部分歇后语的引语为惯用语。

一、注语为惯用语

　　在歇后语的语语相套现象中，注语多为惯用语，仅在忻州地区就收集到320条之多（张光明2008）。这一方面与惯用语结构形式比较自由、不受字数限制有关，另一方面，惯用语和歇后语具有共同的语义特征"贬义性"，这是歇后语更倾向于与惯用语结合的语义基础。例如：

(1) 头上穿袜的——脸上下不来（武乡）

(2) 风匣板儿串锅盖——受咾凉气受滚气（临县）

(3) 下颏子底下支砖头——张不开嘴（忻州）

(4) 卖豆腐的置的河滩地——井里来咾河里去（临县）

(5) 当了裤儿喝烧酒——顾嘴不顾身（忻州）

(6) 赤腿子撵狼哩——胆大不识羞（新绛）

(7) 大伯子背着小婶子跑——费力不讨好（太谷）

(8) 仨钱分到两下里——一是一，二是二（临汾）

(9) 张飞逮圪蟆——大眼瞪小眼（晋城）

(10) 丫环掌钥匙——当家不做主（临汾）

二、注语为成语

成语的语义兼具有表述性和描述性两个特点。表述性的成语，语义性质和谚语相同，具有知识性，但相对来说，数量较少，大量的成语属于描述性的，在语义性质上，跟惯用语相同。在语语相套结构中，注语多是描述性的成语。有些是共同语中的成语，有些是当地俗成语。例如：

(1) 骑上骡子拉上驴——富富有余（洪洞）

(2) 两只眼窝五道眉——假眉三道（汾西）

(3) 三岁家卖饸饹——久惯捞成（临县）

(4) 背上方桌的下井里——随方就圆（汾西）

(5) 卖瓜子看戏——一举两得（忻州）

(6) 背上竹杆子绕街走——横行霸道（忻州）

(7) 枕头打婆姨——虚张声势（娄烦）

三、注语为谚语

谚语是一种以传授知识和经验为目的的俗语，其语义的基本特点是知识性，而歇后语重在调侃，其语义基本特点是幽默性和讽刺性。语义特点的不同，决定了这两种俗语形式结合的空间较小。在我们收集到的山西歇后语的语料中，用谚语作注的歇后语数量很少。例如：

（1）采凉山上望御河——远水解不了近渴（大同）

（2）蛮妮子掌钥匙——官差不自由（太谷）

（3）蒸包子的嫁了个钉鞋匠——扭得严扎得烂（朔州）

（4）留头汝子未出嫁的女子纳裢子尿布——闲时置下忙时用（临县）

四、引语为惯用语

前面说过，由于惯用语和歇后语同时具备描述性和讽刺性的语义特征，因此惯用语不仅可以出现在歇后语的注语位置上，也可以出现在引语位置上，这是目前为止，我们看到的少见的可以出现在歇后语引语位置上的俗语形式之一。这类语语相套结构的歇后语多具有比喻义。歇后语的后一部分注语直接对前一部分惯用语做出注释，这便省去了受众对惯用语语义的分析理解过程，因此，相对于惯用语本身，表意更直接。其中，有些惯用语是与共同语通用的，有些是其在方言中的变异形式，有些则是方言惯用语。例如：

（1）换汤不换药——老样（陵川）

（2）挂羊头卖狗肉——骗人（忻州）

（3）打肿脸充胖子——死要面子活受罪（忻州）

（4）打烂醋坛子——好大的酸劲儿（河曲）

（5）吃了五谷想六谷——人心没足（河曲）

（6）吃粮不管闲事——省心（河曲）

（7）不碰南墙不回头——顽固不化（河曲）

（8）对上和尚骂秃子——不睁眼色（忻州）

（9）没窟子下蛆——执专专门寻气哩（偏关）

（10）牵上不走，拉上直退——犟牛（河曲）

（11）狼筋拉到狗腿上啦——生拉硬扯（陵川）

第五节 歇后语的认知研究

众所周知，歇后语的语义表达重点在后一部分——注语。从歇后语的注语出发，我们可以把歇后语分为两大类：一类歇后语，注语的字面意思就是歇后语要表达的意思；一类歇后语，注语的字面义并非歇后语真正要表达的意思，而是通过谐音、比喻、双关等方式而产生了转义，其转义才是歇后语的实际意义。这一部分重点讨论具有转义的歇后语。

认知语言学认为，人类的知识结构来自人体的经验，隐喻是人类将其某一领域（来源域）的经验用来说明或理解另一领域（目标域）的经验的一种认知活动。在对山西歇后语的整理过程中，我们发现，很大一部分歇后语在具体的使用中已经脱离了其字面意思而成为一种隐喻表达。隐喻是歇后语语义生成的一个重要手段，正是由于人类的隐喻思维，使得歇后语的含义由各个具体领域向抽象领域扩展，也使得歇后语的语义获得了超出具体情境的常规含义，这是歇后语语义常规化的一个过程。

隐喻的来源域一般来说是可以被直接理解的经验，对说话者或听话者来说要比目标域更为熟悉，更为熟悉的事物的特点和结构被映射到陌生的或抽象的事物上，帮助认识陌生（抽象）事物的特点和结构。就引语而言，山西歇后语所用材料很大一部分就来自当地群众共同的生活经验。例如：

（1）没熟的葡萄——酸得很（忻州）

（2）荞麦皮出面屁——自不然当然（临县）

（3）刮风簸簸箕——越扇风越大（吉县）

（4）石头蛋子压咸菜——一盐谐"言"难进谐"尽"（文水）

（5）白萝卜上扎刀子——不出血（忻州）

有些引语所描述的行为不是人类直接的生活经验，是根据直接生活经验而想象出来的，可以说是人类的间接经验。例如：

（1）瓮圪楞子跑马——闹玄（蒲县）
（2）圪尾下巴上绑担架——抬嘴谐"举"（临县）
（3）得脑顶笊篱，脊背背筛子——浑身净眼儿（吉县）
（4）戴栲栳上柳树——假充大头鬼（和顺）
（5）黄瓜打锣——折圪节（长治）

隐喻是以喻体和本体之间的相似性作为语义转换基础的。可以说，相似性是构成隐喻表达最基本的条件。汉语歇后语的字面义和转义之间的相似性主要有两种：语音相似和语义相似，我们可以分别叫做语音隐喻和语义隐喻。这两种隐喻现象经常交织在一起，共同对歇后语的语义扩展发生作用。

一、语音隐喻

"语音隐喻"这一概念最早由国外学者 IvanFónagy 于 1999 年提出，主要是从语音（或发音方式）与其所表达的意义这一角度进行论述。之后，国内学者逐渐开始重视，李弘（2005）从认知语言学的跨域映射的角度并结合汉语实际对其进行了全面论述；魏万德，伊慧（2006）探讨了语音隐喻的认知机制。各位学者们均已注意到汉语歇后语中存在的语音隐喻现象，但因不是专文论述，所以讨论相对简单。本节试图结合山西歇后语来讨论汉语歇后语中存在的这一现象。

歇后语中的语音隐喻现象最直接的表现就是一些由象声词构成的歇后语，如"石鸡上南坡——咯咕咯（武乡）"，"咯咕咯"本指石鸡的叫声，与"各顾各"没有任何关联，仅仅因为二者语音上的相似性才构成了这个歇后语，从而使得这个歇后语的语义由声音域向抽象域转化，意指"每个人都只顾自己"。这在同义歇后语的对比中看得更清楚，同样是注语"各顾各"，寿阳歇后语"山药蛋抛坡

——各顾各"就是着眼于二者形象或场景上的相似性而构成的，与着眼于语音上的相似截然不同。下面我们分三种情况来讨论山西歇后语中的语音隐喻现象。

（一）同音同形异义

汉语中有很多同音同形异义词。一些歇后语就巧妙利用这个特点来构成大量的语音隐喻，从而使歇后语的语义由具体领域向抽象领域延展。例如：

（1）对的香炉打喷嚏——自找多灰（阳曲）

灰，在阳曲方言中，是个同音同形异义词，可做两解：①名词，灰烬。②形容词，形容人品质恶劣或遭遇不好，相当于"坏"。这个歇后语巧妙利用了二者语音上的相似性（相同性）来构成一个语音隐喻，歇后语的意思也由字面的物质领域向抽象领域映射，指人自讨苦吃或自讨没趣。

（2）眉棱骨_{额头}上长瘤子——额外负担（盂县）

额，在盂县方言中，也是个同音同形异义词，可做两解：①额头。②数额。二者在语义上本没有任何关联，但因语音语形上的相似性（相同性），人类的隐喻思维便把二者联系在一起构成一个语音隐喻，表示抽象的意义，指承担了限额以外的负担。

（3）大师傅拉拉面——面对面（盂县）

面，在盂县方言中，可做两解：①粮食磨成的粉。②脸。两个意思之间没有任何联系，但语音相同，隐喻思维捕捉到了这一点，便把二者联系在一起来表示抽象的意义，指双方当面说话或做事。

（二）同音异形异义

（1）空中挂口袋——装风谐"疯"（忻州）
（2）吃上绿枣儿喝上凉水——尽痢谐"利"咧（太谷）

（3）钉盆瓮的摇脑——不钉谐"定"（临县）

（4）半夜切谷儿——揣摸下两穗谐"岁"了（介休）

上述几例歇后语来自山西不同的方言点，在当地口音中，"风"和"疯"、"痢"和"利"、"定"和"钉"、"穗"和"岁"，前字与后字字形不同，但读音完全相同，正因为这种语音上的相似性，才使得两个意义上没有任何联系的字，通过人类的语音隐喻思维而产生了关联，使得歇后语的语义由具体领域投射到抽象领域，从而增强了歇后语的表现力。

（三）近音异形异义

需要指出的是，所谓"近音"是就普通话读音而言，方言中这些词的读音原本都相同，跟上面讨论的同音异形异义是一致的。例如：

（1）六月儿天害疥——热挠谐"闹"（忻州）

（2）卖煎饼的塌了炉子——没摊谐"谈"了（忻州）

以上两例，声母、韵母相同而声调不同。

（3）木头人跳河——不沉谐"成"（襄垣）

（4）画匠丢了粉刷——没刷谐"说"（寿阳）

以上两例，声母、声调相同而韵母不同。

（5）韭菜炒调和儿——混葱谐"充"（和顺）

（6）光屁股骑马——难骑谐"题"（沁县）

以上两例，韵母、声调相同而声母不同。

二、语义隐喻

在歇后语语义形成过程中，隐喻思维无处不在。除了上述语音隐喻外，语义隐喻也起了非常重要的作用，这主要表现在隐喻对注语中词义的引申和扩展作用　197

中。目前，学界已经基本达成共识，隐喻化是语义创造和语义引申的有力工具，通过隐喻化手段，语言的词汇派生出与词的本义相关的意义，即扩展意义，由此而产生了一词多义现象。有许多歇后语正是利用一词多义现象来构成的。例如：

（1）草帽烂了边儿啦——顶好（襄垣）

"顶"，本为名词，指人体或物体上最高的部分（这里指草帽顶），在词义的扩展过程中，逐渐引申作副词，表示程度最高。隐喻思维将二者联系在了一起，意义也发生了转化，由字面具体的意义"草帽顶子完好无损"转为抽象义，形容某人或事物最好。

（2）草帽拍铙——没音（蒲县）

"音"，本指声音，引申指音讯。通过隐喻思维，将二者语义上的相似性联系到了一起，该歇后语的意义也由字面具体的"没有声音"转为抽象的意义，指没有一点音讯。

（3）吃棉花屙线——细人（怀仁）

"细"，与"粗"相对，本指（条状物）横剖面小，引申指细心。二者语义上的关联性，使这个歇后语由字面具体的意义转为抽象意义，指细心的人。

不仅注语中含有隐喻，一些歇后语的引语中也暗含着隐喻概念。这主要表现在一些引语中涉及动物、鬼神的歇后语中。例如：

（1）苍蝇怀胎——一肚蛆（原平）
（2）蚂蚱打嚏喷——满嘴庄稼气（忻州）
（3）猫儿喝烧酒——呛不住（忻州）
（4）叫蚂蚱带笼头——假装大牲口（沁县）
（5）赤脚鬼上了花椒树——麻得不觉了（阳泉）

（6）财神爷吃豆渣——装穷（天镇）

（7）吊死鬼吃凉粉哩——谋住那一条绺了 当地凉粉吃时要切成细长条状，故有此语。（山阴）

（8）望乡台上弹拐拐 一条腿蹦——死鬼作乐（阳曲）

以上歇后语的引语中，动物/鬼神具有人的行为：怀孕、打喷嚏、爬树、吃喝等，这中间其实都包含着一个隐喻概念"万物是人"，通过这一隐喻思维，歇后语将只有人才可能有的行为放在动物/鬼神身上，造成一种行为错置，正是这种超现实的想象和超常规的搭配，才形成歇后语幽默诙谐的表达效果。

可以说，隐喻思维是歇后语语义生成的重要手段。在山西歇后语中，也有少数歇后语是利用人类的转喻思维构成的。如"老鼠跌到面瓮里啊——瞪白眼哩（洪洞）"，用老鼠跌进面瓮后瞪着沾满面粉的双眼的样子，来形象比喻人瞪着眼睛的样子，而瞪眼正是人在束手无策时的一个最为凸显的表情或动作，通过人类的转喻思维，用这一凸显动作来表示抽象的意义：束手无策，毫无办法。

小　结

歇后语以其独特的结构、生动活泼的表现形式深受人们的喜爱。充满地方韵味的歇后语，汇聚了当地老百姓的生产生活习俗，体现了老百姓的创新思维能力，承载着厚重的地方文化，是了解当地民情风俗的一个重要窗口。整理记录这些丰富多彩的歇后语，对于当地方言研究和社会研究都具有重要的意义。

参考文献：

［1］郭彦成. 略论汉语歇后语中的毁鬼现象. 伊犁师范学院学报，2001（1）

［2］欧阳若修主编. 中国歇后语大辞典. 广西人民出版社，1990

［3］潘先军. 歇后语中的"涉残"现象. 语文学刊，2004（1）

［4］乔润令. 山西民俗与山西人. 中国城市出版社，1995

［5］温端政. 山西省方言志丛书（41 种）. 语文出版社/山西高校联合出版社，

1983—1996

［6］束定芳. 隐喻学研究. 上海外语教育出版社，2000

［7］温端政. 汉语语汇学. 商务印书馆，2005

［8］温端政. 歇后语. 商务印书馆，2000

［9］曾小武. 脏字歇后语与审美观念偏误. 现代语文，2007(2)

［10］张光明. 方言歇后语的语语套用结构及其功能. 语文研究，2008(2)

［11］张光明主编. 忻州歇后语词典. 上海辞书出版社，2006

附：

歇后语例释

说　明

1. 语目资料主要来源于《山西省方言志丛书》（温端政主编，语文研究增刊/语文出版社/山西高校联合出版社出版，1983－1999）、《山西方言重点研究丛书》（乔全生主编，山西人民出版社，2002－2007）、《忻州方言俗语大词典》（温端政、张光明，上海辞书出版社，2002），临县、万荣、壶关点语目为编者调查所得。

2. 有的语条各地的形式有细微差别，为便于比较，有选择地保留了一些副条，副条和主条出处一致的，副条不再标明出处。相连的语条如出处一致，只在最后一条标明。

B

【斑鸪儿，没鸽儿——嘎咕嘎】斑鸪儿：斑鸠。没鸽儿：鸽子。嘎咕嘎：象声词，本形容斑鸠和鸽子的叫声，此处谐"各顾各"。指自己顾及自己。（祁县）

【半天里伸巴掌——高手】本指伸在高空的手，转指在某方面技能很高的人。（蒲县）

【半夜看三国流泪颗儿哩——替古人担忧】流泪颗儿：掉泪珠儿。本指替古代的人担忧，转指不必要的担忧。（万荣）

【半夜哭妗子——想起来一阵子】本指半夜突然想起去世的妗子便痛哭了一阵，转以讥讽人心血来潮，突然要做某事。（大同）

【半夜里和面——冒揸哩】冒：没有把握地。揸：和面时用拳头不断挤面团，使柔和，此处谐"诈"。指没有把握和证据，只是诈唬对方。（临汾）

【半夜里借枕头——你用偌不用】偌："人家"的合音。采用反问语气，指你想借的东西，人家也在用，借不上。（孝义）

【半夜切谷儿——揣摸下两穗了】切：用刀割下。谷儿：谷穗。两：概数，201

形容数量多。穗：本指谷穗，此处谐"岁"，指年龄。指某人的年龄已经不小了。（介休）

也作"黑地儿掐谷——有两穗了"（忻州）。

【包子破了底儿——露馅儿】本指包子破底儿后露出了里边的馅，转以比喻隐秘的事情暴露了出来。（蒲县）

【包足布子写灵位——一步登天】包足布子：旧时妇女用的裹脚布。灵位：用来祭祖的牌位。指人骤然发迹，地位一下就提高了。（文水）

也作"包脚布缝衬——一步登天"（晋城）、"裹脚布制孝帽嘞——一步登天"（沁县）。

【背锅的爬坡——前紧】背锅的：驼背的人。前：谐"钱"。指经济拮据，缺钱花。（寿阳）

也作"背锅上山——前缺（吉县)"、"背锅子穿袍子——前短"、"背锅子骑驴——前曲"（忻州）。

【背锅锅睡的墓头子上——翘起来哩】背锅锅：驼背的人。睡的：睡在。墓头子：墓的顶部。本指身体的两头翘起来，转以讥讽人高傲起来。（祁县）

【背哩元宝跳井——舍命不舍财】元宝：旧时一种大银锭。讥讽人爱财如命，宁可舍弃生命，也舍不得丢失钱财。（盂县）

也作"抱上元宝地跳井哩——舍命不舍财"（汾西）。

【背上方桌的下井里——随方就圆】方、圆：双关，本指方形的桌子和圆形的井，转指事物发展的情势。本指用方形的迁就圆形的，转喻顺应情势来行事。（汾西）

也作"方桌下井哩——随方就圆"（洪洞）。

【背上粪篓推碾——臭一圈】推碾：推磨。本指背上粪篓一边推磨转圈一边散发着臭气，转喻人名声不好，周围的人都厌恶。（吉县）

【背上圪针绕街走——寻哩刺人哩】圪针：荆棘。背上荆棘在大街上走，免不了要刺到人。比喻故意讥刺或嘲骂人。（忻州）

【壁虱上了散子，虱子上了套子——没办法】壁虱：臭虫。散子：顶棚。套子：棉花套子。本指臭虫上了顶棚或虱子钻进棉花套里难以消灭，转指没有办法处理某事。（平遥）

【壁虱钻的书里——咬文吃字】钻的：钻进。本指臭虫钻在书里吃书纸，转以讥讽人过分死抠字眼儿。（寿阳）

【拨拉过料炭找东西——寻灰】拨拉：拨动。料炭：未燃尽的小煤块儿。灰：双关，本指灰烬，转指所讨的没趣。指自找难堪或没趣。（怀仁）

【布袋里划洋火——烧包】洋火：火柴。本指布袋被火柴烧着了，转指人因暂时得势或变得富有而忘乎所以。（蒲县）

C

【裁缝把剪的野啦——净丢下尺啦】野啦：丢了。尺：谐"吃"。裁缝丢了剪子以后，只剩下尺子了。指人单等着吃东西。（万荣）

也作"裁缝丢了剪子——等的尺咧"（平遥）、"裁缝丢喽剪子——净谋喽尺咧"（太谷）、"裁缝遗喽剪子——光剩下尺"（临汾）。

【采凉山上望御河——远水解不了近渴】采凉山：山名。御河：河流名。采凉山、御河均在大同市东，但相距甚远。比喻长远的打算或远处的事物解救不了眼前的急难。（大同）

【苍蝇怀胎——一肚蛆】蛆：双关，本指苍蝇的幼虫，转指坏主意。比喻人怀着一肚子坏主意。（原平）

【草帽烂了边儿啦——顶好】顶：双关，本指草帽顶，转指程度最高。形容某人或事物最好。（襄垣）

【草帽子拍钹哩——没音】钹：一种铜制打击乐器，圆片状，中部鼓成半球形，正中部有小孔，两片合拍发音。音：双关，本指声音，转指音讯或消息。若用草帽当钹来拍，便不会发出音来。指没有一点音讯或消息。（新绛）

【茶壶里煮扁食——肚里有嘴里倒不出来】扁食：饺子。倒：谐"道"。本指茶壶里煮熟的饺子因壶嘴小而倒不出来，转指虽有才学或知识，但表达不出来。也指心里有话，嘴上说不出来。（和顺）

也作"茶壶里煮扁食哩——倒不出哩"（洪洞）、"茶壶煮饺子哩——肚子有，嘴子倒不出来"（山阴）。

【唱旦踢飞脚——出格览】旦：戏曲演出中的旦角。飞脚：一种武打动作，指高抬腿踢脚。本指戏曲演出中，旦角做出高抬腿踢脚的武打动作超出了规定或

要求；转指某种行为超出常规。（朔州）

【唱戏的打旗儿——不是正经角色】打旗儿：传统戏曲演出中跑龙套。本指戏曲演出时跑龙套者并非主要角色，转指不是起主要作用的人。（临汾）

【车辙里的半头砖——踢打出来的货】本指半头砖经受了行人的踢腾，转指某人是经受过风雨考验的。（太谷）

【城隍庙失火了——鬼抽筋呢】城隍庙：旧时为供祭主管某个城池的神而建的庙。本指着了火的城隍庙，烧得鬼抽筋；转以比喻扮鬼脸，手舞足蹈出洋相。也比喻两人闹别扭。（大同）

【城隍娘娘有了肚——怀的鬼胎】城隍娘娘：迷信指城隍爷的妻子。有了肚：怀孕。鬼胎：双关，本指鬼怀的胎，转指坏主意。责骂人怀有不可告人的目的或坏主意。（阳曲）

【吃饸饹吃出了头发——粗中有细】本指饸饹粗头发细，转指性格粗鲁的人也有心细的时候。也指某人看上去很粗鲁，做起事来却很仔细。（长治）

【吃上绿枣儿喝上凉水——尽痢咧】绿枣儿：未熟的枣。痢：谐"利"。吃上未熟的枣子，再喝上冷水，必然会得痢疾。指有很大的利益。（太谷）

【吃西瓜调辣角子——各说脾胃哩】调：拌。脾胃：双关，本指食物对脾和胃的适应程度，转指兴趣和爱好。本指有的人吃西瓜时拌上辣椒才合脾胃，转指每个人都有自己的兴趣和爱好。（山阴）

也作"吃西瓜调辣角儿——各随脾气"（怀仁）。

【赤㞗撵麻狐——胆大不害羞】赤㞗：光屁股。撵：驱赶。麻狐：狼。本指光着屁股赶狼，胆量大而不顾羞耻；转讥人不顾羞耻地大胆干坏事。（清徐）

也作"赤㞗子撵狼狐——胆大不害羞"（太谷）、"赤腿子撵狼哩——胆大不识羞"（新绛）。

【赤㞗子雀儿跳高高哩——抖翎啊，抖毛哩】赤㞗子：光屁股。雀儿：麻雀。本指麻雀往高跳时抖起自己的羽毛，转以讥讽人卖弄花哨，故意炫耀自己的才能或本事。（山阴）

也作"家巴雀儿跳高高——抖翎咧毛咧"（怀仁）。

【出灯儿跌到河里哩——洗咾大磺哩】出灯儿：火柴。洗磺：双关，本指河水洗掉火柴上的硫磺，此处谐"栖惶"，指凄苦、可怜。形容境遇非常悲惨。

（临县）

【厨子的炒瓢——油水多】厨子：厨师。油水：双关，本指食用的油，比喻利益或好处。指做某事能捞到很大好处。（忻州）

【窗子里吹喇叭——鸣气在外】鸣：谐"名"。若在窗户里吹喇叭，响声定会传到外面。形容人名气很大，广为人知。（洪洞）

也作"隔窗吹唢牙唢呐——鸣声在外"（蒲县）。

【吹塌苫面纸——露出鬼相】苫面纸：旧俗人死入殓、钉死棺盖前，要用麻纸盖在死者面部，这种麻纸叫苫面纸。鬼相：双关，本指死者面部，转指丑恶本质。指暴露出真相或丑恶的本质。（天镇）

也作"乱塌苫面纸——露出鬼相了"（大同）。

【吹熄灯吃炒豆子——瞎圪嚼】本指黑灯瞎火地吃豆子，转指人瞎说。含有斥责的意味。（长子）

【槌板石砸耗子——击溜出眼珠儿了】槌板石：洗衣时用来槌衣的石板。击：谐"急"，"急溜"即机灵，此处指钻营。用槌衣的石板打老鼠，老鼠的眼珠被挤出来。讥讽某人过分钻营，使人讨厌。（大同）

【崔大夫看病——没方】崔：谐"吹"。方：双关，本指药方，转指方法、办法。本指爱吹牛的大夫给人看病时开不出好的药方，转指没有办法处理某事。（屯留）

D

【打上灯笼拾粪哩——寻屎呀】屎：谐"死"。指人自己找死。（万荣）

【大风里吃炒面——有口难张】炒面：炒熟的面粉，旧时可当干粮，常拿开水冲了吃。张：双关，本指张口，转指说话。迎风吃炒面，一张口就会把炒面吹掉。指心里有难言的苦衷，但嘴里说不出来。（阳曲）

也作"刮风吃炒面——张不开嘴"（祁县）。

【大闺女纳屎布——闲时做下忙时用】大闺女：未婚的年轻女子。纳：缝。屎布：尿布。未婚女子缝尿布是为婚后生小孩所用。指事先准备好的物品可以在繁忙时应急。（忻州）

也作"留头闺女纳屎布——闲时制忙时用"（沁县）。

【大年初一吃角角——头一回】角角：饺子。大年初一吃饺子是一年中的第一次。指做某事是第一次，或某种行为是第一次。（忻州）

也作"大年下吃扁食——头一半顿"（平遥）。

【大年五更出月亮——没裸的事】大年五更：指大年三十晚上。没裸：没有。本指大年三十晚上不会看到空中有月亮，转指不可能出现的事情。（忻州）

【大年下借计算子——离不开】大年下：过年时。计算子：蒸食物用的算子。旧俗人们在过春节前要蒸大量食物准备过年时吃，蒸食物的算子每天都要用，一般不能借给别人。指暂时无法离开的人或物。（忻州）

【大师傅拉拉面——面对面】拉面：一种面食。面：双关，本指和好的面，转指面部，脸面。指当面说话或行事。（盂县）

【大树上安电灯——四方有明】明：谐"名"。本指大树上安上电灯可把周围都照明，转指名气很大。（忻州）

【大腿上号脉——瞎摸】号脉：诊脉，也叫把脉，中医诊断疾病的一种方法，把手指按在病人手腕部动脉上诊断病情。指做事不按章法而胡来。（忻州）

【戴上孝帽儿拜天地——不久的夫妻】指男女双方结为夫妻时间不长。（平遥）

【担圊的吃麻糖——香臭不分】圊：厕所，"担圊的"指担着粪便的人。麻糖：麦芽糖。讥骂人不分是非好坏。（武乡）

【当院立擀杖——四面无靠】当院：院中。擀杖：擀面杖。本指想在院子中间立住擀面杖，但周围没有可以依靠的东西；转指人无依无靠。（山阴）

【稻黍叶子当纸钱——骗鬼】稻黍：玉米。纸钱：迷信者祭奠死者时烧的铜钱形的假纸币。用玉米秆上的叶子当纸钱给死者焚烧是在欺骗鬼。讥骂人不老实，用拙劣的手段来骗人。（蒲县）

也作"高粱叶烧纸——哄鬼"（怀仁）、"高粱叶子当纸烧——哄鬼呢"（大同）。

【的脑顶笊篱，脊背背筛子——浑身净眼儿】的脑：脑袋。眼儿：双关，本指笊篱和筛子上的眼儿，转指主意或点子。形容人办法或主意很多。（吉县）

【的老嘞戴上甑盔儿——漏咾气咧】的老：脑袋。甑盔儿：底部有许多小圆孔的盆形陶制器皿，蒸米用。气：双关，本指蒸气，转指傻气。本指从甑盔儿上

漏出蒸气来，转指人表现出傻气来。（清徐）

【的脑穿连袜——脸儿上下不来】的脑：脑袋。连袜：袜子。脸儿：双关，本指面部，转指面子。袜筒细，若要把袜子套在头上，面部就拉不下来。指遭到难堪，面子上承受不了。（襄垣）

也作"的脑上戴裤套裤筒哩——脸上不得下去"（汾西）、"头上穿袜的——脸上下不来"（武乡）。

【抵脑里生疮，脚后跟流脓——坏透俩】抵脑：头，脑袋。本指人从头到脚都化脓溃烂，转以责骂人品行坏到了极点。（洪洞）

也作"圪脑生疮，脚下流脓——坏透啦"（陵川）。

【地炉坑吹喇叭——低声下气】地炉：在室内地面上用土坯或砖砌成的一种炉子，供取暖，也可做饭。若在地炉下部的坑内吹喇叭，吹出的气和喇叭的响声也都处于下部。比喻摆出卑躬屈膝的样子向人乞求。（陵川）

【雕溜溜请下醉猫虎——好请难打发】雕溜溜：幼雕。猫虎：猫。指招来祸患，一下难以消除。也指招引来坏人，难以打发走。（和顺）

【钉鞋没掌，唱戏没嗓，担担没膀——甚也做不了】掌：钉在鞋底的皮子等，以防磨损鞋底。指人能力很低，什么也干不了。含有斥责的意味。（陵川）

【钉掌子钉在圪膝上了——离蹄太远】掌子：钉在骡、马等蹄子上的铁片，使其耐磨。圪膝：膝盖。蹄：谐"题"。指所说的话与要表达的中心相差太远。（大同）

【东三省的门神——管事宽】指人爱管自己分外的事情。（平遥）

【冬冷上种糜子——滑籽】冬冷：冰。滑：双关，本指滑溜，转指油滑、狡猾。指奸猾狡诈的人。（临县）

也作"冻凌上种黍的玉米——滑子的货（寿阳）"。

【冬里吃凉粉哩——不看天气】冬里：冬天。冬天本来很冷，吃凉粉很不适宜。讥讽人不会观察情势，见机行事。（汾西）

【豆腐跌的灰里头——吹不得，打不得】灰：炉灶内的灰烬。若豆腐掉在灰里，吹和打都去不掉沾在上面的灰烬。形容事情非常棘手，使用什么办法都没有效果。（寿阳）

也作"豆腐跌哩灰窝里——吹不得，打不得"（和顺）。

【肚儿疼搽眼药——不顶行行】不顶行行：不顶用。本来肚子疼却搽上了眼药，并不起什么作用。指某种行为或举动不起作用。（平遥）

【对的香炉打嚏喷——自找多灰】嚏喷：喷嚏。灰：双关，本指灰烬，转指所吃的苦头或所遭的没趣。面对着香炉打喷嚏，便会使灰烬扑面。比喻自找挨骂或自讨没趣。（阳曲）

也作"抱的香炉打嚏喷——一鼻的灰"（寿阳）、"抱住香炉儿打嚏喷——灰气扑喽你一身"（太谷）。

E

【二分钱的瓜子儿——不为吃为嗑哩】嗑：谐"阔"。讽刺人爱讲排场或阔气。（忻州）

【二更天打了两下——碰在点儿上了】本指夜间打更时，到二更时分正好打了两下；转指很凑巧，碰上了偶然的机会。（广灵）

【二股叉打老婆——一下顶两下】二股叉：一种铁制农具，有两个长齿儿，装有长木把儿，用来挑庄稼装车。若用有两个长齿儿的叉子来打老婆，一下就能刺两个孔；转指方法得力，效率高。（怀仁）

也作"两股叉打老婆——一下顶两下"（盂县）。

【二毛钱摆摊子——周转不开】摊子：做买卖的小摊儿。仅用两毛钱做本钱来经商，资金是周转不开的。指资金太少，难以正常运转。也指地方太小，使人回转不开。（忻州）

【二十三送灶——好话多说，赖话少说】二十三：指农历腊月二十三。灶：灶神。本指旧俗农历腊月二十三日祭送灶神，是为了灶神上天后多说人间的好事，少说坏事；转指多为别人说好话，少说坏话。（怀仁）

F

【放屁脱裤的——多费手续】裤的：裤子。指某些行为是多余的。（寿阳）

【飞机上吹喇叭——响得高】响：谐"想"。本指喇叭声音响得很高，转指想法过高，根本不可能实现。（太谷）

【飞机上撂相片——丢人不知深浅】丢人：双关，本指丢弃相片，转指丢

脸。讥讽人言行有错，丢尽了面子。（吉县）

【粉房豆腐房——各管另一行】粉房：制作粉条和粉丝的作坊。豆腐房：制作豆腐的作坊。指各有自己管辖的范围和职责。（朔州）

【粪拌牛搬家——滚蛋】粪拌牛：屎壳郎。本指屎壳郎滚动着粪球，转以责令人迅速离开。（蒲县）

【风匣板儿串锅盖——受咾凉气受滚气】风匣板儿：风箱上的木板。串：制作。气：双关，本指气流和蒸气，转指所受的斥责或欺侮。比喻多次受到多方指责或欺侮。（临县）

【福喜子的毛鞋——比比的忽沓嘞】福喜子：人名。毛鞋：旧时用羊毛擀制成的毡鞋，一般较大。比比：倒霉。忽沓：指脚小鞋大，走起路来上下活动。形容人非常倒运、不顺利。（定襄）

G

【盖上筛蒸窝窝——走气不在一圪垛儿】筛：筛子。窝窝：窝头。走气：双关，本指跑出蒸气，转指出现漏洞。一圪垛儿：一处。蒸窝头时若盖上筛子，便会到处跑蒸气。比喻在做事过程中漏洞很多。（原平）

【赶车儿的拾见柿饼儿——正合油瓶盖】赶车儿的：赶车的人。拾见：拾到。旧时牛车一侧要挂一个装有膏车油的油瓶，瓶口一般要用塞子塞住。本指所拾到的柿饼正好做膏车油瓶的盖子，转以比喻出现的某种情况，正好符合自己的心意。（清徐）

【圪夹上死孩儿进当铺儿——人不当人自当人】圪夹：腋下夹着。第一个"人"字指别人。指虽然别人看不起，自己却还是自命清高。（介休）

【圪类类针洗脸——专学那扎眼】圪类类针：也叫圪针子，一种野草的种子，针状，常附着在行人的鞋、裤上。扎眼：双关，本指刺到眼，转指惹人讨厌，看不惯。讥骂人故意做一些惹人讨厌的事情。（大同）

【圪尾上绑担架——抬嘴】圪尾：下巴。嘴：谐"举"。指抬举某人。含有戏谑或幽默色彩。（临县）

【圪蚤放屁——小气】圪蚤：跳蚤。小气：双关，本指屁的气流小，转指人不大方。讥讽人吝啬小气。（寿阳）

也作"蚊嘞蚊子放屁——小气"(沁县)。

【屹蟆蹦到脚面上——扒脚】扒脚:谐"巴结"。指巴结有权势的人。(长治)

【耕地用鞭子——催牛】催:谐"吹"。耕地用鞭子是为了催牛快走。讥讽人爱吹牛说大话。(襄垣)

【公公背上媳妇游五台——费力不讨好】媳妇:儿媳。五台:五台山。本指公公背上儿媳妇游览五台山寺庙区,尽管费了很大的气力,但最终落得与儿媳有不正当关系的骂名;转指尽管费了很大辛苦,却没有落下好。(怀仁)

也作"老公公背儿媳妇过河——出力不讨好"(陵川)、"老公爷背上媳妇游五台——出力不讨好"(左权)。

【公鸡下蛋——没指望】公鸡不可能下蛋。指没有一点盼头或希望。(沁县)

【狗逮尿泡——瞎喜欢】尿泡:膀胱。指什么好处也没有捞到,白高兴一场。(阳曲)

【狗儿咬赶车的——吃大鞭】鞭:谐"贬","吃贬"是挨批评。本指狗因咬赶车的人而挨鞭抽,转指人受到严厉的批评。(介休)

【谷秆儿点灯——十有九空】空:双关,本指空心,转指空虚。指某事难以办成,很可能会落空。(长治)

【谷殖面拉水花——离骨离散】谷殖面:谷壳磨成的面粉。水花:押面。离骨离散:粉末状物松散,不能粘合。用手来和谷糠磨成的面粉,松散而和不在一起。比喻离心离德,很不团结。(介休)

【鼓楼底下的宿娃——耐惊耐吓】鼓楼:旧时修建在城市中供挂大鼓的楼,按时击鼓报时。宿娃:麻雀。本指住在鼓楼上的麻雀,适应了喧闹嘈杂的场面;转指人见过世面,经受过考验,经得起惊吓。(汾西)

也作"鼓楼的雀儿——耐惊耐吓"(山阴)、"钟鼓楼上的雀儿——惊出来咧"(盂县)。

【刮刮味儿报喜——丑鸣儿在外】刮刮味儿:一种鸟,因其叫声像"刮刮"得名,叫声不好听。鸣:谐"名"。本指难听的叫声人们都已经知道,转指坏的名声已流传在外。(盂县)

也作"秃嘶叫猫头鹰叫鸣儿——丑名儿在外"(和顺)。

【寡妇不嫁人——死守】守：双关，本指守寡，转指守候。指人死死守候在某处。（沁县）

【关公舞大刀——拿手好戏】关公：关羽，武艺高强，善舞一把大刀。形容人在某一方面技艺十分高强。（陵川）

【棺材黑里擩出的老来——死不要脸】黑里：里边。擩：伸。的老：脑袋。死：双关，本指死人，转指达到极点。责骂人太不要脸，或太不知羞耻。（祁县）

【光屁股骑马——难骑】骑：谐"题"。屁股光滑，马背也光滑，因此很难骑。指遇到了难以解决的问题。（沁县）

【鬼爬的脚面上咧——没完咧】迷信传说鬼爬在人的脚面上以后难以甩下去，这里指事情越做越多，使人厌烦。也指纠缠不休，使人厌恶。（原平）

【锅的睡在炕圪洞——正合适】锅的：驼背的人。炕圪洞：炕下部的空洞部分，供烟流通。本指驼背正好仰面睡在低凹的炕洞上，转指事情的发展或出现的某种情况正合要求或心意。（武乡）

【锅盖没梁——拍子】梁：提梁。拍子：用高粱杆做成的盖锅工具。本指"拍子"这种炊具，转以比喻吹吹拍拍，很不实在的人。含有斥责的意味。（怀仁）

【锅盖没梁——圆平】梁：锅盖上部的提梁。圆：谐"原"。本指没有提梁的锅盖既圆又平，转指山西省原平市。（原平）

【锅盘上的米颗儿——熬出来啊】锅盘：锅台。米颗儿：米粒。熬：双关，本指熬（稀饭），转指度过（苦难）。指人度过了艰难困苦的日子。（洪洞）

也作"锅头渠儿的米颗子——熬出来的"（忻州）。

【过了芒种种芝麻——迟了三春】芒种：节气名，在 6 月 5、6 或 7 日。三春：春季的三个月。本应该在春季播种芝麻，若在芒种季节来种，便是迟了三个月。指做事错失了良机，或误了时间。（吉县）

H

【哈巴狗戴凉帽——假装人】讥骂品行不好的人冒充好人。（屯留）
也作"狗戴帽子——装人哩"（山阴）。

【寒候虫儿全窝窝——得过且过】寒候虫儿：寒号鸟。指苟且过日子，只要勉强过得去就行。也指做事敷衍了事，不负责任。（平遥）

【耗子舔猫鼻——寻的吃家什】寻的：找着。家什：家伙，苦头。指人自找苦吃，或自寻死路。（文水）

【喝凉水划拳——图热闹哩】指某种行为只是想凑个热闹，并无其他目的。（临汾）

【和尚的帽子——平不沓】平不沓：形容物体表面很平展。本指和尚戴的帽子顶部很平展，转指人做事疲沓；或形容人或事物很平淡，没有什么特色。（大同）

也作"道士的帽子——平不塌"（广灵）、"老和尚的帽——平不塌"（原平）。

【和尚的脑——没发】发：谐"法"。本指和尚脑袋上没有头发，转指事情难以处理，使人无可奈何。（襄垣）

【和尚立到道上啦——没寺】立：站。道：道路。寺：谐"事"。本指和尚因无寺庙可住而站到路上，转指没有事情，或没有问题。（汾西）

【黑唠哇笑猪黑——瞧不着自己】黑唠哇：乌鸦。责骂人只看到别人的缺点或不足，看不到自己的缺点或不好。（长子）

也作"老鸹落在猪身上——只见人黑，不见自家黑"（陵川）。

【黑老娃鸹夹算儿——吧吧吧】黑老娃：乌鸦。夹算儿：用来蒸食物的算子。吧吧吧：象声词，形容乌鸦鸹算子发出的声音，此处谐"罢罢罢"。指算了，或别提及某事了。（文水）

【红萝卜叫鹞子——越叫越远】红萝卜：胡萝卜。鹞子：鹞鹰。据说鹞鹰以食禽肉为主，人若拿胡萝卜叫它，它便立即飞远。指因先前受到打击或伤害，后来即使有好处也逃得很远。（广灵）

【环锥尖钉子尖——尖对尖】环锥：一种很大的锥子，手握的部分呈环形。尖：双关，本指尖锐，转指强硬。指对立的双方针锋相对，互不相让。（汾西）

【换汤不换药——老样】指没有改变，还是原来的样子。（陵川）

【黄三豁子拉胡胡——一股弦】黄三豁子：人名。胡胡：胡琴。据传，旧时天镇县有个叫黄三豁子的人琴艺很高，常拉单弦胡琴表演。比喻势单力薄，仅有

一个人来做某事。（天镇）

【灰鼠剥了皮——撂鼠】灰鼠：动物名，属鼠类，肉不能吃。撂鼠：撂，扔；"鼠"谐"数"。指东西没用，该扔掉。（忻州）

【豁牙子啃西瓜——尽道道儿】豁牙子：缺了前门牙的人。道道儿：双关，表面指一条一条的痕迹，转指主意、办法。形容人的点子或办法很多。（大同）

J

【鸡儿不尿尿——各有各的盘盘道】尿尿：撒尿。盘盘道：双关，本指通道，转指办法或门路。指各人有各人的办法或门路。（洪洞）

也作"鸡不尿尿——各有各的套套"（汾西）。

【鸡毛烤火——燎咧】燎：谐"了"。本指鸡毛一见火，就会被火烧了；转指某事了结了。（太谷）

【鸡毛敲磬儿——没音】磬儿：古代一种打击乐器，用玉或石制成，形状像曲尺。指人或事物消失，没有音讯。（阳曲）

【鸡娃儿叫明——则育不住时分】鸡娃儿：小公鸡。叫明：鸡报晓。则育：掌握。小公鸡掌握不准报晓时间，转指人做事抓不住时机或掌握不准时间。（文水）

【鸡窝里冒石头——寻的捣蛋】冒：扔。寻的：找着。捣蛋：双关，本指砸鸡蛋，转指捣乱或破坏。责骂人故意捣乱或搞破坏。（文水）

【茭子圪懒撵狼——两害怕】茭子：玉米。圪懒：秆。用玉米秆打狼，狼害怕玉米秆打着，人害怕玉米秆断了。指斗争的双方都害怕对方。（长治）

也作"茭秆打狼——两着怕"（沁县）、"黑地里打麻狐——两家怕"（文水）。

【脚后跟上迸裂子——纹裂深嘞】迸裂子：皮肤皲裂。纹裂：谐"文力"。本指脚跟皲裂后，裂纹很深；转指知识渊博或学问精深。（临县）

【脚后跟上的裂子——蹚跶开了】裂子：脚上的裂缝。本指路走多了脚上裂开了缝；转指做事打开了局面。（忻州）

【脚后跟上拴绳子——拉倒】本指一拉就倒；转指作罢，算了。（忻州）

【叫化子穿白裤儿——染不起】叫化子：乞丐。染：谐"惹"。乞丐常年穿

白裤子，是因为穷得染不起布料。指某人有权势或非常凶恶，一般人不敢招惹。（孝义）

【叫化子丢了棍棍——该受狗气】叫化子：乞丐。棍棍：棍子。乞丐乞讨时没了棍子，就会被狗咬。比喻受坏人欺侮。（平遥）

【叫蚂蚱带笼头——假装大牲口】叫蚂蚱：蝈蝈，一种昆虫，身体绿色，腹部大，翅膀短，善跳跃，雄的前翅有发音器。笼头：戴在牲口头部供拴缰绳的东西。讥讽地位低的人冒充大人物。（沁县）

【街门上挂笊头——搭理你是盏灯】街门：当街的门。笊头：有提梁的笊筐。笊头挂在门上也不是一盏灯，指某人并非真正有出息的人。（襄垣）

也作"门上挂笊头——看你不是盏灯"（沁县）。

【介休的银条菜——缺货】银条菜：介休特色菜，其他地方少见。指稀缺的东西。（介休）

【疥毒坐在门墩上——冒充石狮哩】疥毒：癞蛤蟆。讥讽小人物冒充大人物，或做出某种假象以骗人。（和顺）

【蚧蛤蟆跳门限——又蹲屎子又伤脸】屎子：屁股。门限：门坎。本指蚧蛤蟆跳过门坎时把屁股和脸部碰伤，转指人遭到斥责或冷遇后显得十分难堪。（天镇）

【井儿盒里的蛤蟆——见过瓜瓜底圪瘩天】井儿盒里：井里。瓜瓜：迷信者供神时点的一种小油灯。圪瘩：量词，块。井底下的蛤蟆只能看见很小的一块天。形容人没见过大世面，见识短浅。（平遥）

【九斗五斗——石四】石四：谐"淡事"，指无关要紧的事。九斗加五斗正好是一石四斗。指事情无关紧要。（忻州）

K

【口袋后儿装锥子——尖哩出头】后儿：里边。哩：得。形容十分奸猾，贪图私利。（忻州）

【哭丧棒抬棺材——好大意】哭丧棒：旧俗送葬时孝子拿的一种木棍，上面裹着白纸条。讥讽人说话做事太过粗心大意。（灵丘）

【裤裆放屁——两头儿受气】受气：双关，本指屁的臭味，转指遭受欺侮。

指受到两方面的指责或欺侮。（大同）

【裤裆里放屁——两岔啦】本指所放的屁从两裤腿分开，转指两个人走岔了。也指两个人想法不一致。（长子）

也作"裤裆里放屁——搭两岔咧"（武乡）。

【裤腰翻到领子上——阔咧】为了显示阔气，竟然把裤腰翻到衣领处。讥讽人为了显示自己阔绰，耍各种花样。（临汾）

L

【腊月里河涨——没的事】河涨：河水上涨。农历腊月是当地最冷的时候，一般河水都会结冰，根本不可有出现河水上涨的情况。指某事或某种情况不可能出现。（陵川）

【腊月里养的——冻手冻足】腊月：农历十二月，是一年中最寒冷的时候。养：（妇女）生育。冻：谐"动"。指不断乱动手，不庄重。（祁县）

也作"十冬腊月生的——冻手冻脚"（大同）。

【狼吃玉蔓菁——寡出水来了】玉蔓菁：一种蔓菁。寡：本指饭菜没有香味，此处谐"剐"，指敲诈勒索。本指玉蔓菁没有一点香味，转指使用各种手段来敲诈勒索。（广灵）

【狼狐吃毛驴——足足有富余】狼狐：狼。驴体很大，狼吃饱了，驴肉还会有很多剩余。形容东西很充足，足够满足需求。（太谷）

也作"麻狐吃叫驴公驴——足足有富余"（孝义）。

【狼筋拉到狗腿上啦——生拉硬扯】指违背客观实际，硬把不相干的两件事情扯在一起。（陵川）

【老耗嘞拉油圪芦——大头在后】老耗嘞：老鼠。油圪芦：旧时盛油的一种器皿。大头：双关，本指体积大的一头，转指更重要的或更严重的。指更重要的人或事物还在后边；也指更严重的事情还在后头。（沁县）

也作"老鼠拉木锨——大头儿在后边"（永济）。

【老虎驾车儿——谁赶哩】赶：谐"敢"。采用反问语气，本指老虎驾上车没人敢赶车，转指无人敢干某事。（文水）

也作"老虎拉车——没人赶"（沁县）。

【老虎金钱豹——各走各路道】本指老虎和金钱豹互不侵害，转指双方各干各的，互不干涉。（陵川）

【老虎头上捉虱子——寻死啦】指自讨苦吃，或自取灭亡。（天镇）

【老麻籽儿喂头牯——不是好料】麻籽儿：大麻的种子。头牯：牲口。料：双关，本指饲料，转指人选，或材料。指某人不是做某项工作的合适人选；也指某物的质地不好。（吉县）

【老奶奶吃大豆——焖咧哇】焖：谐"闷"。本指老奶奶因没牙要把豆子在嘴里焖软了才能吃；转指一人呆着，感到孤单寂寞。（天镇）

【老师傅看嫁妆——再一辈嘞】老师傅：老和尚。指这一辈子没有希望了。（沁县）

【老鼠跌到面瓮里啊——瞪白眼哩】比喻情况出人意料，使人束手无策，毫无办法。（洪洞）

【老鼠拉铁片的——盗铁】铁片的：铁片子。盗铁：谐"倒贴"。指非但没有赚到钱财或好处，还亏了本。（寿阳）

也作"耗子拉秤砣——盗铁"（大同）、"老鼠拉镰盘子——盗铁"（忻州）。

【老鼠跳到面囤里——猛逮嘞】老鼠跳进面囤以后，会拼命吃面粉。指得到大量利益或好处。（临县）

【老鼠钻到风匣合啦——两头受气】风匣：风箱。受气：双关，本指受气流吹，转指受斥责或欺压。老鼠一旦进了风箱里，就会受到两头进去的气流吹。指人受到两方面的斥责或欺压。（万荣）

也作"风箱里头的老鼠——两头受气"（阳曲）。

【老哇笑猪黑——一样黑】老哇：乌鸦。黑：双关，本指黑色，转指坏。本指乌鸦和猪都是黑色的，转指两人都不是好东西，一样的坏。（长治）

【立起的翻身哩——自找麻烦】立起的：站起来。本来躺着，却故意站起来翻身。指自己给自己找麻烦。（汾西）

【两只眼窝五道眉——假眉三道】眼窝：眼睛。两只眼睛的上部有五道眉，其中总有三道是假的。讥讽人做出某种假象来骗人。（汾西）

【刘备借荆州——死赖不还】赤壁之战后，刘备趁曹操兵败，以借的名义占据了荆州，东吴多次讨还，刘备以各种借口就是不还。指人不讲信用，借去东西

再不归还。（陵川）

【刘备哭荆州——用计嘞】本指刘备使出哭的计策欲占据荆州，转指为达到某种目的而采用计谋或手段。（太谷）

【刘备哭荆州——装得好】赤壁之战后，刘备趁曹操兵败，以借的名义占据了荆州，东吴多次催要，刘备作出哭的假象，以各种借口拒绝归还。讥讽人为讨得别人同情而装得很像。（长子）

【聋的的耳朵——摆样的】聋的：聋子。看上去长着耳朵，因聋而不起作用。指某人或物虽然存在，但没有实际用处或价值。（武乡）

也作"聋子的耳朵——配伴"（忻州）、"聋子的耳朵——虚摆设"（洪洞）。

【驴粪蛋盖层霜——表光里脏】比喻人外表伪装得很好，内心却卑鄙肮脏。（陵川）

【驴跑到棚上啦——没的事】棚：用来遮阳挡雨的一种设施，用木棍等搭成架子，在上面遮上帆布等。驴不可能跑到棚上，指事情不可能发生。（陵川）

【驴屁股上打了一墨斗儿——不显那一圪道儿】一墨斗儿：用墨斗里的墨线绷了一道黑色的线。一圪道儿：一道儿，一条儿。驴屁股上打一条墨线看不出来，比喻在众多有才能的人面前显不出某人那一点本领。（晋城）

【骆驼屁股——眼高】眼：双关，本指骆驼的屁股，转指标准或要求。高：双关，本指高处，转指在一般程度之上。讥讽人态度傲慢，看不起一般人。（屯留）

【骆驼撒欢儿——大没样儿】本指骆驼乱奔起来体型大而样子难看，转以形容人的举止行为有失身份。（大同）

M

【麻袋上绣花——底子差】底子：双关，本指麻袋，转指根底或基础。比喻基础不好，或素质很差；也指物品的质地不好。（朔州）

【麻狐想吃后天爷——妄想】麻狐：狼。后天爷：月亮。讥讽人想法脱离实际，根本无法实现。（平遥）

【马尾巴提豆腐——提不起来】提：双关，本指提起（某物），转指提及、说起。形容情况十分糟糕，实在不愿意说起或提及。（和顺）

也作"马尾穿豆腐——不能提"(运城)。

【马下上驴啦——灰啦】灰:坏。马应该生马,如果生下驴子,便是不好的征兆。指事情坏了或糟了。(天镇)

【蚂蜜虎爬展墙——出尽猛力啦】蚂蜜虎:蚂蚁。展墙:高墙。本指蚂蚁为爬上高墙费尽了力气;转指人为办某事耗尽精力。(平遥)

【蚂蚁窜秤杆——走投无路咧】指人陷入困境,无路可走。(原平)

【麦秸秸吹火——小气】麦秸秸:麦子的秸秆。本指用麦秸吹出的气流很小,转指人吝啬小气。(蒲县)

【卖不了咧干草——戳咧】戳:立着。本指卖不掉的谷秆在那里立着,转指不干活儿,在一边站着。(天镇)

【卖布不拿尺子——胡扯】扯:双关,本指撕开(布),转指闲谈。卖布者未拿尺子,只能估摸着用手撕拉开。指说话不负责任。(大同)

【卖菜的摆到街外头——出了集啦】集:谐"奇"。本指卖菜的人把菜摊儿摆在了集市的外边;转指情况出人所料,使人感到奇怪。(永济)

【卖醋跌河里啦——完酸啦】完酸:双关,本指没有醋了,转指完蛋。指彻底完蛋了。(襄垣)

【卖棉花不拿秤——就凭呱呱】呱呱:本为专门计量棉花的重叠量词,"一卷儿"为"一呱呱",这里的"呱呱"转作象声词,是"吵吵嚷嚷"的意思。农村习惯把一斤棉花卷成一卷儿来卖,不必用秤来称。讥讽或责骂人光耍嘴皮,或吵吵嚷嚷,没有实际行动。(天镇)

【猫儿逗线蛋——没头绪】线蛋:用线缠绕成的球状物。本指猫想抖开线球,但找不到线的头儿;转指人做事没有条理,乱来一顿。(武乡)

【茅厕道上的石头——又臭又硬】臭:双关,本指沾上粪便的石头臭,转指名声坏。硬:双关,本指坚硬,转指强硬,顽固。讥讽或责骂人品行或名声很坏,但态度还十分顽固。(原平)

也作"茅茨的石头——又臭又硬"(山阴)、"茅的里的石头——又臭又硬"(万荣)、"茅室儿的石头——又臭又硬"(怀仁)。

【茅炕档子搭戏台——臭架子】档子:房子上的大梁。架子:双关,本指木头屋架,转指架势或派头。讥讽人没有什么真本事,却摆出一副趾高气扬的架

势。（朔州）

【茅石板上睡觉——离屎不远哩】茅石板：砌在茅坑上的片状石头。屎：谐
"死"。指人死到临头，或某种恶势力即将灭亡。（祁县）

也作"茅板石上丢盹——离屎不远"（忻州）。

【没眼的狼——瞎嚎】本指眼瞎的狼嚎叫，转以责骂人无根据地到处乱说。
（怀仁）

【眉棱骨上长瘤子——额外负担】眉棱骨：额头。额：双关，本指额头，转
指定额，限额。指承当了限额以外的负担。（盂县）

【眉毛上吊锥儿——扎眼】扎眼：双关，本指锥子刺眼，转指不顺眼。指某
种行为惹人讨厌。（平遥）

也作"眉毛上挂锥子——扎眼"（忻州）。

【煤锨子糊火——一抹不通】煤锨子：用来铲煤的一种铁锨。糊火：封火。
本指用煤锨子一下就把火封死了，转以比喻对某种知识或技艺一点也不懂。（长
治）

【梦里吃糖——想得甜】甜：双关，本指味道甜，转指美好。讥讽人想象得
非常美好，但因不切实际而实现不了。（武乡）

【面汤锅里煮元宵——糊涂蛋】本指面汤里煮的元宵呈糊状，转以讥讽不明
事理、脑袋糊涂的人。（蒲县）

也作"温水里头煮元宵哩——糊涂蛋"（汾西）。

【磨道儿寻块驴蹄蹄——找碴碴】磨道儿：旧式磨周围的环形走道。块：
个。驴蹄蹄：驴蹄的印迹。本指在磨道上很容易找到驴蹄印，转指故意找碴儿或
挑别人的毛病。（平遥）

也作"碾道寻驴蹄儿——当故^{故意}找麻达^{麻烦}"（万荣）。

【磨道驴嘞抉嘞套——空转一遭】磨道：旧式磨周围的环形道。驴嘞：驴
子。抉：（拉）断。套：套绳。驴子拉磨磨面时断了套绳，空走一圈。指人白跑
一趟。（沁县）

【磨道上寻驴蹄印——步步不缺】旧时驴拉着磨磨面时绕磨转圈，因此磨道
上都是驴蹄印。形容找人的缺点或差错非常容易。（陵川）

【木碟子洗脸——不觉深浅】深浅：双关，本指水的深浅，转指事情的底

细。比喻不了解真相。(盂县)

【木匠的斧子——一面劈】劈：双关，本指砍（木材），转指处理或办理。木匠用的斧子只是一面开刃，所以只能一面砍木料。比喻看问题片面，或处理事情偏袒一方。(灵丘)

【木匠修枷哩——自修自戴】枷：旧时一种木制刑具，套在罪犯脖子上。木匠修好枷后又戴在自己的脖子上。指人遭遇某种不良后果是自己造成的。(汾西)

【木匠走到山合里——全是材地】山合里：山里。材地：双关，本指木材，转指人才。本指木匠进了山林，到处都有适用的木材，转以比喻都是有才能的人。(介休)

【木头人跳河——不沉】沉：谐"成"。本指用木头做的人像不会沉到河水里，转指事情没有办成。(襄垣)

【墓门上筛锣——惊魂千里】筛：敲击。指因极度害怕而魂飞魄散。(寿阳)

【墓门上贴白纸——哄鬼】墓门：墓前用砖、石等砌的小口儿，供祭奠用。本指欺骗鬼魂，转以责骂人说的话或做的事都是骗人。(寿阳)

N

【拿糕擦尻子——没个完了】拿糕：用莜麦面或玉米面制成的一种糊状食品，一般蘸盐醋汤食用。尻子：屁股。指说起话来没完没了或需要做的事情很多，使人厌烦。(大同)

【南牌楼底下唦雀儿——经得多，见得广】南牌楼：面北向南的牌楼。雀儿：麻雀。本指久住在牌楼上的麻雀经得起嘈杂场面的干扰，转指人见过大的世面，经得起考验。(天镇)

【南王村的龙王爷——死坐死吃】南王村：村名。旧时龙王的像多为木制，如邻村遇天旱，就派人把龙王雕像抬回村里供祭求雨。而南王村庙里的龙王像是泥塑的，人们抬不走，龙王只能就地坐着享受此村的供品。讥讽人不劳而获，只会吃老本。(定襄)

【挠胡子烤火——燎咧】挠胡子：长有大胡子的人。燎：谐"了"。本指火烧了胡子，转指事情了结了。(盂县)

【年时的皇历——用不上】年时：去年。皇历：历书。指过时的东西或旧的方法不再适用。（陵川）

【牛皮打灯笼——里亮外不亮】打：制作。亮：双关，本指明亮，转指聪明。用牛皮做的灯笼，里边很明亮，但灯光照不到外边来。比喻人看上去外表不怎么样，其实很精明。（阳曲）

也作"牛皮灯——外头不亮，里头亮"（沁县）。

【牛嘴上戴笼头——有嘴难张】笼头：即笼嘴，牲口嘴上套的一种器物，防止牲口吃东西，多用绳索或竹条做成。牛若戴上笼嘴，便不能张嘴吃东西。指因某种原因，心里有话而不便说出口。（武乡）

P

【螃蟹吃高粱——顺杆杆上】本指螃蟹顺着高粱秆爬上去吃高粱颗粒，转喻顺着别人的心意说话或做事。（阳曲）

【皮带打人——软收拾】软：双关，本指柔软，转指和缓的手段。收拾：惩治。本指用柔软的皮带抽打人，转指用和缓的手段来惩治人。（襄垣）

【蚍蜉戴上谷壳的——混充大头和尚】蚍蜉：蚂蚁。谷壳的：谷的皮壳。讥讽小人物冒充大人物，或地位低的人冒充职位高的人。（寿阳）

也作"蚂蚁儿戴上谷壳子——混充大头鬼嘞"（太谷）、"麦麦虎蚂蚁戴糠壳子——充大头"（文水）。

【屁股上安弹簧——坐不住】本指在弹簧上坐不稳，转指人爱劳动，总是闲不下来；也指心情焦虑或烦躁，不能稳坐。（武乡）

【屁股上挂上镗锣啦——穷得响叮当】镗锣：一种铜制打击乐器。叮当：象声词，形容敲击镗锣发出的声音。形容非常贫穷，一无所有。（陵川）

【铺的铁纱盖的筛儿——浑身都是眼儿】铁纱：用细铁丝做成的纱窗材料，可防蚊蝇进家。筛儿：筛子。眼儿：双关，本指铁纱和筛子上面的眼儿，转指点子或主意。形容人的主意或办法多。（洪洞）

【脯子头戴钥匙——开心】脯子头：胸部。形容人心情舒畅。（平遥）

Q

【七岭河儿下豆面——汤宽】七岭河：忻州河流名，因其上游流经七个山岭而得名。本指煮面食的汤水很多，转以比喻遇事满不在乎，很不细心。（忻州）

【骑的骆驼赶的鸡——高的高来低的低】骑的：骑着。赶的：赶着。本指骆驼身体高，鸡身体低；转以形容高低或水平参差不齐。（寿阳）

也作"骑哩骆驼赶哩鸡——高哩高来低哩低"（和顺）。

【骑的骆驼割苇的——擦风找稍的】苇的：芦苇。本指骆驼身体高大，若骑在上面割芦苇，只能割上其稍子；转以比喻不深入实际调查研究，只凭捕风捉影来发表意见。（寿阳）

【骑的毛驴找毛驴——走昏了头】骑的：骑着。形容人昏头昏脑，不明事理。（陵川）

【骑驴看唱本——走的看】唱本：记有曲艺或戏曲唱词的本子。走的：走着。本指一边走一边看唱本，转指情况如何，等着看以后的发展变化。（陵川）

【骑驴挠板凳——都在驴身上】挠：扛。本指人和板凳的重量都在驴背上压着，转以比喻重担都落在一个人的身上。（沁县）

也作"骑驴赞扛布袋——都在驴身上"（和顺）、"骑的毛驴扛口袋——都在驴身上"（寿阳）。

【骑毛驴不用赶——道熟】本指驴子熟悉所走的道路，转以比喻对做事的程序非常熟悉。（陵川）

【骑牛追马——赶不上】牛跑得慢，马跑得快，牛追不上马。指两者情况悬殊，一方难以赶上另一方。（沁县）

【骑上骡子拉上驴——富富有余】骑着骡子，还多牵了一头驴子作预备。形容东西很充足，足以满足需求。（洪洞）

也作"骑的骡子拉的驴——富足有余"（汾西）。

【旗杆上挂灯笼——高明】本指高处挂的灯笼明亮，转指见解高明或本领出众。（蒲县）

也作"旗杆上点灯——高明"（忻州）。

【强盗拿住失主啦——倒拿把咧】拿把：故意为难人。本指强盗反而抓住了

失主，转指没理的人反而斥责或惩治有理的人。（平遥）

【墙上挂草拍——不像画】草拍：用蒲草等编织成的一种圆形坐具。画：谐"话"。本指把草拍挂在墙上不像画，转以责骂人的言行违反常理，太不像话。（原平）

也作"墙上挂尿布——不像画"（屯留）、"墙上挂席子——不像画"（太谷）。

【墙头上种白菜——难浇】浇：谐"交"。本指难以浇上水，转指人品行不好，不好交往。（蒲县）

【切草刀割麦子——揽得宽】切草刀：铡刀。揽：双关，本指钩取，转指招揽。铡刀既宽又长，根本无法割麦子。讥讽人爱管自己不该管的事情。（清徐）

也作"切草刀割荞麦——揽得宽"（阳曲）。

【秋后的蚂蚱——活不长】本指秋后的蚂蚱很快就会冻死，转以比喻坏人或恶势力很快就会灭亡，横行不了多久。（怀仁）

【曲蛇尿尿——腰软】曲蛇：蚯蚓。尿尿：撒尿。软：双关，本指柔软或软弱，转指实力或财力不强。比喻经济拮据，缺少钱财。（长治）

R

【肉包子打狗哩——有去无回】本指狗把打过去的肉包子吃了，再也拿不回来；转指人一走再不回来。也指东西再也收不回来。（山阴）

【肉架底下的狗——挨刀货】狗站在肉架子底下想吃肉，可能会遭到卖肉者的刀砍。讥骂人品行不好。（偏关）

【入秋的莛子——老来红】莛子：高粱。立秋以后，高粱颗粒渐变成红色。比喻人年龄虽老，却能施展自己的才能，在领导面前得宠。（忻州）

S

【仨钱的醪糟——穷烧】仨：三个。醪糟：江米酒。烧：双关，本指制作酒，实指傲慢。讥讽人摆出一副傲慢的态度。（临汾）

【仨钱分到两下里——一是一，二是二】形容做事非常认真，毫不含糊。（临汾）

也作"三分钱放两处——一是一，二是二"（忻州）。

【三尺长的梯子——搭不上檐】檐：谐"言"。本指梯子太短，搭不在房檐上，转以比喻因地位或身份悬殊而与某人说不上话。（忻州）

【三号配管子——响得不一般】三号：唢呐。响：谐"想"。管子：管乐器。本指唢呐和管乐器一块演奏时音色不同，转喻几个人的想法各不相同。（忻州）

【三月的黄鼠——出土灰】黄鼠：一种哺乳动物，形似松鼠而略大，地里打洞生存，多吃瓜和蔬菜，对农作物有害。灰：双关，本指黄鼠从洞里钻出来以后身上沾满土，呈灰色，转指坏。责骂人从小就不是好东西。（怀仁）

【三张纸糊得颗驴脑——好大的脸面】脑：头。脸面：双关，本指驴头，转指情面或面子。本指用纸糊的驴头大，转以讥讽人不自量力，自以为面子很大。（临县）

也作"三张纸糊了颗驴头——好大的脸面"（平遥）、"三张纸糊略一驴抵脑——好大的脸面"（洪洞）、"三张纸画了一个驴头——好大哩脸面"（和顺）。

【扫帚顶门哩——叉叉不少】叉：谐"岔"。若用扫帚顶门子，便会使扫帚头上的枝条叉开。形容人心眼儿多，太挑剔，不易相处。（临汾）

【砂锅儿捣蒜哩——一槌子的买卖】沙锅质地很脆，用其捣蒜，一锤子就能砸碎。指事情成败，全凭这一举动；也指仅做一次，就彻底坏了事。（洪洞）

也作"砂锅锅捣蒜——一锤锤的买卖"（孝义）、"砂锅里捣蒜——一锤的买卖"（寿阳）。

【砂锅子煮羊头哩——眼蓝了，嘴还硬哩】硬：双关，本指羊的嘴未煮烂，转指强硬。比喻败局已定，态度却还很强硬。（山阴）

【山汉儿揸咸莜面——好这一把子】山汉儿：山里人。揸：用舌头舔。好：爱好。指人很喜欢干某种事情。（广灵）

【山杏儿骨骨——苦仁】山杏儿：本地山坡上野生的一种杏树。骨骨：水果的核儿。仁：谐"人"。本指山杏仁味苦，转指人命苦。（忻州）

【山羊跳舞——露出黑蹄黑爪来了】黑蹄黑爪：双关，本指黑色的山羊蹄子，转指丑恶本质。比喻暴露出真相或丑恶本质。（忻州）

【山羊钻栅栅——露那个角杈杈】栅栅：栅栏。角杈杈：双关，本指山羊的角，转指事情的底细或人的本质。比喻暴露出了事情的底细或丑恶的本质。（阳

曲）

【山药蛋抛坡——各顾各】抛坡：从山坡上滚下来。指每个人只顾及自己，不顾他人。（寿阳）

【山药蛋上插韭菜——装洋蒜】山药蛋：土豆。若在土豆上插上韭菜，看去好似蒜头。斥骂人装糊涂。（忻州）

【上寿蒸馒头——寻的挨比头】上寿：在别人祝寿时敬送礼品。馒头：送葬时为祭奠死者而蒸的一种大馍。比头：（打的）嘴巴。在别人祝寿时送去祭奠死人的馍馍，那是自找挨打。讥讽人自找挨打或自找苦头。（清徐）

【缲鞋不用锥儿——针好】缲鞋：用细绳把鞋底和鞋帮缝合在一起。锥儿：锥子。针：谐"真"。缲鞋时一般要先用锥子在鞋底上穿个孔，然后再把带有细绳的针穿过去；如果不用锥子先穿孔，说明针非常好使。形容人或事物非常好。（洪洞）

【勺子上的苍蝇——混饭吃】本指苍蝇站在勺上吃食，转指混杂在人群中不劳动而赚饭吃或赚工钱。（忻州）

【深沟里扔孩的——丢人不浅】丢：双关，本指扔掉，转指丢脸。孩的：孩子。指丢尽了脸。（武乡）

【深沟窑唰夜——好长】深沟窑：村名，在天镇县城东南二十里，此村四周高山壁立，早晨见太阳很迟。形容时间或距离很长。（天镇）

【十个制钱丢了一个——九文】制钱：铜钱。九文：谐"久闻"。指早已知道或听说过。（忻州）

【十字街嘞的半头砖——踢打出来的】踢打：双关，本指用脚踢，转指锻炼。比喻人见过世面，经受过锻炼或考验。（清徐）

【十字街贴告示——众所周知】本指告示上的内容大家都知道了，转指某种情况或消息大家都已知晓。（忻州）

【石板上栽葱——扎不下根】根：双关，本指葱的根部，转指依据或根据。指所说的话没有事实根据，难以立住脚；也指在某处难以立足生活。（沁县）

【石滚子敲磨扇——石打石】石磙子：即碌碡，一种农具，用来碾谷物、平场地。磨扇：构成旧式磨的两个圆石盘。石：谐"实"。形容说话做事实实在在，不虚假。（吉县）

也作"石头砸磨扇——石打石"（运城）、"石头捣磨扇——石打石"（和顺）。

【石鸡上南坡——咯咕咯】石鸡：一种野鸡。咯咕咯：象声词，形容石鸡的叫声，此处谐"各顾各"。本指石鸡的叫声，转指每个人都只顾及自己。（武乡）

【石头蛋子压咸菜——一盐难进】石头蛋子：块儿状石头。盐：谐"言"。进：谐"尽"。民间腌菜时常在菜上压一块石头，但盐是腌不进石头里去的。指一句话难以说清事实或情况。（文水）

也作"石头蛋腌咸菜——一盐难进"（太谷）。

【拾下麦子搭火烧——没本儿净利】本指在已收割的麦田里拾上麦穗，不仅有麦粒，秸秆还能当柴烧，真是无本取利；转指没有付出本钱或代价，却得到很多利益。（临汾）

【屎巴牛搬家——滚蛋】屎巴牛：屎壳郎。本指屎壳郎滚动着球形粪便，转指责令人离开。（怀仁）

【屎巴牛跌进车壕儿——本命不固】车壕儿：车辙。本：谐"奔"。固：谐"顾"。本指屎壳郎掉进车辙里时因怕被车轮压死而拼命逃跑，转指人拼命逃生。（左权）

【屎巴牛踢飞脚——想露露那黑腿腿呢】踢飞脚：高抬腿踢脚。讽刺人没什么真本事，还想在人前显示自己。（大同）

【屎官官打窝——嘴硬】屎官官：屎壳郎。打窝：筑窝。硬：双关，本指坚硬，转指强硬。讥讽人尽管没理，但态度还很强硬。（洪洞）

【鼠狼儿爬得鸡窝上啦——吃住圪瘩鸡儿啦】鼠狼儿：黄鼠狼。吃鸡儿："鸡"谐"劲"，"吃劲儿"就是死咬住不放。圪瘩：量词，块儿。本指黄鼠狼死咬住鸡不放，转以讥讽人心眼儿太死，不知变通。（孝义）

【撕了肉的肋肢骨——光棍一根】光棍：双关，本指没有肉的骨头，转指单身汉。指单身汉一个。（陵川）

【四两棉花——弹不着】弹：谐"谈"。本指四两棉花太少，不值得弹；转指观点不一致，说不到一起。（襄垣）

【松树落叶子——有年没日子】松树为常绿乔木，寿命很长，很难看到其坏死落叶的情形。形容时间延续很长，难以盼到尽头。（阳曲）

【酸枣朴朴长在林阴背——一辈嘞是个敲磬勒圪独】酸枣朴朴，"朴"读"拨"。酸枣树。林阴背：背阴处。磬：古代一种打击乐器，用玉或石头制成。圪独：球状物，这里指打击磬的小棒槌。讥讽人没有大出息，一辈子干不成大事。（沁县）

T

【讨吃的不要糠干粮——要穷脾气】讨吃的：乞丐。糠干粮：用谷糠做的食物。本指因用糠做得干粮不好吃，乞丐不想要；转以讥讽人没有多大本事，还爱乱发脾气。（武乡）

【讨吃的打官司——硬份儿穷吵】讥讽人们只知一味吵闹，而不想办法解决问题。（临县）

【讨吃的另家——好分】另家：分家。乞丐没多少家产，分家很容易。形容很容易就能把东西分配开。（武乡）

【铜铃打鼓——响到一起啦】响：谐"想"。若用铜铃打鼓，铜铃响鼓也响。指几个人的想法相同。（吉县）

【童男女跌在河啦——衣裳湿啦，架子不倒】童男女：送葬时亲属为死者做的男女童俑，用高粱秆和纸做成。架子：双关，本指用高粱秆做的男女童俑的支架，转指人的架势、派头。讥讽人已经失势，但还硬撑着原来的架势和派头。（怀仁）

也作"童男女跌河览里览了——衣裳湿览架子没湿"（朔州）。

【秃妮的戴花儿——朝前也不是，朝后也不是】秃妮的：头部没有头发的姑娘。秃头女子在头的哪个部位也无法戴上花。形容无论怎么做也不合适。（寿阳）

【秃子头上的毛——它也不长，我也不想】本指秃顶的人再没有长头发的想法了，比喻境况本来不好，自己也就不存在任何希望或想法。（山阴）

【土默儿川上的狼——善眉善眼儿的吃人呢】土默儿川：指内蒙古土默特旗。据传旧时内蒙古土默特旗狼很多，这里的狼表面看上去不怎么样，其实很凶恶，当地人多受其害。比喻人外表善良，心地毒狠。（大同）

【推小车拾了个驴肚带——有襻啦】驴肚带：系在驴腹下的皮带，两头拴在车辕上，以防车辕上扬。襻：推小车时搭在肩上的宽带子，此处谐"盼"。本指推小车的人拾到一根驴肚带后可作推车用的襻带，转以比喻做某事有成功的盼头或希望了。（怀仁）

也作"推车子的拣住驴拱肚——有了攀了"（忻州）、"推地猪儿的拾上驴拱肚——有喽襻咧"（太谷）。

W

【娃娃啃拳头——吃手】吃：谐"赤"。指手里空空的，什么也没拿。（原平）

【瓦渣渣包糕——黏牙又扎嘴】瓦渣渣：碎碗片。糕：年糕，有黏性。年糕里包上碎碗片后，吃起来年糕黏牙，碗片扎嘴。比喻说话尖刻又缠人，难以对付。（和顺）

【外甥子戴孝帽——没舅了】舅：谐"救"。外甥戴孝帽是因为死了舅舅。指处于绝境，没办法挽救了。（蒲县）

也作"外公死了儿啦——没舅"（襄垣）。

【王阁爷送女儿哩——就这一遭了】王阁爷：王家屏，明朝进士，官至首辅，传说他送女儿回婆家，人马浩荡，吃光了亲家。一遭：一回，一次。指不管怎样，就这一次了。（山阴）

【五百钱分成两下——二百五】钱：指旧时的铜钱。本指二百五十个铜钱，转以比喻带有傻气的人。含有责骂和戏谑的意味。（襄垣）

X

【西瓜掉进油瓮里——油头油脑】油：双关，本指油腻，转指油滑。本指西瓜沾满了油，转以讥骂人油滑，不诚实。（寿阳）

也作"西瓜泡到油篓里啦——滑头滑脑"（汾西）。

【戏子的胡子——假哩】戏子：戏曲演员。胡子：戏曲演员戴的髯口。指人或事物是假的。（盂县）

【瞎的戴眼镜儿——多了一层】瞎的：瞎子。指某种行为或举动是多余的。

（寿阳）

【瞎嘞打灯笼——一样】瞎嘞：瞎子。本指瞎子打上灯笼还是看不见，转指两种事物或情况相同。（沁县）

【瞎猫叨死耗子——碰巧览】叨：咬。览：助词，了。本指瞎猫碰巧抓住一只死老鼠，转指事情十分凑巧。（灵丘）

【瞎子点灯熬夜——白费油】瞎子点上油灯，费了油还是看不见。比喻白费心机或力气。（长子）

也作"瞎子点灯——白费蜡"（阳曲）。

【瞎子看戏——眼中没人】本指瞎子看不见人，转指人骄傲自大，看不起别人。（蒲县）

【下颏子底下支砖头——张不开嘴】下颏子：下巴。下巴被砖头支住而无法张嘴。比喻因理亏或羞涩等而难以开口。（忻州）

【下林的藕——满眼儿】下林：地名。本指下林生长的藕，切开后眼儿很多；转指人心眼太多，难以应对。也指人办法或点子很多。（新绛）

【下雨天打麦子——难收场】场：双关，本指打麦的场地，转指事情的场面。下雨天打麦子时，场地泥泞，难以收拾。指情况复杂或场面尴尬，难以结束。（蒲县）

【小葱儿上挂铃铃——铃葱葱】铃铃：铃铛。铃葱葱：谐"灵虫虫"。形容小孩聪明机灵。（孝义）

【小鸡儿跳到麻团里——跷煞呀】跷：本指用绳索等勒，此处谐"俏"。煞：本指死，此处表示程度很深。本指小鸡跳进麻团里后，会被细麻绳勒死；转以形容女子打扮得俏。含有讥讽的意味。（盂县）

【鞋帮做了帽檐子——高戴啦】戴：谐"待"，对待。本指把做鞋帮的布料做成帽檐戴在了高处；转以讥讽地位低下的人受到了很高的礼遇。（襄垣）

【袖圪筒里跑马——没啦几步蹬打】袖圪筒：袖筒。没啦：没有。本指马跑不了几下，转以讥讽人本事不大，折腾不了多长时间。（和顺）

Y

【鸭子吃花呀——平铲】花呀：白菜。平铲：不费多大气力，轻而易举。鸭子吃白菜时把嘴伸得平平的，轻轻松松地吃进肚里。形容做某事非常容易，一点

也不费事。（介休）

【哑巴吃扁食——肚里有底】扁食：饺子。底：双关，本指数量，转指事情的底细。哑巴吃饺子时尽管不能数出声来，但心里记着。指心里非常清楚。（长治）

【哑巴娶媳妇——喜不能言】本指哑巴尽管非常高兴，但不能说；转指人高兴得无法用语言来表达。（沁县）

【阎王爷爷出布告——鬼话连篇】阎王爷爷：阎王。鬼话：双关，本指阎王的话，转指谎话。斥责人说的都是谎话。（阳曲）

【眼窝抹辣子——寻着瞎咧】眼窝：眼睛。辣子：辣椒。把辣椒抹进眼里，会把眼睛弄瞎。讥讽人自讨苦吃。（永济）

【砚瓦上折筋头——越滚越黑】砚瓦：砚台。折筋头：翻跟头。黑：双关，本指黑色，转指糟糕。砚台上有黑色的墨，越在上面滚动，身体越黑。比喻人越折腾，情况越糟糕。（寿阳）

【羊角葱切了顶——直筒】羊角葱：一种葱，叶子像羊角，味辣。筒：谐"捅"。本指切掉顶部的羊角葱，叶子就成了筒状；转指性格直爽，说话直来直去。（和顺）

【阳眷的钱儿——耍不得】阳眷：村名。旧时阳眷村人擅长赌博，外地人去赌一般要输钱。指某事干不得。（广灵）

【仰尘上哩耗子跌在炉厅览——灰到底】仰尘：顶棚。炉厅：炉炕。灰：双关，本指炉坑里的灰烬，转指坏或倒霉。指坏到了极点；也指人倒霉透了。（朔州）

【鹞子叫雀儿——越叫越远】鹞子：雀鹰的通称。雀儿：麻雀。雀鹰以麻雀为捕食对象，所以麻雀一见雀鹰便很快逃走。指越想接近某人，他就跑得越远。（天镇）

【夜壶没把子——光剩个嘴儿了】嘴儿：双关，本指便壶的嘴儿，转指人的嘴皮子。讥骂人不干实事或没有真本事，光会耍嘴皮子。（大同）

【一出题就交卷子——早稿】早稿：谐"糟糕"。本指早交的试卷，转指事情不好。（忻州）

【一二三五——没四】四：谐"事"。指没有事情或没有问题、危险等。（忻州）

也作"一二三五六——没四"（盂县）。

【一锹挖出两个瞎佬——一般般儿的灰】瞎佬：大田鼠。灰：双关，本指灰色，转指坏。本指挖出的两个田鼠都是灰色的，转指两个都是同类型的坏人。（山阴）

【一丈布扯了九尺——只有一尺啦】尺：谐"吃"。比喻每天除了吃饭，再无事可干。（襄垣）

也作"一丈布卖了九尺——只留下一尺"（和顺）、"一丈布用了九尺——可就丢下一尺咧"（原平）。

【玉皇爷掉河里——捞驾不起】玉皇爷：玉皇大帝，用泥塑成。捞：谐"劳"。本指不能从河里捞起玉皇爷，转指不好意思请人做某事。（临汾）

【月儿底下打灯笼——多来一套】指某种行为或举动是多余的。（左权）

【月亮进家——越看你越来了】本指月亮进了家以后越来越近，转以责骂人的言行越来越不像样了。（大同）

【月明地打灯卢——白搭蜡】月明：月亮。灯卢：灯笼。月亮当空照射，打上灯笼也不起效用。比喻白费心机或力气。（晋城）

Z

【枣核儿对轴儿尖儿——尖对尖】轴儿尖儿：纺花的锭子。本指枣核的尖对着纺花锭子的尖，转指对立的双方针锋相对，互不相让。（屯留）

也作"枣核儿打能能脚尖站立——尖儿对尖儿"（和顺）、"枣核跌到麦囤里——尖对尖"（沁县）、"针尖对麦芒——尖对尖"（武乡）。

【灶家爷上天——有甚说甚】迷信传说，灶神到腊月二十三日要升天如实汇报人间的生活情况。指如实说出真实情况，或知道什么就如实说什么。（屯留）

【灶家爷坐到当院啦——管事太宽】灶家爷：灶神。当院：院子的中部。灶王爷本供在锅边，掌管厨房的事务，若坐在院子中，管的事情就多了。责骂人管了不该管的事情。（长子）

【张飞逮圪蟆——大眼瞪小眼】圪蟆：青蛙。本指张飞的大眼睛瞪着蛤蟆的小眼睛，转以形容出现某种情况后人们互相看着，惊奇、发呆的样子。（晋城）

【丈二的灯柱的——照远不照近】灯柱的：灯台。照：双关，本指灯光照

射，转指照管。指只照顾或关心关系疏远的人，而不照顾亲近的人。（寿阳）

【正月十五贴门神——迟了半月啦】门神：旧俗过春节时院门上贴的一种神像，以驱邪避鬼保平安。讥讽人行动迟缓，错过了好时机。（运城）

【蜘蛛跌到高阶兰——满肚的臭丝纹】阶：台阶。兰：助词，了。丝纹：本指蜘蛛肚里待吐的丝，此处谐"斯文"。讥讽人故意装出一副文雅的样子。（屯留）

【种上荞麦上来豌豆咧——灰得没棱咧】灰：坏。棱：双关，本指荞麦种子上的棱角，转指做人的样子。责骂人坏到了极点。（原平）

也作"种上荞麦上来豌豆了——灰得连棱角也没了"（山阴）。

【猪八戒戴上鬼脸子——里外不像人】鬼脸子：扮鬼的一种面具。本指猪八戒戴上面具后，面具里和面具外都不是人的模样；转指到处遭受责备或埋怨。（平遥）

【猪八戒喝上磨刀水——内锈大嘞】锈：双关，本指生锈，此处谐"秀"，指秀气。指人外表看起来拙笨、粗鲁，其实很聪明。（太谷）

【猪鼻子上栽葱——混葱】葱：谐"充"。讥讽人蒙混或冒充有能力的人或大人物。（长治）

【走路儿不荷行李——寻得受凉咧】荷：拿。凉：双关，本指寒冷，转指所遭的冷遇。本指行远路不拿行李，天气一变就会受冷。比喻自招斥责或冷遇。（孝义）

第五章 俗成语

同"雅成语"相比,"俗成语"最大的特点就是口语性和通俗性,在表达上较为直白,结构上更加自由,外延更加宽泛。随着社会的发展和语言的演变,新成语不断出现,俗成语也越来越多,这些群众口头创造的成语,通俗易懂、灵活自由,说起来朗朗上口,深受群众喜爱。

"二二相承"的四字格式无疑是俗成语的最大特点。但是在方言中,有些四字格式含有俚俗词语,有些含有叠音成分,有些包含准词缀成分,有些含有衬字,它们在语法结构上虽然都不是"二二相承"式的,但读音却是"二二相承"的,这与非"二二相承"四字格式的惯用语(如"喝西北风")有着明显的区别。因其凝固性较高,从当地人的使用和语感来说,也把它们当做一个结构体来对待。我们把这类四字格式也归于俗成语。

在山西俗语中存在着大量的俗成语,它们同谚语、歇后语、惯用语一起记录了当地人民的生产和生活,是研究山西方言和民俗的重要资料,很值得我们深入探讨。

第一节 俗成语的结构

一、结构类型

山西俗成语形式多样,结构复杂,总体来说,各地俗成语的构成方式大致相同,为便于叙述,以山西临县方言为例。

（一）复合式

复合式是俗成语的重要构成方式。根据内部结构关系，又可分为联合式、主谓式、动宾式等。如：

联合式：薄行烂李　皮蹋嘴歪　长猫死狗　戳东拐西

主谓式：欢马求勤　狼刨黄尘　毛皮不利　狸猫捉鼠

动宾式：不识火色　死挽眼子　不掇底子

（二）重叠式

主要有 ABAC、ABCC 两种形式。

1. ABAC 式。这种格式的俗成语，可以是名词性、动词性或形容词性的。

名 词 性：邻里邻家　残锅残窑

动 词 性：错前错后　疯说疯道　实捶实捣

形容词性：没明没黑　实挨实踏　扁眉扁眼

其中 B 可以是表音字"里"，如"胡里胡涂、懒里懒淡、邋里邋遢、老里老实、土里土气、醒里醒醒、小里小气、妖里妖气"等。

2. ABCC 式。这种格式的俗成语都是形容词性的，很多时候 B 是表音字"不"或"忽"。如：

灰不处处　平不塌塌　捏不积积　虚忽沓沓

（三）附加式

有些俗成语中附加了一些表音性的衬字，这些衬字音节从一个到三个不等，位置也比较灵活，如：

一个音节：（忽）松要沓　丑（支）八怪　跪（里）祷告　擦滑（特）溜

两个音节：惑（里散）突　麻（里式）烦　背（里倒）兴　惑突（散四）

三个音节：懵（不楞兴）　淡（里不扯）　花（不楞腾）

（四）圪字式

"圪"字式也属于附加式，但由于其数量多，所以研究者们往往将其单独提出来讲。"圪"字在山西方言里运用很广，其功能之一就是用作衬词帮助构成俗成语。常见的"圪"字式俗成语主要有以下几种形式：

1. 圪 A 圪 B：圪呢圪喃　圪缩圪捻

2. 圪 ABC：圪杈八九　圪梁板凳

3. AB 圪 C：迷里圪独　摅神圪待

4. 圪低圪 A：圪低圪钵　圪低圪独

5. 圪里圪 A：圪里圪落

二、结构特点

（一）准固定格式较多

山西俗成语结构上的一个突出特点就是准固定格式较多，如：

1. “A 眉 B 眼”式

“A 眉 B 眼”式俗成语在山西各地用得相当普遍，我们收集到的或能看到的资料显示，晋语区要比非晋语区多。其中忻州最多，已经收集到的，仅“A 眉 B 眼”式就有二百来个（参看温端政 1986），临县 100 条左右，大同 38 条，万荣则只有少数几条。A、B 可以为动词，如“挤眉弄眼、翻眉吊眼、烧眉烫眼、瞅眉剜眼、钻眉入眼、丢眉扯眼、描眉画眼、舒眉展眼”，也可以为形容词，如“周眉正眼、呆眉悖眼、光眉俊眼、扁眉扁眼”，还可以为名词，如“猪眉狗眼、山眉怪眼、猴眉猴眼、灰眉土眼、人眉人眼、龙眉凤眼”等，或者为数词，如“二眉二眼、三眉六眼、一眉二眼”（以上语目均来自临县方言），关于这个固定格式的语义表达和修辞作用，温端政（1986）曾以忻州为例做过精辟论述，这里不再赘述。

2. “A 脚 B 手”或“A 手 B 脚”式

如临县有“赤脚料手、跌脚泡手、擦脚料手、泥脚料手、拍脚打手、紧脚拌手、踏脚磨手、拿脚试手、轻脚撂手、拖脚磨手、现脚要手、小脚撂手、炸脚武手、搓手捻脚、闪手踏脚”等；平遥有“伸脚没手、拖脚磨手、拿脚盘手、蹑脚搬手、迟手慢脚、蹑手蹑脚、盘足侍手”等；大同有“搬脚弄手、支脚扬手、四脚样手、猴手猫脚、猴手捻脚”等；忻州有“撑脚掖手、泥脚料手、紧脚绊手、盘脚弯手、毛手盗脚、搓手跺脚、搓手弄脚”；太原方言有“毛手毛脚、缩手缩脚”等。

3. “A 说 B 道”式

如大同有“灰说六道、精说白道、油说淡道、寡说六道、急说六道”等；临县有“鬼说六道、瞎说滥道、白说六道、乱说乱道、疯说疯道、活说活道、胡说三道、散说散道、自说自道"等；忻州有"白说白道、花说六道、诓说妖道、灰说六道、凉说凉道、超说淡道好说多余无用的话、瞎说约道不明情况，乱发议论"等；平遥有"白说九道、白说不道、胡说不道、寡说溜道没话找话，讨好人、少说没道、小说没道"，需要注意的是，这些俗成语都具有较强的贬义性。

4."少 A 没 B"式

如忻州有"少调没和、少本没事、少衣没裳、少理没兴、少人没手、少门没户、少风没水、少皮没脸、少这没外、少油没盐、少深没浅、少情没由、少铺没盖、少墙没壁"等；临县有"少言没语、少东没西、少牙没口、少眉没眼、少精没神、少盐没醋、少心无肝"等；大同有"少牙没吹、少眼没目"等；平遥有"少调没和、少主没意、少家没什、少颜没色、少手没理形容光棍生活、少功没夫、少抓没挖形容人手足无措的样子或形容家什少，缺这缺那、少说没道、少意没思不好意思"等。

在这类俗成语中，大部分"AB"原来都是复合词，如"本事、人手、东西、铺盖、衣裳、风水、墙壁、眼目、颜色、功夫"等，有少数不是，如"油盐、理兴、手理、嘴肠"等。

（二）特殊的双音节后附成分

山西方言中还有一些特殊的双音节后附成分，附在一些双音节词的后面，构成俗成语，常表示某种特定的含义或某种特殊的感情色彩。如：

1."××马爬"

"马爬"，《汉语大词典》解释为"如马那样趴伏，多形容向前跌倒，四肢、身体着地，摔得很重"。《金瓶梅词话》一〇回有"（西门庆）于是坐到青纱帐内，让妇人马爬在身边"，在临县方言中至今仍保留了这个意义，如"马爬下睡"，即像马一样爬下睡觉，可见"马爬"是山西方言中保留至今的一个较古的词。在进入"××马爬"格式之后，"马爬"逐渐失去了其基本含义，演变成了一个后缀，用在动词或形容词的后面表示一种"让人不舒服"的状态。"××马爬"在山西中部和西北部比较常见。如：

大同：稀哩马爬干活儿快而不细、心急马爬、着急马爬、气喘马爬、受罪马爬、吸溜马爬

忻州：噘气马爬形容气喘吁吁十分难受的样子、噎人马爬、鸡精马爬指与别人相处时总

想占便宜、受罪马爬、圪节马爬、狗日马爬指用难听的话骂人、跌跤马爬、隔调马爬形容性格别扭、磕头马爬形容磕头次数多又重、瞌睡马爬、踢丢马爬形容人干活儿时十分利落的样子

临县：厥气马爬、弯腰马爬、跌倒马爬

平遥：神经马爬讽刺人做事神经质、跪膝马爬爬跪在炕上状、圪蹴马爬蹲下状

太原：圪出马爬、干筋马爬、神经马爬、害事马爬、日脏马爬、灰土马爬

2."××打蛋（马蛋）"

"打蛋（马蛋）"用在动词或形容词后面，增强感情色彩或加深程度，含有贬义。如：

大同：背锅打蛋身体不展阔、圪搐打蛋、糊涂打蛋、捐瓜打蛋衣服或包裹之类不平展

忻州：二流打蛋形容人流里流气十分散漫的样子、气球打蛋形容人松松垮垮做事很不精干、迷糊打蛋形容人迷迷糊糊，无精打采的样子、圪瘤打蛋形容球状物大小不匀，数量多、忽秃打蛋形容人很糊涂、跌跤打蛋形容小孩抱在一起玩耍的样子

太原：圪出打蛋衣服不平展或人长得矮不精干、蔫眉打蛋、日能打蛋、迷糊打蛋、黑球马蛋脸色黑暗，神情倦怠

3."××污烂（烂污）"

"污烂（烂污）"表示一种脏、烂或让人厌恶的状态。如：

大同：黑潮污烂衣服不干净、黑马污烂不清晰，不整洁

临县：黑青污烂、黑出污烂、鼻涕污烂、早言污烂说外地话

太原：烟熏污烂、黑死（糊）污烂、神经烂污、黑潮烂污

平遥：倒塌污烂房屋破败的样子、黑脏污烂衣物等又脏又黑或颜色暗淡

忻州：日脏污烂、怄焦污烂

有时还采用"××烂气"这种形式，表示让人厌恶的气味或做派，如：

平遥：烟屎烂气、油腥烂气、脚臭烂气、不成烂气形容不像样子、化子烂气

大同：糊巴烂气焦糊味、成色烂气傻、油滑烂气流里流气、昔香烂气不好闻的香气

忻州：羊膻烂气、圪腥烂气、血腥烂气、烟丝烂气、怄焦烂气、臭腥烂气、

太原：油齁烂气油放得过久散发出的不好闻的气味

其中，有的"污烂（烂气）"意思还没有完全虚化，还能看出原来的意思，　237

如"黑青污烂、日脏污烂、黑潮污烂、羊膻烂气",有的已经完全虚化,变成了一个没有实在意义的后缀,表示一种厌恶的色彩。如"早言污烂、神经烂污、油滑烂气"等。

第二节 俗成语的语义特点

俗成语多以周围熟悉的事物为素材,内容涉及生活的方方面面,衣食住行、婚丧嫁娶、人情世故、自然风物在俗成语中都有反映,很多俗成语形象鲜明,生动活泼,富有表现力。

从语义上来说,山西俗成语具有如下几个突出的特点:

一、描述性

很多俗成语具有描述性,除了描述人以外,还经常描述周围的事物,包括节气时令、自然风貌、事物性状等。

(一) 描写人的外形

如:背锅打蛋身材不展阔、圆头杏脑、粉眉淡眼面容干净、干眼骨净容貌整洁(以上大同);猪头悖脑、粗眉大眼、狗嘴雀脸、弓肩塌背(以上太原);黑干精瘦、留列整眉形容女子整洁漂亮(以上万荣);宽眉大眼、麻鸡圪瘦形容女人瘦小、神头鬼脸形容人长得难看(以上平遥);背锅倾腰、秃头悖脑、猪嘴獠牙、丑支八怪(以上临县)。

(二) 描写人的动作

如:东老西刮东瞅西看、推碾围磨推碾推磨、爬起失坐不安稳,多指小孩儿(以上大同);丢头不来摇头、缩手缩脚、疯跑野窜(以上太原);斜挺顺卧睡觉的姿势不好看、胡行霸道、眼到手齐(以上万荣);歪挪屎擦屁股在炕上擦着挪动、胡乱收拾做零碎活计、扭头活耳交头接耳、跳起失座形容人不安分(以上平遥);蹬蹄踏脚、倒东弄西、碰脑砍磕、爬坡上梁(以上临县)。

(三) 描写人的表情

如:歪丢失势表情不正派、恼眉恨眼、努嘴变脸(以上大同);痴眉信眼形容人不机灵,眉宇间带着呆气(万荣);失笑人人微笑状、贼眉怪眼、横眉立眼形容人恼怒的样子、死眉瞪眼_{表情冷漠}（以上平遥）；瞅眉剜眼、笑眉苏眼、洼眉擦屎、撕眉淡笑（以上临县）。

（四）描写人的性格

如：窝叽圪囊_{窝囊}、歪三扎愣_{桀骜不驯}、鸡心小胆儿（以上大同）；偷奸摸滑、烂面糊涂_{特别随和、没有原则}、不精烂明（以上太原）；言和气顺_{和气状}、没心没肺、面糊薄斥_{人随和}（以上平遥）；老里老实_{老实}、丢筋八怪_{性格古怪、偏犟}、半长二短_{考虑问题不全面}（以上临县）。

（五）描写人的感受

如：烧心火燎、头昏脑闷、心慌马乱、心痒难挨、心忽肉战_{心惊肉跳}（以上大同）；掰心扯肝_{形容非常伤心，非常痛苦}、昏头耷脑、心急火燎（以上万荣）；惊心胆战、恶心倒肚、干牙渴燥（以上平遥）；心慌眼跳、半饥冷饿、厥气马爬_{憋气难受的样子}（以上临县）。

（六）描写事物性状

如：白盐淡水、明光瓦亮_{形容物体光亮}、圪料散岔_{歪歪扭扭}、圪朽八蛋_{萎缩，不新鲜}（以上大同）；八棱没瓣、恶水浪叽_{很脏}、乱麻式火_{东西摆放得没有秩序、没有条理}、圪里拐弯_{形容不直}（以上万荣）；淡流寡水_{色淡}、臭天烂洞、寡溜测水_{形容饭不香，没有味道}、酸泡烂臭_{形容又酸又臭的味道}、四棱见方（以上平遥）；软稀八沓、半残不就_{形容事物没有全部完成}、翻滚烧人、细丝特溜_{形容物体细而长，含贬义}（以上临县）。

（七）描写自然风物

如：恶风暴雨、黄尘黑暗、鹅毛片雪、阴麻糊涂_{天气阴沉}（以上太原）；红日三竿、扬风掉雪_{风雪交加}、死阴圪晴_{天气阴冷}、雾耕尘天_{尘土飞扬}（以上大同）；黑天乌目_{天色暗淡}、雾不腾腾、昏天摸黑、黑漆半夜（以上万荣）；忽雷雹阵_{暴雨突然发作}、青天黑林_{大片庄稼稠密}、月黑星宿_{形容天很黑}、黄尘黑暗（以上平遥）；阴麻惑突、黄风圪阵、云生雾罩、天阴雨湿（以上临县）。

（八）描写节气时令

如：十冬腊月、忙秋八月、五黄六月（以上太原）；大年时节、冬冷时寒、正头上月、时头八节（以上大同）；冬寒时月、时风吕节_{时节}、暖月时天_{热天}（以上平遥）；冬闲四月、春谈四季、天寒日短、时节八分、新正上月（以上临县）。

俗成语描述对象广泛，难以详尽。但从中可以看出其语义上一个最大的特点就是描述性。据我们观察，只有极少数俗成语具有表述性。如：平遥"狗咬败家"意思是狗咬的都是时运不济的人；"鬼怕恶人"比喻一些人总是欺软怕硬。另外还有"久病成医、女大自巧、屎干不臭、浅茶满酒（以上万荣）；先死为大、出事象婆指婆婆的为人处事方式会影响儿媳妇（以上临县）；立客难待（静乐）"等。

二、形象性

很多俗成语形象鲜明，生动有趣，易于理解。我们以大同方言为例。

"身箩抖筛"，身体像筐箩筛东西一样晃来晃去，勾画出一个人摇晃着身体，不庄重的样子，非常形象；"背锅打蛋"，像背着一口锅一样弯着腰，驼背者的形象活灵活现；"绷颅碗盏"，绷颅指有些人突出的前额，俗称"绷儿头"，碗盏指打破了的碗，一面凸出，一个前额突出、大脑门儿的形象就呈现在眼前；"扭腰折背"勾画出一个人因不高兴、不顺心而扭动腰肢愤而离开的样子；"搬脚弄手"让人联想到一个手脚不安分、到处乱动的人；"弯腰蹶屎"似乎让人看到有人正弯着腰撅着屁股费力地干活；"睁眼霸王"让我们看到了一个怒目圆睁、态度粗野的形象；"烟喷雾罩"使人处于一种浓烟笼罩、散发着强烈的烟熏味的环境当中；"沿墙走马"勾画出了小孩的顽皮；"捉猪离圈"在人脑中勾画出一副这样的画面：一个人抱着刚买的猪娃离开（比喻拿走已买上的东西）。

三、贬义性

我们说的贬义性指的是俗成语侧重于描写和揭示人和社会生活丑陋的一面，包括俗成语本身直接体现的褒贬色彩，如"真眉溜眼"形容容貌好看，含褒义，而"猴眉洼眼"形容人眼窝深，长得丑，含贬义；也包括俗成语所隐含的取舍评价态度，如"心慌马乱"形容心慌得很厉害，而"堆三愣四"形容物质丰富，堆放得多，就这两个俗成语本身来看，说不上褒贬色彩，但是，前者是人们不想要的，而后者是人们努力追求的，我们说前者具有贬义性，而后者具有褒义性。

据我们观察，绝大部分俗成语具有贬义性。马文忠《大同方言实用手册》共收录了700余条流行于大同一带的俗成语，其中包含褒义的只有39条，中性的有67条，其余近600条都具有贬义性。侯精一《四字格例释》收录了平遥方言的俗成语近400条，其中包含褒义的有40条，中性的有54条，其余近300条都具有明显的贬义性。可见，"贬义性"是俗成语语义上的一个重要特点。我们考察了侯精一《四字格例释》中收录的300多条具有贬义性的平遥俗成语，大体可以分为以下几类：

（一）描写人外表丑陋、肮脏、痴呆等

如：猪眉畜眼、锅锅老朽驼背、獠牙撕嘴、獠脸圪叉形容人过高、穷极圪缭形容人衣着寒酸、黄痨鬼气面黄肌瘦状、游腻方僧肮脏貌、丑支八怪、烂衣破裳、楞眉死眼、鼻涕落泪。

（二）描写人言行举止不得体或不合规范、要求

如：多言撕舌多嘴、回言咧舌辩解、显贼卖舌卖弄聪明、苦言辣语形容骂人利害、百国六州形容会胡说八道、妖魔古怪形容女人搬弄是非、爬针咬线形容针线活粗糙、胡拍流洗游手好闲、胡招掩饰说话不老实、浮游失骗招摇撞骗、黄昏乌气不务正业、东游西串、脸流没淡待人不热情、舀二搁三形容人做作、暗掐暗掠继母虐待前房子女。

（三）描写人的性格缺点

如：粗罗五丝粗鲁、剷猪拔狗形容人心眼不好、屙屎盼伴形容人懒惰、凶邪霸道、穷毛鬼胎形容人小气、死蔫圪擦形容人性子慢、面糊簿吃形容人随和、没主意、呆而不醒。

（四）描写人不舒服的感受

如：悬饥吊渴形容不饱、圪擞筛糠发抖状、瞌睡模糊瞌睡貌、没劲圪擦没精神状、没精倒神无精打采。

（五）描写事物不合格、不合要求的性状

如：松离五三不紧状、调泥烂水形容道路泥泞、斜溜不偏不正状、油脂抹奈污垢貌、云雾扫道不洁貌、冷洼圪吃吃喝的东西不热、老皮巴叉青菜不鲜貌、半生潦熟、淡疲寡水味淡、乱离格倒乱七八糟、黑铁烂片形容炒菜色不正。

此外，还有一些俗成语暂时无法准确为其归类。为什么如此大量的俗成语都侧重于描写人、事物或社会生活的消极面呢？这还有待于我们进一步调查研究。

与普通话中的雅成语相比，地方俗成语在表达方式上较为直白，多直接描写事物，较少有历史文化积淀，但也有部分俗成语与当地的人文地理环境紧密相关，蕴涵着深厚的历史文化。举例来说：

大同历史上就是北方军事重镇，这里战争频仍，军队常年驻扎，俗成语

"兵停四驻形容人多、五马长枪说话不和气、反天世乱不太平、人马三惊出动的人多"，
意思几经演变，但我们还是可以想象这里曾经常年战乱，马嘶鸣叫的情景；大同
又是一个佛教盛行的地方，在这种特殊的人文环境影响下产生了俗成语"讲经
说法辩论争理"。此外，"软软刘王"讽刺了像后主刘禅一样懦弱的人；"狸猫换
胎"的故事可谓家喻户晓，在大同方言中指乱交换物品；"白花衙役"让我们看
到了古代一些衙门公人鱼肉百姓的情景，现在用来讽刺白吃白拿的人。

再如：平遥有成语"死把荆州"，这让人想起关羽"大意失荆州"的故事，
在平遥方言中比喻拿住东西不撒手。古时人们信奉神灵，为了评断是非，常常去
庙里烧香，祈求神灵决断，于是产生了成语"上庙击鼓"，这与当地生产力水平
和当时的文化水平有很大的关系，现在则指去某处评理。

我们还可以从"丢盔撂甲到处洒落、上衙下府去打官司、五王八侯形容人称王霸道
不讲理"等成语中看到历史的影子，研究这类成语对于当地人文地理环境以及当
地民俗的研究都大有帮助，应该引起我们的注意。

第三节　俗成语的内部差异

以上我们讨论了山西各地俗成语的构成方式及语义特点，求的是同，事实
上，在山西俗成语内部，其结构和语义也存在着一定的差异，主要有以下几种情
况：

一、语形相同，语义不同

如说"撕牙八怪"，临县指在人面前龇牙咧嘴，不自重。例：兀且人那个人可恶心
了，经常见咾人就撕牙八怪。平遥则指小孩哭的样子。例：撕牙八怪底块孩儿。

又如"嘴尖毛长"，临县指人好吃懒做，只图享受，不爱劳动。例：乃他嘴
尖毛长，不爱做营生，就爱吃好的。平遥则指说话不知轻重。例：嘴尖毛长底甚
也敢给人家说。

再如"粉眉淡眼"，临县指人眉毛不浓，脸色苍白，或衣物颜色太淡，不好
看，含贬义。例：兀且那个嫙子年轻妇女长得粉眉淡眼，实在没看头。而大同则指
面容干净，含褒义。例：看人家把孩子洗涮得粉眉淡眼的。

二、语义相同，语形不同

如表达"用眼神责备别人"，临县说"瞅眉剜眼"。例：乃他见不得我，见咾我经常瞅眉剜眼。大同则说"剜眉瞅眼"。例：这几天他老是对我剜眉瞅眼的。

又如表达"胡乱编造没有的事实"，临县说"诌书捏戏"，例：啊里有兀来事嘞，纯粹是诌书捏戏嘞。大同则说"诌书擦戏"，例：他说了半大天，尽是诌书擦戏呢。

再如表达"涂脂抹粉地打扮"，临县说"描眉刷鬓"，例：就在居家还天每家描眉刷鬓，叫谁看嘞！大同说"描眉打鬓"，例：那女人老也老了还描眉打鬓的。平遥则说"画眉刻鬓"，例：天每画眉刻鬓地去街上串（玩儿去）。

三、结构形式相同，表意有差别

我们以"圪"字式为例来看。"圪"字式俗成语在山西各方言点普遍存在，需要注意的是，结构形式完全一致的"圪"字式在各个方言点表示的意义或感情色彩却不一定相同。

如临县方言中，"圪低圪 A"式，在"圪 A"前面加上"圪低"。"低"没有意义，只起衬音作用。"圪 A"可以单用，加上"圪低"后，意义不变，如"圪低圪独"意思是"小声发泄不满"，相当于"圪独"。而在太原方言中，"圪低圪 A"意义往往要在"圪 A"的基础上发生一定的变化。如"圪歪"指歪斜不正，而"圪低圪歪"形容事情办得不顺当。

第四节　俗成语的认知研究

认知语言学认为，语言是人的认知对世界经验进行组织的结果，是人的认知能力发展到一定阶段的产物，只有认识到了事物，人类才可能组织语言进行表达，从而互相交流思想，交换信息，增加经验，沟通认识。在对事物的认知过程中，人类一方面通过"体认"来认识外部世界，另一方面也借助外部世界来认识人类自身，从而形成了"人是万物"和"万物是人"的隐喻概念。另外人类还通过转喻认知模式，用一个凸显事物替代另一事物（如用部分代替整体、用容器代替功能或内容等），从而丰富了语言的表现力，促进了语义的发展。

在对山西俗成语的考察过程中，我们注意到隐喻和转喻认知模式在俗成语中起着非常重要的作用。

一、万物是人

认知语言学认为，语言就是人类基于自身经验的认知结果，人类的认知顺序决定了早期人类的一种典型的思维特点就是"身体化活动"或"体认"，即把人自身作为衡量事物的标准。"近取诸身，远取诸物"，人类最先认识自己周围立体的、有形的、具体的东西，包括人体本身及其器官，借助于这些具体事物的词语来表达抽象的概念，这样就形成了"万物是人"的隐喻概念系统，在这个概念系统中，人类把自身的身体特征，甚至生理特点都投射到物质世界或抽象世界，从而形成一系列新的表达方式。这在俗成语中有很明显的体现，举例来说：

具体物体或抽象事物可以同人一样具有人体各个部位，如：大同方言中"边头沿脑"指地边儿地沿儿；"龇牙罗嘴"指物体有裂缝；"撺肚凸腰"指物体一边突出，一边凹陷；"死松破肚"指物体捆扎得不紧；"窟窿眼睛"指衣服等物体上窟窿多；"沾皮露肉"指因材料不足，顾了这顾不了那；"掐头欠脑"指数量稍微欠缺一点；"豁沟打牙"指陶瓷器皿有了磕碰的缺口儿。平遥方言"白眉怪眼"形容色彩单调；"脱眉少眼"比喻物体缺少关键性的部位。太原方言"掐头去尾"比喻除去无用的或不重要的部分。

事物可以具有人体的生理行为，如大同方言"急生急养"，比喻事到临头才急着去办。

事物还可以有人体的生活行为，如万荣方言"穿靴戴帽"，指建造房屋时墙壁下面一截和上面一截用砖砌，中间用土坯垒，这样的屋子像人一样穿上了靴子，戴上了帽子。

二、人是万物

人类在认识世界过程中，一方面通过人自身"体认"来认识周围的事物，形成了"万物是人"的隐喻概念系统；另一方面也通过周围的事物来认识自己，形成了一个与周围物质世界互动的认知过程，从而形成了"人是万物"的隐喻概念。

人类总是通过熟悉的动物来加强对人自身的认识。人可以有动物的外形、动作、行为，甚至食物等。如：平遥方言"鸭子跩蛋"形容人走路很慢；"驴马骨头"形容人骨头硬、不低头。太原方言"蛇跑兔窜"比喻人各有各的打算；"猪眉狮眼"形容人相貌丑陋。忻州方言"龟背蛇腰"形容人腰弯背驼的样子；"鸡皮股股儿"形容人非常吝啬，只怕别人沾了他的光；"狗分扬扯"比喻胡乱瓜分；"狗咬线截"比喻抓住别人一点问题纠缠不休；"牲灵八口"指说话粗野肮脏；"蛇里蛇架"指人干活儿没力气、不精干；"猪泔狗食"比喻饭菜质量低；"猫捣狗戏"比喻互相嬉戏耍笑，挑逗打闹；"黑蹄黑爪"比喻人丑恶的嘴脸；"猴眉鼠眼"形容人嘴尖眼小，面貌丑陋。临县方言"闲猫野鬼"比喻游手好闲的闲杂人等；"狼刨黄尘"指做事不小心，让尘土到处飞扬；"山猫野乍"比喻做事没有规矩；"妖猫鼠怪"形容人走路体态不好。

人还可以是生活中的事物或物体，如：忻州方言"黑青闷棒"形容人的身体又黑又粗。平遥方言"面糊簿吃"形容人性格像面糊一样，没有主意；"老树圪叉"形容人年老而行动不便。

三、山西俗成语中的转喻现象

认知语言学中的转喻是指在相近或相关联的两个认知域中用一个凸显事物替代另一事物，俗成语中常用的转喻思维就是用身体部位转指其功能，如：（1）用"嘴、牙、舌、口、齿"来转指语言或语言能力，例如"舌尖口快、口大舌长、秃舌撂嘴、嘴脏八道、秃嘴笨舌、翻舌撂嘴、打牙散嘴（以上大同）；多嘴偏舌、嘴尖毛长比喻说话不知轻重（以上平遥）；嘴尖拔舌比喻说话不让人、磕牙对嘴顶嘴、笨嘴拙舌（以上太原）；多嘴薄舌指好说不应该说的话、拙嘴笨舌、轻嘴薄舌说话很轻浮的样子、撕嘴变脸、磨牙细齿说了很多话、费了很多口舌（以上忻州）；说嘴抹光、嘴里牙多无理取闹，胡搅蛮缠（以上万荣）；嘴打骨吵、搅牙练嘴（以上临县）"。（2）用"手、脚"来转指动作，例如平遥方言"迟手慢脚、拖脚磨手"。（3）用"头、脑"来转指能力、智力与思维。例如"尖头滑脑、僵脖烂头主观执拗（以上忻州）；朽扁得老"得老"指头，形容人无能（平遥）"。（4）用眼睛来转指见识。例如"小眼薄皮（大同）、小眼见识（临县）"。

在俗成语中，还经常用某个凸显动作来转指某种动作或行为，如用女子打扮时的凸显动作"描眉画眼"来形容人过分打扮；用吃饭时的凸显动作"大口挠勺"来指狼吞虎咽；用小孩玩儿的凸显动作"撩风踢毽"来形容孩子淘气、顽皮；用到别家串门必有的动作"穿门踏窗"来形容人爱串门。

另外，俗成语还经常用工具来转指内容或用材料来转指成品。如"七碟八碗"、"挑匙拣碗"用"碟、碗、匙"来转指碗里的东西；"穿绸裹缎"用材料"绸、缎"来转指成品。

小 结

以上我们从构成方式、语义及认知等方面对山西俗成语进行了简单的分析，从中可以看出俗成语结构灵活，形式多样，既具有描述性、形象性，同时还具有独特的贬义性，符合人类普遍的认知规律，特别是隐喻和转喻的认知机制。

山西各地俗成语有很多，它们取材于日常生活，或直接白描，或形象夸张，或引以譬喻，反映了当地人民生产、生活的全部内容，包括自然环境、生产习俗、社会生活、风土人情，能直接体现语言最原始的面貌，是当地人民智慧的结晶，作为语言工作者，我们应该认真记录、研究，把每一份资料都完整地记录下来，为研究当地的民俗、当地人民的生产生活方式尽绵薄之力。

参考文献：

[1] 崔容. 太原北郊区方言研究. 山西人民出版社，2004

[2] 高炯. 长子方言志. 山西高校联合出版社，1995

[3] 郝小明. 太原城区与郊区方言比较研究. 山西人民出版社，2004

[4] 侯精一. 现代晋语的研究. 商务印书馆，1999

[5] 李小平. 临县方言"一眉一眼"式俗语例释//语言学论文集. 山西人民出版社，1989

[6] 李小平. 临县方言志. 山西高校联合出版社，1991

［7］卢卫中. 人体隐喻化的认知特点//语言的认知研究——认知语言学论文精选. 上海外语教育出版社，2004

［8］马文忠. 大同方言实用手册. 香港天马图书有限公司，2003

［9］乔全生. 洪洞方言研究. 中央文献出版社，1999

［10］乔全生. 晋方言语法研究. 商务印书馆，2000

［11］山西省史志研究院. 山西通志·民俗方言志. 中华书局，1997

［12］沈明. 太原方言词典. 江苏教育出版社，1994

［13］史素芬、李奇. 武乡方言志. 山西高校联合出版社，1990

［14］束定芳. 隐喻学研究. 上海外语教育出版社，2000

［15］温端政、侯精一主编. 山西方言调查研究报告. 山西高校联合出版社，1993

［16］温端政. 汉语语汇学. 商务印书馆，2005

［17］温端政. 忻州方言四字组俗语的构成方式和修辞特色. 语文研究. 1986（1）

［18］吴建生. 万荣方言词典. 江苏教育出版社，1997

［19］吴建生. 万荣俗语初探//俗语研究与探索. 上海辞书出版社，2005

［20］姚勤智. 晋中方言四字格俗语的口语性及文化阐释//俗语研究与探索. 上海辞书出版社，2005

［21］赵艳芳. 认知语言学概论. 上海外语教育出版社，2001

［22］钟小佩. 从认知角度看汉英"世界是人"的隐喻概念//语言的认知研究——认知语言学论文精选. 上海外语教育出版社，2004

附：

俗成语例释

说　明

1. 语目资料主要来源于《山西省方言志丛书》（温端政主编，语文研究增刊/语文出版社/山西高校联合出版社，1983－1999）、《山西方言重点研究丛书》（乔全生主编，山西人民出版社，2002－2007）、《忻州方言俗语大词典》（张光明、温端政编纂，上海辞书出版社，2002）、《太原方言词典》（沈明编纂，江苏教育出版社，2005）、《大同方言实用手册》（马文忠，香港天马图书有限公司，2003），临县、万荣、壶关等点语目为编者调查所得。

2. 有的语条各地的形式有细微差别，为便于比较，有选择地保留了一些副条，副条和主条出处一致的，副条不再标明出处，如相连副条出处一致，只在最后一条注明。

A

【挨工上靠】指按部就班地做事。（长治）

【挨枝打叶儿】形容干活儿条理清楚，次序得当。（大同）

【碍口识羞】指有话却不好意思说出口或指脸皮薄，害羞。（忻州）

【安眉塌眼】指围巾或帽子戴得过低，遮住了眼睛。（平鲁）

也作"揞眉哨眼"（静乐）、"揞眉踏眼"（大同）。

【暗打不腾】形容事情非常突然、意外。（屯留）

【熬牛打马】驱使牛马长时间劳作。比喻长时间辛苦劳累，饱受折磨，付出了很大的代价。（忻州）

【拗掉不擦】指不能很好地配合对方。（静乐）

【拗三捩四】指彼此意见不合，不团结。（静乐）

B

【八点礼道】形容人精明，识礼数。（忻州）

【八棱没瓣】形容物体不方不正，没有样子。（万荣）

【巴巴牙牙】形容纺织品的边缘不齐整。（太原）

【趴头上脸】指小孩在大人身上爬滚。（大同）

【趴高上低】形容小孩淘气，什么危险的地方都敢去。（忻州）

【霸王逼宫】指强迫别人服从自己的意愿。（忻州）

【掰瓜露籽】掰开瓜露出了籽。比喻把内情、底细全部抖落出来。（忻州）

【掰心扯肝】形容非常伤心、痛苦。（万荣）

【白不理正】指不理睬别人的劝导。（大同）

【白眉瞪眼】形容表情痴呆或无动于衷。（和顺）

【白眉怪眼】①形容人长得不好看。（代县）②形容颜色白得刺眼。（忻州）

【白眉画眼】形容人脸色不好看。（平鲁）

也作"白面势差"（河津）。

【搬大弄小】指挑拨是非。（忻州）

【搬碟儿害碗儿】形容小孩子淘气，乱搬东西。（大同）

也作"搬丝上瓮"（忻州）。

【搬脚弄手】形容小孩子不安生，不断乱动。（大同）

【搬砖弄瓦】①形容人勤劳。②形容小孩淘气。（忻州）

也作"搬砖遛瓦"。

【半生撂熟】①指食物没有完全熟透。②比喻知识、技能等没有完全掌握。（静乐）

【半夜说黑】指光说不做，或者口说而没有实证。（万荣）

【绊脚样手】指妨碍别人干活儿。（大同）

【帮锣急计】指全心全力，想尽一切办法帮忙。（临县）

【帮闲彻揽】多指小孩帮别人做力不胜任的事。（大同）

【膀眉肿眼】指面部浮肿。（和顺）

也作"膀眉处眼"（洪洞）。

【棒戗圪览】形容细长物体堆放得不整齐。（大同）

也作"棍戗圪览"、"竖戗圪览"。

【饱肠压肚】形容吃得太饱。（代县）

【保管来回】指（向人）保证，绝对不会出差错。（万荣）

【背锅凹腰】背锅：指背部像扣了口锅；凹：缩回、凹陷。形容人身躯佝偻，弯腰驼背的样子。（忻州）

也作"背锅打蛋"（应县）、"背锅倾腰"（临县）、"背锅庆寿"（大同）。

【焙裂四跨】①瓷器上有很多裂痕。②比喻各持己见，不团结。（静乐）

【笨嘴扬舌】形容嘴笨，不善于口头表达。（忻州）

也作"笨嘴笨扯"、"笨嘴扬扯"（忻州）、"笨嘴拙舌"（太原）。

【毕眉蔗眼】形容人五官长得饱满、漂亮。（临县）

也作"毕眉饱眼"。

【边头畔脑】指地边地头的空余、闲置部分。（忻州）

也作"边头沿脑"、"边头拉畔"。

【编巴湿灶】形容人干活儿利落，手脚快。（大同）

【扁眉杀眼】形容面容长得不周正且带有刁钻的表情。（太原）

【变脸失气】指因恼怒而面露愠色。（忻州）

也作"变脸失色"、"变眉煞眼"、"变眉失眼"、"变模眼涩"（忻州）、"变眉失脸"（大同）。

【变眉失颜】指因受惊而露出异常的表情。（忻州）

【憋气咬风】指心里有不痛快的事又不便说出来。（大同）

【瘟文夹字】指说话故意支支吾吾，含含糊糊，让人琢磨不透。（临县）

【宾客现过】指做买卖不赊不欠，当场交款拿货。（忻州）

【冰倒滑擦】形容路面上的冰非常滑。（太原）

【兵停四驻】形容人多。（大同）

【拨草寻蛇】比喻故意挑毛病或找茬儿。（忻州）

【拨低倒腊】指人或物所处位置不当，碍手碍脚。（清徐）

【剥金望利】指为人做事是了捞取好处。（忻州）

【不机道明】形容人痴傻。（大同）

【不唧瞪眼】指瞪着眼发脾气。（屯留）

【不精半明】形容人不精明，带有傻气。（静乐）

也作"不明半精"（临县）、"不精烂明"（太原）。

【不言打语】指因不高兴或不满意而不说话。（临县）

C

【擦屎挖尿】形容养育孩子的艰辛与不易。（太原）

【参和夺事】指介入本不该介入的事情。（静乐）

【参言截舌】指不该说话时胡乱插话。（盂县）

也作"参言接舌"（静乐）。

【嚼言哨语】指用言语向他人挑衅。（忻州）

【蹭蹬不打】形容人做事利索。（平鲁）

【权耙扫帚】泛指打谷场上使用的工具。多形容应有尽有，样样俱全。（忻州）

【差事门户】指亲戚朋友间的婚丧嫁娶等往来、应酬。（临县）

【缠八搅七】指没完没了地纠缠。（大同）

【缠脚绊手】①多指小孩不断纠缠，难以解脱。②形容事情复杂难办。（忻州）

【长喊短气】指因烦闷或痛苦而发出叹息的声音。（临县）

也作"长出短气"（忻州）、"长叹短气"（代县）。

【长猫死狗】形容人说话东拉西扯，没完没了。（临县）

【朝眉霸眼】形容人大大咧咧，毫无顾忌的样子。（静乐）

【嘟油沓水】形容说话没有分寸。（忻州）

【扯怀淡自】形容人不系扣子，衣衫不整的样子。（代县）

【扯皮卖股】指因意见或行动不统一而不好办事。（忻州）

【扯旗放炮】指大肆张扬、声张。（万荣）

【扯旗卖鼓】形容做事架子摆得大。（忻州）

【澄汤溜水】形容饭菜汤多而味淡。（静乐）

【秤称斗量】①用秤称，用斗量。②形容数量很多，不足为奇。（忻州）

【吃铁咬钢】①形容人强悍。②形容人费衣物等。（临县）

【吃疑钻沙】指对人怀疑，不信任。（万荣）

【痴眉信眼】形容人不机灵，眉宇间带有呆气。（万荣）

也作"痴眉憎眼"（忻州）、"眵眉䁽眼"（河津）。

【痴泥打盹】形容人无能，反应迟钝。（和顺）

【赤脚熬头】指光着脚。（应县）

也作"赤脚尥蹄"（忻州）、"赤脚八沓"（临县）、"赤脚打板"（大同）、"赤足当板"（静乐）。

【赤皮露肉】光着身子。多形容衣服破烂，难以遮身。（临县）

【抽筋拔骨】形容非常疼痛，难以忍受。（忻州）

也作"抽筋剥皮"（太原）。

【丑姿八怪】形容相貌丑陋、难看。（静乐）

也作"丑眉怪眼"（临县）、"丑眉混眼"（大同）。

【出皮打胯】形容人不正经。（代县）

【穿绸裹缎】形容穿得阔气。（大同）

也作"穿绸摆缎"、"穿袍着褂"（忻州）。

【吹起捏塌】讥讽人说话不实在，不顾事实随意胡编烂造。（临县）

【吹气指力】指自己不动手，指使别人去干。（忻州）

【吹五喝六】指吹牛，说大话。（大同）

【戳板弄拐】指出事故或出乱子。（忻州）

【戳鬼不悟】戳鬼：闯祸，做错事。指无意中做了错事。（大同）

【戳皮糙脸】形容人脸皮厚，不知羞耻。（静乐）

也作"戳皮打胯"（忻州）。

【戳枪弄棒】形容行为粗鲁。（忻州）

【瓷壶带把儿】斥责人做事不机灵。（洪洞）

【瓷眉愣眼】指故意对他人的话不做任何反应。（临县）

【刺毛达煞】形容头发又乱又脏。（平遥）

【粗箩霸筛】指食物粗糙，口感差。（临县）

　【粗声愣气】形容说话声音粗。（静乐）

也作"粗声压气"（忻州）。

【粗蹄笨腿】指庄户人不太讲究卫生和做事方式（多用作谦词）。（临县）

【搓手捻脚】指因着急、害羞或无聊而手足无措。（临县）

也作"搓手跺脚"（忻州）。

D

【打白骂油】指打骂次数过多，已经不在乎了。（大同）

【打彩碰命】指碰运气。（太原）

【打茬对行】指故意跟人顶嘴或作对。（临县）

【打瓜溜嘴】斥责人好插话，接话。（应县）

【打架狼嚎】形容（因打斗而使得）场面极为混乱嘈杂。（静乐）

【打牙散嘴】指跟人顶嘴。（大同）

【打油卖醋】形容干活不踏实，到处乱跑。（忻州）

【打杂儿落毛】指（因没正当职业而）帮人做杂活。（大同）

【大观尽目】指粗略地看一看。（平遥）

【大明五亮】指毫不避讳、公开说或做。（大同）

【呆眉六眼】形容人一副呆傻的样子。（静乐）

也作"呆眉处眼"（大同）、"呆眉悻眼"（太原）。

【担肩摆臂】指自由自在，什么事情也不干。（忻州）

【担名荷里】指背负着某种名声。（临县）

也作"担名搁料"（静乐）。

【弹筋觳觫】形容老人走路颤颤巍巍的样子。（盂县）

【淡水寡颜】形容颜色浅淡，不耐看。（平遥）

【刀割水清】形容界限分明。（忻州）

【捣大弄玄】指夸口，说大话。（静乐）

【蹬蹄踏脚】多指因对事情不满意而跺脚撒气。（临县）

【地尽籽儿了】比喻材料用完了，事情也刚好办完了。（忻州）

【颠倒马勺】指说话颠三倒四，没有次序。（洪洞）

【点猫窜狗】比喻故意挑拨，引起纠纷。（平鲁）

【点盐攉醋】比喻用言语或动作暗示别人。（忻州）

【刁眉凹眼】形容女子眉宇间刁钻的神情。（太原）

【叼功摸夫】指抽空做某事。（代县）

【叼糜捎谷】叼：趁人不备很快拿走。指小偷小摸，偷人财物。（临县）

【吊眉扯眼】指用眼神勾引人。（平遥）

【调疯卖倚】指故意回避或不理会说话人的意图，胡乱接话。（临县）

【调盐豁醋】比喻挑拨是非，引起争端。（太原）

【跌倒马爬】形容走路不稳、跌跌撞撞的样子。（静乐）

也作"跌跤马爬"（忻州）。

【跌梁砍桩】比喻说话胡吹乱砍，不着边际。（平遥）

【跌溜不刹】形容行动敏捷。（和顺）

【跌皮撂胯】指讹诈他人。（大同）

【顶一把二】指质量上一点也不马虎。（忻州）

【顶嘴磕舌】指与人（多为尊长）顶撞、争辩。（临县）

【丢风摆浪】指做事马虎，不认真。（平鲁）

【丢盔撂甲】比喻做事丢三落四。（忻州）

【丢天漾地】漾：用力扔。指因不满而故意使狠劲，使动作幅度过大。（临县）

【丢鞋野帽】野：落下。形容人做事马虎，丢三落四。（临县）

【东抓西挖】指不择手段捞取钱财。（忻州）

【抖打神散】形容人不稳重、不安稳的样子。（大同）

也作"抖打失称"。

【抖尽毛干】指一点儿也没有了。（忻州）

【乫眉打蛋】指手脚不老实，到处骚扰人。（静乐）

【短心烂见】形容人心肠狠毒。（临县）

也作"短心厌见"、"短心烂锤"、"短研实见"。

【堆山积累】形容物质丰富。（临县）

也作"堆山积楞"（忻州）、"堆三愣四"（大同）。

254 【多嘴薄舌】斥责人中途插话或爱传闲话。（临县）

也作"多嘴八舌"（忻州）、"多嘴的兰"（太原）。

【哚盆摔碗】指发脾气摔打家具。（忻州）

也作"哚知哚打"。

【躲灾避难】指逃避劳动。（忻州）

也作"躲尖把滑"（洪洞）。

E

【讹七造八】指耍无赖，向人讹诈财物。（大同）

【恶眉势眼】形容人相貌凶恶。（洪洞）

【二乎二性】指迟疑不决。（静乐）

也作"二忽二意"（大同）。

【二梁二武】形容人做事鲁莽。（临县）

【二马一虎】指做事马虎，随便。（太原）

【二平不凑】形容材料太小，不够用。（平遥）

【二心不定】指犹豫，拿不定主意。（万荣）

也作"二阴不定"、"二心忽沓"（临县）。

F

【发痒烂兴】斥责人爱乱摸别人的东西。（忻州）

【乏困连颠】形容非常疲乏。（静乐）

【翻跤打滚】指翻来覆去，难以入睡。（忻州）

也作"翻上倒下"（临县）。

【翻筋麻叶】指说话絮叨，爱较真。（大同）

【翻山架梁】形容路途遥远，道路难走。（临县）

也作"爬山架梁"。

【翻嘴撂舌】指传闲话，挑拨是非。（临县）

也作"翻舌撂嘴"（大同）。

【反天世乱】指天下不太平。（大同）

【放屁添风】比喻力量虽小，但也会有一定的帮助。（忻州）

255

【飞脚扬手】指边说话边用手势或形体动作示意。（大同）

【飞诘乱骂】指骂人时还配以肢体动作。（高平）

【飞踢马咬】形容小孩子不服管教，行为野蛮。（静乐）

【飞天扬地】指东西飞散得到处都是。（大同）

【费气倒里】指花费很大的力气或精力。（临县）

【费事八咧】指费了好大的劲儿，好不容易。（万荣）

也作"费事拉咳"（河津）。

【风张倒势】形容行为莽撞，不稳重。（大同）

也作"疯张榻练"（平鲁）、"风张老里"（壶关）。

【疯打练魔】形容行为粗野，不稳重。（忻州）

【疯门野道】指做事疯疯癫癫，不符合常规。（静乐）

【疯跑野窜】指没有节制地到处游玩。（太原）

【疯嘴塌舌】指胡说八道。（忻州）

【浮来涉去】①形容彼此交往不深。②形容待人虚伪，不实在。（忻州）

G

【嘎打马稀】指零七八碎的东西。（万荣）

也作"嘎得马得"（河津）。

【干毛湿潮】形容皮肤干，不润泽。（大同）

【圪低窈八】形容地面坑洼不平。（平鲁）

也作"圪低圪巴"（朔州）、"圪地圪窝"（洪洞）、"圪丁刨削"（长治）。

【圪低舀踏】指器物上的零件多处松动。（清徐）

【圪底打影】指疑神疑鬼，心神不安。（朔州）

【圪丢圪道】形容说话颠三倒四，说不清楚。（朔州）

也作"圪丢半杳"（平鲁）。

【圪洞凹口】形容物体表面不平，坑坑洼洼。（平遥）

也作"圪跺凹切"（太原）。

【圪窦掖访】窦：看；访：躲藏。指探头探脑，躲躲藏藏。（万荣）

【圪里疙瘩】形容说话语无伦次。（长治）

【圪里拐弯】形容棍棒等不直。（万荣）

也作"圪溜把弯儿"（大同）、"圪料弯弓"（清徐）、"圪料弯三"（长治）。

【圪里撂嚓】形容人说话过分直率，使人不好接受。（万荣）

【圪料而讪】①形容人性格古怪。②形容人身体不匀称。（平鲁）

【圪猫圪点】指弯腰躲藏又不时探头张望。（运城）

【圪凸流西】指表面不平，有很多凸起。（清徐）

【圪团窝曲】指因空间狭小而蜷缩着身子。（平遥）

【圪腥烂气】形容肉类腐烂后散发出的腥臭气味。（武乡）

【圪洋圪拥】形容行动迟缓，懒得动弹。（屯留）

【圪杂乱污】形容脏乱的样子。（汾西）

【疙瘩弯三】形容脸上疙瘩多，皮肤不光滑。（长治）

【割割来来】指为人不热情，办事不紧凑。（洪洞）

【隔三骗二】指图省事或为了加快速度，有些地方就隔过去不做了。（大同）

也作"隔沟担梁"。

【根根有扣】指每句话都有根据，有道理。（静乐）

【跟倒搬替】指替换某人做某事。（长治）

【弓肩踏背】指弯腰耸肩。（太原）

【勾拉圪扯】指彼此有牵连。（清徐）

【狗打胡逛】形容人游手好闲，不务正业。（万荣）

【狗筋圪料】形容人性情古怪，喜怒无常。（太原）

【狗脸亲家】指双方翻脸快，和好也快。（万荣）

【狗逛干屎】斥责人无所事事，到处闲荡。（河津）

【狗嘴雀脸】脸小下巴突出，形容人长相难看。（太原）

【刮风扬阵】比喻开始做事时很积极，后来却不了了之。（平遥）

【寡汤淡水】形容饭菜味道过淡，没滋味。（代县）

也作"寡汤例水"（大同）、"寡汤列水"（长治）。

【怪声嘹气】形容说话声音高，腔调怪。（临县）

【官打现在】只管眼前，不管过去或将来。（万荣）

【鬼大十七】形容人非常精明，狡猾。（高平）

【鬼忽伶丁】形容人不诚实。(大同)

也作"鬼三裂四"、"鬼三结症"、"鬼七裂八"。

【鬼眉怪眼】形容长相怪异,行为乖僻。(静乐)

【鬼眉溜眼】指人因心里有鬼而使得表情不自然。(太原)

【鬼迷三道】形容人狡猾,不诚实。(高平)

也作"鬼七马八"(长治)。

【鬼气八卦】形容一副神秘的样子。(洪洞)

【鬼炸流气】指小孩扮鬼脸、出洋相。(平遥)

【棍枪圪榄】指木棍或棍状物。(平鲁)

也作"棍七圪榄"(静乐)、"棍秸圪榄"(清徐)。

H

【海吃横喝】指放开肚皮,贪吃贪喝。(太原)

【海打葫芦】做事没计划,得过且过,不考虑将来。(平鲁)

【海没公谈】指所持观点或言论只是就客观情况而言,并不针对具体人或事。(临县)

【憨吃愣害】指小孩子只知道玩耍、乱折腾。(大同)

【喊猫喝狗】指大声呵斥。(临县)

也作"喊猫喝鬼"(临县)、"喝神断鬼"(洪洞)。

【呵牙挽爪】指因身体乏困而使精神不振。(静乐)

也作"呵呀舞爪"(临县)。

【喝鲁四洒】形容人狼吞虎咽的样子。(平遥)

【和嚷黑闹】形容争吵喧闹的场面。(静乐)

【和言语顺】指说话和气,态度和蔼。(大同)

【核拉屁套】形容人物杂多。(平鲁)

【黑潮污烂】形容衣物不干净。(大同)

【黑打摸揣】形容晚上黑暗,行动不便。(洪洞)

也作"黑捞揣摸"(临县)。

【黑低八腊】形容做事干脆利索。(清徐)

【黑封兜脸】形容生气时黑着脸的样子。（长治）

【黑干精瘦】形容人又黑又瘦。（河津）

也作"黑干儿憔悴"（大同）、"黑干二黄"（代县）。

【黑林糊花】形容又黑又脏。（平遥）

【黑麻咕咚】形容天色很黑暗。（万荣）

【黑煤竖鼻】指面部被烟煤等熏得很黑。（临县）

也作"黑嘴煤鼻"。

【黑漆烂板】形容屋内陈设简陋。（太原）

【黑青兀烂】指皮肤因触碰或被打而发青发紫。（临县）

也作"黑青炮烂"、"红伤黑烂"（临县）、"黑烂乌青"（大同）、"黑青烂透"（静乐）、"红黑蓝青"（平遥）。

【黑球马蛋】形容脸色灰暗，神情倦怠。（太原）

【黑实毛碰】①不小心，到处磕碰。②指盲无目的地做事。（平遥）

【黑天乌目】①形容天色黑暗。②形容糊里糊涂。（万荣）

【黑脏污烂】①形容衣物等又黑又脏。②形容花布等颜色暗淡。（平遥）

【狠死延活】指想一下子把大量的事情全部做完。（平遥）

【哼五喝六】指耍威风，呵斥人。（大同）

【横搅顺说】指胡搅蛮缠，没理也要强词夺理。（大同）

【横眉立眼】形容表情蛮横、强硬。（太原）

【横三顺四】形容物体摆放得杂乱无序，不整齐。（应县）

【横躺顺卧】指随意乱躺着。（大同）

【红刀花食】形容老年人饭量好，有精神。（平遥）

【红叼白抢】指不顾一切争相抢夺。（静乐）

也作"红抢黑叼"。

【红黑死挨】指按约定的计划做事。（应县）

【红团火焰】形容家人团聚热闹融洽的气氛。（平遥）

【红鬃黑尾】形容结队来的人多。（临县）

【红嘴白牙】指亲口对人许下承诺。（临县）

【猴眉怪眼】形容人不起眼，不排场。（和顺）

【猴手猴脚】指虽然做事动作麻利，但粗心马虎。（太原）

【吼叫失欢】指高声喧嚷，到处张扬。（静乐）

【忽雷泡场】形容做事慌张。（大同）

【忽提忽撩】形容人轻浮。（太原）

【胡冲狗打】指每天不干正事。（河津）

【胡撺乱掇】指胡乱做事。（太原）

【胡碟儿八菜】把许多种菜混在一起做。比喻做事不合常理。（大同）

【胡假作奏】指胡乱编造，无中生有。（静乐）

【胡诘乱骂】指没有根据地胡乱骂人。（高平）

【胡筋作料】指故意刁难或捣乱。（临县）

【胡马稗谷】形容做事毫无次序，乱七八糟。（洪洞）

【胡闹三关】指无理取闹。（太原）

【胡七麻烦】形容事情多而杂乱，让人心烦。（太原）

【胡煽冒撂】指说大话，吹牛。（万荣）

【胡张八捣】指随意捏造假消息。（静乐）

【胡抓拾掇】见什么做什么。指做事无目标，无计划。（静乐）

【虎胸逼邋】形容人健壮魁梧。（平遥）

【花麻油嘴】形容人嘴巴灵巧，话语动听。（临县）

【花马调嘴】形容人多嘴或说话油腔滑调。（平遥）

也作"花麻调嘴"（和顺）。

【黄尘架雾】形容做事鲁莽。（平鲁）

【黄皮寡瘦】形容人面色黄而清瘦。（太原）

【惶肠忽乱】形容异常害怕惊恐。（平鲁）

【灰眉处眼】形容满头满脸都是尘土。（太原）

也作"灰眉六眼"、"灰眉醋眼"、"灰眉古怪"（代县）。

【灰清冷灶】形容非常冷清。（太原）

【灰说滥道】指不负责任地胡乱说话。（静乐）

也作"灰说八道"。

【灰说六道】指信口瞎说。（代县）

也作"寡说六道"。

【灰塌二乎】①形容场面非常冷清。(静乐)②形容家中很穷。(代县)

【昏头奋脑】形容头脑不清醒，迷迷糊糊。(万荣)

【荤素不累】指人能干，什么都能做。(临县)

【浑脏糊涂】形容饭食做得粗糙。(太原)

【豁沟打牙】指盆碗等陶瓷器皿上有了缺口儿。(大同)

【豁牙撂嘴】形容牙齿不齐。(代县)

【豁牙露齿】形容牙齿不全。(应县)

【活老三骗】指犹豫不定，拿不准主意。(洪洞)

【活灵四拉】形容说话、办事过于灵活，不太可靠。(临县)

【活言答对】指以平和、善意的态度进行对话。(应县)

【活眼现报】指遭到报应。(沁县)

【活眼转色】形容人机灵，会来事。(大同)

【火急撂跳】形容人性情暴躁，容易发脾气。(代县)

也作"火急如雷"。

【或长是短】指意外发生不好的事情。(临县)

也作"或长近短"、"长三近短"。

J

【急刁瓦抢】指疯狂争抢，互不谦让。(大同)

也作"急刁饿抢"。

【急屙下蛋】比喻做出决定后又反悔了。(临县)

【急慌马乱】形容着急慌乱的样子。(大同)

【急眉霸眼】霸：瞪。指瞪着眼跟人发急；极力争辩。(盂县)

【急眉笨眼】①形容相貌不好看。②形容人能干。(平鲁)

【急生急养】比喻事到临头才急着办。(大同)

【急抓霍乱】形容办事非常毛躁。(高平)

【挤行插满】指看热闹时硬往里挤。(平鲁)

【夹疯愣征】形容行为莽撞，办事不细心。(大同)

【假装疯魔】指故意做作，装出某种情态来。（平鲁）

【尖言炸语】指说话刻薄，爱占上风。（大同）

【坚钢条脆】形容说话、办事干脆。（平鲁）

【讲经说法】指跟人辩理。（应县）

【交干拜湿】指关系好的双方互相认干亲。（应县）

【交手并脚】指把人或物完好无损地当面交给对方。（临县）

【焦毛擦着】形容人或动物毛发干燥卷曲、沾满尘土的样子。（平遥）

【绞毛扒皮】指不讲道理，胡搅蛮缠。（临县）

【搅牙练嘴】指争吵，斗嘴。（临县）

【紧班儿摸捞】形容时间抓得紧。（应县）

【紧冠束带】形容穿戴整齐。（大同）

【紧脚料手】形容手脚麻利，行动利索。（临县）

也作"紧脚绊手"。

【紧跑慢撵】指拼命追赶。（太原）

【精吃白拿】指人爱占便宜。（大同）

【精积伶俐】形容人聪明能干。（太原）

【精眉狐眼】形容表情轻佻。（吉县）

【精牛战马】指光着身子。（应县）

【精说白道】指胡乱狡辩，说瞎话。（应县）

【净眼儿毛光】形容东西一点儿也没剩。（大同）

【揪耳刮打】指随手就在人的脸上头上乱打。（临县）

【捐瓜打蛋】形容衣服或包裹等不平展。（大同）

【卷帘朝散】指团体、组织等解散。（大同）

【噘嘴凹脸】形容不高兴的样子。（太原）

【厥气马爬】形容气憋难受的感觉。（太原）

K

【砍砖曳瓦】指说话胡吹乱侃，没有根据。（平遥）

【看重吃轻】指人看起来强大，实际虚弱。（万荣）

262

【瞌眉睡眼】形容瞌睡的样子。（高平）

也作"瞌睡马爬"（应县）。

【磕牙对嘴】指跟人顶嘴。（太原）

【可边可沿】指就着某个范围不增减。（太原）

【克溜细贴】形容过日子十分节俭。（平鲁）

也作"克克散散"。

【抠牙饿嗓】形容过日子节俭，连饭都舍不得吃好。（应县）

【口大舌长】形容人爱吹牛，好说大话。（应县）

【哭眉攒眼】形容悲伤、愁苦的样子。（平鲁）

【哭声挠挖】指言语中带有哭声。（静乐）

也作"哭声恼嗓"（大同）、"哭声恼样"（应县）。

【苦眉凹眼】形容愁苦的神色。（太原）

【夸实溜蛋】指向人炫耀。（平遥）

L

【拉疤扯耳】形容布料等织得稀疏，质量低劣。（大同）

也作"拉巴扯掖"（忻州）、"扯巴流掖"（临县）。

【拉弓射箭】比喻怂恿别人做事。（忻州）

【拉离没架】①形容动作不成样子。②形容长相特殊，与常人不一样。（平遥）

【拉汤抹线】形容做事拖拉。（大同）

【烂糊砍脑】①指食物因烹饪时间过长而变得熟烂。②形容事情复杂，没有头绪。（临县）

【烂零圪擦】形容破烂不堪。（太原）

【劳驴滚架】形容事情十分麻烦、费事。（忻州）

【老味完残】形容东西陈旧残破。（忻州）

【老拙无用】形容人年老无用。（太原）

【楞边楞沿】指东西放在边沿处，快要掉下来。（大同）

【愣其坎正】形容人不精明。（应县）

【愣头惇脑】形容人做事鲁莽，冒失。（太原）

也作"楞眉惇眼"。

【冷丢慢淡】指待人冷淡，不热情。（应县）

也作"冷答慢应"（忻州）、"冷吹慢打"（大同）、"冷汤拔水"（静乐）、"冷冰不擦"（太原）、"冷棚淡次"（河津）。

【冷脸凉情】指表现出一副冷漠的神情和态度。（应县）

【冷麻圪森】指发烧的病人感觉身上发冷。（平鲁）

也作"冷吱儿乍寒"（大同）。

【冷淘食洼】指吃冷食。（应县）

【愣七坎怔】形容说话不文雅，对人没礼貌。（大同）

【狸猫换胎】多指小孩彼此乱交换东西。（大同）

【离鞋赤脚】指光着脚。（太原）

【里捶外打】形容女子能干，里外都能应付。（万荣）

【里里浪浪】形容说话办事拖沓，不利索。（静乐）

也作"淋淋浪浪"。

【理秃理短】指因自觉理亏而说话、做事小心翼翼。（临县）

也作"理短乞食"（临县）、"理短小心"（忻州）。

【立客难待】指不肯就座的客人很难招待。（静乐）

也作"立戚难待"（忻州）。

【立眉霸眼】形容人面目凶恶，蛮横不讲理。（和顺）

【利汤撒骨】形容人性格孤僻，不爱与人交往。（忻州）

【连心搁髓】形容关系非常亲密。（忻州）

【凉五扑赤】讥讽人说话做事没有分寸。（平遥）

也作"凉凛洼水"、"凉里凉棒"（忻州）。

【两离两行】形容彼此关系不亲密。（应县）

【撩风踢键】形容小孩淘气，爱动。（忻州）

【撩猫逗狗】指到处撩逗，招惹他人。（长治）

也作"撩鸡斗狗"（临县）、"撩猫儿戏狗儿"（大同）。

【撩油打水】指在又小又浅的容器里多次盛汤等液体。（临县）

也作"撩油搁水"。

【獠牙鼠嘴】嘴尖，牙齿外露。形容人长得难看。（忻州）

【炝风踢脚】形容人举止不稳重。（和顺）

【临年逼节】临近过年的时候。（代县）

也作"临年靠节"（忻州）、"临年马到"（临县）。

【临稍罢筵】事情就要结束的时候。（平遥）

也作"临稍末尾"（忻州）。

【零打碎敲】比喻一点一点地消耗。（临县）

【零三八五】零碎的，少量的。（万荣）

也作"零里八碎"（万荣）、"零二八五"（河津）、"零二八星"（太原）。

【另骨另山】原指相互不粘连，比喻彼此关系疏远。（静乐）

【留列整眉】形容女人整洁漂亮。（万荣）

【柳绿青黄】形容脸色黄绿，气色不好。（太原）

【六眼对头】指做事说话时当着两个人的面。（忻州）

【龙蛇大草】形容字写得潦草，难以辨认。（忻州）

【聋三夹四】形容人耳朵聋。（长治）

也作"聋咚塌耳"（忻州）、"聋眉扯眼"（临县）、"聋七坎怔"（大同）。

【驴马骨头】形容人性格倔，遇事不低头（含贬义）。（平遥）

【驴踢狗咬】形容小孩顽劣，好动。（临县）

【乱把胡凑】①形容场面乱七八糟。②形容事情没有头绪。（忻州）

【乱里打憋】形容衣冠不整的样子。（洪洞）

【乱麻式火】形容东西摆放得没有秩序、没有条理。（万荣）

【乱麻纸绞】①形容内心烦躁不安。②形容现场一片狼藉。（忻州）

【乱马刀枪】形容家里很乱。（洪洞）

【乱七麻瓢】形容东西杂乱，混杂。（大同）

也作"乱七麻脑"、"乱麻七糟"。

【锣鼓旗散】形容锣鼓喧天、旌旗蔽日的情景。（洪洞）

【摞窝纳被】形容盖的被子或穿的衣服层多而厚。（临县）

M

【麻二麻三】形容乱七八糟的样子。(忻州)

【麻精鬼瘦】形容人瘦小。(长治)

【麻里倒烦】形容事情非常繁琐、费事。(清徐)

也作"麻里式烦"(临县)。

【麻皮纸金】纸金:纸。泛指不值钱的东西。(临县)

【麻三恼四】指因心里烦躁而态度不好,乱发脾气。(平鲁)

也作"麻天懊地"(忻州)、"骂三恼四"(代县)。

【麻团纸绞】形容内心烦躁不安。(忻州)

也作"麻里圪烦"(武乡)。

【埋锅倒灶】指不务正业,使家业败落。(太原)

【慢丢慢掖】指做事不慌不忙,慢慢腾腾。(忻州)

【漫山架梁】形容说话浮夸,不着边际。(忻州)

【忙死烂活】形容非常忙碌,没一刻歇息。(临县)

【盲人瞎马】盲人遇上了瞎马。比喻不知情的人碰到了一起。(忻州)

【猫捣狗戏】多指小孩嬉戏打闹。(忻州)

【毛叽鬼胎】形容人吝啬、小气。(大同)

【毛里圪草】形容物体表面毛毛草草,难看。(汾西)

【毛眉大眼】形容人英俊漂亮。(静乐)

【毛皮不利】形容人本性不好,好与人纠缠。(临县)

【冒打咕咚】形容说话或做事冒失。(万荣)

也作"冒而失砍"(和顺)、"冒里失砍"(清徐)。

【冒口张三】指不顾客观情况,胡乱夸口。(临县)

【没边没沿】形容说话没准头。(壶关)

【没材打料】指办事办不到点上。(洪洞)

【没谷生莠】指无中生有。(大同)

【没哈没缝】①形容物体间粘得紧,没有一丝缝隙。②比喻事情办得周全,

没有一点纰漏。(忻州)

【没眉晃眼】指做事不留情面，不讲方式。（大同）

也作"劈眉架眼"、"直眉晃眼"、"直眉霸眼"。

【没眉铰眼】斥责人不要脸面。（和顺）

【没孽揽罪】指无端地为他人承担责任。（河津）

【没钱倒水】形容经济拮据，生活穷困。（忻州）

【没情倒由】形容说话做事颠三倒四，没有条理。（忻州）

【没天理道】指违背道德、法律。（大同）

【没铜没铁】比喻没有任何利益。（忻州）

【没脱淡气】讥讽人爱说没用的话。（大同）

【没样没行】指做事没有规矩，不成样子。（万荣）

【没辙烂声】形容人没有涵养。（平遥）

【没捉没拿】指不好处理。（大同）

【霉子愣腾】形容食物长满了霉菌。（静乐）

也作"霉子了耳"（忻州）。

【门三户四】指亲戚朋友婚丧嫁娶等需要随礼的事。（临县）

【迷迟眼瞪】形容精神不振。（长治）

【面软羞多】形容脸皮薄，易害羞。（忻州）

【明灯蜡八】形容灯光非常明亮。（静乐）

也作"明灯蜡水"（忻州）。

【明光漆蜡】形容物体光滑明亮。（忻州）

也作"明光瓦亮"（大同）。

【明敬暗害】指表面上是尊敬或抬举，实际上却是在害人。（忻州）

【明眉交眼】形容天色很明亮。（万荣）

也作"明眉明眼"（河津）。

【磨边擦沿】指地方狭窄，物体勉强能通过。（忻州）

【磨棱对缝】比喻故意找茬。（忻州）

【磨牙料嘴】指长时间地说服、争辩等。（临县）

也作"磨牙费嘴"。

267

N

【拿弹缚手】指行为拘谨，放不开。（忻州）

也作"拿脚缚手"（忻州）、"拿脚试手"（临县）。

【拿龙捉虎】比喻干活儿时光会空比划，装腔作势。（大同）

【拿私捉弊】指抓住别人的短处进行要挟。（大同）

【拿糖误鬼】指扭扭捏捏，不大方。（万荣）

【拿妖作怪】指故意捣乱、耍横。（临县）

也作"拿三作五"。

【难般就手】形容办事难，需经多方托人或需向人开口借。（临县）

【囊声得气】形容做事慌张、莽撞，不考虑后果。（平遥）

【挠头黑脸】形容蓬头垢面的样子。（太原）

【恼眉洼眼】指露出恼怒的表情。（临县）

也作"恼眉悻眼"、"恼筋塌板"（临县）、"恼眉恨眼"（大同）。

【脑披脚拉】披散着头发，趿拉着鞋。形容人邋遢，不整洁。（临县）

【能屙会下】指见势不好，就适时地向人赔礼认错（含贬义）。（忻州）

【能讹合赖】指惯于讹诈和耍赖。（忻州）

【泥猪疥狗】①比喻衣服上沾满了泥土。（大同）②比喻瓜菜表面带的泥土多。（忻州）

【泥猪癞狗】指耍赖皮，也指小孩缠着大人撒娇。（河津）

【撵肚凹腰】指物体一边儿突出，另一边凹陷。（大同）

【撵狼捉虎】比喻苦苦找寻。（忻州）

也作"撵狼捉鬼"、"撵神捉鬼"。

【撵天转地】形容到处寻找。（忻州）

【捏捏抓抓】指小偷小摸。（平鲁）

【茶离四讨】形容人傻，言行没有分寸。（静乐）

也作"茶流少世"（忻州）、"茶离少世"（临县）。

【牛毛鬼细】形容十分小气，吝啬。（忻州）

【扭腰折背】形容不高兴、不顺心的样子。（大同）

【浓洼不叽】①形容道路上泥很多。②形容面条煮得过软。（长治）

【努嘴算卦】努：撅起。指因不满或生气而撅起嘴。（临县）

O

【呕愁不展】指为某事而发愁。（河津）

P

【爬起失坐】指坐不安稳。（应县）

【爬沿上树】形容小孩顽皮，好动。（临县）

也作"爬墙上树"（静乐）。

【拍大擂小】指吹牛，说大话。（大同）

【朋财合伙】指共同出资做买卖。（天镇）

【披眸掩扇】指故意耷拉着眼睛不理人。（临县）

【皮挨肉连】指具有很近的血缘关系。（忻州）

【皮塌嘴歪】①指日子过得不景气。（大同）②指不追求上进，敷衍地过日子。（临县）

【屁打六哄】指小孩聚在一起玩耍起哄。（太原）

【片瓦根椽】指极少的家产。（忻州）

【平不牙叉】形容人脸皮厚，不害臊。（大同）

【平碴流水】形容吃水果吃得很香的样子。（平遥）

【平檐整瓦】①形容地势平坦宽阔。②比喻平安无事。（忻州）

【凭面火盖】形容人脸皮厚。（平鲁）

【泼丢打沿】指容器内液体过满，移动时流洒。（平鲁）

也作"撇叽打沿"（大同）。

【破糊拉擦】形容破得很厉害。（长治）

【破盆碗盏】比喻说话东拉西扯，没有中心。（大同）

【扑龙斗虎】指不怕苦累，什么都肯干。（忻州）

【扑门打窗】形容来的次数多。（大同）

【铺眉苦眼】形容精神萎靡，昏昏欲睡。（忻州）

269

Q

【七扯八调】形容两地相距太远。（临县）

【七碟八碗】形容饭菜很丰盛。（代县）

【七角八墒】①形容物体棱角多，不圆润。②形容人鲁莽，粗野。（临县）

【七聋八祉】多指老年人耳聋耳背。（大同）

【欺神圪滴】指人的行为越来越过分。（临县）

也作"欺神圪摇"。

【齐圪楞层】形容断裂面整齐。（平遥）

【齐棱扁正】形容东西叠得方正、整齐。（代县）

【祈仇祷告】指不断央求或恳求某人。（临县）

【起别倒产】指巧立名目。（和顺）

【气喘马爬】指不断喘气，呼吸费力。（应县）

也作"气喘呀哈"（太原）、"气输倒压"（静乐）。

【气淌薄笼】形容屋里蒸汽多。（大同）

【掐头欠脑】指数量稍微欠缺一点儿。（大同）

【千层百页】形容穿的衣服层数多。

也作"层层架架"（平鲁）。

【钳粗把细】指故意出难题，为难别人。（大同）

【抢红占黑】指肆意争夺。（静乐）

【劁狗扒皮】指不务正业，做些无聊的事。（临县）

【青眉赖眼】指做事只顾自己，不顾别人的感受。（静乐）

也作"强眉六眼"。

【青天黑林】形容大片庄稼稠密，使人害怕。（平遥）

【轻单圪束】形容人举止轻佻。（太原）

【清划爽利】形容人干净清爽或居室整洁。（临县）

也作"清盘儿利净"（代县）、"清滩丽己"（静乐）、"清潭丽境"（平鲁）。

【清水打澄】比喻待人不热情。（静乐）

【清汤澄水】形容饭菜又稀又清，没有味道。（应县）

【清烟凉火】形容家里冷清、凄凉。（静乐）

【秋猫次狗】比喻老生子（含贬义）。（河津）

【求眉虎眼】指摆出难看的表情。（和顺）

也作"求眉树眼"（临县）。

【逑毛鬼胎】形容人小气、吝啬。（静乐）

【趋死逃活】指遇事拖延推诿，不主动。（和顺）

【缺衣罕件】指缺少衣物。（大同）

R

【热火目乱】形容天气热得人难受。（忻州）

也作"热火没奈"（忻州）、"热扑燎燥"（大同）

【人夫马匹】形容街上人多，太过拥挤和闹腾。（临县）

【人恭礼法】形容行为规矩，有礼貌。（忻州）

【人马三惊】形容出动的人多。（大同）

【人眉人眼】①形容模样周正。（太原）②指表面上装好人，暗中干坏事。（静乐）

也作"人眉六眼"（静乐）。

【人眉竖眼】指表面老实，实际奸诈。（和顺）

【人着忽乱】形容人多而杂。（洪洞）

【日不错影】指时间观念强，定期做某事。（大同）

【日流塌水】形容人邋遢。（河津）

【日迷愣怔】指不精明，透着傻气。（沁县）

【日松打挎】指做事懈怠。（大同）

【肉头悖脑】形容脑袋又胖又圆。（代县）

也作"圆头悖脑"。

【入脂入髓】①形容消化功能好，身体很快就会胖起来。②形容有钱能够花在正经地方。（忻州）

【软叽圪能】形容人懦弱。（应县）

也作"软叽圪嗯"（大同）。

【软溜活扯】形容东西太软提不起来或身体太软站不住。（平遥）

【软枝软叶】①形容身体虚弱。②指骂人而不动声色。（大同）

【软姿淡样】形容身体虚弱、疲倦的样子。（应县）

S

【撒骨扬尘】指客死他乡，不知下落。（忻州）

【撒天扬地】指把东西撒得到处是。（大同）

【塞溜打挎】形容人不精干，衣帽不整洁。（大同）

【噻牙塌嘴】形容山崖、建筑物等即将倒塌。（忻州）

【三八折二】指物品打折，便宜处理。（应县）

【三把两下】形容做事干脆利落。（太原）

【三多二少】比喻最浅显的事理。（忻州）

【三红六黑】形容招引的人多。（代县）

【三品二马】指做事敷衍。（平鲁）

【散七二打】指说话不礼貌。（平鲁）

【丧光掉颜】形容衣服不整齐。（平遥）

【涩巴溜撅】形容物体表面不光滑。（大同）

【砂牙圪碜】指饭菜处理得不干净，里面有砂子等杂物。（大同）

【山毛野乍】形容人言行粗野，缺少教养。（临县）

也作"山渣野冒"（忻州）。

【山声野气】形容嗓门儿大。（大同）

【山呀海叫】①疼痛时发出的呻吟声。②形容说话的声音很大。（高平）

【煽知打骗】形容用各种手段骗人。（忻州）

也作"扇红拍黑"（平鲁）。

【闪深踏浅】①形容道路不平，行走困难。②形容说话、办事没谱，不可靠。（大同）

【善退江山】指在友好气氛中辞掉某个职务或结束某段纠葛。（临县）

【捎连布带】指事情接连出错，越做越糟。（平鲁）

【捎猪带狗】比喻拐弯抹角地骂人。（静乐）

【烧眉烫眼】指故意用隐晦的言语辱骂对方。（临县）

【烧人滚烫】指温度太高使人难以忍受。（静乐）

也作"烧滚烫热"。

【烧心火燎】指胃部灼热，反酸。（大同）

【少本没事】形容人没能力，什么都不会干。（静乐）

【少底没细】①形容家境贫寒。②形容言行没有分寸。（忻州）

【少东没西】形容家庭穷困，难以度日。（临县）

【少家失教】指缺少教养。（太原）

也作"少调失料"（朔州）。

【少理怠答】指态度冷淡，不愿意搭理。（大同）

【少理没兴】指因有过错而感到理亏。（忻州）

【少眉没眼】①指眉毛稀拉，不好看。（平鲁）②指脸型扁平，表情呆滞。

（静乐）

【少耙无系】连基本的农具都不完整。形容非常穷困。（临县）

【少人没手】指家里能做活儿、能出力的人太少。（大同）

【少妖圪敛】形容人不礼貌，不稳重。（平鲁）

【少张没托】指不考虑自己的身份地位胡乱说话。（静乐）

【少嘴没马】形容人嘴笨，不会表达自己。（静乐）

也作"少嘴没肠"（忻州）、"少嘴没脸"（临县）。

【舌尖口快】形容人嘴巴灵巧，善于言词。（大同）

【舍脸剥皮】形容人脸皮厚，不知羞耻。（忻州）

【舍牙闭口】咬着牙使劲。形容劲使得太大，把东西搞坏了。（临县）

【身大力行】指个子高，力气大。（应县）

【身高树大】形容人长得高大魁梧。（长治）

【身箩抖筛】指不断晃动身体，显得不庄重。（大同）

【神经不擦】形容人精神失常，疯疯癫癫。（忻州）

【神嚼鬼馋】比喻胡编，瞎说。（忻州）

【神眉画眼】形容女人的打扮过分。（和顺）

【生编冒捏】指胡乱捏造事实。（大同）

也作"冒编失捏"。

【生捶生打】 比喻时机还没成熟就去做某事。（万荣）

【生烦罩脑】 指因内心烦闷而表现出一副不耐烦的样子。（临县）

【生里生岔】 指生疏，不熟悉。（万荣）

也作"生里生挂"（河津）。

【生生嫌嫌】 指过分挑剔。（河津）

【生食肚胀】 形容吃得过饱。（应县）

【生天兀叫】 指小孩淘气捣乱。（沁县）

【声尖直唠】 形容声音尖锐刺耳。（静乐）

【牲口八道】 形容言行粗野，下流。（大同）

也作"牲灵八口"（忻州）。

【盛三破二】 旧时惯例，买卖双方要分别拿出谈成生意的百分之二和百分之三，作为酬金付给中间人。（太原）

【失分下脸】 指拉下脸来骂人或大吵大闹。（忻州）

【失慌邋遢】 形容做事慌张，不精干。（代县）

【失厘半差】 指不小心或偶尔会出现某种差错。（临县）

也作"失厘不差"。

【失笑人人】 指微笑的样子。（平遥）

【狮骡大马】 用大骡大马拉车。形容场面十分排场。（忻州）

【湿节打瓦】 形容衣着褴褛，显出穷酸相。（平遥）

【湿咸不吱】 指食物咸得不正常。（应县）

也作"湿咸啦沓"（大同）。

【十稀露头】 指偶尔出现某种情况。（临县）

【十字八绽】 形容裂缝多。（大同）

【实捶实捣】 比喻毫不隐瞒，把事情真相说出来。（临县）

【事怕三疲】 指凡事就怕久拖不决。（忻州）

【手到擒拿】 形容毫不费力。（大同）

【手捉把稳】 指对某事有把握。（大同）

【瘦麻圪筋】 形容非常瘦。（武乡）

也作"瘦麻圪秤"（长治）、"瘦死干筋"（临县）、"瘦马鬼揩"（平遥）。

【瘦麻黑咧】形容身体又黑又瘦。（应县）

【舒眉展眼】指因心情舒畅而面目舒展。（代县）

【输打赢要】赌博时输了钱就打人，赢了钱就索要。形容人蛮不讲理。（忻州）

【数般各样】指变着花样儿。（应县）

【耍眉弄眼】指故意给别人脸色看。（静乐）

【爽前褪后】指办事缺乏勇气。（大同）

【水麻便踩】指地上到处是水，湿淋淋的。（平鲁）

【说经祷计】指多方面举例，反复劝说。（临县）

【说理说训】形容人讲道理。（大同）

也作"说理说信"（忻州）。

【说情摆理】指替双方说合，处理纠纷。（临县）

【说知道破】指把误会解释清楚。（大同）

【说嘴道长】①指只说空话，不办实事。②形容小孩嘴巧能说。（忻州）

【说嘴抹光】形容人说话油滑。（河津）

【丝丝油气】形容性格慢。（汾西）

【嘶嘴变脸】指变了脸色与人争吵。（忻州）

【死缠活倒】指纠缠不休，办不到的事非要办。（和顺）

【死抠烂掐】形容心胸狭窄，老是计较某事。（忻州）

【死皮扎刀】①形容人奸猾，不好共事。（大同）②比喻办事拖沓。（忻州）

【四方面贴】形容人长得英俊，漂亮。（高平）

【四脚八叉】形容手脚笨拙的样子。（静乐）

【松丢特拉】形容衣服过于肥大，不精干。（太原）

也作"松溜跶拉"（应县）。

【酸文假醋】指故意装斯文。（大同）

【随老随小】形容为人随和，和大人、小孩相处都很融洽。（应县）

【碎米烂糠】比喻琐碎事情。（忻州）

【缩头砍脑】形容为人小气，爱占小便宜。（平鲁）

T

【塔牙撂嘴】指故意插话，干扰别人谈话。（平鲁）

【遏邋漏水】形容衣服宽大，不整洁。（平遥）

【踏南舀北】形容说话东拉西扯，不着边际。（忻州）

【踏深跃浅】指道路坑洼不平，走路颠簸。（代县）

【掏心挖髓】指从各种事实入手狠狠地数落、责骂某人。（忻州）

【特溜半塔】形容口齿不清或表达意思不清楚。（太原）

【踢丢炝蹄】形容干活干脆利落。（忻州）

也作"踢丢马爬"。

【提溜色拐】形容穿着不讲究。（长治）

【添盐加醋】指叙述事情时无中生有。（洪洞）

也作"添油加醋"。

【甜牙不斥】指饭菜没放调料或少放调料，没有味道或味道不香。（平遥）

【挑毛拣刺】指故意挑毛病。（太原）

也作"挑毛摘刺"（大同）、"挑牙握刺"（忻州）、"挑牙挖刺"（静乐）。

【挑三窝四】指挑拨离间，制造是非。（洪洞）

也作"挑三坏四"（长治）、"挑三握四"（忻州）、"挑三惑四"（高平）。

【跳墙上厦】形容小孩十分好动。（河津）

【挺胸叠肚】指挺着肚子得意的样子。（太原）

【通眉画道】形容人五官端正。（应县）

【铜底铁帮】比喻家境殷实。（忻州）

【偷鸡握嗓】指做事背人，不光明正大。（大同）

【秃丢淡舌】形容说话结巴，不利索。（代县）

也作"秃丢淡水"（临县）、"秃丢烂啖"（静乐）、"秃叽淡舌"（大同）。

【秃眉熊眼】形容相貌丑陋。（长治）

【秃嘴笨舌】指不善于言辞。（大同）

【土眉混眼】形容尘土满面。（应县）

【拖腿曳胯】①指腿脚有病，行动不便。②比喻干活儿拖沓。（忻州）

W

【歪流颠水】指无原则地附和别人。（平鲁）

【剜眉瞅眼】指用眼神责备人。（大同）

【剜墙攻窟】指贼行窃。（应县）

【顽皮铁脸】形容人脸皮厚，不知羞耻。（太原）

【碗大汤宽】比喻条件放得很宽。（忻州）

【枉牙矫齿】指胡说八道。（静乐）

也作"枉口曲舌"（临县）。

【为冤记仇】指与人结怨。（临县）

也作"维冤惹恼"（应县）。

【窝里倒烦】形容声音嘈杂，不安静。（洪洞）

【污眉划道】指满脸污痕。（静乐）

【无皮铁脸】形容人脸皮厚，不要脸。（和顺）

【五麻六道】指表面上有道道污迹。（河津）

【五马长枪】形容说话粗鲁，不和气。（大同）

【五眉三刀】指做假愚弄人。（太原）

【五眼六贼】形容态度蛮横。（静乐）

【舞骂相缠】形容女人特别厉害。（平遥）

【雾里坎怔】形容说话办事鲁莽、冒失。（大同）

X

【稀松害拉】形容做事不精干不利落。（太原）

【瞎眉绽眼】形容视力差。（静乐）

也作"瞎眉处眼"（太原）。

【小家寒气】形容人吝啬、小气。（长治）

也作"小家瓦气"（大同）、"小家烂气"（静乐）。

【小心小肚】指做事小心谨慎。（洪洞）

也作"小心小胆"（长治）。

【小样卜赤】形容人小气，不大方。（平遥）

【斜挺顺卧】形容睡觉的姿势不好看。（万荣）

【心猫忽乱】指内心烦躁不安。（应县）

【信马由缰】指孩子任性，由着自己的性子来。（大同）

【羞头面软】形容脸皮薄，易害羞。（太原）

【虚捞虚摸】形容干活儿不踏实。（万荣）

【虚龙晃扎】形容物体之间空隙大，不实在。（万荣）

也作"虚棱凳架"（临县）、"虚棱打火"（河津）。

【虚龙诈虎】指外表风光似乎很有实力，实际内里空虚。（平遥）

【虚眉怪眼】形容人虚伪。（代县）

【虚皮鼓涨】指胡吹乱侃，不说实话。（临县）

【虚说枉道】指说一些毫无根据的话。（静乐）

【喧天驾雾】指胡乱吹嘘，说大话。（平遥）

也作"谖天雾架"（静乐）、"旋天驾雾"（高平）。

【寻死对命】指用生命来要挟、讹诈别人。（静乐）

也作"寻死撞活"（河津）。

Y

【鸦鸣静悄】形容十分安静。（大同）

也作"鸦鸣悄声"、"鸦干静悄"、"鸦各悄声"（大同）、"安哑静悄"（代县）。

【鸦噪雁哇】形容十分混乱吵闹。（静乐）

【鸭子拽蛋】形容走路慢慢腾腾的样子。（平遥）

【蔫眉处眼】形容人性子慢，做事不利索。（太原）

【沿墙走马】形容小孩顽皮，爬高上低。（大同）

【眼到手齐】形容动作敏捷，眼尖手快。（万荣）

【眼红霸眦】指产生嫉妒心理。（静乐）

【扬尘武道】形容人言行鲁莽，不稳重。（大同）

【样大瘾症】形容精神不集中。（高平）

【腰软肚硬】比喻人能吃不能干。（大同）

【咬牙闭舌】指说话时过分讲求文辞。（静乐）

【咬牙咧嘴】指露出一副凶狠的表情。（长治）

【野毛直茬】形容动作粗野、鲁莽（含贬义）。（平遥）

【野眉怪眼】形容行为低俗、粗野。（静乐）

【一海二楞】形容数量多。（平鲁）

【阴麻糊涂】形容天气阴沉。（太原）

【油不四带】形容邋遢，不卫生。（和顺）

【油脂抹奈】形容食物过于油腻。（太原）

【游出摆进】指不干活儿，到处乱串游。（大同）

【游眉打盹】形容瞌睡犯困的样子。（平鲁）

也作"瞌眉睡眼"。

【有酸是甜】形容味道很香。（长治）

也作"有滋啦味"（大同）。

【有样有行】形容做事有规矩。（河津）

【原鼓旧锤】比喻原班人马。（万荣）

【云天雾地】指故弄玄虚，叫人不知所以。（静乐）

Z

【杂七八五】形容东西杂乱。（太原）

也作"杂七啦八"（大同）、"杂里古董"（忻州）、"杂七马八"（长治）。

【栽根立后】比喻繁衍后代。（忻州）

【贼眉绺眼】形容人不正经。（和顺）

【扎棱破茬】指对人态度蛮横。（平遥）

【彡海无沿】形容人骄横，没有约束。（平鲁）

【沾淋渣糊】形容液体粘稠粘手。（平遥）

【沾皮露肉】比喻材料短缺，不能成事。（大同）

【占家搁事】指东西用处不大，却占着器具或地方。（忻州）

也作"占家忽事"（忻州）、"占家要匙"（临县）。

【张巴盖经】指言语不实，大肆吹嘘。（平鲁）

也作"张八盖九"（大同）、"张巴李九"（临县）。

【张风喝冷】指天冷不注意保暖，吸了冷空气。（代县）

【张前失后】形容人冒失。（和顺）

也作"拾天砍地"。

【张牙动口】指开口向人乞求。（忻州）

【张一把二】形容爱吹牛。（代县）

【彰风实火】指有意把事情宣扬出去。（河津）

【真而圪八】指正儿八经，实实在在。（朔州）

【真棱各半】形容人粗野、愚蠢。（平鲁）

【真一不二】指办事认真，不通融。（大同）

【震天聒里】形容声音嘈杂。（平鲁）

也作"震耳八窍"。

【整功破夫】指腾出时间来专门做某事。（代县）

【支棱砍三】形容说话口气冲。（长治）

【支眉待眼】指支撑门户，应酬亲友。（忻州）

【支前曳後】指忙前忙后，费时费心。（万荣）

【吱牙打调】形容人难侍候。（大同）

【知大识小】形容人有礼貌。（忻州）

【直眉蹩眼】指给人以脾气暴躁的感觉。（长治）

【指鸡儿说狗】比喻明着说这个人，实际是骂那个人。（忻州）

【滞筋不通】形容人性格执拗，不会变通。（大同）

【诌巧倒谎】指言语不实，有水分。（洪洞）

【诌书摞戏】指胡编、杜撰。（大同）

【皱眉剜眼】指露出不愉快的表情。（平鲁）

【猪头悻脑】形容人长得难看，胖脸小眼凸嘴。（太原）

也作"猪眉悻眼"。

【住庙捣钟】比喻尽职尽责。（忻州）

【装痴卖懩】指故意装出一副痴呆的样子。（河津）

【装疯卖魔】故意装出疯疯癫癫的样子。（代县）

【装死夹摸】指故意装作不知，不闻不问。（长治）

【捉羊顶鹿】比喻以次充好或以劣充优。（忻州）

【捉猪离圈】比喻拿走已购买的东西。（大同）

【子丑卯酉】比喻事情的原委或情由。（忻州）

【子子瓣瓣】指光嘴上说，不实干。（平鲁）

【足油足糖】原指做月饼时放的油和糖多，比喻数量充足。（大同）

【钻明入暗】指想尽一切办法寻找机会和利益。（静乐）

【钻圈弄鬼】指暗中使诡计。（忻州）

【嘴尖拔舌】指说话不让人。（太原）

【嘴里牙多】指无理取闹，胡搅蛮缠。（河津）

第六章　"山药蛋派"作家作品中俗语的运用

　　"山药蛋派"作品指的是由以赵树理为代表的一批当代山西作家，包括西戎、李束为、马烽、胡正、孙谦等人的作品。在20世纪中国文坛上，赵树理等山西作家，以农村生活为题材，用鲜活生动的群众语言，描写丰富火热的农村生活，塑造鲜明的人物形象，凸显朴素的大众风格，其作品具有浓厚的民族特色和地方色彩，深受广大读者的喜爱，并在当代中国文坛上产生过较大的影响。分析他们的作品，娴熟地运用多姿多彩的俗语，从而提高作品的生动性和表现力，无疑是其突出的特点。本章从通俗性、地域性和幽默性三个方面分析"山药蛋派"作品中俗语的运用特点。本章采用的语料来源如下：

　　《赵树理全集》1至5卷，北岳文艺出版社，2000年9月。

　　《西戎文集》1至5卷，山西人民出版社，2001年7月。

　　《束为文集》1至3卷，山西人民出版社，2004年9月。

　　《马烽文集》1至8卷，大众文艺出版社，2000年2月。

　　《胡正文集》1至4卷，山西人民出版社，2001年7月。

　　《孙谦文集》1至5卷，山西人民出版社，2001年7月。

第一节　通俗性

　　平易通俗，极具口语化是山药蛋派作品的共同特点。赵树理小说的语言，"识字的人能看懂，不识字的人能听懂"，其中重要的原因就是把人们日常生活中耳熟能详、顺口能言的俗语，独具匠心地融入作品中，在塑造人物形象、突出性格特点等方面起到了独特的作用。以《小二黑结婚》中的俗语为例。

(1) 金旺长到十七八岁,就成了他爹的好帮手,兴旺也学会了帮虎吃食儿,从此金旺他爹想要捆谁,就不用亲自动手,只要下个命令,自有金旺兴旺代办。

(2) 抗战初年,汉奸敌探溃兵土匪到处横行,那时金旺他爹已经死了,金旺、兴旺弟兄两个,给一支溃兵作了内线工作,引路绑票,讲价赎人,又做巫婆又做鬼,两头出面装好人。

(3) 这几年来,村里别的干部虽然调换了几个,而他两个却好像铁桶江山。大家对他两个虽是恨之入骨,可是谁也不敢说半句话,都怕扳不倒他们,自己吃亏。

例 (1) 至例 (3) 用了"帮虎吃食儿"、"又做巫婆又做鬼,两头出面装好人"、"铁桶江山——扳不倒"三个俗语。把这三个俗语连起来看,金旺和兴旺两个恶棍的形象就立刻凸现在我们眼前。金旺的爹曾是刘家峧的一霸,当过几十年的老社首,捆人打人是他的拿手好戏;兴旺是金旺的本家兄弟。惯用语"帮虎吃食儿"用比喻的手法揭露了兄弟俩作为金旺爹帮凶,横行乡里,无人敢惹的行径。抗战初年,汉奸敌探溃兵土匪到处横行,兄弟俩给一支溃兵作了内线,给这边递信儿引路绑票,为那边还价说合赎人,歇后语"又做巫婆又做鬼,两头出面装好人"就是对这种做法的形象描绘。八路军来后,弟兄俩回到村里,由于"山里人胆子小",谁也不敢出头露面,他二人投机当上了村干部,从此他二人更厉害了,村里人不论哪个都得由他俩调遣。人们敢怒而不敢言,认为他们就像歇后语所说的,是"铁桶江山——扳不倒"。

(4) 金旺自从碰了小芹的钉子以后,每日怀恨,总想设法报一报仇。

(5) 兴旺就是武委会主任,从前也碰过小芹一回钉子,自然十分赞成金旺的意见,并且又叫金旺回去和自己的老婆说一下,发动妇救会也斗争小芹一番。

(6) 兴旺还没有离村公所,小芹拉着妇救会主席也来找村长,她一进门就说："村长！捉贼要赃，捉奸要双，当了妇救会主席就不说理了？"

例（4）至例（6）的两个"碰钉子"和谚语"捉贼要赃，捉奸要双"描绘了纯洁、泼辣的小芹的形象。小芹是刘家峻最漂亮的姑娘，由于母亲三仙姑轻浮、妖冶的作风，引来了人们的一些误解，以为小芹也是母亲那样水性杨花的女人。金旺、兴旺两个恶棍更是对小芹垂涎已久。而正派倔强的小芹，斩钉截铁地让金旺和兴旺都"碰了钉子"，并且在妇救会主席金旺媳妇阻止她和小二黑正当恋爱的时候，理直气壮地找到村长论理，谚语"捉贼要赃，捉奸要双"阐述了惩罚人一定要有事实根据的道理，也凸显了小芹敢爱敢恨、坚贞不屈的品格以及聪明机智的性格特点。

（7）说到他的漂亮，那不止是在刘家峻有名，每年正月扮故事，不论去到哪一村，妇女们的眼睛都跟着他转。

（8）虽然二诸葛说是千合适万合适，小二黑却不认账。

（9）唉！人家把他选成青年队长，我就说过不叫他当，小杂种硬充人物头！人家说要按军法处理，要不当队长哪里犯得了军法？

例（7）至例（9）用三条惯用语简洁而全面地对小二黑作了描绘。小二黑，是二诸葛的二小子。他不仅勇敢威武，曾在反扫荡时打死过两个敌人，而且长得十分英俊，得到了姑娘们的崇拜和喜爱。朴素平实、形象生动的"眼睛跟着转"，使得小二黑朝气蓬勃、英俊潇洒的形象跃然纸上，取得了出色的艺术效果。小二黑的父亲二诸葛图便宜擅自为小二黑定了童养媳，而小二黑却根本不承认这种包办婚姻，"不认账"表明了小二黑与封建势力顽强斗争的鲜明态度。小二黑被选为青年队长，父亲二诸葛怕惹麻烦不让他当，但年轻的小二黑初生牛犊不怕虎，走马上任毫无惧色。"硬充人物头"言简意赅地把小二黑正直单纯、敢作敢当的性格刻画了出来。

（10）二诸葛说是个便宜，先问了一下生辰八字，掐算了半天说："千里姻缘使线牵"，就替小二黑收作童养媳。

（11）三仙姑却和大家不同，虽然已经四十五岁，却偏爱当个老来俏，小鞋上仍要绣花，裤腿上仍要镶边，顶门上的头发脱光了，用黑手帕盖起来，只可惜官粉涂不平脸上的皱纹，看起来好像驴粪蛋上下上了霜。

（12）开罢斗争会以后，风言风语都说小二黑要跟小芹自由结婚，她想要真是那样的话，以后想跟小二黑说句笑话都不能了，那是多么可惜的事，因此托东家求西家要给小芹找婆家。

（13）三仙姑去寻二诸葛，一来为的是逞逞闹气的本领，二来为的是遮遮外人的耳目，其实让小芹吃一吃亏她很高兴，所以跟二诸葛老婆闹了一阵之后，回去就睡了。

（14）院里的人忽然又转了话头，都说"那是人家的闺女"，"闺女不如娘会打扮"，也有人说"听说还会下神"，偏又有个知道底细的断断续续讲"米烂了"的故事，这时三仙姑恨不得一头碰死。

例（10）中的"千里姻缘使线牵"是绰号叫"二诸葛"或"二孔明"的刘修德所说的。这位二诸葛早年做过生意，浑身充满了酸腐之气，抬脚动手都要论一论阴阳八卦，看一看黄道黑道。彰德府来了难民，其中有人带着个八九岁的小姑娘，因为没有吃的，愿意把姑娘送给人家逃个活命。二诸葛觉得可以把这个姑娘给小二黑收作童养媳，于是先问生辰八字，后仔细掐算，然后得出千合适万合适的结论。谚语"千里姻缘使线牵"从二诸葛口中说出，贴切而自然，符合其迂腐自私、耍小聪明的特点。

例（11）至例（14）是对三仙姑形象和种种行为的描绘。四十五岁的三仙姑，是个老来俏，穿得花枝招展，脸上涂脂抹粉，这在当时的农村，无疑是极为罕见的。语言大师赵树理用寥寥几个惯用语，传神地塑造了一个独特而鲜明的典型形象。惯用语"驴粪蛋上下上了霜"，活灵活现地描画了一副用厚厚的宫粉遮盖不住的布满皱纹的滑稽面容，惯用语"托东家求西家"在描述三仙姑给女儿找婆家不辞劳苦、跑来跑去的同时，也表达了三仙姑迫不及待、急于把女儿推出家门的心理。惯用语"遮耳目"揭露了一个不称职的母亲的自私和无聊，而"恨不得一头碰死"描写了三仙姑的羞愧之心，同时还为下一步三仙姑的转变埋下了伏笔。

上面的俗语都是人们口中常说的极具口语化特点的俗语。赵树理的小说是可以说、可以听的，这符合中国叙事文学传统的传播方式。面向上个世纪40年代的不识字的农民群体，赵树理选择了这样一种"可说性文本"与他们进行交流。这与今天以"看"为主的文学传播方式大大不同。也正是由于这种传播方式的不同，才造就了赵树理独特的表达方式。

为了使俗语更加通俗易懂，朗朗上口，山药蛋派作家在使用俗语时，往往会对一些俗语进行改造。例如：

（1）他觉着这些人的眼光都有点不平常，好像嘲笑他，走过去之后又偏有两个人低声评论他——一个说："鸡也飞了，蛋也打了。"另一个说："土地老爷住深山，自在没香火。"（赵树理《表明态度》三〇）

（2）哼！笑在面上，做在心里；嘴上蜜钵子，心里是辣角子！原来是一只吃人的笑面虎。（胡正《两个巧媳妇》二）

（3）那鬼子，虽然常常来"扫荡"，新四军、老百姓，军民合作力量强，弄得他"扫荡"一次败一次，偷鸡不着贴米粮。（赵树理《茂林恨》）

（4）这次斗张太，也捎带了王忠一下，不过生意是张太的，没有他的股本，他也只是穿黑衣保黑主，跟着张太得罪了许多人，自己也没有落下个什么，因此大家只叫他反省了一下，没有动他的产业，还叫他当合作社掌柜。（赵树理《小经理》）

例（1）中"鸡也飞了，蛋也打了"是惯用语"鸡飞蛋打一场空"的变体。变通后的语条，更加口语化，更加符合乡民的语言习惯。例（2）中"嘴上蜜钵子，心里是辣角子"是惯用语"嘴上蜜罐，肚子里藏剑"的变体，作者按照山西农村的口语习惯作了改造，形容说得很动听，内心却非常阴险毒辣的人，更为形象、贴切。例（3）中的惯用语"偷鸡不着贴米粮"一般说"偷鸡不成蚀把米"，用来讽刺做坏事没占到便宜，反倒吃了亏的人。把"不成"改成"不着"，把"蚀把米"改成"贴米粮"，符合方言习惯，增强了口语色彩，使句子更加直接平白。例（4）中的谚语"穿黑衣保黑主"，原形是"穿黑衣抱黑柱"或"穿青衣，抱黑柱"，在近代汉语中常见，比喻人各为其主效力。例如："薛嫂道：

'就是房里使的大姐？他怎的倒弄主子？自古穿黑衣抱黑柱。这个使不的！'"（《金瓶梅词话》八三回）"你怎的不望他题一字儿？刚才这等捺打着，好么？干净俊丫头，常言道：穿青衣，抱黑柱。你不是他这屋里人，就不管他？"（《金瓶梅词话》四四回）赵树理把"穿黑衣抱黑柱"改为"穿黑衣保黑主"，不仅使略显古僻的俗语变得一目了然，通俗易懂，而且在声调搭配上也变得顺畅协调，使人读起来朗朗上口。其调遣词语，化腐朽为神奇的功夫可见一斑。

第二节　地域性

像散落在芳草地上的珍珠一样，恰当而巧妙地镶嵌在山药蛋派作品中的俗语，不仅增强了作品的通俗性和口语性，而且在反映地域特点、阐述文化内涵方面也具有其他表达方式无可比拟的特性。请看下面的例句：

（1）（五阎王）好像要打架似的高声喊道："……马栓子，咱今天一锤打了个露明窟。丑事做到后头，丑话说到前头，既然你娃娃说出这话来，我那租子嘛，立地就要，一颗不能短欠！"（西戎《抽约》）

（2）小保向小元道："你说得对，这一回真是该扭扭劲，要是再选上个广聚还不是仍出不了恒元老家伙的手吗？依我说咱们老槐树底的人这回就出出头，就是办不好也比搓在他们脚板底强得多！"（赵树理《李有才板话》二）

（3）她妈出去以后，她躲在门里听到的评论，大体上和她妈听到的差不多，特别刺到她的痛处的，是"一头抹了，一头脱了"这句话。这是地方上一句俗语，说的人特别多，一小会就听到好几遍。（赵树理《三里湾》二九）

（4）天气这么热，咱"打并伙"吃西瓜吧！吃了再开会！（马烽、西戎《吕梁英雄传》四六回）

例（1）中的"一锤打了个露明窟"是"打开窗子说亮话"的意思。"五阎王"是当地一霸，放高利贷、抢占农民田地，无恶不作。他来到场上向穷人马栓子要债，把马栓子刚刚打下的五石粮食几乎全部拿走。这是全家人一年维持生命的口粮啊，马栓子忍不住和他理论了几句，五阎王便大发雷霆，说了这样一段话。一句地道的方言惯用语与通用惯用语"丑事做到后头，丑话说到前头"连用，鲜明地表现了五阎王横行乡里，蛮横、霸道的"阎王气"以及虚伪、阴险的丑恶本质。例（2）中的"搓在脚板底"是被人压制，受人欺负的意思，方言惯用语的形象比喻，生动地表现了纯朴老实的村民被地主阎恒元长期欺压，喘不过气来的情景。例（3）中的"一头抹了，一头脱了"，从字面上看是说扁担两头的钩子都脱落了，实际意思是指两头落了空，带有很强的讽刺意味。例（4）中的惯用语"打并伙"指大家凑钱在一起吃喝，它反映了山西民间常见的一种交际习惯。我们再看下面的例子：

（1）俗话说：不怕犁犁远，只怕犁犁浅。像这样的耕法，比拖拉机还要快哩。看着这营生，真叫人难受。（束为《老长工》二）

（2）他没有考虑什么后果，也没有什么规划，只是按照"刨个坡坡，吃个窝窝"的传统习惯，就动手干起来。（束为《吕兆九小传》一〇）

（3）福贵从此好像两腿插进沙窝里——越圪弹越深，第四年便滚到九十多块钱了。十月里算账，连工钱带自己四亩地余下的粮食一同抵给老万还不够。（赵树理《福贵》三）

（4）（康顺风）假装怜悯地说："这些娃娃真可怜，看打成甚样子啦！咱说一句不好听的话吧，……靠你们民兵可抵啥哩？那是茅石板上打滚，寻的往屎（死）坑里跳哩嘛！"（马烽、西戎《吕梁英雄传》三六回）

例（1）和例（2）所用的"俗话"都是农业谚语。"不怕犁犁远，只怕犁犁浅"是说犁地浅了起不到翻松土壤的作用。"刨个坡坡，吃个窝窝"是说随便在坡上刨块地，就能吃上窝窝头，告诉人们只要努力开荒，就一定会有收获的道理。句中的"犁犁"、"坡坡"、"窝窝"体现了山西方言中重叠现象比较突出的构词特点。例（3）中的"两腿插进沙窝里——越圪弹越深"是歇后语，比喻被陷在困境中，越挣扎陷得越深，形容情况越来越糟。"圪弹"在山西方言里是"动弹"的意思，词头"圪"具有副词性，带有"短暂"、"重复"的意思。从这条极具形象性的歇后语中，我们仿佛看见了可怜的福贵被高利贷逼得走投无路的凄惨情景。例（4）中的歇后语"茅石板上打滚，寻的往屎（死）坑里跳"是在骂人自寻死路，其中的"屎"谐音"死"。这种谐音构语反映了山西方言语音平翘舌音不分的突出特点，带有很强的地域性。不过，作者在运用这类含有方言成分的俗语时，显得十分小心，既体现了方言的一些特点，又注意不至于给读者造成理解上的障碍。

有些俗语反映了当地特有的民俗习惯和饮食习俗。例如：

（1）金虎想了想说："刨一镢头也是动了一回土，打个窑也不过是动了一回土！干就干了他吧！咱们不收拾他他就想收拾咱们！干！我去！"（赵树理《灵泉洞》一三）

（2）不要等他了。等也等不上，等也是白等。你这么好一个闺女，怎么不往远处看，不往高处走！放着现成的和子饭不吃，偏要蒸酸窝窝头！杨申全小时和你同学，现在是大队支书，还是顺顺的听上我一句话，乖乖的依了你爹妈吧！（胡正《几度元宵》）

例（1）中的谚语"刨一镢头也是动了一回土，打个窑也不过是动了一回土"指事情既然已经开了头，索性不如一直干下去。这条谚语出自清王有光的《吴下谚联》卷二："鬼卒曰：'弟止一锄，大王责其动土，已经索得酒食金帛。今其兄毁庙，罪浮于弟，此次应问两锄之罪，不应仍到弟家。'神曰：'尔等不知，一锄头动土，两锄头也动土。一锄者尚惧我，两锄者不惧我矣。徒增其怒耳。'见可而进，知难而退，是故聪明为神。"例（2）中惯用语"放着现成的和子饭不吃，偏要蒸酸窝窝头"，指有好日子不去过，却偏偏要找着吃苦受穷受累。从这条语中可以看出，小米、面条加蔬菜做成的"和子饭"在当时的山西农村是上等饭食，而用豆渣等做成的粗糙、松散的"酸窝窝头"，仅能果腹而已，是无法和"和子饭"相比的。

山药蛋派作品以描写农村生活为主。这些作家都曾经长期在农村生活过，因此，对农业谚语都非常熟悉。在他们的作品中，随处可见散发着泥土芳香的农业谚语。这些农业谚语总结了前人的宝贵经验，是当地农副生产的宝贵财富。我们选取了山药蛋派作家作品中的部分用例，酌加解释如下：

【七十二行，庄稼为王】指在所有的行业中，农业最为重要。［例］万物土中生，七十二行，庄稼为王。你的办法对，千万不能听人们乱说乱道。（束为《南柳春光》）

【一籽入土，万粒归仓】只要有一粒种子播入土里，就能收获千万粒粮食。指种庄稼一本万利，见效快。［例］种地也有种地的乐趣，一籽入土，万粒归仓，其乐无穷。（孙谦《黄土坡的婆姨们》）

【三年可以学成个好买卖人，十年也学不成个好庄稼汉】指学做个好商人容易，要想成为种庄稼的能手，需要更长时间的磨练。［例］人常说：三年可以学成个好买卖人，十年也学不成个好庄稼汉。咱是不会种地的农民！（孙谦等《咱们的退伍兵》）

【地是捞饭盆】指土地就像人们取饭的盆子，是人类生存的保证。［例］庄稼人，地就是捞饭盆，有土不愁种，有苗不愁长。（西戎《在前进的路上》）

【一亩园，十亩田】指经营一亩菜园所花费的精力，相当于经营十亩庄稼地。［例］王兴老汉说："一共二十亩还有二亩种的是谷子。园地不费地盘，就是误的人工多。常说'一亩园，十亩田'哩！"（赵树理《三里湾》）

【肥籽粮多，瘦籽糠多】指播种的种子饱满产粮就多，种子瘦瘪的话只能多出秕糠。［例］常言说的好，肥籽粮多，瘦籽糠多。种白马牙种得好好的，亩产四五百斤，唉，又出来个双交种。（西戎《青春的光彩》）

【头伏萝卜二伏菜，三伏荞麦不用盖】指头伏宜种萝卜，二伏宜种芥菜，三伏宜浅种荞麦。［例］张兆瑞说："夏秋两季还有点树叶，到了冬天吃什么哩？咱这地方还有两句俗话说：'头伏萝卜二伏菜，三伏荞麦不用盖。'早的误了还能赶一季晚的。"（赵树理《灵泉洞》）

【春雨贵如油】指春天的雨对庄稼来说，如同食油一样可贵。［例］伍成龙边拧衣服上的水边说："这雨正是时候！"康丰年："春雨贵如油嘛。好雨！"（孙谦《黄土坡的婆姨们》）

【头伏无雨二伏休，三伏无雨干到秋】指头伏如果不下雨，二伏也会无雨，三伏如无雨，就会一直干旱到立秋。[例]俗话说："头伏无雨二伏休，三伏无雨干到秋。"如今已到二伏末尾，看样子，下雨的希望是愈来愈小了。(马烽《刘胡兰传·月昏星暗夜》)

【节气不等人】节气：古人根据昼夜的长短、中午日影的高低等，在一年的时间中定出二十四个点，每一点叫一个节气。指农业生产必须按节气操作，不能根据人的空闲时间来安排。[例]金寿说："这么一片片地还愁种不下？让家鹤他们星期天回来种。"乔玉霞说："看你说的，你敢不知道节气不等人？"(孙谦《队长的家事》)

【种地不上粪，等于瞎胡混】指种庄稼一定要注重施肥，否则就不会有好的收获。[例]没有有机质，地会越种越贫瘠！你以为种白茬地，就能收下粮食？"种地不上粪，等于瞎胡混！"难道连这也忘了?! (孙谦《黄土坡的婆姨们》)

【庄稼一枝花，全凭粪当家】指要想庄稼长势喜人，施肥是最重要的一环。[例]人常说"庄稼一枝花，全凭粪当家"，历来他就有积肥的习惯，如今用不着整天忙忙乱乱开会了。闲着无事，又像过去一样，每天提上箩头到处拾粪。(马烽《玉龙村纪事》)

【粪大怕天旱】指田地上肥过多时，最担心的是天旱无水，那样会把庄稼烧死。[例]郭守成也发愁天旱。天旱打不下粮食，而且他的自留地又上了那许多粪，粪大怕天旱啊!(胡正《汾水长流》)

【种庄禾要有牛，耍把戏要有猴】指种庄稼必须有牛，就像旧时艺人表演杂技必须有猴子一样。指耕牛是种庄稼必不可少的基本条件。[例]咱这些瘦牛，照今年这样使唤，等不到秋天，就都爬不起来了。俗话说："种庄禾要有牛，耍把戏要有猴。"种地全凭牲口哩。(束为《南柳春光》)

【马要好，吃夜草】指喂好马的诀窍是在夜间给马多吃草料。[例]到黑夜你能说不是睡觉的钟点吗？可是我不能睡，一黑夜总得爬起来三次喂牲口，"马要好，吃夜草"，看看，要不是我夜夜不睡，我们社里的牲口，能吃的滚瓜溜圆吗?(西戎《宋老大进城》)

这些耳熟能详的农业谚语，在山药蛋派作家描写农村生活的作品中占有十分重要的位置，起到了一般描述不能起到的作用。

第三节　幽默性

读山药蛋派作家的作品，常常使人忍俊不禁，发出会心的微笑。这种幽默与作者善于恰当运用俗语的高超的语言艺术是分不开的。我们看下面的例子：

（1）小元道："你这老汉也真见不得事！只怕柿叶掉下来碰破你的头，你不敢得罪人家，也还不是照样替人家支差出款？"（赵树理《李有才板话》二）

（2）他只是一身一口，没有家眷。他常好说两句开心话，说是"吃饱了一家不饥，锁住门也不怕饿死小板凳"。（赵树理《李有才板话》一）

（3）"好赖也要把那东西掩住嘛！""掩住，说的比唱的好听，一个钱难死英雄汉，肚里成天饿得唱洋戏，哪有钱穿布？"（李束为《土地和它的主人》一）

（4）玉梅想："咦！这才是黄狗吃了米，逮住黑狗剁尾哩，别人愿不愿嫁你，我碍得着什么事呀？况且你以前也不是真看得起我！要不是灵芝找了别的路子，你会马上考虑这个问题吗？"（赵树理《三里湾》二八）

（5）你可别小看费成树！看起来，他像个没嘴的葫芦，肚里边籽儿多着哩。（孙谦、马烽《山村锣鼓》二章一七）

柿子叶掉下来怎么能碰破头呢？例（1）用这条惯用语夸张地形容秦老汉的举止，让人觉得老秦的胆子小到了可笑的地步。例（2）中"锁住门也不怕饿死小板凳"，打破了一般的比喻和说法，给没有生命的"小板凳"赋予了生命，这种新鲜、俏皮、幽默的表达，给人一种出奇的感觉。例（3）把"肚子饿得咕咕响"说成"肚里成天饿得唱洋戏"，诙谐成趣。在引人发笑的背后，隐藏着家境贫寒的辛酸，同时表现了王海生达观乐天的性格。例（4）中"黄狗吃了米，逮住黑狗剁尾"讽刺了有翼的主观武断，形象、生动而有趣。例（5）是一例歇后语，"肚里边籽儿多"具有双关义，实际意思是说费成树这个人不爱说话，但是心里想法还是挺多的。歇后语含蓄曲折的表达方式，给句子增添了幽默的表达效果。

夸张和比喻是惯用语最常见的两种构语手段。据我们初步统计，在上述山药蛋派作家的作品中，使用了惯用语 2941 条、谚语 510 条、歇后语 491 条。惯用语的数量远远超过了其他语类的数量。可以说，这是山药蛋派作品通俗明快、生动活泼和幽默风趣的重要原因之一。

小 结

汉语俗语具有极强的生命力和表现力。语言大师赵树理以及山药蛋派作家群体在运用俗语方面，达到了出神入化、妙语生辉的境地，令人百读不厌，余味无穷。仔细分析，在这一群体中，不同的作者也有着不同的语言风格和运用俗语的技巧。总结他们各自的独特风格，学习他们"明朗隽永而时有幽默感"的语言技巧，是很有意义的。

参考文献:

　[1] 高圣林. 赵树理运用熟语的特色. 山西大学学报，1995(4)

　[2] 蔺璜. 浅析赵树理小说俗语的运用. 山西大学学报，1997(2)

　[3] 温端政. 汉语语汇学. 商务印书馆，2005

民谣俗语说山西

范瑞婷　王海静

引　子

　　民谣、俗语产生于民众这块丰厚肥沃的土壤之中，发的是天籁之声，言的是群体之志，具有重要的文化传播功能。过去，相对于上层社会的主流文化而言，它只能作为一种潜流文化存在；随着社会的发展进步，民众身份地位的不断提高，它逐步升华为民族文化的精髓，堂而皇之地登上了智慧宫殿的宝座，愈来愈引起各界的重视。

　　在15.6万平方公里的三晋大地上，数千年来流传、积累的民谣俗语，犹如满天繁星，数不胜数。它既有远古的气息，也有现代的热浪；既有民俗的踪迹，也有文化的内涵，更有山西独具的"山药蛋"特色。如果把山西历史文化比成一道曲折悠长、琳琅满目的画廊，那么，民谣、俗语亦是其中不可缺少的点睛之笔。它涵盖了山西的"地理气候"、"名胜古迹"、"矿产资源"、"商业贸易"、"百姓食谱"、"民居住宅"、"戏曲艺术"、"交通旅行"等多方面内容。通过这些谣谚集束，您会更深切地理解为什么"自古不得河东不雄"，为什么人们说"五千年中国看山西"；同时，您可以从中领略"雄踞中华、饮誉欧亚"的晋商风采，品味一番在世界饮食领域独占鳌头的山西面食，体验一下堪称中华一绝的"天井窑"；也许您会情不自禁地融入山西这个"中国戏曲的摇篮、民歌民舞的海洋"中去；也许您更会为之欣喜：以往封闭的山西人，如今也迈上了现代化的高速公路，正意气风发地走出国门，奔向世界！

一　不得河东不雄　不居河东不富

　　山西是中华文化的发源地。早在 180 万年前，华夏民族的祖先就在这里繁衍生息，黄帝之后的尧、舜、禹，都曾在晋南建都。民间流行的说法是："尧都平阳（平阳，即今临汾市），舜都蒲坂（蒲坂，即今永济市），禹都安邑（安邑，即今夏县）。"西周至春秋时，这里是晋国的所在地，故人们简称山西为"晋"；战国时魏、韩、赵三分晋地而自立，于是人们又以"三晋"泛指山西；还因为山西位于黄河以东，所以唐、宋时期，山西被称为"河东"；又因为山西位于太行山以西，所以元代以来称为"山西"，一直沿袭到现在。

　　山西是一个黄土覆盖的山地型高原，由东北向西南倾斜，全省疆域轮廓呈不规则的平行四边形。它东以太行山为界与华北平原相连，西以吕梁山、黄河为界同陕西接壤，南有黄河、中条山为屏障，北有阴山、外长城为关隘。境内山峦起伏，峡谷相间。南北气候垂直，差异显著，具有大陆性季风气候区的特点。民谚说："不懂天文地理，不足为将；不谙风俗人情，不可行商。"下面，我们从民谣、俗语方面，分析一下山西的地理、气候特点。

　　山西总面积为 15.6 万平方公里，约占全国总面积的 1.6%，居全国第 19 位。境内山多川少，山地、丘陵面积占 80.3%，河谷、盆地只占 19.7%。全省大部分地区海拔在 1500 米以上。许多地方流传一句话："山高石头多，出门就爬坡。"另外，各地由于山势地貌不同，又流传着不同的民谣和俗语，试以六大山系为例。

（一）恒山

　　恒山全长约 250 公里，西南端与云中山、管涔山相邻，东北连接六棱山伸入河北省，既是大同和忻定盆地的界山，又是桑干河、滹沱河上游的分水岭。属于该山脉的共有 67 座山。在恒山西南一线，内长城依山蜿蜒而筑，雄伟壮观，有雁门关、平型关、阳方口等，自古为交通要隘、军事要冲。民谚说："天下九塞，雁门为首。"

恒山自古为"中华五岳"之一，据说是舜帝巡狩四方时封赐的，现在是全国重点风景名胜区。谚说："北岳雄浑南岳秀。"南岳指湖南省的衡山，北岳即恒山，共有108峰，主峰海拔2017米，为我国著名的道教胜地之一，相传是张果老潜修之所，被称为"第五小洞天"。俗语概述它的风景是："两峰一峡十八景，七宫八洞十二庙"；"三寺四祠九亭阁，七宫八洞十二庙"。恒山最显赫的还是浑源县境内空前绝后的"悬空寺"。它是北魏时的建筑，上负危崖，下临深谷。全寺的30多处殿堂楼阁，全由插入岩石中的木梁来支撑，"半插飞梁为基，巧借岩石为托"。民谣说："悬空寺，半天高，三根马尾空中吊。"传说工匠建寺时曾受到蜘蛛织网的启示，因而又有民谣说："悬空寺，寺悬空，神奇绝妙在天空；神仙指点蜘蛛网，金龙峡口显神宫。"

（二）五台山

五台山位于五台县东北隅，北邻滹沱河谷地，西南与系舟山相接，东与太行山合为一体，长约130公里。属于该山地的共有56座山。

民谚道："说尽黄河只为水，说尽五台只为山。"五台山又称清凉山，因其五峰高耸，多在2700米以上，峰顶均为高大的缓坡平台，故称五台山。其中北台海拔达3061米，为华北第一高峰，有"华北屋脊"之称。传说北台的峰顶与北斗星的柄把相接，因此人们说："躺在北台顶，伸手摘星星。"有首民谣概述了五座山峰的显著特征，照录如下："东台有个望海峰，西台有个挂月峰；南台花园锦绣峰，云遮雾罩叶斗峰；巨龙翻石翠岩峰，山凹凹里万年冰。"东台海拔2795米，东侧的河北平原地势陡降，清晨在这里观赏云海日出最佳，所以取名"望海峰"。西台海拔2773米，山势险要，峡谷幽深，夜晚层岭朦胧，月挂山巅，皎若悬镜，因而取名"挂月峰"。南台远离四峰另居一脉，海拔2485米，是五台中最低的一座，每到夏季，200多亩的台顶花团锦簇，五彩缤纷，故名"锦绣峰"。叶斗峰即北台，以台高、风狂、雷猛著称，常年卧入云雾之中，而在夏季山下雷雨交加时，山顶却呈现丽日当空景象。翠岩峰指中台，海拔2894米，台顶平坦广阔，方圆2.5公里，散乱着数百万年前冰川期过后留下的巨石，滋生着厚厚的苔藓，人称"龙翻石"。在中台与北台交臂的山凹里，有冰槽数丈，常年不化，人称"万年冰"。

（三）太行山

太行山为一系列高大的山脉，在山西省境内，北连恒山，南至中条山，长约400 公里。

太行山的中南端有个黎城县，它的南部为丘陵，西北部共有 54 座山峰，其中最值得一提的是——黄崖洞，既是风景名胜区，又是革命传统教育基地。黄崖洞位于黎城县北 20 公里的深山之中，传说是黄龙替天行道、施雨济民的地方，抗日战争时期成了八路军的兵工厂。峡谷入口俗称"瓮圪廊"，长一华里，宽三四米，两侧双峰壁立，崖顶欲合，只见一线蓝天，廊底山溪淙淙，曲里拐弯。俗语说："瓮圪廊，一步宽，曲拐九道弯。"过了瓮圪廊，便是百尺栈，是抗战时期黄崖洞保卫战的第一战场。1941 年冬，八路军近千人浴血奋战八昼夜，在黄崖洞击溃日军 5000 余人，取得了黄崖洞保卫战的胜利，一时震惊中外。战斗中，一名 17 岁的小号兵在百尺栈依据几块石头垒起的掩体，消灭了日军 100 多人，后壮烈牺牲。顺着石梯前行，可见"镇倭宝塔"、明碉暗堡、烈士墓碑等。

太行山西麓的盂县四周群山环抱，山地面积占到全县总面积的 76%。县城北 18 公里处的龙华河东岸有座藏山，原名盂山。它的出名，与《赵氏孤儿》的故事密切相连。春秋时晋国大夫赵朔全家遭抄斩之祸，门客程婴牺牲自己的婴儿，将赵朔遗腹的孤儿赵武救出，藏在此山 15 年，故名藏山。山上现有元代依崖建造的殿堂，正殿西壁上有《赵氏孤儿》的壁画，正殿后边山腰上有"藏孤洞"，另有"感恩殿"、"滴水崖"、"龙凤松"等十大景致。民谣说："藏山藏山，藏在深山；人活一场，游游藏山。"谚语说："看山如观画，登山如读史。"

系舟山是太行山的余支，在忻州市东南 10 公里处，其主峰天翅垴海拔 2000米以上，山下相传是大禹疏通汾河拴船的地方。民谣说："系舟山，美名扬，大禹治水拴过船。"现在，这里为国家级森林公园。山上绿树成荫，溪水淙淙，还有 500 多米深的禹王洞，大洞内尚有许多小洞。一群群石钟乳像，冰清玉洁，或似簇簇莲花，或似雨后春笋，或似雄狮朦胧，或似刺猬爬行，千姿百态，赏心悦目。

（四）太岳山

太岳山，又称霍山，位于太行山西侧，北起介休的绵山，南至绛县的横岭关，与中条山相连，长约200公里，是汾河与沁河的分水岭。属于该山脉的共有232座山，主峰霍山海拔2348米。太岳山森林茂密，是省内主要林区之一。

灵空山是太岳最负盛名的旅游景点，地处沁源县西北40公里处，海拔1800米，森林覆盖率达80%～90%。民谚说："山不在高要景致，人不在大要本事。"灵空山的"油松之王——九杆旗"、"一佛二菩萨"等树木全国罕见，且有"无松不奇、无树不美"的美誉。山中幽静神秘，奇妙无比，使人产生"未向神拜佛，先觉庙堂灵"的感觉。进入宋代古建"圣寿寺"，更能体会"山鸟不知名利客，野黍犹献庙堂皂"的意境。令人稀奇的是，在风洞沟旅游线的第二道关隘前，年年野蜂群集，每到雨季，蜜汁就能随着山岩渗水流出来。当地谚语说："打开后寨门，蜜脂二千斤。"

（五）中条山

中条山位于山西省的西南部，西起永济，东连太行，跨越十个县市，长约150公里。因其居于华山、太行山之中，所以叫作"中条山"，属于该山脉的共有45座山。

中条山主峰舜王坪海拔2322米，在今垣曲县的历山。峰顶为高山草甸，面积20余平方公里。传说舜曾在这里耕地，大象拉犁，百鸟相助，感动了上天，尧帝闻讯后，将王位禅让给他。民谚说："垣曲有个舜王坪，大象拉犁把地耕。"现在，人们攀上峰顶，还能看到草甸上有两条深深的犁沟，泥土四季清新，据说这就是舜帝驭象耕山的痕迹。舜王坪顶万丈石崖边，还有一眼山泉，人称"滴奶泉"。传说尧帝的小女儿嫁给舜帝为妃，曾在这里挤过奶汁，后化为山泉。泉水虽然不大，但一年四季从不间断。俗语说："娥皇挤奶大节头，高山顶上水常流。"

（六）吕梁山

吕梁山雄踞山西省西部，北起朔州洪涛山，南至河津龙门山，绵延400公里。山脉分为两列，东为云中山，西为管涔山和芦芽山，中段为关帝山，主峰海拔2831米，末段龙门山被黄河穿切。属于该山脉的共有316座山，蜿蜒崎岖，地肥水美，是山西的主要林区和夏季牧场。

吕梁山系的芦芽山，在宁武、五寨、岢岚三县境内，大小30多座峰峦，均在2000米以上，犹如芦笋尖芽破土而出，拔地而起。该山主峰达2736米，谚语道："黄羊山敢高，达到芦芽山半腰。"黄羊山也是三县境内的一座山名。此谚通过两山相比，着意突出芦芽山的高峻。芦芽山还拥有数十处瀑布、数十个池泊、多处滴水，汇成大小30多处溪流，是汾河、清涟河、兰漪河最早的源头。俗语形容芦芽山的水源优势和水势走向说："天旱雨淋山，雨歇山不干"；"山有多高，水有多高，水随山走"。

临汾市西16公里处的麓姑射山也属吕梁山脉，最高海拔为1742米。山中有一片仙洞景区，奇峰危崖，洞穴遍布，庙宇殿堂，名碑巧塑，蔚为壮观。人们说这里是"无山不石，无石不洞，无洞不仙"。现在开发了50多个景点，其中有一处名扬四海的"神居洞"，洞中建庙，庙中有塑像89尊，而且洞中藏洞，大洞北侧还有个缠腰洞，像一条弓形腰带，仅容一个人匍匐前行。人们说："缠腰洞，险又狭；走一尺，爬三爬。"

民谚说："有山无水不秀，有水无山不壮。"山西不仅山脉高峻，而且河流纵横，不愧为"中原锁钥"、"表里山河"。山西的河流主要源于东西高原山地，分为黄河、海河两大水系。全省流域面积在100平方公里以上的河流有223条。黄河以钻山凿壁之势，切穿吕梁山，形成举世闻名的壶口瀑布、龙门急流。俗语说："黄河古道十八湾，龙门一湾到潼关。"汾河是山西最大的河流，全长695公里，是山西的生命线。沁河是山西第二大河，全长456公里，此外还有涑水河、桑干河、滹沱河、漳河等。

山西的地理状况、气候特点，决定了她无论在政治上，还是军事上，都具有重要的战略意义，历来是兵家必争之地。清代著名地理学家顾祖禹在《读史方舆纪要》中写道："京师之安危，常视山西之治乱"，"天下之形势，必有取于山西"。他认为，只要凭山控水，保固山西，就能做到进可攻，退可守，"扼天下之背而拊其吭"。正因为如此，民间才有这样的谚语："自古不得河东不雄。"

此外，山西名山耸立，河川壮丽，矿产资源和旅游资源在全国遥遥领先，粮食种植占全省播种面积的 81.3%，林牧副业全面发展。十一届三中全会以来，中央把山西确定为全国重点建设的能源重化工基地。近年，全省的旅游业蓬勃兴起，带动了各行各业欣欣向荣。总之，无论在经济上，还是文化上，山西在全国同样具有重要的战略意义。无数事实验证了一句古谚："不居河东不富。"

二　山西庙多人缘好　文物古迹真不少

世界旅游组织发言人德博拉·吕尔曼曾在千禧之年预言：到 2020 年，每年到中国旅游的人数将达到 1.3 亿，超过预计到法国旅游的 1.06 亿人数。他认为，"中国将取代法国成为世界第一旅游目的地。"山西省作为中华民族的发源地，堪称"文物大省"、"旅游大省"，在旅游业的发展中具有举足轻重的作用。据有关部门统计，全省已经查明的旧石器时代文化遗址有 200 多处，新石器文化遗址有 500 多处，国家级重点文物保护单位总数已达 119 处，位居全国第一。因而，有人说："十年中国看浦东，二十年中国看深圳，百年中国看香港，千年中国看北京，三千年中国看西安，五千年中国看山西。"还有种说法是："地上文物看山西，地下文物看陕西。"山西的旅游景点如繁星满天，数不胜数。本文只能通过民谣、俗语作一简析，借助纸上烟霞，使读者聊作慰藉。

（一）运城地区

"天下关庙数解州，解州庙数春秋楼。"关庙，即关帝庙；解（方言读 hài）州，镇名，位于运城市城西 15 公里处。解州是关羽的故里。此处关帝庙始建于隋初，居天下关庙之首，有"武庙之祖"的美誉。整座庙宇占地 18500 平方米，仿宫殿式建筑，布局壮阔，气势宏伟。特别是后院的"春秋楼"，为关帝庙的扛鼎之作，人称此楼有"三绝"：悬空走廊，关公塑像，楼顶正对北斗七星。人们崇敬关羽，主要是崇敬他的忠义仁勇精神。民谚说："关帝祖庙在解州，忠义仁勇震九州。"解州镇的常平村，是关公的祖籍所在，建有"关圣家庙"，占地 13650 平方米，布局呈前朝后宫形制。尽管天下的关帝庙很多，但惟有这儿才是关公真正的家乡，因此，民谚说："关公庙堂遍天下，只有常平是真家。"

民谣还说："解州关帝庙，芮城永乐宫，普救寺张生戏莺莺"；"永乐宫，关帝庙，莺莺塔里蛤蟆叫"。永乐宫，在芮城县城北 3 公里的龙泉村东侧，始建于唐代，扩建于元代，属全国重点文物保护单位。民谚说："芮城永乐宫，祖师吕洞宾"；"元代壁画永乐宫，道教祖师吕洞宾"。民谚点出了永乐宫的起源，其特点是道观建筑，精华则是元代壁画。吕洞宾是唐末道士，"八仙"之一，出生在芮城的永乐镇，后被全真派尊为北五祖之一。纯阳殿现有吕洞宾从降生到成仙共计 49 幅壁画。各殿壁画总面积达 1000 平方米，题材丰富，笔法高超。尤其著名的是三清殿壁画《朝元图》，绘有诸神 290 多尊，头顶祥云，脚登瑞气，令人惊叹不已。

普救寺，在永济市西北 12 公里的峨嵋塬上，面临黄河湾，东近中条山。元代作家王实甫所著《西厢记》故事即取材于此。寺内现有一座明建仿唐古塔，13 层，高约 50 米，原为舍利塔，后被人叫作莺莺塔。传说匠师筑塔时在里边安放了金蛤蟆，因而人们在塔外击石时，就会听到类似蛙叫的声音。此塔现为全国"四大回音建筑"之一、"世界八大奇塔"之一。俗语说："普救寺里听蛙声，莺莺塔下说张生"；"莺莺塔藏金蛤蟆，手击妙处叫呱呱"。由于寺址高耸，视线开阔，古塔显得高大宏伟，所以民谣说："普救寺里莺莺塔，离天只有丈七八；站在塔顶举目看，能见玉帝金銮殿。"

永济市还有句俗语流传甚广："站在城墙往下看，四个铁牛镇河湾。"城墙，指永济市的蒲州古城。据史料记载，唐明皇在开元年间，诏令兵部尚书张说主持修造蒲津渡桥，用去 17 万公斤生铁，铸了八尊铁牛作桥墩，沟通了秦晋两地的交流。后来由于黄河改道，铁链浮桥被废弃，铁牛被淤泥埋没。1989 年考古发掘出四尊，每尊重约 30 吨。牛侧均站立一铁人，作牵引状。如今人们来到这里，仿佛回到了 1200 多年以前，可以领略盛唐气息，感悟古人的聪明才智。

同莺莺塔相关联的民谣还有一种说法："绛州塔，会冒烟；蒲州塔，会叫唤；安邑塔，劈两半。"绛州塔，亦叫龙兴塔，位于新绛县城的最高点龙兴寺，创建于唐代。古塔有一奇观，曾数次冒出缕缕青烟，每次都是半小时以后才逐渐消失。1971 年秋，塔顶冒烟现象重复十余天才止，围观者每日不下千人。"蒲州塔"，即莺莺塔；"会叫唤"，指蛙声。"安邑塔"，亦叫太平兴国塔，位于运城市安邑城内东北方向，建于唐代。民国九年（公元 1920 年）大地震，塔身裂成两半，却至今未倒，堪称奇迹。此民谣概述了运城地区三座塔的特点。

秋风楼，在万荣县城南40公里古后土祠东隅，因楼上存放着汉武帝的《秋风辞》碑而得名。楼身三层，高32.6米。俗语说："秋风楼藏秋风歌，秋风吹起扬黄波。"登楼远眺，黄河激流尽收眼底，别有一番意境。与秋风楼齐名的还有飞云楼，在万荣县城西大街的东岳庙内。楼总高50米，飞檐交错，斗拱层叠，秀丽壮观，遥望如云带缠绕，故名"飞云"，为我国楼阁式纯木建筑的代表作。因县城原址为解店镇，所以人们说："万荣有个解店楼，半截插在天里头"；"解店有座飞云楼，半截插在天里头"。

（二）临汾地区

临汾城西南5公里的伊村是尧帝的出生地。如今，人们来到临汾东端郭行乡涝河北岸，可以看到一个高50米、周长300米的黄土堆，这就是尧陵。当地民谣用"青山不老水长流，水绕山环土一丘"来描述尧陵的朴素、简陋。临汾城南3公里处建有尧庙，规模雄伟，布局疏朗，内有五凤楼、尧井亭、广运殿、寝宫等。因为尧王与四大臣被誉为"五凤"，所以建了"五凤楼"。民谚说："一凤升天，四凤共鸣"，寄寓着人民对天降仁君、君臣协力、国泰民安的企盼。

临汾市古为平阳府，城内最突出的高大建筑物是唐代遗物金顶塔，也叫琉璃塔，是大云寺的精华所在。塔为方形，6层，高30余米，按八卦方位建造。塔顶有金光闪闪的宝珠，300年来光泽不减。塔的底层有一尊造型丰满、眉目端庄的铁铸佛头，高6米，宽5米，中间是空的，后脑有孔可入，能容八人共宴；其耳轮长2.9米，耳窝里能蹲下四五个人。俗话说："平阳城的金顶塔，离天只有三尺八"；"大云寺塔九丈九，塔底下供的铁佛头"；"平阳有尊铁佛头，耳窝能蹲四五人"。

壶口乃黄河第一瀑布，在吉县城西46公里处，相传为大禹神斧开凿。俗语形容："天下黄河一壶收。"滔滔黄河从数百米的河床涌至此地，被两岸大山挟持，陡然收缩，跌落在宽仅30米、深达50米的石槽中，如壶口倾斜，飞流击石，巨浪喷壁，激起团团水雾烟云，形成了"岸旁无雨挂长虹"的景观，人称"水里冒烟"。船到此无法航行，只得用人力或机械拉纤，将船沿山的西侧拖过去，再入河道，人称"旱地行船"。因壶口水势湍急，难以利用，故沿河两岸旧时多干旱。民谚道："壶口沿岸，十年九旱。"当地还传说，壶口的石槽经过年复一年的冲刷磨损，已经有九里深了。民谚说："壶口九里深，一年磨一针。""一针"，形容水磨石槽的艰辛不易。2001 年，壶口被确定为国家地质公园。

洪洞县城西北 2 公里处有一棵汉植槐树，相传是明初官府先后 17 次强迁百万移民的聚散之地。民谣说："问我祖先来何处，山西洪洞大槐树；祖先故居叫什么？大槐树下老鹳窝。"数百年来，这首民谣传遍了京、冀、鲁、豫及江淮地区。俗以为凡是小脚趾甲中有一裂痕的人，祖上均属洪洞移民。所谓"古老相传谈轶事，问君足指果如何？"现在，这里新建了"古槐寻根祭祖园"，以古色古香的面貌迎接源源不断的槐乡后裔。

（三）雁北地区

大同素有"龙壁之乡"的美誉，五龙壁、九龙壁、团龙壁等各式各样的龙壁几乎遍布全城。尤其是东街路南的九龙壁，活灵活现，宛如再生，堪称"龙壁之冠"。更奇的是龙壁后边有两眼井，相距不过一米，水质却苦甜迥异。民谣说："三步两眼井，一眼甜来一眼苦；甜水能食用，苦水能治病。"

大同城内西南隅有两组隔墙相望的建筑——上下华严寺，始建于辽代，庙门皆朝东开，体现了契丹族"信鬼拜日，以东为上"的宗教习俗。寺内殿宇嵯峨，气势宏伟，雕塑精美，藏经丰富。因为上寺地势高，下寺地势低，所以民谚说："高不过上寺，低不过下寺。"

大同最有名的还要数云冈石窟，是我国首批 4A 级景区，也是举世闻名的艺术宝库。民谚说："大千佛教在云冈，五万菩萨好造像。"云冈在大同市西郊 16 公里处的云周山南麓，现有石窟 54 个，初凿于北魏时期，内存 51000 余尊大大小小的佛像，最小的只有 2 厘米，最大的释迦牟尼坐像在第五洞窟，高达 17 米，双腿长 15.5 米，膝上可容纳 120 人，一只脚面上可立 12 人。人们惊讶佛像的高大雄伟，传说："云冈有个大佛像，屁股生在石头上"；"云冈有个大佛像，屁股坐在云头上"。2002 年，云冈石窟已被列入《世界文化遗产名录》。

应县木塔建于辽清宁二年（公元 1056 年），是我国现存的最古老最高大的古代木构建筑，也是世界木构建筑中的罕见珍品。它位于县城北侧的佛宫寺，总高 67.13 米，呈八角形，夹有暗层四级，外观五层，实为九层。塔内每层都有色彩鲜明的彩塑佛像和飞天壁画。当地人说："应县塔，离天二尺八"；"远看擎天柱，近看百尺莲"；"应县木塔九五层，塑像壁画色彩明"。人们常把应县塔同河北沧州40吨重的铁狮子、正定县铜铸的菩萨并提："沧州狮子应州塔，正定府里大菩萨。"三者分别体现了古人在木构、铁铸、铜铸三大领域的艺术成就，名播海外。

（四）忻州地区

关于五台山的民谣谚语是最多的。如流传全国的民谚有："金五台，银普陀，铜峨嵋，铁九华。"普陀，即浙江省东北部莲花洋中的普陀山。峨嵋，即四川省峨嵋县西南的峨嵋山。九华，即安徽省青阳县西南的九华山。此三山与位于山西的五台山合称为"佛教四大名山"，而五台山的地位和声望是无与伦比的。自古以来，它就是佛教信徒朝山礼拜的首选之所，现为我国4A级景区。

寺庙多是五台山的一大特征。民谚说："穷山石头多，名山僧侣多"；"好山好水僧占了"；"天下名山僧占尽"。五台山从东汉时修建大孚灵鹫寺成为佛教圣地，南北朝时已有寺庙200多处，唐代达360多处，清末尚有122处。现存50余座寺庙，虽不及已往，仍系统地体现了唐、宋、辽、金、元、明、清各代的风格，堪称唐代以来的中国建筑史。俗话说："游不完的寺院，数不清的和尚"；"台山归来不看庙"。佛光寺比五台山成名还早，创建于北魏孝文帝太和二年，隋唐时兴盛，影响远及日本。民谚说："先有佛光寺，后有五台山。"全寺计有殿堂、楼阁、窑房等120多间，罗汉塑像500多个，在佛刹中被誉为"中华瑰宝"。有的外国学者公开称呼佛光寺为"亚洲佛光"。显通寺，是五台山的第一大庙，始建于东汉时期，俗称"祖寺"，占地8万平方米，各种建筑400多间，其中大雄宝殿为五台殿宇之最，重大法事活动多在此殿举行。另外，藏经殿的文物陈列室还存有许多来自各寺的珍品。人们只要在显通寺，便可了解五台山的古今大事。民谚说："不出显通寺，可知五台事。"寺内有一铜殿，全用青铜铸件组装而成。殿内正中有铜铸文殊坐狮像，四壁有万尊铜铸小佛像。传说此殿是妙峰祖师云游多年，走了13个省、1万户人家，化缘10万斤铜，才得以建成，俗话形容："显通，显通，十万铜。"

（五）吕梁地区

吕梁地区最有名的当数北武当山，位于方山县城南 37 公里处。它由 27 峰、36 岩、24 洞组成，主峰海拔 1983 米，素有"集华山之险、黄山之奇、泰山之雄、庐山之秀为一体"的美誉。据史书记载，北武当山早在唐代以前就是一处具有道教色彩的朝拜圣地。因为山势峥嵘，过去登山只有一条人行道，要经过 1400 余级石磴、220 级天梯，攀过南天门，才能到达主峰顶，所以俗话说："游山不经石栈道，等于未到北武当"；"五里黄土五里沙，五里石磴往上爬"。1985 年修筑了一条公路，全长 5 公里，使险路变为通途。1990 年起，山西省民族宗教事务局确定这里为全省唯一的道教活动场所，每年农历三月举办庙会。现在，北武当山是国家级风景名胜区。

吕梁地区还有两大奇观，人称"三十里桃花洞，四十里抖气河"。桃花洞，位于汾阳县城西 20 公里的向阳镇西峡口，内有北魏遗物石刻佛像 9 尊。春日山峡流水，桃花盛开，景色壮观。抖气河，又叫三川河，在柳林县境内，全长 66.7 公里。该河流经上青龙、寨东地段时，注入了河床温泉（泉口水温可达 18～20 摄氏度），到了冬季，蒸气袅袅，白雾濛濛，很有开发价值。

（六）晋中地区

平遥古城保留了我国仅存的最完整的古老城墙，1997 年被联合国教科文组织列入《世界遗产名录》。民谚说："南有丽江，北有平遥"；"平遥城墙，绛州教堂"；"平遥城，凤凰城，市楼盖到正当中"；"晋中哪儿最有名，还数古老的平遥城"。古城为明代扩建，高度为 6～10 米，周长 6157 米，城墙上可以并行两辆马车，建有 72 座敌楼，3000 个垛口。城内有明清一条街上的古寺庙、古市楼、古民宅、古店铺，城外有创建于五代时期的镇国寺、东方彩塑艺术宝库双林寺等，构成了一个宏伟壮观的文物建筑群。

此外，民居大院游亦是晋中旅游的一大特色。谚语说："皇家看故宫，民宅看乔家"；"旅游不到'在中堂'，白到山西跑一趟"。乔家即清朝富商乔氏家族的宅院，位于祁县东观镇乔家堡村，共有 6 个大院、313 间房屋，外观威严高大，内视富丽堂皇，充分展示了我国古代建筑高超的工艺水平，被誉为华北第一民俗博物馆、北方民居建筑史上一颗罕见的明珠。"在中堂"是主人给大院起的名字，意谓恪守中庸之道。电影《大红灯笼高高挂》就是在这里拍摄的。

民谚还说："乔家一条巷，常家两条街。"与乔家大院比，榆次的常家庄园别有特色。常氏家族在清朝时期大兴土木，占地 100 余亩，修建楼房 40 余幢，住宅 1500 余间，现存有"一阁、两轩、三院、四园、八帖、九堂、十三亭、二十五廊、二十七斋"。专家认为，常家庄园集北方厚重与南方灵秀之精粹，熔儒家秩序与道家浪漫于一炉，是晋商大院中最具有儒商特色的典范。除此之外，晋中尚有灵石县的王家大院、祁县的渠家大院、太谷县的曹家大院等，都各有特色。

（七）太原地区

有人说："三晋之胜在晋阳，晋阳之最在晋祠。"晋祠是我国现存规模最大的古代园林式祠庙建筑群，也是我国首批 4A 级景区，位于太原市西南 25 公里的悬瓮山下。晋祠又名唐叔虞祠，是为纪念晋国的开国元勋姬虞而建的，至少有 1500 余年的历史。民谚说："不游晋祠，枉到山西。"祠内存有许多国内仅有的文物精品，如周代的柏树、宋代的仕女塑像、常年不息的恒温泉水等，就是三处绝妙景点。民谚说："晋祠有三绝：周柏、宋塑、难老泉。"因为难老泉是晋水的主要源头，所以民谚又说："生在晋祠边，不知有天旱。"此外，圣母殿前有个"对越"牌坊，是明代书法家高应元为治母病捐建的；"对越"二字为傅山手书，原意是报答宣扬祖先功德。祠内还有座坐东朝西的戏台，叫"水镜台"，寓意为"清水明镜，不可以形逃"，善恶忠奸尽人皆知。"水镜台"体现了殿、台、楼、阁四种风格，台前两侧各埋下四个"大瓮音箱"。民谚说："晋祠三块牌：难老、对越、水镜台。"2001 年 9 月，晋祠申报"世界文化遗产"工作已经正式启动。

太原市作为省府所在，历有"锦绣太原城"的美誉，除晋祠外，还有双塔寺、崇善寺、纯阳宫、天龙山、崛崛山、唐槐园等多处景区。1998 年以来，又建成了全长 15.2 公里、占地 7.6 平方公里的"汾河公园"。河水碧蓝清澈，夏天可以划船游泳，冬天可以滑冰起舞；两岸的草坪上分布着 4 个主题广场、6 个自然景区、7 个观光景点。2002 年 1 月 7 日，汾河公园获得了"中国首届人居环境范例奖"。人们形容汾河公园是："一条玉带贯南北，两岸景点如翡翠。"

"文物无言，蕴藏了千古智慧；历史有知，倾诉着百代兴衰。"随着历史的车轮滚滚向前，山西正在朝着"旅游大省"或者叫作"历史文化大省"奋进！

三　山西煤炭甲天下　乌金墨玉滚滚来

有一句流行全国的谚语是："山东山西山里有，湖南湖北湖里出。"此话一语中的，点明了南方和北方物产资源的不同特点。那么，山西的"山里"究竟"有"什么呢？据有关资料统计，山西的矿产资源丰富，分布广泛，种类繁多，截至 1990 年，已发现的矿种达 127 种，其中煤、铝土、耐火黏土、铁矾土、珍珠岩、镓、铂的储量居全国之首，金红石、镁盐、芒硝的储量居第二位，钾长石、钛铁、石灰石、长石、石膏、钴、铜、铼等储量也名列前茅。

（一）煤炭

俗话说："开谈不讲煤和炭，纵说山西也枉然。"全省 118 个县市中，就有 94 个县市拥有煤炭资源；全省土地总面积 15.6 万平方公里，地下含煤面积达到 40%；已经探明的可开采储量为 8700 亿吨，占到全国的 1/3；煤炭年总产量为全国的 1/5，居全国之首；劳动效率、上交利税，均名列全国之冠；煤炭外调量约占全国的 70%，远销日本、朝鲜、英国、法国、意大利、荷兰等地。这组熠熠闪光的数字雄辩地说明：山西不愧为名副其实的"煤炭大省"！难怪老百姓说："山西不缺烧，住在煤圪崂。"外地人也说："山西家，山西家，煤当饭，醋当茶。"烧煤就和吃饭一样平常，可见煤炭之多。

山西有六大煤田：大同、宁武、西山、霍西、河东、沁水；设八大矿务局：大同、阳泉、西山、汾西、潞安、轩岗、晋城、霍县，堪称"北国煤海"。

山西煤炭的开发历史，要从晋城说起。晋城矿务局位于沁水煤田的南部，它的煤炭开采始于周代，战国时用于制造兵器，隋唐用于冶炼铸造，宋代渐趋普及，曾被作为英国王室壁炉专用煤而倍受青睐。晋城矿务局盛产无烟煤，这种煤表面如镜，光可鉴人，燃烧时无灰无味，人称"香煤"；因为它燃烧时彻体通红，火焰呈蓝色，状似兰花，所以又叫"兰花炭"。"兰花炭"的热稳定性、机

307

械强度、块煤率等，在全国无烟煤中独占鳌头。多年来，该局的吨煤利润比全国统配煤矿平均数高出数倍，人均上交利税在全国统配局中名列第一。民谚说："晋城煤好，晋城炭香，'兰花'的美名天下扬。"

潞安矿务局位于沁水煤田中段，南起长治，北到左权，总面积1200平方公里，总储量158亿吨。因为长治古为"上党郡"、"潞安府"，因而民间早有谚语流传："上党遍地宝，煤炭几辈子用不了"；"潞安府，三件宝：潞麻、党参、开煤窑"。该局所辖的石圪节煤矿早在1963年就被树为全国"勤俭办企业"的五面红旗之一，该局所辖的王庄煤矿全员效率、回采工效率等指标连年在全国夺魁，1984年名列全国13个"现代化样板矿"之首，人称"全国煤矿的一盏明灯"。

阳泉的煤炭开采历史也较为悠久，早在宋、元时期就有了土法开采的小煤窑，如今是全国重要的无烟煤生产基地之一，人称"太行明珠"。它的含煤面积达1051平方公里，煤种主要以深度变质无烟煤为主，煤质灰分低于16%，含硫量在1%以下，发热量为5500—7200大卡，是冶金高炉喷吹、烧结矿石的上好燃料，也是化肥、炭素制品、轻纺工业等的理想原料。民谚说："有了黑、白、黄，不愁油和粮。"黑，即煤和铁；白，即铝土、石灰；黄，即硫磺等。这些丰富的矿产资源，是当地的经济支柱。在阳泉矿务局下属的平定煤矿也有民谚说："平定县，有大宝，地下煤炭挖不了"；"平定家，五色鬼，黑青龙，赤白虎"。五色，指红（铁矿）、黄（硫磺）、蓝（焦炭）、白（坩土）、黑（煤炭）。青龙，指青龙山，出煤；白虎，指白虎山，出铁矿。此外还有"鹊山的煤，石卜嘴的炭，城里的姑娘不用看"等，反映了该地物产富饶，质量上乘，人也漂亮。

大同是山西的第二大城市，人称"塞外煤都"。大同煤田早在1500年以前就被开发和利用，明末清初已是煤窑林立。民间早有说法："大同府，有三宝：黑炭、黄花、白皮袄"；"大同煤，阳泉炭，平定砂锅销路宽"。大同矿务局现为我国最大的动力煤生产基地。据科学测算，大同的煤炭储量约占全省的22%，所采煤炭具有"两高两低"特点：发热量高，挥发份高；硫低，灰分低，被用户誉为"工业细粮"。由于大同既是环渤海经济区的西出口，又是我国中西部地区的交汇处，所以具有中西部经济发展战略的"桥头堡"作用。多年来，它的产量、运量均居全国之首，铁路的调出量占全国的1/6，出口量占全省的80%。

由于煤炭的经济价值高，老百姓说："晋南的三白，比不上雁北的一黑。""三白"指棉花、食盐、面粉，"一黑"指煤炭。

轩岗矿务局位于宁武煤田的东北边缘，四周群山耸立，阳武河流经其间，北同蒲铁路、崞（阳）宁（武）公路贯穿矿区，交通甚为便利。民谣说："东山摇钱树，西山聚宝盆，阳武流金在当中。"

西山矿务局是太原市最大的煤炭基地，年产原煤1000万吨以上，洗精煤180多万吨。民谚说："府西山，金银山，山里到处有煤炭。"市民们所说的"十里钢城，百里煤海"，就是指太原钢铁公司和西山煤矿。

河曲县的煤炭总储量也有120多亿吨。因该县处于黄河边，流传许多民歌，所以俗话说："河曲三多：炭、船、山歌。"该县还拥有铁矿储藏量112万吨，铝土矿资源量1.79亿吨，黏土矿2469.8万吨。石灰岩广布县境，其氧化钙含量大于50%。因此，民谚说："河曲多矿藏：黑（煤炭）、红（铁矿）、蓝（焦炭）、白（石灰）、黄（硫磺）"。

柳林县的煤炭储藏面积约800平方公里，总储量为80多亿吨，是高碳、低灰、低硫的冶金工业优质燃料。民谚说："柳林三件宝：黑炭、白灰、大红枣。"

十一届三中全会以来，国家大力扶持乡镇企业，农民们意识到再也不能"守着金碗讨饭吃"，喊出了"要想富，挖黑库"的口号，全省各地涌现出数千个乡镇小煤矿，经济力量相当可观。

（二）铁矿

山西的铁矿是仅次于煤炭的第二矿产资源，遍布全省各地，已探明的储量约30亿吨，居全国第四位。据有关资料表明，仅长治市境内的铁矿石储量就达2.6亿吨。远在明清时期，长治县的荫城镇就是名扬海外的铁货集散地。嘉庆年间，荫城的铁货交易额高达1000万两白银，人称"千里荫城，日进斗金"；"天然铁府，日进斗金"。人们把铁和煤叫作"黑行"，说"黑行不动，百行没用"。再如古交市，也是我省的铁矿产地之一，蕴藏着丰富的优质矿产。民谣道："南山北岭十八层，金梁玉柱夹其中；谁人找到开门锁，一斗矿石半斗金。"阳城县拥有硫铁矿2亿多吨，该县的硫磺系列产品花色多，质量高，行销全国各地，出口德国、日本等国，人称其产品为"纯度九十九，用户不过手"。

（三）铜矿

山西铜矿的储量仅次于云南和江西，95%分布在垣曲一带的中条山区。民间传说，中条山是"铁头银腰铜尾巴"。铁头，指侯马市塔尔山的铁矿；银腰，指运城市的盐池；铜尾巴，指垣曲县的铜矿。据悉，仅垣曲县的铜储量就达270万吨，居全国第三位。矿物成分主要是黄铜，还有斑铜、辉铜、孔雀石等，其他如铅、锌、钼、钴、金、银、锰等，都有一定的储量。中国有色金属工业总公司在垣曲建立了产铜基地，占地757万平方米，开发了多种产品。

（四）盐湖

盐湖是我省的又一宝藏。民谚说："山东食海盐，山西食散盐。"散盐的产地就在运城盐湖，总面积130平方公里。据科学勘探，盐湖形成于7千万年以前，盐湖的地表、地下都蕴藏着大量的盐类矿体，盐储量为4千多万吨，芒硝为2千万吨，硫酸镁为550—600万吨，居全国第二位。唐代柳宗元曾在《晋问》中写道："猗氏之盐，积雪百里，为晋之大宝。""猗氏之盐"就是指运城盐湖生产的盐。清朝时期，这里的盐曾行销晋、秦、豫、甘等172个州县，成为国家重要的财源。当地传说："中条山上牛家院，离天三尺有黄金"；"有人识破牛家院，能发九州十八县"。牛家院位于盐池南边的中条山腹部，是古代一条运盐古道。现在，该地仍遗留着两块记述盐运史料的摩崖石刻。可见，盐湖自古就被人们视为"聚宝盆"。如今，盐湖是全国无机盐生产基地之一，它的无水芒硝、硫化碱等产品，都是化工部的优秀产品，占全国总产量的1/3以上。

（五）石膏

山西的石膏矿储量也十分丰富，含矿率平均80%，主要产于汾河中下游地区，尤以平陆县储量最多，质量最佳。该县的石膏产品本体纯白，晶莹如玉，凝固迅速，抗拉力强，硫酸钙含量高达98.43，名列全国第一，被誉为"平陆石膏甲天下"。

此外，铝土、铁矾土、耐火黏土的储量均居全国首位，长石矿的储量居全国第五位，还有丰富的石灰岩等，多为特级、一级品等，不能一一叙述。

尽管谣谚中反映的只是山西矿产资源的一鳞半爪，也足以让人为之感叹。山西作为全国能源重化工基地，充分发挥特有的能源优势，必定会带动全省的经济腾飞，保证整个国民经济协调、持久、稳定地发展。

四　三晋民风勤与俭　山西商人会理财

（一）

长久以来，山西人善于经商、长于理财的美名誉满全国。特别是明清时期，以"平遥、太谷、祁县"为首的晋商盛极一时，"雄踞中华，饮誉欧亚"，写下了中国经济史上辉煌的一页。当时京城流行的说法是："京师大贾数晋人。"外省也流行一种说法："山西老乡能聚财，山西商人行天下。"

山西自古物产丰富、商贸繁荣。如侯马市，早在春秋晋国时就成为诸侯国之间的商贸中心，很早就被人们称为"南来北往商埠地，千车万货旱码头"。与它相邻的曲沃县从明代引种烟叶，到清朝时成为年产千万斤的烟草大县，而平遥建有多处烟坊，是较大的商品集散地，通过这里将烟叶传销到全国各地。民间说："拉不完的曲沃，填不满的平遥。"据说当时北京鼓楼前有一个晋商开办的"恒泰号"烟店，门前就挂着一个特制的大旱烟袋作标志，白银嘴，黄铜锅，黑烟杆，长达五六尺。至今北京老人常说一句歇后语："鼓楼前的大烟袋——一窍不通"，就是指此而言。另外，俗话还说："拉不完的浮山，填不满的东关（临汾城的东关）"；"拉不完的府城（安泽县），填不满的曲亭（洪洞县集贸市场）"；"驮不完的静乐县，填不满的向阳店（太原市北郊的一个镇）"；"拉不完的沁州粮，填不满的鲍店（长子县的一个镇）仓"；"买不完的河口（岚县的河口村）油，赶不尽的兴县牛"等等。从这些俗话中，可以看出我省各地生意兴隆的景象。

据史书记载，早在商朝，山西就有了工商馆；春秋时期，商人活动就到了长江领域。民间早有俗语："要想不受穷，走出陕甘宁"；"金圪崩草帽头上戴，身挎上包袱走口外"。翻开晋商的经营史，哪个人都有一部闯荡四海、备受艰辛、奋勇拼搏的创业史。从民间广泛流传的谣谚中，我们来寻觅一下晋商大贾的踪迹。

明朝时期，太谷的农民曹三喜独闯关东，在原热河省的三座塔村落足，逐步发展了酿酒、杂货、典当等行业，带动了地方的繁荣，随后这个小村子才成了朝阳县，因而当地传言："先有'曹家店'，后有朝阳县"；"先有'锦字号'，后有朝阳县"。后来，曹家的生意扩大到沈阳、锦州、日本等地；再后来，又以太谷为中心，辐射到大半个中国，而且远及朝鲜、德国、法国、印度、伦敦等，横跨欧亚两个大陆。清朝咸丰年间，曹家商号达到 640 多个，雇员达到 3.7 万人，资产高达 1000 余万两白银。如今，人们游览曹家大院，仍能领略到曹家当年的辉煌。

清初，祁县的乔贵发赴包头一带经商，创立了以"复盛公"为首的"复"字商号 19 家，还有其他商号十余个。他们垄断绥远，运通俄蒙，成为开发包头经济的先驱。余秋雨在《抱愧山西》一文中写道："乔贵发和他后代的奋斗并不仅仅发达了一个家族，他们所开设的'复盛公'商号，奠定了整整一个包头市的商业基础，以至出现了这样一句广泛流传的民谚：'先有复盛公，后有包头城。'"

"大盛魁"是太谷人王相卿和祁县人张洁等合资创办的商号，清朝初期就活跃在中俄边贸市场及蒙古等地。该商号在极盛时拥有员工六七千人，骆驼两万峰，驼队押运人员都精通蒙语、俄语、维吾尔及哈萨克语。东家自称"一年三百六十天，天天路上有骆驼"，由此带动了内地骡驮、牛车、船帮的发展。据说"大盛魁"有十来只狗常年奔跑于库仑、归绥，传送行情和书札，其中一只踏雪乌骓狗救过东家的命，因而享受着唯一的"顶整股"，其余最高股 9 厘 9。因此民谣说："别夸你富，别夸你有，别瞧你皮袍马褂有多抖，比不上大盛魁的一条狗。"

清同治、光绪年间，祁县渠家的商业字号遍及全国各大城市和水旱码头，所经营的项目有斗、典、布、杂、茶、票号等。其中以"长裕川茶庄"和"三晋源票号"最为著名，人们称赞说："长裕川声名卓著，三晋源汇通天下。"东家渠源浈，小名旺儿，人称"旺财主"。他在经营上以忠信、稳健著称，几乎没有赔累亏损，是商界公认的高手。民间流传："旺财主，有眼力，赚钱不钻钱眼子。"

晋商最大的创举是"票号"。他们一改过去"镖师押运金银"的做法，"一纸汇票传千里"，几千两白银立等可取，相当于现在金融卡的功能。平遥的"日升昌"是中国历史上第一家票号，曾在18个省设立了票号分庄45家，资金雄厚，信誉卓著，堪称"中国银行的乡下祖父"。在它的带动下群起仿效，形成了"平遥帮、太谷帮、祁县帮"，山西票号在全国85个城镇建立了400多个分号，大有"执全国金融界之牛耳"之势。其中祁县的"合盛元"票号还远涉重洋，在日本、朝鲜等地从事国际汇兑业务，开创了我国金融机构向海外设庄的新纪元。民谚说："本钱大的'大德通'，'三晋源'的画儿棚。""大德通"是祁县大商人乔家的商号，"三晋源"是祁县大商人渠家的商号，"画儿棚"是说伙计长相漂亮。

晋商的发展，深刻影响了乡村的集市贸易。许多地方几乎是三天一小集，五天一大集。此外，各地还有名目繁多的庙会，也是物资交易的重要场所。老百姓祖祖辈辈都热衷于赶庙会，比如运城地区俗语说："南会头，北会尾"，意思是说，南部的集会开市早，北部的集会开市晚，人们赶罢南会，还能赶上北会。文水县的裴家会镇，一年有八个会，客人络绎不绝，俗话说："裴家会，常赶会，住下客人没处睡。"长治市每年农历七月初一举行庙会，附近各县以及河南、陕西的商贾云集，还有对台戏助兴。人们说："赶了七月初一会，这辈死了不后悔。"翼城县亦有"赶了汤王会，死了也不亏"的说法。

晋商的发展，不仅促进了经济的繁荣，而且冲击了传统的"学而优则仕"的观念，向权力发起了挑战。当时许多人家热衷于送子弟外出经商，而不是去"读书做官"。民间传谚："家有万两银，不如钱庄有个人"；"当官人了阁，不如票庄当了客"（阁：内阁大臣。客：老板、掌柜）；"生子有才可作商，不羡七品空堂皇"。

（二）

晋商在经营方式、经营项目、经营手段等方面，积累了丰富的"生意经"，从谚语中可以窥见一斑，而且，每条谚语背后，都连带着一串故事，值得后人认真借鉴和品味。

晋商尤重字号，强调"先做名气后赚钱"。起名时讲究取义典雅、用字吉祥、独具特色、朗朗上口；起名后便视若生命，用信誉来全力维护，及至饮誉一方，虽万金不易。《山西通志·民俗篇》载："字号至关市商名声，其本身就是招徕广告，山西曾有'宁肯赔了白银，不能坏了字号名声'的谚语。"早年在俄国及东欧等地，人们只要见了"大玉川"、"长盛川"字样的包装，无须验货就一抢而空。恰如谚语所说："十年铺子，人捧字号；百年铺子，字号捧人。"那么，如何"人捧字号"呢？其内涵十分丰富。

1. 晋商特别讲究商德，认为"买卖人忠信为本"，"忠信"是一笔无形的本钱，是一种无形的价值。山西民间流传着大量的谚语道：

> 生意有诀窍，信誉第一条。
>
> 诚招天下客，信为立业本。
>
> 一片公心平似水，十分生意稳如山。
>
> 做生意，三样宝：人缘、门面、信誉好。
>
> 西北风下雨雨不好，昧良心发财财不正。
>
> 一客失了信，百客不上门。
>
> 买死了店户年年在，卖死了客人永不来。

2. 晋商懂得，市场竞争的关键，在于赢得顾客，必须做到顾客至上。谚语说：

> 先有"人气"，才有"财气"。
>
> 一分生意，十分情意。
>
> 今日的看客，明日的顾客。
>
> 能叫人等客，不叫客等人。
>
> 买卖不成人意在，这次不买下次来。

对顾客的情意，首先体现在"和气"二字。谚语说：

> 买卖买卖，和气生财。

气大隔财，和气消灾。

生意要做好，和气少不了。

待客和为贵，礼多人不怪。

同样货，各样卖，态度热情卖得快。

态度热情要进一步体现在神态和语言上。"笑脸待客"是经商的一条重要原则。谚语说：

笑口常开，顾客常来。

人无笑脸休待客，会打圆场自落台。

笑脸相迎顾客暖，冷眼直对买主寒。

阎王开酒店，鬼也不上门。

语言亦是经商的基本功，是决定生意能否成功的重要因素。谚语说：

卖货先开口，顾客不愿走。

嘴里话到，手里货到。

有货货要到，无货话要到。

言语好，待人亲；不买两，买成斤。

莜面不精榨不到，买卖不成话不到。

别说人家光看不要，检点自家话儿不到。

3. 商海风云变幻，商家必须时刻保持冷静清醒的头脑，随时掌握商业情报。老话说："买卖赔和赚，行情占一半。"另一方面，切不可盲目轻信，一窝蜂地赶时髦。历史的经验证明："先买出头，后买入手。"因此，要做到：

快不赶，慢不懒。

好市莫赶，烂市莫丢。

逢快莫逢赶，逢违走一遭。

一赶三不买，一赶三不卖。

赶前不赶后，赶少不赶多，赶冷不赶热。

晋商发展到今天，适逢信息社会，面临世界挑战，在实践中又产生了一些新的谚语：

信息灵，出金银。

商品经营，信息先行。

广告一登，死货逢生。

广告通四海，信息反馈快。

广告虚夸，等于自杀。

愚者赚今天，智者赚将来。

把握商机就是掌握"先机"，得到"先机"才能取得"先手"。

人无我有，人有我多，人多我好，人好我早，人早我廉，人廉我转……

如今的晋商后人，更具有创新意识。他们把这些传统的、现代的经营诀窍作为座右铭，背得滚瓜烂熟，用得活灵活现，正在努力创造新的辉煌。

五　世界面食在华夏　华夏面食在山西

民以食为天。"食"是人类生存的第一需要。"口福"，亦是幸福生活的重要组成部分。中华民族悠悠数千年的历史，形成了自己独特的饮食文化。民谚说："南人吃米，北人吃面。""秦岭山脉一条线，南吃大米北吃面。"可见，北方人以面食为主，而山西省的面食在北方、在全国乃至世界饮食领域，更是独占鳌头的一枝奇葩。

山西面食源远流长，久享盛誉，曾令许多外地人和外国人称奇、惊叹。人民作家老舍先生曾经这样称赞山西面食："驼峰熊掌岂敢夸，拨鱼猫耳实而华。""拨鱼"又叫"剔尖"，是用铁筷或竹筷拨出的形似银鱼的食品；"猫耳"是用拇指推拕出的一种圆形食品，类似猫的耳朵。"驼峰熊掌"指代珍稀佳肴，"拨鱼猫耳"指代山西面食。老舍先生认为：山西面食既实惠又华美，超过了一切山珍海味。

据《山西市县简志》记载："1983 年日本明星食品株式会社社长八原昌元先生专程来太原参观面点制作技艺，赞美说：'使我深为感动的是，如此高超的制面技术，能够继承和保留下来，深感世界面食在中国，中国面食在太原。'"

另据《晚报文萃》（1992 年第 5 期）登载：一位外宾问"饼王"李连贵："我听说：世界面食在华夏，华夏面食在山西。不知李先生能否为席上添一两样山西的面点？"李连贵答："山西面食，古来有一面百样之说，炸、炒、烤、烙，样样绝精。不是我当众夸口，一面百样何止？我甚至可以做出 200 样、300 样。"

"世界面食在中国，中国面食在太原"，"世界面食在华夏，华夏面食在山西"是两句谚语，尽管说法不同，但意思是一样的，都是盛赞山西面食誉满全球。"一面百样"同民间流传的"一面百样吃"、"七十二样家常饭"，意思也是大同小异。下面就具体探析一下有关山西面食的民谣和俗语。

自古以来，山西省除晋南之外，其他地区受地理、气候所限，过去均以生产粗粮为主。玉米、高粱、莜麦、大豆、小米等，是各地的主要产物，因此，百姓日常食品主要以玉米面、高粱面、莜面、豆面、小米等为原料。俗话说："玉米面，黄生生；擦圪蚪，硬铮铮，吃到肚里饱腾腾。""擦圪蚪，抿圪蚪，吃上一回不想走。""没好有赖，茭子鱼儿管待。""黄蒸包小豆，越吃越实受。""擦圪蚪，抿圪蚪"，是用特制的"擦床"做出来的面食。"茭子"指高粱面，"鱼儿"是用手搓出的两头尖的条状面食，也叫"搓鱼儿"。"黄蒸"是用玉米面发酵后做成的食品。这几样都是百姓的家常便饭，过去多用高粱面和玉米面做成。

此外，"和子饭"也是民间普遍流行的一种饭食，即把小米、豆子和杂面面条一起煮熟加调料后食用，有的地方叫作"米旗"、"圪糊"、"豆旗面"、"杂面旗子"等。常言："米旗加豆，强如吃肉。""吃碗豆旗面，胜似活神仙。""屯留长子县，顿顿吃的三和面。""定国、马家一条垣，杂面旗子不调盐。"晋东南流行的民谣说："早上吃'圪哒'（煮熟的玉米面小饼，也叫'煮圪哒'），晌午吃'圪啜'（小米粥），晚上喝的'圪糊'（和子饭），有了亲戚吃'圪糁'（碎玉米粒煮成的粥）。"

用糯黍米和糯高粱磨制的面粉做糕，是民间食品的又一特色。民谚道："粗米黄蒸细米糕。""有钱难买熘油糕。"尤其是雁北人，几乎一日三餐离不开糕。民谣说："早晨稀饭煮糕，午饭蒸的现糕，晚饭吃的火烤糕"；"稀粥莜面软黄糕，荞面圪坨搅拿糕，黍子糕，高粱糕，儿婚女嫁把油糕包"。乡宁县每年农历四月十五还要举行传统的"油糕会"。届时，四面八方的油糕摊点都集中在县城的一条大街上，可谓"香飘十里"。民谚说："不吃炸油糕，不算赶好会。""糕"是"高"的谐音，吃糕的寓意是期盼生活步步高，越过越红火。

莜麦是山区（特别是吕梁、忻州、雁北一带）的主要农作物，因其耐寒、耐旱、生长期短，所以种植面积大，质量好。莜面含有较高的蛋白、脂肪和赖氨酸，食后耐饥，民间素有说法："四十里莜面三十里糕，二十里的荞面饿断腰。"人们把莜面做成状似羊耳朵的"栲栳栳"、猫耳形的"圪搓搓"、包上馅的窝窝头等，粉红细嫩，润滑爽口，久食不腻，而且隔夜不粘。俗语总结道："莜面窝窝吃得香，香就香在风味上"；"油合辣椒酸菜汤，带荤莜面更吃香"；"莜面圪坨猪尾巴，你看光景沙不沙（圪坨：用手掌推出的卷筒形食品。猪尾巴：长条形的搓鱼儿。沙：好。晋北方言）"。在娄烦和岢岚两县，还流传这样的民谣："提起寨沟山，不敢上娄烦；说起吃莜面，还要上娄烦"；"九省十三县，爬山到岢岚；不为赚大钱，单为吃莜面"。可见，尽管娄烦和岢岚山高路险，但当地的风味食品还是吸引了"九省十三县"的客人前往品尝，虽说有些夸张，但莜面的魅力由此可见一斑。

吕梁地区的临县一带，人们几乎每天都要吃"钱钱饭"。民谣说："早晨钱钱饭，晌午饭钱钱，晚上黑豆捣成扁片片。""钱钱"就是把黑豆或黄豆放在热水中泡软，然后用锤子一颗一颗砸扁。因为形似微型铜钱，所以叫作"钱钱"。旧时人们把"钱钱"同小米煮在一起熬成稠粥，便是主食了。

在山西人手里，粗粮尚且细做，细粮就更加精做了。运城、临汾位于山西省的南边，地势比较平坦，气候相对温和，自古就是产麦大区，素有"山西粮仓"之称，因而百姓的日常食品多以白面为主，擀面条、蒸馒头是家庭主妇的拿手好戏。比如关于面条，就有这样的民谣："和得硬，揉的圆；擀成纸，切成线；下到锅里莲花转，舀到碗里香气窜。"当地有个风俗，新媳妇下厨的第一顿饭，就是通过擀面条来亮手艺。民谚说："好女儿不怕人瞧，好面条不怕圪搅。"运城古称河东,人们把面条做得细长滑溜,柔韧不断,再浇上羊肉臊子,香气诱人,远近闻名,因此有这样风趣的说法:"吃了河东羊肉面,给个县长也不干。"

馒头,俗称"馍",晋南人几乎是每天必食,甚至是三餐必食。老百姓说:"没有馍馍不算饭,没有辣子不算菜。""米汤蒸馍,吃得眼睛挤合(形容胖)";"馍蘸辣子美得太"。各家平时就蒸好许多馍馍,急时切成馍片,用盐开水一泡,既快捷又便当,所以当地有句口头禅:"油泼辣子一个菜,开水泡馍来得快。"到了岁时节令,或遇上红白喜事,巧妇们更是八仙过海,各显神通,用面团捏出花鸟鱼虫,雕出龙凤吉祥,然后作为走亲访友的馈赠礼品。老话"河东人情薄,总是馍换馍",说的就是这种情形。馒头,实际上成了一种面塑工艺,蕴含着真挚的感情,展现着劳动者的聪明智慧,反映着人际交往的淳朴风俗。

饼子,在山西的花样也是很多的,有烙饼、炒饼、甩饼、火烧、油旋、锅盔等等。太原有一条老街"开化市",内里一家饭店的葱花烙饼金黄酥软,层薄如纸,独具特色。俗话说:"开化稀饭豆豆菜,葱花烙饼真不赖。"河津市的油酥饼,每层薄如蝉翼,外酥内绵,饼屑容易散落,所以人们说:"河津的千层饼,吃时两手捧。"垣曲县有一种厚而圆的大饼,内和油盐,外沾芝麻;内里暄腾腾,外皮焦脆脆,人称"锅盔"。谚语说:"文魁武魁,不如锅盔。"潞城县早在清朝时,就有姓呼、暴的两位师傅,做出甩饼后卷进腊肉,非常好吃,人们称其为"呼暴饼"。当地传言:"要想真解馋,请吃呼暴饼。"这种甩饼,至今在晋东南盛传不衰,俗传:"潞安府,有三宝:腊肉凉粉酥火烧。""长子炒饼沁县糕,长治腊肉酥火烧。"此外,还有"平遥牛肉太谷的饼","柳林芝麻饼,香闻太原城","五里铺的饼子田家会的包,三天不吃想折腰"(离石)等等,不一一列举。

在数百种山西面食里,有必要介绍一下"饺子",亦叫"扁食"、"元宝"。民谚说:"东南西北,饺子最美";"饺子就酒,越喝越有";"三餐六饭,扁食是好饭";"一餐饺子宴,尝尽天下鲜";"好吃不过饺子,舒服不如倒着"。饺子馅有各种各样,饺子形状也是五花八门。过去,穷人只有在过年过节或者招待客人时,才能吃上一顿饺子。因饺子形似元宝,所以民谚说:"新年大发财,元宝滚进来";"送行饺子迎风面"。而今饺子已经是家常便饭,人们随时都可以大饱口福。

在长期的面食制作过程中，劳动人民积累了丰富的宝贵经验，有些常识性的技巧，以谚语形式流传下来，值得学习和借鉴。如"冬溜溜，夏稠稠"，"冬起糊糊夏起铁"，是说发面、和面时，冬天要稀些，宜软；夏天要稠些，宜硬。"磨快的剪子揉到的面"，是说做面条和馒头，全凭揉面的功夫，要像磨剪子一样有耐心。"蒸馍馍，不用问婆婆，一把手一个"，是指揉馍的技巧熟练后，一只手就能团出一个馍。"断火不蒸馍，蒸馍不断火"，是说馒头上笼以后，要一鼓作气烧旺火，中间不能停火。如今虽然有了机器馍，人们还是觉得手工馍好吃。

再如做饺子，民谚说："硬面馍，软面饺，揉到醒到包得好"，是指饺子面要和软、揉到、醒到，才能够包得好看。"捏饺子没巧，捏死口就好"，是说包饺子的关键是不能开口，否则容易漏馅儿。"煮饺子要水多，蒸包子要火猛"，是说水量的多少、火势的大小很重要。"敞锅煮皮，盖锅煮馅"；"开盖煮皮，盖盖煮馅"，是指锅盖的开合对于煮饺子有着不同的作用。还有"紧火饺子慢火粥"、"头锅扁食落鏊饼"、"开锅煮饺闷锅面"等等，其中的诀窍，全靠在实践中摸索，所谓"运用之妙，存乎一心"。

需要说明的是，尽管山西人民具有如此丰富的面食技艺，但在过去仍然摆脱不了贫困面貌，只有在改革开放以后，才普遍地改善了生活状况，走上富裕大道。有民谣为证："50年代不够吃，60年代限量吃，70年代对凑吃，80年代管饱吃，90年代挑着吃。"如今全省人民普遍以白面为主，老百姓有了新食谱。民谣说："清早馍馍上午面，晚上来它个大油旋；想吃油糕枣泥馅，要吃饺子捣上蒜。"同时注重了副食的增加，饮料、水果等也成了家常食品。新民谣说："四盘八碗北方烧，外加几筒健力宝；主食少，副食多，下了桌子吃香蕉。"当然，许多人仍然喜欢吃粗粮，但意义和过去截然不同了。如果说，过去的粗粮细做是为了填饱肚子的话，那么，今天则是为了调剂口味、营养全面。俗话说："口粗体壮"；"粗茶淡饭，吃成肉蛋"；"稀粥烂饭不伤人，吃全杂粮不生病"；"五谷杂粮多进口，大夫改行拿锄头"；"神丹妙药灵芝草，不如五谷杂粮互补好"。据说西方的营养学家正在大声疾呼，要人们改变以动物蛋白为主的饮食习惯，学习中国"粗茶淡饭保平安"的用膳方法。可见，粗粮细做、粗细搭配具有科学道理，顺应社会的进步潮流，发展前景很广阔。

六 民以宅为安 家以居为先

人的一生，至少有一半以上的时间是在住宅内度过，因此，民谚说："人要屋住，鸟要窝歇"；"民以宅为安，家以居为先"；"安居才能乐业"。这都说明，住宅是人类休养生息的基本条件。有了住宅，人们才会有安全、踏实的感觉，才能谈得上从事其他生产活动。那么，山西的民居是个什么状况呢？下面通过民谣俗语作一简析。

（一）

山西地处黄土高原，总面积的 40% 都是山地，还有 40.3% 是丘陵，而且气候干燥，雨水稀少，因而，窑洞，是民居的主要类型，历史悠久，广泛分布。

窑洞大致可分为三种，一种是"靠崖窑"，依崖挖掘而成，全省各地都有。洞内没有梁柱，却十分坚固耐用，可长达百年之久。更重要的是，洞内能够保持四季恒温，冬不冷，夏不热，有利于人体健康长寿。此外，暗窑可以储藏东西，菜窑可以储藏瓜果蔬菜，偏窑可以饲养牲畜，等等，其功能远非楼房所能比拟。老百姓说："宁挖窑洞不建房，不用砖瓦不用梁。"又说："靠住土崖打窑洞，冬暖夏凉神仙洞。"

另一种是"地坑窑"，也叫"天井窑"，在晋南的平陆县居多。人们从山坡的平面往下直挖一个方形大坑院，然后凿一条隧道通向地面作为出口，再在坑院墙壁上打成窑洞。从远处看，还以为是个土坑，走近了才知道住着人家。因此民谣形容道："半山腰里有人家，房子修在地底下；车马隆隆屋顶过，鸡犬声声出背洼。"据专家考证，这种穴居形式为山西独有，是人类穴居的一大创造，堪称中华一绝。

第三种是砖窑，一般是在平地起墙，用白灰浆或水泥粘接砖、石，砌碹成拱形。中间留门，两边留窗户。砖窑也具有"冬暖夏凉"的特点，但在投资、用料、耗时、用工上，都比土窑多，修建时需要一定的技术，修成后外观比较好看。民谚说："宁住南窑，不住东房"；"宁卖'刮金板'（土地），不卖'暮烟洞'（破窑洞）"。

山西的平原只占总面积的 19.7%，地盘虽小，但人口稠密，这些地区的民居形式主要是土坯平房、砖木结构瓦房、水泥浇铸的楼房等。

雁北地区多见平房，呈前低后高的缓坡顶面，老百姓叫作"一出水"。它的墙体有两种：土打墙或垒土墼。民谚说："软处好起土，硬处好打墙"；"墙耐三底板"。具体操作的要求是："宽打地脚窄垒墙，填好馅石不倒墙。"有的房顶铺草或木苫，再用泥抹平。有的房顶用拌匀的灰渣和石灰水铺盖，再用棒槌砸实。房顶可以晒粮。

砖瓦房在山西各地比较普遍，用料更讲究，技术要求更高，建筑形式也更精致。比如在选料上，就有这样的说法："新砖旧瓦现石灰"，意思是说，新砖结实，旧瓦耐渗，现泡的石灰好用。再如"弓梁粗檩直柱椽"，意思是说，大梁要选弓形的，檩子要选粗的，椽柱要选挺直的。用料的一般规律是："三十根椽一间房，四檩二柱一大梁"；房顶用的瓦数为："是间不是间，一间千二三"，等等。这都是劳动人民在长期实践中摸索积累的宝贵经验，可供后人借鉴。

晋南和晋东南的乡村很早就流行二层楼，只不过房顶是双出水硬山式，上层低矮，用于储藏粮食物品，下层住人。高楼集中在城市，主要是为了向空间要面积。前些年，住宅楼7层以下的占多数，而且不带电梯，因而流行这样的说法："一楼脏，二楼乱，三楼四楼住高干"；"金三楼，银四楼，不值钱的住两头"；"一楼二楼，老弱病残；三楼四楼，有职有权；五楼六楼，管物管钱；七楼八楼，傻冒青年"。由此可见，高楼并不见得比土窑和房子好。人们在无奈之下，相比较而言，认为三层、四层算最好，"顶天立地"是最差的。不过，随着社会的进步，七层以上高楼的开发，都相应地增设了多电梯通道，人们对楼房的看法又有改变。现在人们也认识到土地的珍贵，城市的高层楼、农村的低层楼也日渐增多。新民谣说："如今生活真富裕，农家住上小洋楼；宽敞明亮又舒服，赛过北京的大干部。"

（二）

从民居可以看出一个地方的历史发展、经济状况、文化内涵，人们的生活水平、思想观念以及风俗习惯。下面，我们着重从民居习俗方面分析一些谣谚。

无论是住窑、住房，还是住楼，民间都十分讲究"风水"，信奉"地灵人杰"。笔者认为，对于"风水"，不能一概地视为"迷信"，因为其中也包含着科学的成分。比如"山管人丁水管财"；"未看山，先看水，有山无水休寻地"，就是说，依山傍水是理想的住宅环境，而水的因素更加重要。试想，在水源枯竭的不毛之地，人类又何以生存？又怎么能够发财致富？类似的谚语还有很多，都反映人们喜山乐水，热爱自然，企盼拥有一个优美、舒适、安宁、温馨的居住环境的愿望。

住宅的方向，俗以为"向阳门第春常在"，住房要"背阴向阳"。谚语说："坐北向阳，冬暖夏凉"；"有钱盖北房，冬暖夏天凉"；"有钱要起朝南屋，子子孙孙多有福"。反之，东房和西房夏天受晒时间长——热，南房冬天迎着西北风——冷，因此，民谚说："有钱不盖东南房（有钱不买东西厢），冬不暖来夏不凉。"这就叫顺应自然，因地制宜。

住宅的形状，民间讲究地基要"南北长，东西短"，院子呈方形；地势则要"前低后高"。比如祁县渠家大院的五进院子，就是渐渐增高，象征着步步高升。俗语说"当院竖着长，必富少年郎"；"由低到高，代出英豪；由窄到宽，富贵如山"。其中体现了建筑美学，因为"方正"给人的感觉总是稳固坚实，包容无限；同时也符合自然原理，顺应了风向和水的流势。

房屋的间数，民间认为正房的开间宜用单数，三、五、七主吉祥；不宜用双数，四、六、八主凶险。俗语说："三、五发大财，四六不成才。"从实用的角度讲，开间用单数，家人进出方便，心理上有安全感；从信仰的角度讲，这也反映了人们避凶趋吉的善良愿望。

土炕是农户家中的主要设施。炕与灶台相通，冬天做饭的同时，就连带把炕也烧热了，一举两得。俗话说："家暖一条炕。"有了暖炕，也就有了家的温馨。特别是一些患风湿的病人或体弱的老人，尤喜暖炕。再从民谚中反映的砌砖技术来看，炕比灶要高出一层砖，有这样的说法："七行锅台八行炕，九层火火十层炕，十八层砖上安窗桃。"

门为家防之用，象征着一个家庭的脸面。因此，修建院门是"立门户"的大事，在民居中甚为重要。民谚说："千斤门道四两屋"；"要知家境看门楼"。普通院门除了有门扇、门框、门垛、门楣外，还有门墩石、门过木、坐街石等。从门楼的砖雕匾额上，往往能看出主家的志趣和爱好。另外，院门不能直对巷口，俗有"大道（刀）冲怀当凶（胸）死"的说法。院门和宅门也不能正对，比如祁县渠家大院五进院的院门就不是直直相对，而是互相错开，因为传说"门对门，口对口，财源往出走"，还说："口对口，财外流"；"门门打照，财福外跑"，实际是怕家中隐私一览无余，招来祸患。因此，家家门口都修个照壁，产生"进门三弯，不看自安"的效果。

安居不仅要处理好人与自然的关系，而且要处理好人与社会的关系，这样才能保持和谐、稳定。乡下有个习俗，各家在同一处建的房子，高度要大体一致。俗语说："东高不算高，西高压折腰。"意思是说，西邻的房子高，就压了东邻的"风水"。这种看法当然是唯心的。从科学道理来讲，主要是怕东风多雨，西边的房高，会将泥土阻落在东房顶上，无疑是不利的。还有房檐水不能滴在邻家院中，排水沟不能正对别人的家门，等等，这些忌讳都是有一定道理的，属于社会公德的范畴。

改革开放以来，从城市到乡村，建筑业如雨后春笋，蓬勃发展。人们说："小康不小康，关键看住房"；"富不富，看楼房"。盖房置产，成了经济富裕、幸福美满的重要标志。

如果说，过去经济不发达，人们认为盖房耗资劳神，难度很大，说是"建屋盖厦，经过的害怕"，那么，新时期，人们有了新观念。他们不会等到攒够了钱再去盖房、买房，而是广开财源，或挣或省，或借或贷，先安居，再乐业。时下流行的说法是："要住房，到市场；钱不够，找银行，贷款买房也风光。"

时代的发展日新月异，人们更追求住房品位的提高。传统的谚语"室雅何须大，花香不在多"，已被越来越多的人接受和领悟；居室是否高雅，成为评价标准。新的谚语有："小康不小康，重点看两房（厨房和卫生间）"。以往人们在家居中重视的是客厅和卧室，现在把重点放在厨房和卫生间，追求全面的科学文明的生活方式。同时，许多人都意识到，"安乐窝"里不仅要有物质文明，更要有精神文明，书房也就成了必不可少的一部分。"亮不亮，看书房"，是目下时髦的流行语。

七　能唱梅花调　北京也敢到

山西是中国戏剧发祥地之一，素有"中国戏曲的摇篮"、"民歌民舞的海洋"之美称。全省的戏曲文物占到全国的80%。早在汉朝，民间就流行乐舞杂技。北宋时期，晋城就有个叫孔三传的，首创了"诸宫调"，在汴梁献艺。元曲四大家"关、马、郑、白"，除马致远是北京人外，关汉卿、郑光祖和白朴均是山西籍。"梨园领袖"关汉卿是运城解州籍，被西方誉为"东方莎士比亚"，至今存有杂剧60多种。郑光祖是临汾籍，至今存有18种杂剧和若干散曲。白朴是河曲籍，至今存有16种杂剧和《天籁集》等词曲。河曲古称奥州，当地俗传："奥州出大家，小名叫白朴。"专家们认为，直到现在，山西的"道情"、"耍孩儿"、"铙鼓杂戏"等许多唱腔和曲牌，仍保留着元曲时期的曲名和乐句结构的特征。可见，戏曲艺术在山西的确是源远流长；也正因为如此，民间关于戏曲艺术的民谣、俗语十分丰富，耐人寻味。

戏曲同人生、社会、历史紧密相连。它寓大于小，寓教于乐，抨击邪恶，弘扬正义，能够沟通人的感情，引起人的共鸣，净化人的灵魂，陶冶人的情操。对于戏曲的功能和作用，民谣和俗语中有着生动形象的说法，如"四四方方一座城，骑马坐轿走代行"；"轿是两杆旗，马是一根鞭，登山过桌椅，行船划桨板"；"三五个千军万马，一席地走遍天下；方寸地万里山河，顷刻间千秋功业"；"台上一声笑，座中万人欢；台上一声哭，座中万人咽；台上一声啼，台下泪千滴"。再如"唱戏劝世"；"台上表演千古事，台下常有剧中人"等等。

山西的剧种，主要有四大梆子：中路梆子（也叫晋剧或山西梆子）、北路梆子、蒲州梆子、上党梆子，此外还有上党落子、晋南眉户、碗碗腔、罗罗腔、线腔等，多达53类，占到全国剧种总数的六分之一。从民谣、俗语中，我们可以看出山西戏曲的发展踪迹。

山西戏曲最早是从晋南的蒲州梆子发展起来的。民谚说："路过蒲州莫高声。"蒲州指今永济市。因为蒲州是蒲州梆子的发源地，而蒲州梆子又是中路梆子、北路梆子的母体，所以，外地的戏班到了蒲州，都不敢"班门弄斧"。

"祁太的镏子，蒲州的戏子。"祁，指祁县；太，指太谷。镏子，指代票号、钱庄。这句谚语的意思是，过去晋中的富商大贾多，蒲州艺人的名气大。据史书记载，有些商贾还把持着专门的戏班子，多由蒲州艺人组成。

"道光咸丰坐龙廷，蒲州班子又时兴。"说的是道光、咸丰年间，蒲州班子人才济济，涌现出郭宝臣、达子红、孙佩庭、张斗娃等一大批名角，往返于北京、西安等地，演出产生了轰动效应，使蒲剧走上了极盛时期。

"能唱梅花调，北京也敢到。""梅花调"是蒲剧的特色唱腔，声音高亢豪放，痛快淋漓，比现在的四工弦更高一调。据说著名京剧演员谭鑫培平生不肯服人，但他在京看了郭宝臣等人的演出后，竟然佩服得五体投地。由此可知，山西戏曲早在清朝就誉满全国了。

人们喜爱某个戏种，总是同他所喜爱的某些著名演员分不开。在民间流行的大量谣谚中，深切地表达了观众对一些名角的喜爱之情。比如侯俊山，山西梆子早期著名演员。因其13岁成名，所以艺名为"十三旦"。清同治年间，他随戏班到北京、上海等地演出，技艺高超，备受推崇。俗话说："状元三年一个，十三旦盖世无双。"

葛熙贤，晋剧早期著名演员。因其儿时卖过油糕，所以艺名为"油糕旦"。他扮相好，演技高，曾奉诏进京演出《百花点将》，得到慈禧赏赐的黄马褂。人们说："宁可误了安灵下葬，不能误了油糕旦的《百花点将》。"

王存才，蒲剧早期著名演员，以跷功著称。他在《挂画》中饰含嫣，双脚踩跷，技艺不凡，令人叫绝。京剧大师周信芳曾说："看过王存才老先生演出的《挂画》，艺术造诣很深，跷工功底为我平生所未见过。"据《太原晚报》2002年5月15日登载："朱德委员长在我市长风剧场观看王存才的《挂画》时赞不绝口。"俗语说："宁看存才《挂画》，不坐民国天下"；"宁误收秋打夏，不误存才《挂画》"。

王玉山，北路梆子早期著名演员。他以旦角台步见长，行走如同漂在水上一般轻盈优雅，所以得艺名为"水上漂"。又因为他和阎锡山都是五台县人，所以人们说："五台出了两个宝：阎锡山和'水上漂'；宁叫督军（即阎锡山）不坐了，不叫'水上漂'不唱了。"

阎逢春，蒲剧须生泰斗，他生前演出剧目200多个，练成了帽翅功、髯口功、鞭子功、靴子功、梢子功等绝技，蜚声全国剧坛。就连京剧大师盖叫天也说："阎逢春真是个难得的演员！他功底厚，演技高，所演《徐策跑城》妙不可言。其表演水平不在周老（指京剧大师周信芳）之下。"民间传言："神不过阎逢春的吹胡子瞪眼，奇不过阎逢春的耍帽翅变脸。"可惜这样一位出色演员，在"文化大革命"中受到迫害，死时年仅 59 岁。

王秀兰，蒲剧现代著名旦角演员。她在《燕燕》、《杀狗劝妻》中饰演的角色贴近生活，活灵活现，技艺达到了炉火纯青的程度。俗语说："宁不吃肉喝酒，不能误了王秀兰的《杀狗》"；"看了王秀兰的《燕燕》，哪怕走得掉到钻眼（钻眼：晋南方言，比喻小坑）"。1959 年，她主演的《窦娥冤》被拍成彩色戏曲影片。

此外，还有"看了小迷则（上党落子名角），忘了擀旗子（旗子：面条，晋南方言）"；"宁叫跑得丢了鞋（鞋：方言读 hɑi），不要误了程玉英（晋剧著名演员）的'咳（hāi）咳咳'"；"哪怕饿肚喝稀粥，也要看任爱英（"二人台"著名演员）的《走西口》"等等，数不胜数。

民谣、俗语中一方面反映了演员们在舞台上的风光无限，另一方面也反映了演员们在台下的艰辛不易，特别是在旧社会，"戏子"的社会地位很低，到处流浪颠簸，生活充满了苦涩。老话说："一辈子作艺，三辈子遭罪。""台上人人爱，台下遭人厌。""台上戴着王帽，台下冻得鬼叫。""上了台是阁老宰相，下了台叫化子一样。""上了台袍袍褂褂，下了台赤脚打胯。"旧有"东西两口唱红，回到山西才行"的说法，"两口"这里指张家口、内蒙古。旧社会，许多艺人都有过到外地卖唱谋生的经历。清末的梆子演员，多从蒲州招生，在忻州、代州培训，在张家口和内蒙古唱红，晚年流落在宁武、朔州。因而，民谣说："生在蒲州，长在忻州，红火在东西两口，老死在宁武、朔州"；还有种说法是："学戏在忻、代二州，红火在东西两口，吃肥在水淹包头，临死在宁武、朔州。"常言"艺不养老"，旧社会的演员到了老年更显凄凉。

新中国成立以后，演员的社会地位有了极大的提高，但他们高超的演技，也都是靠台下刻苦训练而成。诚如谚语所说："台上一现，台下三年。""台上站一站，台下几身汗。""台上一甩手，台下九十九。""台上一招鲜，台下练三年。""台上一分钟，台下十年功。""外练身、法、步，内练精、气、神。""一天不练功夫生，两天不练回了功，三天不练功夫扔"……其实，何止演戏是这样，无论做什么事情，都需要具有坚忍不拔的毅力，没有付出，绝不会有收获。

可喜的是，我省众多的名角演员，在长期的艺术实践中，积累了丰富的表演技巧，以谣谚的形式流传下来，堪称戏曲艺术的宝贵财富。例如：

1. 强调功底和窍门的："功保戏，戏保人"；"有功没窍，到底不照（不照：晋南方言，不行、不好之意）；有窍没功，浑身稀松"；"入艺容易学艺难，学艺容易得艺难"。

2. 强调情理技艺的："曲有曲情，戏有戏理"；"戏无情不感人，戏无理不服人，戏无技不惊人"；"不像不成戏，真像不成艺；悟得情和理，是戏又是艺"。

3. 强调演员扮相的："一身之戏全在脸，一脸之戏全在眼"；"生角要迷死人，旦角要爱死人，花脸要吓死人，丑角要笑死人"；"脸如青松，脖如金弓，行如游龙，坐如金钟，口舌要净，环眼要瞪（花脸要求）"。

4. 强调唱功经验的："腔无情不见人，腔无巧不见好，腔不美淡如水"；"花脸气贯于顶，老生气贯于腹，武生气贯于胸"；"大换气，小偷气；不蛮气，留余地"。

从民谣、谚语中还可以看出，演员们不仅注重技艺，更注重职业道德，而且把艺德放在技艺之前，排在第一位。例如：

1. 强调心术要正、德性要好："心不正，音必歪"；"艺好不如性好"；"歪人唱不了正戏"；"做人要直，做戏要曲"；"要想学好戏，先得做好人"；"要演正派戏，不可江湖气"；"台上观人艺，台下知人德"；"台上做戏是假，台下为人要真"。

2. 强调团结协作："临场坑，短德行"；"台上人争气，台下要和人"；"宁叫技艺差，不要人气瞎（瞎：晋南方言读 hà，人气瞎，即人际关系不好）"；"宁叫不成材，莫学'鬼不挨'（鬼不挨：晋南方言，即众人都讨厌、谁都不喜欢接触的人）"；"不怕技术不照，就怕人气不照（不照：晋南方言，不行、不好之意）"。

与专业剧团的大戏相对而言，我省还有许多小剧种如秧歌、道情、二人台、花戏、木偶戏等等。戏曲的繁荣，有力地推动了民间文娱活动，各地的社火、游艺五彩缤纷，数不胜数。近年来，我省又涌现出一大批中青年演员：任跟心、郭泽民、武俊英、田桂兰、景雪变、谢涛等。他们在继承和发扬传统艺术的同时，勇于改革创新，把山西的戏曲艺术推向了一个崭新的阶段，同时带动了群众文化活动的蓬勃发展。他们不仅在全国屡屡获奖，而且走出国门，在许多国家和地区展示风采，极大地提高了山西戏曲艺术在海内外的知名度。相信民间会有更多更好的戏曲谣谚涌现，等待我们继续收集整理。

八 人是地行仙 转眼走一千

常言"衣食住行"，交通旅行是人类日常生活的重要内容，既是求生的必需措施，也是增长见识、锻炼才干的重要途径。古人早就认为："不当家不知柴米贵，不出门不知远行难"；"一生不出门，毕竟是小人"。人若一辈子老呆在一个地方，难免孤陋寡闻，见识浅薄。尤其是在穷困的时候，如果能换一个地方，兴许能多一条生路，多一分转机，所谓"人挪活，树挪死"；"人离原地活，树离原地死"。谚语还说："人不出门身不贵"；"出门人儿自识逆"；"不是肥土不栽秧，不是把式不出乡"；"井淘三遍吃好水，人走三省见识高"。走的地方越多越远，越能锻炼自己的适应能力和应变能力。民谚提倡："要吃好的趁咬动，要看好的趁走动"；"休恋故乡春色好，受恩深处即为家"。对于有志气的人来说，"好男儿，道路广"；"门前两条辙，何处去不得？"特别是年轻力壮时，更要勇于走出家门闯世界，因为"老不离家是贵人，少不离家是废人"。只有在少年时"离家"有所作为，才能为年老体衰时"不离家"打好基础。

旅行同道路密不可分。鲁迅先生有句名言："其实地上本没有路，走的人多了，也便成了路。"那么，山西最早的道路是怎么形成的呢？让我们简要回顾一下。

早在旧石器时代，山西这块土地上就有了先民的足迹，形成了最原始的自然道路。随着以物易物交换活动的出现，部落之间拓宽了人马大道，开始了自觉修路的新阶段。《史记·五帝本纪》记载的黄帝"披山通道"，即修筑道路。尧舜时期，晋南便有了"舟楫之利，以济不通……服牛乘马，引重致远，以利天下"（《易经·系辞》），形成了以晋南为中心通向四域的道路。直至春秋战国时期，晋国的水陆交通已得到前所未有的开发，驿传制度开始创立。秦汉时期，以亭、邮、驿传组织构成的通信交通网络渐趋完备，之后不断发展、振兴，及到了清代，山西驿站增至118个，居全国第五位。全省各县每隔五里设一亭站，十里设一铺店，专门传递信息，供行人歇息。俗话形容"五里一亭，十里一铺"，可谓四通八达，相当便捷。

以上只是山西古代交通的大致轮廓。由于山西的地理特殊，山多沟深，封锁闭塞，受近代工业革命的影响较晚，所以，直至清政府被推翻，近代公路也只是拟议，并未正式开始修筑。特别是在偏僻的山乡，净是"羊肠小道，七绕八绕"。俗话说："看山不远走着远"；"望山跑死马"；"上山气喘，下坡腿软"；"宁走十里川，不走一里山"。即使在平川，村里的路也相当狭窄："马路像猪肠，街道似羊肠，人行道是雀儿肠，行人挤到路中央。"乡镇级的简易公路稍宽点，但基本是土路，民谣形容："晴天'扬灰路'，雨天'水泥路'；扬灰扬到'金沙滩'，'水泥路'通到'南泥湾'。"以前交通不便，乡下人进一趟城很不容易，所谓"路儿难走地不平，一不小心掉泥坑；平时难得进回城，来回得误半天工"。

路和车有着密切联系。常言"车到无恶路"，车能开到的地方，路况相对来说不会太险恶。过去由于山西的路况不好，也限制了车辆的发展。晋中一带习惯把牲畜套在前面，由人驾辕赶车，叫作"拉拉车"。俗话说："人拉车，驴在外，晋中一大怪。"旧时的交通工具主要是马车、牛车或驴车。民谣道："山圪梁梁上来，山圪梁梁下，一辈子也没啦坐过好车马。"因而，民间关于赶车的谚语比较多："车夫的心，重半斤"，是说坐车人的性命全在他手中，车夫责任重大，特别操心；"车夫的眼，丈二远"，"赶车的要有百步眼"，是说赶车时必须及早看清远方的路况；"赶车三只眼，出门四不赶（酒后、牲畜没喂好、车有毛病、天气不好，均不出车）"。这些道理，至今看来仍不过时，值得司机们借鉴。民国时有了自行车，人们稀罕地称作"洋马"，民谣说："这个洋马就是好，不吃草，不吃料；又不巴（拉屎），又不尿，骑上好似驾云飘。"那个时候，普通人谁敢指望乘坐豪华车呢！

交通的滞后，严重限制了经济的发展。当地丰富的特产销不出去，外地的宝物也引不进来。比如临县的招贤镇，虽然盛产瓷铁，但由于担运费力，所以售后本利相等，人们说："招贤货，担出招贤挣折过。"改革开放以来，许多地方积极招商引资，往往因为交通问题而搁浅，影响了出口贸易。民谣说："鼻子高，

330

眼睛蓝，外商怕进娘子关；山大沟深困难大，担心赔钱不划算。"

20 世纪 80 年代以来，山西的交通建设进入了全面发展的新阶段。省内先后建成了太旧（太原——旧关）、原太（原平——太原）、太原东山过境高速公路和武宿立交桥，还完成了太原至忻州、祁县、离石、长治、晋城、运城等地的十几条公路的扩建改造工程。公路运输已经成为山西交通运输的第一主力军。最令人瞩目的是太原至旧关的高速公路，这是山西第一条全封闭、全立交的高速公路，1996 年建成通车，全长 144 公里，工程质量创全国一流。人们形容这条绿色通道是："百花争春，绿荫护夏；红叶迎秋，松柏伴冬。"老百姓感叹地说："山西焦炭，利税一半，不修太旧，在家烧饭；山西杂粮，富有营养，不修太旧，白占粮仓；山西汾酒，全国居首，不修太旧，有腿难走；山西陈醋，酸香适度，不修太旧，没人光顾；山西拉面，又长又颤，不修太旧，一扯就断。""太旧一通，瞭见北京；太旧一开，票票进来。"太旧公路成了山西东出太行的黄金通道，它沟通了山里山外的世界，为山西人民脱贫致富注入了巨大的造血功能，使老百姓切切实实地认识到："路不通，财不生"；"要想富，先修路"；"一路通，百业兴"；"修通一条路，带动千家富"；"大路大富，小路小富，无路不富，高速公路快富"。

除了干线公路之外，县乡公路也突飞猛进。"修路就是生产力"成了全省人民的共识。1992 年以来，从城市到乡村，从平川到山区，到处都掀起了义务修路的热潮。民谣说："靠神靠鬼靠不成，有胆有识是英雄；咬紧牙关修大路，山穷水穷志不穷。"人们修新路，扩老路，不断提高公路等级标准。至 2002 年，全省公路通车近 6 万公里，其中高速公路 1068 公里。可以自豪地说，现在山西是"乡乡通公路，镇镇通油路，村村通了机动车"。与此相应，新的民谣、谚语也层出不穷，如："过去是：有钱不到山西住，有车不走山西路。如今是：路顺车顺民心顺，路通气通万事通。"路通了，车也就多了。人们高兴地说："柏油马路一抹平，大街小巷安路灯；进城办事真方便，班车路过咱家门。"公交车多了，私人买车的也多了。民谣说："千元买个山地车，上了万元骑摩托；十万元买辆大卡车，发了大财再琢磨。"司机们开着好车，奔驰在平坦宽阔的公路上，别有一番心境，真正是："乡村路平，高速路快，一踩油门八十迈！"

除了公路之外，山西还有 10 条铁路干线，13 条支线，410 多条专用线，218

个火车站，铁路营业总里程达 2780 多公里，相当于 1949 年的 5 倍。每百平方公里铁路网密度上升到 1.6 公里，高于全国 0.57 公里的平均水平。全省 6 个地级市、75 个县、市、区都通了火车，占全省总数的 65.3%。仅永济市一个地方就有 7 个火车站，所谓"一条铁路七个站，八条公路贯全县"。铁路沿线的人们，对"火车一响，黄金万两；火车一开，吃穿都来"的说法，尤其感受深刻。

山西的民用航空事业以太原为基地，开通了联结全国各主要大城市和沿海边贸城市的 50 多条航线网络，旅客吞吐量达 200 万人次。民谣说："票子多了心开阔，日子好了活法多；农闲登上'海、陆、空'，看看祖国好山河。"邮电、通讯也得到了长足发展，全省共有邮电局、所 1740 多处，代办所 480 多处，比 1949 年增长了 2.9 倍；邮路延长到 19.78 万公里，比 1949 年增长了 3.3 倍；1500 多个乡镇实现了电话自动化，其中可直拨国际电话的乡镇达 93.6%，真正是"一部电话，四通八达"。

综上所述，山西自"八五"时期以来，公路、铁路、航空、电信等"四大通道"都取得了辉煌的成就，"大"字形高等级公路主骨架已经建成，"三纵八横"、"四辐射"、"两循环"的公路网正在形成。如果说过去出省难，像民谣所说："走云南，下四川，步行得走少半年；去兰州，上固原，快走也得三十天。"如今却是："一个喷嚏到阳泉，半根纸烟到太原，打个盹就到北京站，邀请京城人来山西转一转"；"太旧路，通到天，飞机场就在大路边；刚才还在加拿大，一个电话到跟前。"只有在今天，所谓"天下人行天下路"，"人是地行仙，半日不见走一千"才真正得以实现。山西人要走出国门，走向世界！山西的明天一定会更加美好！

（原载《山西历史文化丛书》第八辑，山西人民出版社 2003；2009 年 7 月修订）

漫谈山西方言文化

吴建生

引　子

从地图上看山西，我们可以发现，整个三晋大地处在高山和大河的包围之中。东边的千里太行，是山西与河北、河南的分界标志；西部、南部紧依着的滔滔黄河，使晋西、晋南与陕西、河南隔水相望；北部的五台山、管涔山、恒山，巍巍而立于绵延起伏的长城之内，而长城以外，便是内蒙古自治区了。相对封闭的一方水土养育了三晋大地纯朴的劳动人民，同时也在生生不息的繁衍中保留了"活化石"般的山西方言。

山西方言的复杂性在北方方言中是少见的。"有入声"，是其重要的特点之一。在北方大部分地区的方言中，发音短促并收喉塞音尾的"入声"已经基本消失；而在山西的多数方言里，"入声"现象还十分顽固地保留在口语中。语言学工作者从语音角度研究山西方言，根据有无入声以及古四声在今方言里的演变情况，把山西话划分为六个方言区：

中区——分布在晋中一带，以太原方言为代表；

西区——分布在晋西一带，以离石方言为代表；

东南区——分布在晋东南一带，以长治方言为代表；

北区——分布在太原以北地区，以忻州、大同方言为代表；

东北区——东北部的广灵县；

南区——分布在山西南部，以临汾、运城方言为代表。

有趣的是，研究山西文化的学者也曾经作过以下关于山西文化类型的分区：

商贾文化区——即晋中一带；

道教文化区——即晋西一带；

神话文化区——即晋东南一带；

佛教文化区——即晋北部以五台山为中心的地区；

边塞文化区——即雁北一带；

耕读文化区——即晋南临汾、运城一带。

略作比较便可发现，两种分区的角度虽然不同，结果却大体相似。这当然不会仅仅是地理位置上的巧合。关于方言分区标准的问题仍在学术界的讨论之中，关于山西文化区类型的划分是否精当我们也暂且不论，而分区结果的大体吻合，恰恰证明了山西方言与山西地方文化的一致性。

实际上，早在周秦时期，我们的先人就开始通过搜集方言俗语考察了解风土民情。东汉应劭在《风俗通义·序》中记载，在周秦时期，天子常常在秋收以后，派遣使者驾车到各地搜集方言俗语，回来后整理记录，藏于密室之中，以备查用。《礼记·曲礼》上说："入境而问禁，入国而问俗，入门而问讳。"而表现这"禁、俗、讳"的主要形式之一就是方言。代代传承的地方话语，承载着深厚的地方文化。三晋大地上带着老陈醋味儿的山西方言，深深地打上了悠久而多姿多彩的历史文化的印记。

我们这本小册子，将从山西方言中的古词语、谐音词语、饭食词语、人名和地名以及山西方言和文学作品等几个方面，展示三晋大地上独具特色的山西方言文化。

一　山西方言中的古词语

山西方言中保留着较多的古词语。我们从万荣"𥇦（zèng）"谈起。

万荣"𥇦"，指的是万荣笑话。据说这组笑话产生于万荣县荣河镇谢村，共有72个，因此当地有"荣河72𥇦"的说法。伴着人们田间地头、茶余饭后的笑声，"𥇦"故事不断发展，形成了"万荣新72𥇦"、"万荣新新72𥇦"等新笑话，广泛流传于晋南一带，并逐渐扩散到全省。近年来，随着河东经济文化的发展，万荣笑话更是层出不穷；一些有关书籍和光盘的出版发行以及山西电视台卫星频道万荣笑话专题节目的推出，使得原不登大雅之堂的万荣"脀"笑话走出了河东，受到山西人民的普遍喜爱，并且流传越来越广，在全国范围内也有了一定的影响，甚至大有冲出国门之势。

关于"脀"的用字问题，曾经有过一些争论。有人认为应当写作"愣"，有人认为应当写作"憎"，有人认为应当写作"争"，还有一些人认为是"纵横"的合音。但是这几种说法都没有语言学上的可靠依据，所以不被大家认可，书面上只好常常用同音字或索性用拼音 zèng 来代替。

其实，从语音和意义两方面综合考证，zèng 的本字就是"脀"。这个字在《广韵》《集韵》中都有，是"痴"的意思。《集韵》中标明的读音与万荣今读音声、韵、调均相合。台湾中国文化研究所印行的《中文大辞典》中"脀"字的第三种读音的第一个义项也与万荣话音义相合。

"脀"在现代汉语普通话中已经不用了，但还活在晋南人的口语中。如某人做事情有点傻，或者带点愣，或者做的事情不符合常规，就会说某人有点"脀"。与此相关还有一个词是"脀气"，所谓"脀气"，指的是有悖于常理的一种思维方式。说某人身上带有"脀气"，就是说这个人说话做事与一般人不大一样。万荣歇后语说"三九天穿衫子——耍脀哩"，意思是在寒风凛冽的三九天气里穿单布衫，是在故意表现自己的与众不同。"耍脀"相当于普通话的"显摆二百五劲儿"。

据当地的老人们讲，"脀"故事起源于什么时候，已经无从考证，但是在道光年间，确有一件为"脀"而立碑的事情。原来河南有一位铁匠，逃难流落到万荣谢村，这位铁匠无儿无女，只有徒弟与其相伴。铁匠去世后，由其徒为师立碑。因为铁匠及其徒在村里做人做事并不受人尊敬，而这位徒弟偏偏是个文盲，所以被人愚弄而给师傅立下了写着"七十二脀，立碑为证"的石碑。这块碑据说一直保留到上个世纪初，民国时期，还有人见到过那块碑的残片。遗憾的是，当时石碑上的"zèng"究竟用的是哪个字，现在已经无人能说清楚了。

从流传至今的一些笑话来看，最初的万荣"脀"故事，的确是与做呆事、蠢事，说痴话、傻话相关的。正因为如此，几代人流传的那些故事被当地的文化人视为不雅，所以只在乡间百姓中口耳相传，并未进入主流社会，当然也就不会留下什么文字记载。但是，从万荣“胥”故事近200年来代代相传、经久不衰，并且流传越来越广，深受人们喜爱的发展史来看，“胥”故事里所反映的绝不仅仅是是愚笨和呆傻。在那些看似愚钝、使人忍俊不禁的笑话里，实际上蕴藏着河东人倔强、耿直、不撞南墙不回头的性格特点和超出常规的一种思维方式。二者的结合，正是当地幽默文化的源泉。飞速前进的时代和丰富多彩的生活，使河东方言承载着的“胥”笑话题材范围越来越广泛，内容越来越丰富，针砭时弊的讽刺色彩和感染力也越来越强。由“胥气”发展而来的“万荣精神”，其文化内涵远远超出了“胥”的本义。

我们再看“争”字。

普通话里的“争”作动词时有两个义项：一是争夺，例如“争冠军、争上游、两个人争一本书”；二是争论、争吵，例如：“为这件事，他俩争了一个晚上。”山西方言里的“争”除了这两个义项之外，还表示“差、欠”的意思，例如：“到集上买猪娃，还争几块钱。”“布料扯少了，做棉袄还争几寸。”“他争我几百元，还没有还我。”这是保留了古代的用法。如唐代杜荀鹤《自遣》诗：“百年身后一抔土，贫富高低争几多?”“争几多”即“差多少”；宋代方岳《满庭芳》词：“笑鲈鱼虽好，风味争些。”“争些”是“差些”；元曲《刘知远诸宫调》十一：“比我只争些年纪，如今恰是一十三岁。”“争些”指的是年纪“小了一点儿”。“欠”的意思是从“差”引申而来的，元以后多说成“争差”，如元代白仁甫《梧桐雨》三：“国家又不曾亏你半掐，因甚军心有争差?”现代文学作品中也能见到这样的用例，如巴金《兄与弟》：“你争我钱不还，我才抢去压的。”

晋南有某人“争几成儿”的说法，“争几成儿”就是“少几成儿”，意思大体相当于普通话的“不够数儿”或“愣头愣脑”。由此义进一步引申，方言里的“争”还可以表示“能干、勇敢”等意思。例如“弟兄两个念书，兄弟比他哥争”，“他做活儿真争，能顶三个人”等。

当地的歇后语“王大干揽篓（cuó，指筐子）担水——真争”，包含着一个有意思的故事：有一年，一冬无雪，麦苗大旱。初春时节，不等天亮，人们就挑着水桶到黄河边破冰取水，浇灌麦田。唯有王大干挑着两个特大号的筐子也混在人群中。人们讥笑王大干是个傻子，但王大干乐呵呵的，一点也不在意。天亮了，人们把挑回的水倒进麦田里，王大干把挑回的两大筐冰块儿也倒进麦田里。太阳渐渐升高了，到了中午，冰块全化了，滋润的麦田比两担水还多。后来，人们就用这个歇后语夸奖那些有创新精神的能干人。

"屗子"在方言中也比较常见，而且独具特色。"屗"，山西话与"读"同音，指屁股。例如太原、忻州、五台等地有下面的一些俗语：

赤屗子撵麻狐——胆大不害羞：赤屗子，指光屁股；麻狐，传说中的一种动物，类似狼。讥讽人胆子不小，但是做事不顾脸面，出了丑。

牙膏擦屗子——没完没了：比喻做事情不利落，总也完不成。

钻了得老不顾屗子：得老，脑袋。比喻办事情只管眼前，不顾长远。

屗子沉：（1）形容人懒惰，不爱动。（2）指喜欢到别人家聊天，一坐下就不想起身。

嘴勤屗子懒：指人嘴上说得好，实际行动却很懒惰。

屗子底儿流油：比喻占有了大量钱财。

拽屗儿胡萝卜：比喻小孩子撒娇时蹲在地上拉不起来的样子。

有学者认为，"屗子"在其他方言中很少见到，所以可以把这个词看作晋语的标志词。"屗"字在《广韵》中就有了，是"豚"的俗字，"尾下窍"的意思。民国初年山西印行的《方言杂字》中也有这个字，与"笃"同音，释为"出粪门也"。在山西晋中、晋西和晋北方言里，凡"尾部"都称"屗子"，例如"碗屗子"指饭碗的底部；"黄瓜屗子"指黄瓜头儿；"针屗子"指针上引线的孔，等等。

"们不饥"是五台人口语中常说的一句话。关于这句话，还有一个有趣的故事。传说阎锡山当上山西督军后，就把他在五台老家的妻子接到了省城。阎锡山每天忙于军政要务，其妻的生活由勤务兵负责安排。一天，勤务兵请示督军夫人："您今天中午想吃什么？"夫人这天胃口不好，有点不耐烦，便回答说："们不饥。"勤务兵以为夫人要吃的是一种什么稀奇的"鸡"，便安排厨师去做。谁知厨师根本不知道"们不鸡"是什么样的饭菜，便马上派人出去，到太原的各大饭店打问，但是找来找去，都没有结果。实在没有办法了，勤务兵只好忐忑不安地去请教阎锡山。阎锡山一听哈哈大笑："'们不饥'就是'我不饿',夫人现在不想吃饭,等她甚时候饿了,你们再做饭吧。"

"不饥"就是"不饿",山西许多地方都这样说,一般并不难懂;而"们"表示"我",在各地方言中很少见到。其实,"们不饥"中的"们"应该写作"蒙",因为五台话前后鼻音韵母不分,人们便写作同音字"们"了。"蒙"在古代有表示"我"的用法,是一种谦称。汉代扬雄在《长杨赋》中就有用例:"蒙窃惑焉。"南梁刘孝标的《广绝交论》也有"蒙有猜焉,请辨其惑"的用例,张铣作注说:"蒙,客自谓也。"唐代柳宗元《答元饶州论政理书》中也说:"蒙之所见,及此而已。"这里的"蒙",显然就是"我"。

我们再看几个例子:

山西多数地方把冰叫做"冬凌(冻凌)"或"冰凌",普通话已经没有这种叫法。称"冰"为"凌",早在《楚辞》中就有了,汉代应劭在《风俗通》中也说,积冰就叫做"凌";贾思勰《齐民要术·造神麹并酒等》中说,在寒冷逼人的隆冬时节,虽然已经把盛着酒曲的缸用茅草盖住了,但缸中的酒曲还是结了冰。到了酿酒的时候,要"洒出冻凌,于釜中融之",这里的"冻凌",就是冰块。

今年的前一年,普通话说"去年"。地道的山西话里很少说"去年",而只说"年时"。这种说法在宋词中已经多见,如苏庠《菩萨蛮》词:"年时忆着花前醉,而今花落人憔悴。"刘辰翁《青玉案》词:"前度刘郎重唤渡。漫山寂寂,年时花下,往往无寻处。"到近代汉语里,用的更是非常普遍。如明代孔尚任的《桃花扇》:"年时此日,问苍天,遭的什么花甲?"清代洪昇《长生殿》:"报道今宵七夕,忽忆年时。"

山西方言多把泔水叫"恶水",例如马烽、西戎《吕梁英雄传》里就有这样的用例:"我给打杂,每天倒恶水、喂猪、看孩子……""晚间和日本人的洋狗睡在一起,洋狗屙在床上,还得收拾屎尿……真是从恶水缸跳到茅坑里,越闹越臭了。"这种用法在元曲中比较常见,例如《秋胡戏妻》:"自从秋胡去了,不觉十年光景,我与人家担好水,换恶水,养活着俺奶奶。"《金瓶梅》里也有用例,如:"自古宰相肚里好行船,当家人是个恶水缸儿,好的也放在你心里,歹的也放在你心里。"

做木器家具，山西方言常说"合家具"，这里"合"与"割"同音。"合"也是保留古义的词，是"制作"的意思。《水浒传》第四十回说蔡九知府叫人取了花银赏了戴宗，并吩咐叫人"合陷车"，商量差人将宋江解送京师，这里的"合陷车"就是做押送犯人的带牢笼车。《古今小说·月明和尚度翠柳》中说："叫匠人去合一个龛子，将玉通和尚盛了。""龛子"指棺材，"合龛子"，就是做棺材。

在晋南，小孩子如果哭闹不休，大人会吓唬孩子："不敢哭了，再哭麻狐（子）就来了。"一听这话，小孩子的哭声戛然而止。这"麻狐"是个什么怪物，让大人小孩这么害怕呢？原来，麻狐是传说中类似狼的一种动物，也叫"马虎"。清代蒲松龄在《磨难曲》里就说"马虎好似狼，一根尾巴长在屁股上"；又在《慈悲曲》里说："那孩子是怕马虎吃了，我还得去找他。"也有人认为这吃人的"马虎"其实就是狼，清代丁淮汾在《俚语证古·兽》里说，狼就叫马虎。太原话里的歇后语"赤屡子撵麻狐——胆大不害羞"，也从另外的角度证明了"麻狐"就是狼，因为这条歇后语在普通话里也有，说法却是："光屁股打狼——胆大不知羞。"

在山西话里，这一类词语俯拾皆是，大都活跃在民众的口语中。也许，乡间老妪们在暖融融的太阳下聊天时，不经意间透露出的却是穿过百年、甚至千年时间隧道的文化信息。著名语言学家李荣先生说过："对研究语言的人来说，山西方言如同山西的煤炭一样，是无穷无尽的宝藏。"实际上，从山西方言里挖掘出来的古词语，其宝藏的意义并不仅仅在语言学方面。

二　山西方言中的谐音词语

我们先看一则万荣笑话：

除夕之夜，王掌柜把伙计叫到柜房里，郑重地说："明天就是大年初一了，咱们生意人，讲究过年一定要说大吉大利的话。比如，面起了不能说'起了'，要说'发了'；饺子破了不能说'破了'，要说'挣了'，这样，咱们一年中就可以发大财，挣大钱了。这个事儿很重要，一定要记住啊！"

伙计说:"记住了。不就是面起了叫'发了',饺子破了说'挣了'吗?那还不简单,没问题!"

第二天清晨,伙计起来,看到面还没有发好,就去煮饺子。饺子煮得挺有水平,一个也没有破。这边王掌柜早早就起了床,满心欢喜地端坐在桌子旁等着听好话,吃好饭。

伙计一进来,掌柜急忙问道:"今儿个面发得怎么样?"伙计回答说:"没发,酵子放少了,发不起来了。"

掌柜的脸一下子沉了下来。他定了定神,接着又问:"那么饺子呢?"

伙计说:"没事儿,好着哩,一个也没挣!"

在晋南话中,"发面",一般说"起面","面发了"说"面起了"。过年时掌柜不让伙计按照平时的习惯说"起面",而要说"发面",是希望借"发面"之音而取"发财"之义。山西方言里的"挣",除了表示"用劳动换取"的意思外,还表示物体突然受冷受热裂开缝儿。比如受冷的玻璃杯突然倒进热水后迸裂了,普通话说"杯子炸了",山西话说"杯子挣了";冬天院子里盛满水的水缸冻裂了,也说"水瓮挣了"。平时吃饺子,最好是个个完整,一点儿破口也别有;而过年时的饺子"挣"得越多,预示着来年钱挣得越多。上引笑话中两对谐音词语的巧妙运用,把掌柜乞求发财的急切心理和伙计的单纯质朴刻画得惟妙惟肖。

这样的笑话不仅万荣有,在山西各地都可以听到。比如五台县就有这样一个故事:

有一位老秀才,多次乡试未中。这一年,他想再去碰碰运气。临行前,希望能讨个吉利话儿,就让妻子去做碗面条给自己吃。面条做好了,老秀才磨磨蹭蹭不进厨房,却装模作样地念起了诗文,等着妻子来叫他吃饭,说一声"浸了(进了)"。

妻子果然来叫他了:"你都念了几十年书了,还没有念够呀?快点吃饭吧!"

没有听到妻子说"浸了(进了)",秀才有点生气:"书还有个念够的时候？你赶紧看看去，面都浸了（进了）吧！"

妻子说："这你就放心吧！我知道你今天出远门，专门到邻家借了一碗面，人家的面好，不怕浸（进）!"秀才一下子火了："咱家有面，你借人家的干什么?"妻子委屈地说："我还不知道你那毛病，老也不按时吃饭，我怕给你浸了（进了）嘛！"秀才不由地叹了口气："唉，看来我想进也费事呢！"妻子忙安慰道："看你傻不傻呀，浸了（进了）哪有不浸（进）好呀？这回肯定浸（进）不了，你就快吃吧！"

可怜的老秀才，一下子晕了过去。

煮出的面条粘在一块儿，普通话说"坨了"，运城话说"黏了"或"塌了"，而五台话说"浸了"。特有的方言构成了特有的同音词组"浸了"和"进了"，秀才的故事由此而生。

用话语来趋吉避凶，是华夏民族传统文化的重要组成部分。这种现象的本质是语言崇拜。在遥远的蒙昧时代，先民们由于无知，对天地、风雷、水火、山泽以及动物、植物等世界万物产生了极端的恐惧，从而建立起了种种神秘的观念，并在此基础上建立起种种灵物崇拜。巫术的出现，用语言在人和超自然的神灵之间构架了一座桥梁，由此，语言便被赋予了上能通天，下可通地，降福避灾，不可思议的神秘力量。语言崇拜渗透在民间婚嫁、生育、丧葬习俗以及日常生活方方面面，和民俗风情紧紧相连，谐音便是其主要的形式之一。方言中存在的大量的同音词、近音词，构成了谐音民俗的语言学基础，而不同地域居民的物质、文化生活以及心理、行为习惯，则孕育出了形形色色、丰富多彩的谐音民俗。

（一）谐音求吉

汉民族的传统文化价值观历来重和谐，盼富贵，祈平安，求吉祥。子孙兴旺、家业昌盛、阖家幸福、健康长寿是理想的生活追求。这些渗透在国人心灵深处的价值理念，往往通过一些谐音吉祥物体现出来。例如：

旺火 "旺火"是过春节时，家家户户在门前燃烧的火堆。过大年，燃旺火，求吉利的习俗，通行于山西各地，并且由来已久，在清代编修的《大同府志》、《大同县志》、《赵城县志》、《寿阳县志》等地方志中都有明确的记载。在辞旧迎新，万象复苏之际，燃烧起光焰通红，久久不息的"旺火"，表达了人们对家业兴旺，日子红火，大吉大利的美好企盼。晋北盛产煤炭，"垒旺火"之风更盛，尤其是怀仁旺火，更以其造型美、气势大、火力旺，不易倒塌而闻名。大型"旺火"的制作过程是很复杂的。首先要"选炭"。"选炭"一般直接到煤窑里去选，选出的煤块大小要层层递减，以方便于垒旺火时层层往高处摆放。最底层用的煤，块儿最大，叫作"毛炭"。特需的几十斤甚至百余斤的毛炭，需要在井下预先选好再开采。其次要进行"修炭"，即把不规则的煤炭切割成边沿整齐的方块，并把五个面儿修成光滑的，一个面儿修成粗糙的；光滑的面儿叫做"光面"，垒时朝上、朝下和朝外，以便于垒放，并且整齐美观；粗糙的面儿叫做"毛面"，垒时朝向里，以便于触火燃烧。准备工作做好后，便开始"垒火"，这是关键的一步，技术要求比较高。要把煤块一层层摆放上去，垒成底儿小、肚子大、中间空、顶部尖的宝瓶形状，以便于燃烧净尽而不塌倒。在垒好的旺火中间，常常放一个写着"旺气冲天"的条幅，上面罩一个用彩纸剪的带着红花和飘带的"旺火罩"。最后是"点旺火"，寓意丰富的"旺"气，光焰冲天的火苗，加之鞭炮声、儿童的嬉闹声，把人们追求兴旺发达的情绪渲染到了极致。"垒旺火"还可以叫做"拢旺火"。"拢"的意思是把"财气"、"喜气"和"福气"都拢到自己家里来，使自家更兴旺一些。在晋南一些地方，由于煤炭的匮乏，是在大年初一凌晨以柏树枝来燃旺火的，也叫做"发柴"。方言中"柴"、"财"同音，"发柴"就是"发财"。

高升 "高升"是一种鞭炮。在晋南的万荣等地，大年初一的早上，各家都要点这种叫"高升"的鞭炮。在噼哩啪啦的鞭炮声中，人们要喊一声"响响亮亮，年年高升"；如果点火后鞭炮不响，就要赶紧说一声"安安宁宁，步步高升"。给鞭炮起名为"高升"，表达了人们企盼日子年年高的愿望。

蝙蝠和狮子 走进太谷县的三多堂，在铁皮包裹的屋门上，铁钉铆制的五蝠捧寿图赫然在目。这里，以"蝠"谐"福"。其貌不扬，夜间出行的蝙蝠，就是因为与"福"同音，被人们当成了可以带来幸福的天使。这种图案不仅在富商大贾的家中常常见到，在民间也比比皆是。在一些宅院的迎门照壁上部，常常可以看到五个蝙蝠形状的浮雕，这是"五福临门"的意思。也有的照壁上的浮雕是蝙蝠、梅花鹿和老寿星，取"福、禄、寿"之意。

背背猴和马上猴 在平遥明清一条街上以及山西其他一些旅游点上，常常可以见到民间工艺品"背背猴"和"马上猴"，有木制的，有石制的，小巧玲珑，形象逼真，深受人们的喜爱。其实，人们喜爱这小小的工艺品，并不完全是因为它形象可爱，更多的因素在于它所表达的文化含义。这是两种传统的民间玩具。一只老猴子背着一只小猴子，就是背背猴，谐音"辈辈侯"，即"辈辈封侯"的意思；猴子骑在马身上，就是马上猴，谐音"马上封侯"。封侯即做官，在儒家思想和封建意识的长期主导下，汉民族"官本位"观念根深蒂固，追求功名是旧时文人和平民普遍认同的一种价值观和理想境界。所以，与"侯"谐音的猴子，便成了满足人们企盼功名心理需求的特定吉祥物。

枣糕 腊月二十三，是送灶王爷上天的日子，晋中、晋西北和晋南的一些地方，这一天要在灶王神像面前供献用白面和红枣制成的糕，"枣"谐音"早"，"糕"谐音"高'，意思是请灶王爷"早早高升"；同时，还要供献一些饴糖制品，如糖瓜儿等，意思是甜甜蜜蜜地糊住灶神的嘴，以便"上天言好事，下界保平安"。"糕"在山西，是一种重要的吉祥食物，形状各异的发面枣糕、白面炸糕、黄米黏糕等，都因其谐音"高"而普遍应用各种喜庆事项中，而晋北的黄米糕更因其应用广泛而具有独特的文化色彩。

石榴 石榴多籽，象征着"多子多福"，是华夏传统婚嫁习俗中常用的吉祥物。由于"石榴"是"实"和"留"的谐音，有些地方又赋予它新的含义。晋南稷山、临猗、万荣等地盛产棉花，当地习俗在结婚前，男方要给女方三五十斤棉花，叫做"黏亲花"。在送"黏亲花"的时候，有一个特别的讲究，就是棉花里一定要放一对石榴。这一对石榴，除了祝福新人多子多福外，还有一层含义，即希望娶来的媳妇是实实在在过日子的，并且永远留住。

在山西各地，类似这样的谐音民俗很多。给新娘子的被子里放一些花生，或者请新娘子吃花生，是"花着生"的意思，祝愿小夫妻将来有男有女；给姑娘陪嫁的被子里缝进去几根香和几枝艾叶，是祝愿夫妻"相亲相爱"；新娘子身上插一枝艾叶，是"带艾有人爱"；结婚时不论冬夏，新娘子都得穿棉袄，因为棉袄是厚的，象征着将来家资丰厚；结婚时，把双喜字倒过来贴，是"喜到了"；过春节时，把"福"字倒过来贴，是"福到了"。如此等等，举不胜举。

有一些吉祥物，是因其方言特有的语音特征而被人们认可的。例如：

343

吉祥的鸡　"鸡"在北京话里，并不见得是一个好词儿。王朔《过把瘾就死》中有这样的用例："我忍不住数落她：你怎么打扮的跟只'鸡'似的？"这里的"鸡"，是妓女的代名词。但是，在晋南，由于"鸡"和"吉"声母、韵母、声调完全相同，而和"妓"在声母和声调上有较大的差异，所以，人们不仅不厌恶鸡，而且把色彩鲜艳、活蹦乱跳的"鸡"视为各种民俗事项活动中重要的吉祥物。在万荣等地，过年敬神时，要献一只鸡；祭奠先祖时，也要献一只鸡；至于婚姻大事中，鸡更是扮演了迎送吉祥的重要角色。迎娶新娘时，必有一男童挑着担子走在轿子的前面，这一男童叫做"担鸡的"。担子里一头挑的是一只花公鸡，另一头是一瓶酒、几双筷子和一把大葱。这担子里的东西，"鸡"谐音"吉"，"酒"谐音"久"，"筷"谐音"快"，"葱"谐音"聪"，表示的意思是"大吉大利"、"婚姻长久"、"快快生子"和"聪明伶俐"。新婚夫妇入洞房后，新娘要尽快将千方百计带到洞房的熟鸡蛋剥了皮喂给新郎，以求吉祥。为老人出殡时，棺木上面要放一只活公鸡，叫做"引魂鸡"，希望以此"吉"来领引老人入土为安，并保佑后代吉祥如意。

富贵的水、麸、黍　水在晋南是好东西，这并不仅仅是因为晋南缺水，更重要的是，在晋南话里，"水"读 fū，和"福"、"富"谐音。所以，在大年初一的清晨，家家户户都要从外边挑一担水回来。挑水进户，预示着添财进福。在初一这一天里，洗脸水、洗菜水都是不能泼出去的，免得把"福气"泼了出去。安葬老人后，弟兄们要用酵母共同发一盆稀面糊糊，叫做"发酵水"，"发"取发财之义，"水"谐"富裕"之音，意思是虽然老人已经仙逝，但是弟兄们仍然会团结一心，共同发财致富。麸、黍两个字也和"福"读音相近，所以，在一些活动中，麦麸和黍子也承担了送"福"的重任。万荣、临猗等地旧俗，结婚当天，新娘要给长辈举行"暖被窝"仪式。在唢呐鼓乐的伴奏声中，新娘要先将崭新的被褥展开放在老人面前的长桌上，然后手持黍子篾做的笤帚在被子上扫七下，最后在被子的四角放四把麦麸。"黍"、"麸"、"福"，一组谐音字，表达了新进门的晚辈对长辈晚年生活的美好祝福。

有缘分的盐　在大同方言里，"缘"和"原"不是同音字，而和"盐"同音。由此，"盐"就成了"缘分"的代表。旧时大同娶媳妇时，新郎家里要特派一位迎接新娘的小姑娘，叫"添缘分姑娘"，新娘下轿时，这位"添缘分姑娘"

要手提盛着五色碎纸片和盐的小花篮，迎上前去，并边走边把五色碎纸片和盐撒在新娘身上，这叫"添缘分"。当地人认为，被盐洒过的新娘，与婆家的缘分就不会断了。

发家的刷子　晋南话里，"发"和"刷"同音，所以"刷子"常常成为"发家"的吉祥物。万荣有一种习俗，新婚三日后，新娘要回娘家"住十"，十满回婆家前，要用高粱篾编两把锅刷子。这两把刷子一把留在娘家，一把带回婆家，意思是祝愿两家人财大发。

鸡鸣枕　晋北大同等地习俗，人死后，家里的人要给死者用一种红布缝制的公鸡形状的枕头，这种枕头叫"鸡鸣枕"。在大同话里，"鸡鸣"和"精明"同音。"精明"在方言里的意思是清楚、明白。用"鸡鸣"谐"精明"，是希望死者在阴间也清醒、明白，并且能够保佑后代平安吉祥。

蓝布衣　临汾等地习俗，小孩子的衣服，最好用奶奶穿过的旧蓝布衣服来改制。"蓝"和"拦"同音，是把孩子"拦住"的意思，当地人认为，穿这样的衣服，孩子可以长命百岁，一生吉祥如意。

（二）谐音避凶

语言可以求吉，同样，语言也可以避凶。求吉避凶是汉民族语言文化心理十分重要的两个方面。鲁迅先生在《祝福》里就提到了这种情况："晚饭摆出来了，四叔俨然的陪着。我也还想打听些关于祥林嫂的消息，但知道他虽读过'鬼神者二气之良能也'，而忌讳仍然极多，当邻近祝福的时候，是万不可提起死亡疾病之类的话的；倘不得已，就该用一种替代的隐语，可是我又不知道，因此屡次想问而终于中止了。"

在各种避讳词语中，谐音避凶是比较常见的一种。与谐音求吉相同，谐音避凶也是在同音词、近音词之间进行联想的基础上形成的。一些与不祥有关的实物和话语，是回避的主要对象。例如：

"旺火"不能"塌"　春节期间熊熊燃烧的"旺火"，给人们增添了节日的喜庆和子丁兴旺、财源旺盛的企盼。用煤块垒起的旺火，在燃烧的过程中，免不了会有塌落的现象，这种现象在晋北是决不能说"塌了"的，而要改说为"谢了"。这是因为在方言里，商店倒闭叫"塌了"，追求兴旺的"旺火"与表示倒闭的"塌"水火不相容，说出"塌"来会给一年的生活、生意带来不利。尤其是商家垒旺火时，对这一条格外重视。

逢"材"大吉 结婚是大喜的日子，合八字，看风水，定婚期，求的都是一个吉利。但也有不巧的时候，迎新的花轿在路上偏偏碰到了抬着棺材出殡的队伍，藏不住，躲不开，让人感到晦气。但民间自有化解的办法。在晋南，如果碰到这种情况，就会有主事的人上前，大喊一声"逢－材－大－吉—"，于是，两家相安而过。"逢材大吉"就是"逢财大吉"，一声呼喊，不祥的棺材便成了发财的吉祥物。

过年不吃盘 大同旧俗，过春节吃团圆饭时，再丰盛的菜肴也都要盛放在大大小小的饭碗里，而不能用盘子盛放。这种习俗让外地人感到奇怪。原来，使用"盘子"，会令人联想起"盘算"的"盘"来。当地人认为生活富裕的人家是不需要盘算的，只有光景过得不宽裕了才需要盘算。为了求得一年的宽裕生活，避免"盘算"着过日子，"过年不吃盘"便成了约定俗成的规矩。

院内不种柿 晋南有的地方有院子里不能栽柿子树的习俗，因为"柿"谐音"死"，当地人认为，在家里的院子里种了柿子树，会给家庭带来不幸。

姑不娶，姨不送 山西许多地方都有"姑不娶，姨不送"的俗语，意思是结婚时，新郎的姑母不能去迎亲，新娘的姨母不能去送亲，如果去了，会对新婚夫妇不吉利。这是由于"姑"与"孤"、"姨"和"一"同音而形成的避讳。

送礼不送钟 在山西各地，近年来有这样一种新的习俗，便是"送礼不送钟"。无论是恭喜婚嫁生育，还是祝贺寿辰乔迁，给别人赠送礼物时决不可以送钟，因为"送钟"与"送终"谐音，这滴答作响的"钟"会引起人们不吉利的联想。

方言特有的语音特点往往会构成特殊的避讳。例如向亲友赠送物品时，各地应用数字的习惯并不相同。晋南一些地方的习惯是"送双不送单"，比如邻居病了，拿几颗鸡蛋过去，这鸡蛋的数字应是"二、四、六、八、十"。这种习惯符合汉民族崇偶数，喜双对的美学观念。而晋北大同等地的习惯是"送单不送双"，如给亲朋送油炸糕，一定要送单数的，即三、五、七、九，决不能送双数。这是因为在大同话口语里，"双"和"丧"同音，为了避免引起不吉利的"丧"的联想，"双"也就变成"单"了。

不同的地域，有不同的文化心理，对同样的事物，常常会产生不同的联想。与晋南大吉大利的"鸡"文化不同，晋北有一种旧俗，除夕之夜不吃鸡。这是由于"鸡"和"饥"同音的缘故。为了避免以后的日子里再遭受饥饿，年夜饭的餐桌上，美味的鸡便无踪影了。

三　山西方言中的饭食词语

中国人见面时传统的打招呼用语是"吃饭了吗"，这种现象常常被外国人视为不可理解。殊不知，这是传统的农耕文化在语言中的沉淀与折射，是汉民族以食为本的文化心理的体现。时至今日，在山西广大的农村地区，"吃了吗"仍然是人们口头常用的习惯用语。这表明，虽然温饱问题已经在多数地区得到解决，但"民以食为天"，食是生存第一要素的文化理念仍然积淀在当地的语言之中。

不同的地方有不同的物质基础，由此而构成了饮食习俗的地域差异和文化差异。从山西方言里关于"饭、米、馍、面、糕"几个系列的词语中，我们可以明确而细致地看到这种差异。

（一）饭和米

在普通话里，关于"饭"的词语很多：饭菜、饭店、饭馆、饭铺、饭桌、饭碗、饭盒、饭局、饭量、早饭、午饭、晚饭、包饭、开饭、便饭、客饭、剩饭等词里的"饭"，一般指的是每天定时吃的食物；饭粒儿、干饭、白饭、米饭、稀饭、泡饭、下饭、份儿饭、盒饭、盖浇饭里的"饭"，如果不加限定词的话（如小米饭），一般指煮熟的大米类食品。这两种用法构成了"饭"的基本意义。

山西方言中的"饭"，不仅和普通话的意思不完全一致，就是在山西境内，不同的地方，对"饭"的理解也有较大的不同。

在晋南，"饭"也有两个义项。"早起饭、晌午饭、后晌饭"中的"饭"，和普通话的意思大体一样，指的是一日之中定时吃的用来果腹维持生命的东西，是泛指的；还有一个意思是特指面条或面片儿。一般来说，午饭是要吃面条的，同时还要以馒头相配。外地客人到了晋南农村，常常会听到主人的询问："你吃馍呀吃饭呀？"这时，客人往往会感到莫名其妙。其实殷勤的主人问的是："你 347

愿意吃馒头还是愿意吃面条呢?"晋南人到了外地,也有时会这样说:"今天中午没吃饭,肚里不平整。"人们会奇怪:"刚刚看见你吃了一大份盒饭呀!"原来他的意思是:"今天中午没吃面条,肚子里不够舒坦。"在晋南,擀面条叫"擀饭",煮面条叫"下饭",盛面条叫"舀饭";有的人不爱吃馒头,比较偏爱"吃饭",如此等等,不一而足。由此而派生出许多带"饭"的词语。例如:

> 酸饭:放入醋等酸味调料的炝锅面。
> 甜饭:不加盐等任何调料的面条。
> 黏饭:煮熟后捞出,拌上调味品吃的面条。
> 扇饭:煮熟后捞出,浇上油用扇子扇凉的面条。
> 懒饭:和面时掺入菠菜等蔬菜做出的面片儿。
> 颀(qí)子饭:一种擀得很薄、切得又细又长的有韧性的面条。
> 旗花子饭:切成菱形的面片儿。
> 杂面饭:白面和豆面或其他面粉混合做成的面条。
> 米饭(或称米颀子饭):面条与小米混合煮熟的饭食。
> 炒饭(有的地方叫连锅饭):面条与炒菜混合煮熟的饭食。
> 豆儿饭:面条与豆子混合煮熟的饭食。

颀子饭是晋南人最喜欢吃的一种面条。相传上个世纪50年代,有一次,时任全国政协副主席的傅作义被邀请到人民大会堂参加国庆晚宴。席间,傅作义先生突然对左右说,要是有一碗颀子饭就好了,众人感到莫名其妙,不知他说的是什么。原来,傅作义是万荣人,宴会上,他想吃家乡的面条了。

颀,是长的意思。颀子饭,表示长久、长命,所以姑娘出嫁时,临出门要吃颀子饭;儿子把新娘子迎娶回来,也要吃一碗颀子饭。在稷山等地,婚礼后新郎要坐在自家门槛上,由新娘子喂着吃一碗"长命颀子饭"。所以,能否做好颀子饭,是衡量晋南女人能干与否的标准之一。在万荣、临猗等地,旧时新媳妇进门,首先要给丈夫和公婆做一顿"颀子饭"。做这顿饭不容易,一要看是否能做到"面光、手光、盆光",即和出来的面团是光溜的,手上和面盆里也不能留有面疙瘩或干面屑;二要看是否能擀薄、切细、切长,切面时要一刀切到底,不许停顿，以喻长寿；三要看能否做到煮进锅里有韧性，捞到碗里不发黏。三看过了关，新媳妇才算正式被夫家接纳。当然，如今的新媳妇，已经不需要接受这样的检验了。

同样是炒饭，依所炒东西的不同名称也有所不同：在炒南瓜里添水煮面条而成的，叫"南瓜饭"；在炒西红柿里添水煮面条而成的，叫"洋柿子饭"；另外还有豆角饭、西葫芦饭等等。饺子是用擀出来的面片儿包成的，所以也可以叫做"饭"，如万荣、稷山、临猗等地，包饺子说"捏饭"，羊肉馅儿的饺子叫"羊肉捏饭"，韭菜馅儿的饺子叫"韭菜捏饭"，等等。

到了晋北的一些地方，"饭"的意思可就大不相同了。除了通用的每天定时吃的食物叫做饭以外，"饭"还特指小米稀粥。我们听到过这样一个故事：

> 万荣县的一位大娘到在外地做生意的儿子家，因旅途劳累，身体不大舒服。儿媳妇前来问安，并询问老太太想吃点什么，老太太说：简单点，一碗饭就可以了。儿媳妇是五台人，一听老人只要一碗"饭"，便以为老人身体不适，是想喝点稀饭，于是就熬了一锅小米粥，给老人端上来。老人一看，以为媳妇舍不得给自己吃白面，心里老大的不舒服，一气之下，第二天就又乘车回了老家。
>
> 老太太实在是冤枉了儿媳妇了。在五台、忻州、定襄等地，小米粥是可以叫"饭"的，煮小米稀粥就叫"熬饭"，盛小米稀粥叫做"舀饭"，喝小米稀粥叫做"喝饭"；清一色小米熬成的稀粥，有人称之为"寡饭"；和红小豆同煮而成的粥，叫"豆子饭"；如果在小米稀粥中煮上些豆子、土豆等，或者再拌点杂面疙瘩煮进去，放上盐等调料，这种饭食叫做"咸饭"。如果你听到五台人说"们不吃馍馍，们要喝饭"，可别纳闷儿，他的意思是"我不吃馒头，我要喝稀饭"。

显而易见，吃饭内容的不同，构成了不同区域对"饭"这个词的不同理解。如果不了解这种区别，就会造成不必要的误会。晋南是产麦区，多数耕地比较平坦，气候温和，人们日常以小麦面粉为主食。当地农村一般的生活习惯是，早饭、晚饭以吃馒头为主，小米稀饭配之；午饭以面条为主，馒头配之。晋南人虽然顿顿饭不离馒头，但馒头是发面做的，不如面条耐饥，下地劳动的人以午饭为一日中的正餐，一碗干面条是少不了的。所以，晋南以面条为"饭"。

晋北以土石山区为主，沟壑纵横，地形复杂，气候偏冷，农作物以谷子、玉米、高粱、黍子、莜麦、大豆等杂粮为主。在改革开放以前，晋北一带的农民，祖祖辈辈，日常吃的主食大多都是杂粮，对他们来说，白面是稀罕物品，只能在逢年过节或招待客人时偶尔食之。清光绪年间徐继畬编修的《五台新志》上记载，五台这个地方土地贫瘠，其民风比起别的地方来更为简朴。妇女做饭的时候是数着米粒儿下锅的，拿米粒儿当珍珠一样宝贝。如果有人在不逢年过节，没有婚丧大事，无亲友拜访的平常日子里吃一顿白面做的饭食，会被当地人认为是不祥的预兆。据一些老年人回忆，过去很少能吃饱肚子，肚子常常是"喝饱的"，谁家有干粮吃，哪怕是窝窝头，也就是好日子了。所以，五台话里以小米稀饭为"饭"，也就不足为奇了。

晋东南一带，历史上以食小米为主。当地传说，谷子是炎帝在羊头山用狗尾巴草培育而成的，后人改良种植至今。《潞安府志》记载："上古神农尝百草至羊头山得黍，又凤凰山得嘉禾。"金黄色的小米，滋养着世世代代的上党人。改革开放以后，沁县的"沁州黄"、屯留的"金珍珠"更是以绿色食品之中的上品而闻名于省内外。有俗语说晋城人"三天不吃米，肚子吵吵地"，意思是三天不吃小米饭，胃里就闹腾得不舒服了。抗日战争时期，八路军在太行山根据地辗转作战，"小米加步枪"，使鬼子闻风丧胆。所以，晋东南一带，是以小米为"饭"的，如"干饭、稠饭、捞饭、焖饭、抓饭"等，都是用小米做成的。当地风味饭食中的"三和饭"，也叫"和子饭"，是用小米、豆子、蔬菜和面条同煮而成的。当地民谚说："顿顿和子饭，全家保平安。"关于这种饭食，还有一个动人的故事：

相传长治县五龙山下住着一户齐姓人家，家里有三个儿子，都已娶妻生子，全家人在一起生活。孩子们对老人还算孝顺，媳妇也还听话，但日子久了，妯娌之间难免有一些磕磕碰碰。四月十九这天是五龙山庙会，婆婆对三个儿媳妇说："辛苦一年了，你们都去赶庙会吧，你们各自拿点面过来，中午我们老俩口自己做饭吃。"大媳妇送来了白面，二媳妇送来了豌豆面，小媳妇送来了绿豆面，三对小夫妻高高兴兴赶会去了。中午，婆婆把三种面和在一起做成了面条，浇上豆芽菜和酸菜卤给老伴儿吃，老伴儿觉得今天的面味道有点特别，就问：这是什么饭，这么好吃？婆婆说，这是三个媳妇送来的面和在一起做成的面，就叫"三和面"吧。晚上，孩子们都回来了，婆婆煮了一大锅小米稀粥，并在稀粥里煮了些黄豆、土豆、干豆角和胡萝卜，把中午剩下的三和面煮进去，放入调料。儿子媳妇都说今天的饭好吃。公公说："咱这是用三和面做成的三和饭。吃了这种饭，愿你们妯娌和气，咱们全家平安。"从此，这一家人儿子更孝顺、媳妇更听话、全家更和睦，日子越过越红火。这个故事传遍了五龙山，各家各户都吃开了"三和饭"，人们还做了一块"和为贵"的金匾挂在齐姓人家的大门上。

天长日久，人们把"三和饭"叫成了"和子饭"，饭里面煮的东西也根据时节有所调整。有俗语说："和子饭，没说道，十样八样不多，三种两种不少。"到如今，"和子饭"已经不仅仅在上党地区流行，它已经成为代表山西风味特色的饭食之一，跃上了省城星级宾馆的餐桌，深受各地客人的喜爱。但不管怎样做，做得如何精致，这种"饭"以小米粥为底子总是必不可少的。

我们再来看"米"。

在山西，如果"米"前不加修饰语，一般都是是专指小米的，如米汤、米面、米醋、米颗儿（米粒儿）、米窝窝、米顽子、米虫儿、陈米、新米，等等。如果指大米，米字前的"大"字不能省去，如大米饭、大米稀粥等。这是因为山西地处北方，多数地区的自然气候条件不宜于种植水稻，而由谷子脱皮而来的小米，则是人们的主食之一。改革开放以前，大米在山西比较少见，并没有进入普通老百姓的饮食结构之中。晋南农村曾经发生过这样的事情：上世纪60年代初，值三年困难时期，当地农民和全国人民一样，常常被饥饿所困扰，有的地方只能靠政府粮站供应少量的粮食而维持生活。粮站供粮的品种很少，而且多是粗粮，无非不过玉米面、红薯干或者豆渣之类的东西，对产麦区的人来说，白面也成了奢侈品，一年到头，难得一见。有一次，粮站突然给每家供应了三斤大米，是细粮。大家当然喜出望外。但是这大米怎么吃呢？谁也不知道，有聪明人就把大米磨成面粉，如同白面一样发酵、蒸馒头。谁知米面发酵不够劲儿，揉起来黏糊糊，弄不成馒头，只好配了些萝卜丝蒸成菜窝头。肚子算是填饱了，但"大米面蒸馍馍——胡闹"的印象却留在了记忆中。

语言往往是滞后于现实的。有时候，语言所表达的物质现象消失了，而语言却还没有来得及改变。改革开放以后，中国南北的物质流通，带来了餐饮习惯的互相交融。在省城太原，大米已经成为人们餐桌上不可缺少的主食之一；在农村，隔三岔五吃一顿大米饭也不希罕了。但是，在山西方言里，人们仍然习惯于称小米为"米"，称大米时不省略"大"字。这种理解和普通话关于米的概念不完全一致。为此，有学者撰文说，《现代汉语词典》应该修改关于"米"词条的定义；也有学者认为，语言终究是要伴随社会的发展而发展的，随着生活习惯的改变，方言中关于"米"的理解将会和普通话一致起来。

（二）馍、面、糕

"晋南的馍，晋中的面，雁北的糕吃不厌"，一句俗语，概括了三晋大地三种有代表性的主要食物。而这几种食物，除了作为餐桌上的主食，用来果腹充饥、维持生命以外，还包含了极为丰富的文化内涵，成为构成地方文化的重要组成部分。众多关于馍、面、糕的系列词语，构成了独具特色的馍文化、面文化和糕文化。

先看晋南的馍。

山西方言里的馍，一般指的是用发酵的面粉蒸熟的、没有馅儿的馒头。下面的一些俗语，形象地表明了馍在晋南人生活中的重要性。

> 出门三件宝：馍馍、草帽和棉袄
>
> 晋南的馍不嫌多，蘸的辣子拿油泼
>
> 老汉离不了婆婆，娃娃离不了馍馍
>
> 麦种泥窝窝，来年吃馍馍
>
> 馍馍不好一算子，庄稼不好一季子
>
> 黑馍多就菜，丑人多作怪

馍的原料是面粉，并且以小麦面粉为主。在晋南，小麦种植不仅耕地面积大，而且品种多、产量高，所以晋南方言中关于小麦面粉的词语多而细致：

用小麦磨成的面粉，一般统称"面"，前面不加限定词。例如"一碗面能擀三碗饭"，意思是一碗小麦面粉可以做出三碗面条来；夸奖某人为人厚道，就说"这人实诚，'借你一斗麦，还你一斗面'"。区别于玉米面、豆面、谷面、黍子面等粗粮食磨成的面粉时，"面"改称为"好面"。例如俗语说："好面养好身子，黑面伤脾胃。"

磨面粉前先要把麦子洗干净，这叫"淘麦"。麦子晾干的程度，决定出粉的多少与好坏。湿度略大一些的麦子，出粉较少，磨出来的面粉质量高。第一道磨出的粉，叫"头茬面"或"头绽面"，有的地方也叫"台面"，这种面色白、粉细，是麦仁里的精华部分，一般只用来蒸制礼仪用馍；第二道、第三道磨出的粉，就是一般的"面"，家常食用。有时根据需要，先把一道、二道甚至三道磨出的精细白面分别取走，用剩下的部分再磨出面来，这种面色黑、粉粗，叫做"黑面"或"下面"，也称"溜麸面"，意思是连麦麸也磨到面里了，旧时穷苦人家只能吃上这种面。不取精华部分，也不留麦麸，一块儿全磨出的面粉叫"一罗子面"或"一浑尘面"，用机器磨出的，也可以叫"一风吹"，这种面略微粗糙一些，营养却是全面而均衡的。

"洋面"是旧词，指买来的用机器磨的面；"精粉"是新词，指买来的精细的面粉；与精粉相对的，是"通粉"，指100斤麦子磨出85斤粉的面粉，普通话叫标准粉，简称"标粉"。近年来，由于推广普通话工作的开展，"标粉"一词，已经进入老百姓的词汇箱。

晋南人一日三餐离不了"馍"，所以，关于"馍"的语词名目繁多。清晨起来，先吃几口馒头垫垫饥，这是吃"晨馍"；下地干活儿，带个馒头叫"半路时馍"；早饭、晚饭吃的馒头是馏热的，叫"软馍"；午饭与面条配着吃的是不软不硬、蒸熟后没有馏过的"酥馍"；切片晒干的馒头片，叫"干馍"，旧时学子外出求学，一人背着一面口袋"干馍"的场面，曾经是晋南教育史上的一道风景，俗语"干馍吃完，回家过年"形象地描述了学子们的艰苦生活；冷却后的馒头，软软的，咬到口里带点韧性，这叫"缠皮馍"，这种馒头不好消化，吃多了会引起胃病，身体不好的人是不能多吃的。馒头可以炒着吃，叫"炒馍"；把馒头切碎了和蔬菜拌在一起蒸着吃，叫"拌馍"；和炒菜烩到一起吃，叫"煮馍"，等等。真可谓"一样馍百样吃"了。

不只是蒸出来的馒头称"馍"，用火烙出来的也可以叫做"馍"，如"烙馍"指的是烙饼，"煎馍"指的是煎饼；用油炸出的扁而圆的油饼儿，叫"油馍"；妇女坐月子吃的一种干饼，是把掺着花椒叶和咸盐的面团儿擀成圆圆的薄片儿，用石子儿加热烙制而成的，这种饼叫作"擀馍"，这种饼，晋中叫做"石子饼"，也叫"疤饼"。

把饼称馍，是古代说法的遗留。《集韵》里说"馒头，饼也"，可见在古人那里，馒头和饼子是一回事。在江浙一带，用小麦面粉发酵蒸制的带馅儿的和不带馅儿的都称作馒头，而在北方的大部分地区，带馅儿的应该叫做包子，只有不带馅儿的，才叫馒头，或者像晋南一样，称作馍。

晋南的馍也不光是白面做的。以白面为主，掺点玉米面等粗粮进去的馒头叫"接面馍"；白面少粗粮多的馒头叫"秋面馍"；掺进去点儿蔬菜蒸出的馒头叫"插菜馍"。这些馒头都可以依所掺之物的名称而叫做"玉米面馍"、"谷面馍"、"椒叶馍"等等。

掺了花椒叶子的"椒叶馍"一般要放点儿盐，花卷儿馍也加入了调料和盐，吃起来是咸的。相对于加了调料的馍来说，不加调料的馍叫"甜馍"。"甜馍"可不是加糖的馍，而是"淡馍"。如果馍中加了糖，那是"糖馍"。管"淡"说"甜"，是山西方言的一大特点，晋南也是这样。例如不就菜光吃馒头叫"甜吃"，煮出来的面条不加作料叫"甜饭"，煮面后剩下的汤叫"甜汤"，等等。

有俗语说晋南人"不吃馍馍不叫饭"，意思是每顿饭都离不开馒头。地道的晋南人中午吃面条，待客吃饺子等等，都不会忘记放一盘馒头在桌上；讲究的人家还要把馒头切成薄薄的片儿，整整齐齐地码在盘子里，以供用餐人最后吃一两片儿。不管前面吃了多少东西，吃的是什么，只有这最后的几口馒头下了肚，这顿饭才叫圆满。所以，"馍"对晋南人来说，在一定程度上，已经不完全是物质上的需要，而成为一种精神上的安慰与寄托。

在晋南，馍不仅仅是人们一日三餐、果腹饱饥的主食，而且具有重要的礼仪功能。与日常生活中"顿顿不离馍"相应，在晋南的民俗活动中，可以说是"事事不离馍"。这种礼仪用馍渗透到了民间风俗的方方面面。无论是婚丧嫁娶、生儿育女、逢时过节，还是寿筵待客、建造新房、走亲串友，馍都扮演着不可替代的重要角色。在天长日久的迎来送往中，功能齐全、含义丰富、花样繁多的馍制品，已经由单纯的食物升华为当地民间文化的重要代表，构成当地民俗文化的重要组成部分。

礼仪用馍有大馍，也有小馍。从功能来看，大馍和小馍都可以用于喜庆、丧典、年节和其他各种礼仪活动中。一般的大馍两三斤重，馍底直径二三十厘米；特殊用处的礼馍更大一些。上世纪 60 年代从北京、天津等大城市来到晋南农村插队的知识青年，对当地礼馍之大感到十分惊讶，在他们编的歌谣"晋南十大怪"中，第一大"怪"就是"馍馍像锅盖"。

大馍的形状是各式各样的，晋南各县并不完全相同。不同形状的馍有着不同的功用，我们以稷山、万荣为例，略举几种：

龙凤馍　定亲时男女双方互送的大馍。男方送给女方的馍盘着龙，女方回送男方的馍插着凤。定亲是举行婚礼的前奏，男方在定亲时给女方送彩礼，并送 90 个龙馍；女方回凤馍的数量不等。当地俗语说"送不过月"，意思是送了彩礼到正式迎娶不超过一个月。定亲仪式完毕后，男女双方要把龙凤大馍切片送给亲友乡邻，叫做"花馍"或"散馍"。"花"、"散"给大家的馍片，其作用相当于一份精美的可以食用的结婚请柬。

角子　方言读作"折的"。这是一种没有花纹和装饰的圆形大馍，有的在顶部用手捏出一个小小的尖儿。这种大馍因比较朴素而显得庄重，常用于一些正式的场合或送给长辈。比如定亲时送给对方舅舅、姑姑、姨姨，逢年过节探望亲戚、乡邻的长辈时，用的都是这种"角子"。"角子"色白，形圆，皮儿光，由于没有花纹或花鸟的装饰来遮掩瑕疵，所以并不比别的大馍好做，对发面、揉面、醒面和蒸馍时火力的要求都很高。

馄饨　开花的圆形大馍。开花的形状类似半个太极图。通用于各种喜庆活动中。走亲访友时一般送给平辈或晚辈。

花旋子　结婚时重要亲戚送来的馍。这种馍特别大，有四五斤重。馍上镶有龙凤，有的还要染上色彩。稷山婚俗中有一个"滚旋子"的活动，别有情趣：新人入洞房后，新郎在屋子外面拿着花旋子从窗户往屋里滚，新娘盘腿坐在炕上窗口前迎接滚过来的旋子。接到怀里的旋子如果底部向上，预示来年生男孩；如果花面儿向上，预示来年生女儿。在新郎新娘滚接花旋子的同时，还有人在旁边念着歌谣："滚，滚，滚旋子，过年要个亲蛋子。要小子要那能写会算的，不要那下苦卖炭的；要女子要那能描会剪的，不要那痴眉信眼的。"歌谣里"要"是"生"的意思。在晋南话里，"生孩子"，说"要娃"。

厚旋　婴儿三天时舅舅、姑姑、姨姨家送的馍。这种馍比一般礼馍大得多，也叫"可箅子馍"，意思是和箅子一般大。馍是扁平状的，比较暄软，里面常常放上花椒叶子和咸盐，上面没有花鸟鱼虫等雕饰，切片晒干后可供产妇食用。

子福　清明节上坟祭奠用的馍，比一般礼仪用馍大。馍上镶有莲花或蛇，前者上坟后给女孩吃，后者上坟后给男孩吃；莲花或蛇的旁边还常常镶一些麦穗、棉花、禽鸟等花样，象征五谷丰登，家禽兴旺；馍内包着红枣和核桃，馍的顶部正中间嵌一颗鸡蛋。取名"子福"，是祈求先人降福于后代的意思。"子福"还可以叫做"子出"，有人认为是希望介子推出山的意思。俗语有"子出子出，唤子不出"的说法。

这样的大馍还有好多种。

比起大馍来，小馍的品种要简单一些。小馍一般为两类，一类是小圆馍，一类是做成各种形状的小花馍。小花馍的花样比较多，一斤面常常可以做出十几个甚至几十个小花馍来，各种飞禽走兽，花鸟鱼虫，甚至人物故事，日常百货都可以在小花馍上体现出来。小馍在喜庆、丧葬等活动中是大馍的补充和搭配，并且较多用于回礼。什么情况下用小圆馍，什么情况下用小花馍，是有讲究的。比如稷山办丧事时，乡邻一般都要"献旁盒"，这"旁盒"里面要放9个小圆馍，也叫"小白馍"。在万荣县西，无论是婚庆满月，还是丧葬大事，办完事后，主家都要给亲戚乡邻回送小花馍，根据来礼的轻重，回馍的数量不等，多的百余个，少的十个八个。同时还要派人向乡邻和帮忙的各户人家送小花馍，称作"打散"，以示对众人的感谢。俗语"小行门户大打散"是对主人重情义，疏钱财的夸赞。

晋南的礼馍渗透到生活的方方面面。也许正是因为太普遍了，所以和山西各地都有的鲜艳、复杂的面塑工艺品并不完全相同。一般礼馍的工艺并不特别的精致和复杂，多数礼馍的色彩也不十分鲜艳。常用的礼馍一般不需要特地染色，需要加以色彩的地方，多用可食之物来点缀。比如做一个小面人，眉毛、鼻子、嘴巴都可用剪好形状的枣皮儿贴上去；眼睛用小黑豆；粉红色的脸蛋儿，是用一些红辣椒面儿掺到面里做成的；至于头发，用专用的小梳子压出几道细纹来就可以了。又如一个小鸟儿，只不过在巧妇的手上剪几刀，捏几下，嵌两颗当眼睛的黑豆，那鸟儿便头、喙、翅、尾俱在，栩栩如生了。如果说，通行于黄河流域的斑斓多彩、精美绝伦的面塑工艺所体现的是工笔的精致之美的话，那么，晋南礼馍所着重表现的，是那写意的流畅、活泼和随意的情趣。所有的礼馍，在完成了礼仪交往的任务之后，都可以成为美食，送到人们油水不多的肚子里，体现了当地"人民质朴，俗尚节俭"，"勤劳稼穑，不敢奢侈"的民俗风情。

再看晋中的面。

"世界面食在中国，中国面食在山西，山西面食在晋中。"如果有过在晋中农家吃饭经历的话，就会深切体会到这种赞誉并非夸张。飞刀削面、大刀拨面、转盘剔尖和小把拉面号称山西的"四大名面"，而这几种面食都是晋中百姓家中餐桌上的家常便饭。有人统计，山西面食蒸、煮、煎、烤、炸、焖各类，总计不下四百种，光煮制类也不下六七十种。而这煮制面食的中心地带就在晋中。有俗语说，"三百六十天，天天不重样儿"，指的就是晋中一带的家庭巧妇，能用单调的面粉做出丰富多彩的面食品种，有的甚至可以在一年之内，做到主食天天花样翻新，每天没有重复的饭。1959年，太原的"晋阳居"饭店迁到北京，更名为"晋阳饭庄"，经营拨鱼儿、猫耳朵、刀削面等山西风味的面食品，曾在北京轰动一时。老舍先生慕名前去品尝后赞不绝口，并且诗兴大发，留下了"驼峰熊掌岂堪夸，猫耳拨鱼实且华"的名句。

丰富多彩的面食，散发着浓浓的山西饮食文化的气息；而方言词语，正是这些实物和文化的载体。下面这些流行于太原、晋中一带的面类词语，如果不作解释的话，外地人很难明白是些什么东西：

剔尖尖（剔尖儿）　把和好了的软面摊在特制的像乒乓球拍似的铁板或木板上，用特制的铁筷子或木筷子一根根剔到沸水锅里的面。剔出的面呈条状，中间鼓，两头尖，落到锅里似小鱼戏水，所以也叫"拨鱼儿"。又叫"剔拨股"，传说这种吃法是由李世民之妹八姑在绵山修行时创造的，因而得名。方言里"拨股"、"八姑"同音。如果把和好的面放到盘子里，一边转盘子，一边剔面，就叫做"转盘剔面"。

变尖儿　剔尖儿的一种变体，和面时比做剔尖儿时水少一些，剔出来的条儿357

更有韧性，耐咀嚼。

溜尖尖（溜尖儿）　把和好了的软面摊在盘子上，用一根铁筷子引导成条流入锅中的面。分为长溜尖和短溜尖两种。长溜尖是把盘中的面引流成长长的一根面，徐徐入锅而成；这种面常常在为老人祝寿时吃。短溜尖可以断开入锅，比剔尖儿长一些。短溜尖也可以叫做"溜鱼鱼"。

抿尖尖（抿尖儿）　用特制的有许多小圆孔的抿槽抿成的面条儿。抿槽的样子类似礤床。抿时把抿槽架在锅上，把和好的软面放上去，用手往下抿，抿出的条儿直接下锅。抿尖尖的条儿是圆的，两三厘米长，两头儿呈尖状；抿出的尖尖在沸腾的锅里像蝌蚪一样游来游去，所以也叫"抿圪蚪"。

擦尖尖（擦尖儿）　用特制礤床像擦萝卜丝儿一样擦出的面丝儿。擦时把礤床架在锅上，用和好的稍微硬一点的面往下擦，擦出的丝儿直接下锅。这种丝儿是扁的，下到锅里也类似蝌蚪，所以也叫"擦圪蚪"。

擀尖尖（擀尖儿）　在案板上用擀杖擀成，用刀切出的面条。

握流流　用手抓挤和好的软面，使从指缝中流入沸水锅内而成的面疙瘩。

搓鱼鱼　在手掌里搓压出的状似小鱼的面。做时先用和好的面搓成筷子般粗，四五厘米长，两头尖尖的小条儿，然后压成扁状。一般蒸熟后浇卤吃或与菜同时焖着吃。

捏钵钵　用特制器具"捏钵"做出的类似饸饹的面。捏钵与饸饹床子相似，底有漏孔。饸饹床子是大型的，用时架在锅上，用胳膊压；捏钵是小型的，用时拿在手上，用手捏。

斜食食　在案板上用擀杖擀好切成菱形的面片儿。

拉条子　把面擀成厚片，切成两三厘米宽的条儿，然后用手抻成的长而薄的宽面条。

掐疙瘩　用手掐出黄豆粒儿大的小块儿，推成两边微卷的小片，借弹力直接投入沸水锅内的面。

捻疙瘩　用和好的面搓成条，揪成花生米粒儿大的丁儿，在案板上或在另一手掌上用拇指往前推出的小片儿。吃时下锅煮。这种面中间厚两边薄，边沿自然上卷，状如猫耳，也叫猫耳朵。

　柳叶面　在案板上用擀杖擀好切成柳叶状的面。

包皮面 两层白面，中间夹一层高粱面的面。

刀削面 用特制的弧形刀把和好了的面削到沸水锅里的面。削出的面状如柳叶，中间厚两边薄，棱峰分明，入口较为筋道。

刀拨面 双手用两边有把儿的刀把擀好了的面拨成条状的面，拨出的面条软硬适中，薄厚均匀。

面食的花样还有很多。

丰富的有关面食的词汇，反映出当地语言的特点。比如有丰富的 ABB 重叠式名词是晋中一带方言的重要特点之一，"剔尖尖、溜尖尖、抿尖尖、擦尖尖、擀尖尖、握流流、搓鱼鱼、捏钵钵、斜食食"等众多别具特色的面食词语充分体现了这一特点。

面食词语的丰富多彩，同时体现了方言食类词库中动词的丰富性和多样性。削、拨、剔、溜、抿、擦、握、搓、捏、掐、压、拉、擀，做面食者，可谓十八般武艺样样俱全。种种复杂的程序和动作，常常使外地人目不暇接，眼花缭乱；而当地的巧妇们却神闲气定，运用自如。那名称朴实的"剔尖板板"、"捏钵钵"等众多做面食的器具，其简易、巧妙和实用，更是让人赞叹不已。

用来做这一类面食的原料是多种多样的。可以用白面做，也可以用豆面、高粱面、荞麦面甚至玉米面来做。高粱面又称红面，如今，在省城太原的大小饭店里，红面剔尖儿、豆面抿尖儿、荞面鱼鱼、双色包皮面等已经成为山西特色面食的常备品种，深受大家的喜爱；就连用玉米面制成的曾让山西人"见面就头疼"的"钢丝面"，也在一些民间风味的餐馆里受到食客的欢迎。

以一种做法为基础，可以派生出若干种新的花样来。比如拉面，可分为大拉面和小拉面，大拉面一次可以拉出几百根甚至几千根面条来，根根如丝，可供众人同享；小拉面一次十余根至几十根，条条似须，寻常人家食用。由此而派生的，还有水拉面、油拉面、空心拉面、夹馅儿拉面、翡翠拉面、三色拉面等等。

欣赏各种面食的制作过程，可以说是一种美的享受。人们生动形象地描绘"山西面食一绝"的刀削面："一叶落锅一叶飘，一叶离面又出刀，银鱼落水翻白浪，柳叶乘风下树梢。"也有人诗意盎然地写出"刀拨面"的操作过程："拥出堆雪，卷玉脂长条，轻扑粉，叠数遭，手持横刀，躬虚腰，一声令下，地动山摇，拨声咚咚千浪翻，手影闪闪白帘飘。"在太原举办的国际面食节里和餐饮业举办的各种面食技巧大赛中，削面、拉面、拨面、剔尖儿等，已经上升为高超的行为艺术，令观众大饱眼福，叹为观止。可以说，天天做，日日吃的面食，对于晋中人乃至整个山西人来说，已经不仅仅是口中的美味，心底的依恋，而已与醇香的汾酒和老陈醋一起，成为一种食文化的标签，走出了娘子关，并冲出了国门，足以让曾经自惭土气的"老醯儿"引以自豪。

和丰富的面食词语不同，与面食相配的"浇头"系列的词语相对来说少得多。在民间，"西红柿打卤"、"酸菜卤"和"肉臊子"是最常见的，其他的花样就不多了。这是由当地特有的自然地理环境和传统的农耕经济所决定的。山西地处黄土高原，境内山多川少，地形复杂，素有"八分山丘二分田"之说，亦有"小杂粮王国"之称。中部地区亦如此，多数地带为丘陵和山地，土地贫瘠，水土流失严重。这种地理气候环境，决定了农业粮食作物以杂粮为主。由于水资源的缺乏，过去蔬菜品种不多，旧时饮食习俗多主食，少副食，由此而决定了杂粮面食品种的多样化。晋人多食醋的习惯，也是由此而形成的。

至于面食的如此精致和多样，应该说和晋商有直接的关系。明末清初，贫瘠的土地，频繁的自然灾害已不足以养活急剧增长的众多人口，大批不甘贫穷的晋中人纷纷离乡背井，外出经商。斗转星移，一代接一代，当富裕了的山西商人终于回到家乡，为妻儿老小盖起富丽堂皇的深宅大院之时，家中贤惠的主妇们在望眼欲穿、百无聊赖的漫长岁月中，也练就了粗粮细作的精致手艺。外面的人回来了，家里总是要变着花样改善伙食的，限于当时的条件，只能在五谷杂粮上精雕细刻，从而奠定了"一样面百样吃"的基础。

与晋南的馍，晋中的面一样，晋北的糕也浸润在浓郁的地方文化之中。

糕，《现代汉语词典》指"用米粉、面粉等制成的食品，种类很多，如年糕、蜂糕、蛋糕等"。山西的糕与此不尽相同。山西的糕，特指用黍子面或黍子去皮后的黄米面做成的块状的食品。黍子耐干旱、抗盐碱、适宜贫瘠土地耕种，是晋北一带重要的粮食作物之一。因此，晋北的糕类食品比其他地区丰富得多，相应的，方言中糕类词语也比别的地方丰富多样。

糕，根据原料的不同可以分为两类，一类是"毛糕"，指用没有脱皮的黍子面蒸成的大块糕。这种糕比较粗糙，吃起来口感硬而涩，是旧时天镇、阳高一带农民家庭日常主食之一。也叫"黍子糕"或"连皮糕"。另一类是"黄糕"，指用脱皮后的黄米磨成的面制成的糕。这种糕颜色金黄，口感筋绵香软，别具特色，旧时家境好的人家较多食用。

黄糕也可以分为两类。一类是素糕，指蒸熟后不包馅儿，也不用油炸的糕。这种糕通常是大块儿的，蒸熟后就放在箅子上，吃时切片儿，或炸、或烤、或蒸、或煮。繁峙、代县等地的烩豆腐泡素糕，被当地人认为是家常饭中的上品。另一类是油糕，指用油炸过的小块儿的糕。通常不加限定词，只说"糕"时，指的就是这种油炸糕。

油糕又可分为两种。没有馅儿的叫"实片糕"，有馅儿的叫"包馅糕"。农村婚丧大事中需要大量做的糕一般不包馅儿；逢时过节，迎客待亲，家人聚会时做的少量的糕，常常是包馅儿的。糕内可包红糖、豆沙，也可包豆渣、蔬菜甚至肉馅儿。

刚炸出锅的糕叫"现糕"。把炸好的现糕一个挨一个码到大盆里，蒙上被子，放到热炕上，捂一两个小时再吃的糕叫"围糕"。现糕外脆内软，围糕绵软筋道，各有风味。吃剩下的糕叫"旧糕"，可以馏着吃，烤着吃，或者放进稀饭或烩菜锅里煮着吃。

和好蒸熟后的糕面要趁热揉揣后才能做炸糕，揉揣的过程叫"掇糕"。"掇"的次数越多，做糕的面越筋道，做出的糕越好吃。

"糕剂子"是做糕时从揉好了的长条形的糕面上分出来的小块儿；"糕饼子"是用糕剂子揉成的没有包馅儿，也没有用油炸的小圆饼，吃时或蒸或炸均可；"糕饺子"是包好馅儿尚未油炸的糕；"糕荏子"是用糕剂子直接炸出的糕。

在晋北，糕在百姓生活中起着举足轻重的作用。这当然不仅仅是因为它好吃和好看，更重要的是，"糕"与"高"谐音。在晋北家家户户的词典里，"糕"是吉祥的象征，富贵的希望。因此，娶媳妇、嫁闺女吃"喜糕"，生了小孩吃"满月糕"，盖房时吃"上梁糕"，搬家时吃"暖房糕"，老人生日吃"长寿糕"，儿童生日吃"翻身糕"；家中有人去世了，先吃"倒头糕"，再送"爬山糕"；过年要吃"接年糕"，正月十五吃的是企盼丰收的"谷穗糕"，如此等等。大同地区流传着这样一首民谣，可以大体反映糕在人们生活中的重要性：

百岁百天吃顿糕，日后步步高；生日吃顿糕，办事不发毛；喜事吃顿糕，

日子过得好；丧事吃顿糕，阴间饿不着；搬家不吃糕，一年搬三遭。五月端
午吃凉糕，包粽子，放红枣；六月六吃素糕，西葫芦羊肉一锅搅。

因为糕与生活的关系太密切了，糕系列的俗语也丰富而形象。例如大同话里
讽刺人待客小气，常用的惯用语是"鸡蛋碰糕"，如果不了解当地的饮食习惯，
就不明白这句话的意思。原来，晋北蔬菜品种比较少，旧时接待贵客的饭食常常
只有炒鸡蛋和炸油糕。盘子里的炒鸡蛋不多，是经不起大口大口吃的，客人一般
也以吃糕为主，只拿筷子头儿碰一碰炒鸡蛋，做做样子。后来，人们就用这个惯
用语讽刺人吝啬、小气。又如惯用语"吃糕货"指能吃不能干的人，类似于普
通话说的"饭桶"；"油抹糕，两面光"，形容人处世圆滑，八面玲珑；歇后语
"二小摧糕——有两下"，夸奖人能干；"鸡肉蘸素糕——再好也没啦"，表示好
的程度无以复加，等等。

四　山西方言中的人名和地名

（一）人名

每个人都有自己的姓名。姓名是一个人区别于他人的语言标志，也是别人用
来称说的符号。传统的汉族姓名是姓在前，名在后。姓是老祖宗留下来的，是同
一宗族共用的；名是后天所起的，是个人特有的。在中国的传统文化观念中，起
名是非常重要的一件事，形形色色的名字，包含着长辈对下一代前途命运的希望
和寄托，所以，民间素有"赐子千金，不如教子一艺；教子一艺，不如赐子好
名"的说法。

"名"分小名和大名，小名也叫乳名，是婴儿时取的名；大名也叫学名，是
一个人正式的名。古代的人成年后，除了幼年正式起的"名"之外，还要另起
一个名，称作"字"，见人称"字"而不直呼其"名"，是对成年人的尊重。文
人雅士除了"名"、"字"之外，还有取"号"的习惯。对于老百姓而言，一般
来说，只有学名和小名两类。

和全国各地大体一样，山西人大名的取名，体现了传统的汉民族取名的文化

观念。如崇尚儒家伦理道德的思想在名字中多有体现，常用字有"仁、义、礼、智、信、忠、孝、温、静、恩、诚、德、贞、守、操、光、宗、耀、祖、勤、敏、谦、廉"等。男名用字多体现崇刚尚武，建功立业的观念，如"伟、业、烈、建、立、功、勇、志、刚、武、俊、杰、栋、梁"等。女名用字多体现纯洁秀丽、聪慧高雅的情怀，如"洁、云、秀、美、雪、梅、兰、竹、菊、花、玲、玉、月、巧、芳、素、莲"等。名字还体现了传统的求吉祥的观念，如"福、禄、寿、吉、庆、喜、贵、旺、平、茂、盛、安、长、宝、万、全"等。

名字体现了时代的变迁。上世纪50年代出生的人以"建、新、国、华、强"为名的很多，体现了民众对新中国成立的喜悦和盼望子女为建设祖国效力的心愿。"抗美、援朝"一类名字，是对历史的真实记录。文化大革命中的"卫东、向东、小东、向红、志红、卫红、学红、永红、继红"等政治色彩颇浓的名字，深深地打上了时代的烙印。

以地名为名的现象也很普遍。五台县有个槐荫村，因村中有一棵大槐树，相传董永和七仙女曾在此树下相会而得名。当地以槐起名的人就很多，如"玉槐、存槐、林槐、临槐、生槐、清槐、庭槐、东槐、付槐、任槐、上槐、成槐、德槐、命槐、近槐、金槐、先槐、计槐、槐德、槐清、槐玉"等。

在晋南农村，旧时习惯以妇女娘家的村名称说女人，如"刘村的、郑村的、谢村的、坡上的、套里的"等。久而久之，这些称呼就变成了女人的名字，而这女人无论出嫁前是否有名字，名字是什么，都统统被人遗忘。这种现象从一个角度折射出在几千年封建制度统治下，妇女的地位极为低下的悲惨命运。

在山西民间，有两类名字很有特色。一是"栓锁"类，二是"招弟"类。栓锁类多用于男孩子，是"拴住、锁住"宝贝儿子，以求长命的意思，如"栓柱、管柱、保柱、稳柱、安柱、墩柱、定柱、锁柱、锁娃、根锁、金锁、银锁"等。"招弟"类多用于女孩子，希望从此给父母带来能够传递香火的男孩。这一类名字有"招弟、引弟、改弟、跟弟、来弟、随弟、拉弟、盼弟、亲弟、改男、变男、改样、变样、变变、改改"等。

运城、临猗等地方言"男"和"兰"同音，一些叫做"招兰、改兰、引兰、换兰、盼兰、喜兰、变兰"的女孩儿，父母取名时的心理其实是"招男、改男、引男、换男、盼男、喜男、变男"。

"栓锁"类和"招弟"类的名字可以是小名，也可以作大名。在晋南农村学校上世纪 60 年代的花名册上，这样的名字十分普遍。这些名字同样反映了人们重男轻女的普遍心理。

与学名相比，山西各地的小名更有特色。不同的方言构成了不同的小名用字。晋南一些地方男孩通称"娃"，小名就常常叫做"X 娃"，"娃"前的字，有的是排行或生肖，如"二娃、三娃、四娃、五娃、牛娃、虎娃、龙娃、猴娃、狗娃"等；有的反映了长相和性格特征，如"丑娃、黑娃、憨娃、闷娃、赖娃、笑娃"等；有的是取大名中的一个字，如大名叫治国、建民、伟强，小名就可以叫"治娃"或"国娃"，"建娃"或"民娃"，"伟娃"或"强娃"。晋中、晋西、晋北一些地方，男孩通称"孩"或"小子"，这些地方男孩的小名就常叫做"X 孩"或"X 小（子）"，如"二孩、三孩、丑孩、旺孩、二小（子）、三小（子）、干小（子）、贵小（子）"等。

起小名的依据是五花八门的，有一定的随意性。除了上述以排行、生肖、长相、性格为依据外，还有许多种。叫做"五斤、六斤、八斤"的，如鲁迅笔下的"九斤老太"一样，是出生时体重的记录；叫做"初一、清明、冬至、三八、腊八"的，是根据出生时的节日起的；五台县革命烈士英名录中有"王七十一、张四十九、安八十一、张七十一、任六十二、徐六十一、高六十八、王六十七"等名字，这些为国捐躯的烈士生前没有大名，只有小名，而这类小名是根据父亲老来得子或爷爷喜得长孙时的年龄随口叫出的。

语言崇拜的迷信观念在起名中同样起着重要的作用。比如阎锡山原来的名字叫做万喜，乳名小喜子，算命先生说他五行中缺金，便用补足的办法，取其喜的谐音字"锡"，起名"锡山"，有锡山一座，"缺金"之忧自然而解。光有山不行，还需要有水，所以阎锡山的字就叫"伯川"。

在民间，盛行小名起"贱名"、"脏名"的习俗。老百姓迷信的说法，孩子的名字越难听，就越能平安、壮实地成长，因为阎王爷听到这样的名字就会厌恶嫌弃，从而放过这些孩子。在山西农村，叫"狗剩、牛女、马孩、毛蛋、丑女、坏坏、笨笨、臭蛋、臭娃、臭小、狗蛋、狗屎、屎蛋、茅瓮、尿罐"一类名字的小孩比较常见。永济县某村有一户人家，父子四人均有大名，但是除了查户口之外从来不用，平时只称呼脏臭的小名。这家人爹叫盆盆，大儿子叫尿勺，二儿子叫粪篓（cuó，筐子），小儿子叫屎缸，村里人常开玩笑说，尿勺舀到盆盆里，粪篓倒到屎缸里。

随着时代的发展和人们观念的改变，一些不堪入耳的贱名和脏名已在逐渐减少。在一些较为发达的平原地区，过于粗俗脏臭的小名近年来已经比较少见了。

（二）地名

与人必有名一样，每个地方也都要有自己的名称，这就是地名。地名词作为专有名词，是方言词汇家族中的大户。不同地域的名称，除了指称具体的地理位置和范围外，往往还附加着一些其他的信息。这些附加的信息，往往是多角度了解当地文化的一个窗口。

众多的带有"石、岩、峪、梁、岭、咀、圪塔、崖、沟、壕、坡"等字的地名，表明了山西"山岭连绵，沟壑纵横"的地貌特点。以著名的旅游圣地五台山所在的五台县为例。五台县境内有较大的山峰146座，全县山地面积占了总面积的77.3%，丘陵占了10%，平原面积仅占12.7%。县内有一"大石乡"，未入乡，先看名，我们就可以知道，这是一个典型的山区乡。大石乡共有14个自然村，分别叫做"白云山、大石、大石岭、智峪、水峪、潘家峪、野峪、兴坪、大池、井湾、杨林、范家庄、黄香、智富庄"。前7个自然村名本身就带有"山、石、岭、峪"等字，突出了山区的特点。兴坪的"坪"表明了本村是山地中的一块平地。大池、井湾透露出的信息是本地缺水，仅有的池塘和水井便成了村子的标志。杨林是以林命村，一般来说，有两种可能：一是当地植被情况普遍不好，仅有的一片树木比较醒目，遂成标志；二是当地过去杨树较少，这里的树与别处不同而命名。范家庄是以姓为名的，这是中国农村最普遍的一种命名方式，虽然这个庄子如今已不见得以范姓人家为主。智富庄原来叫"智家庄"，也是以姓命名的，1980年改为智富庄，这种改动，体现了人们追求富裕的新观念。黄香的名称比较特别，应该另有出处。在山西，类似大石乡这样的村庄名可以说数不胜数。

山西是华夏文明的发祥地之一，在这块土地上，处处都显现出丰富多彩、灿烂辉煌的历史文化。在历史的进程中，地名也随着社会的发展而发展和变化，但是，由于地名有其特有的稳固性，常常会留下一些悠久历史的印记。例如中国历史文化名城之一的祁县，因曾是春秋时期晋国大夫祁奚的封地祁邑而得名；介休县的命名，是由春秋时晋国人介子推隐居境内的绵山而来的；灵石县，则是因为隋文帝挖河道时发现了一个巨大的陨石，"其色苍苍，其声铮铮"，以为是天降祥瑞之石，遂筑城置县而得名。闻喜县的得名，包含着一个历史故事：公元前111年，汉武帝刘彻路过此地，听到了官军破南越的消息，高兴之余，便设置了闻喜县。

一些古老的传说也积淀在地名中。稷山县内有座稷王山，相传是神农后稷教民稼穑耕种的地方，县因山而名；夏县，相传是夏禹的都城；浮山，相传上古时洪水横流，有山随着水的流动而延长，县名从此而得。

有人说，到了山西，随便看到的一处庙宇，都可能有几百年甚至上千年的历史。我们也可以说，从山西的地名中随便翻检出几个来，略作稽考，就可能发现它积淀着几百年、几千年甚至远古时代的某种信息。

五 山西方言和文学作品

打开赵树理、马烽、西戎、胡正等作家的作品，浓郁的乡土气息扑面而来。写农村生活，用鲜活生动的群众语言，塑造鲜明的人物形象，具有独到的大众风格，是"山药蛋派"文学作品的主要特点。这些作品深受广大读者的喜爱，并在当代中国文坛上产生过较大的影响。

"山药蛋派"作品的语言，是经过提炼、纯化了的农民口语。在不影响传达信息的同时，为了表达的需要，也常常恰当而贴切地运用一些山西方言词语。这些方言词语，对人物的刻画起着重要的作用。例如西戎的《抽约》中有这样一段话：

> （五阎王）好像要打架似的高声喊道："……马栓子，咱今天一锤打了个露明窟。丑事做到后头，丑话说到前头，既然你娃娃说出这话来，我那租子嘛，立地就要，一颗不能短欠！"

"五阎王"是当地一霸，放高利贷、抢占农民田地，无恶不作。他来到场上向穷人马栓子要债，把马栓子刚刚打下的五石粮食几乎全部拿走。这是全家人一年维持生命的口粮啊，马栓子忍不住和他理论了几句，五阎王便大发雷霆，说了这样一段话。句中"丑事做到后头，丑话说到前头"是当地通行的俗语，"一锤打了个露明窟"是"打开窗子说亮话"的意思，"立地"是"马●"的意思，"短欠"普通话说"短缺"；这些方言词语，鲜明地表现了五阎王阴险、虚伪以及蛮横、霸道的"阎王气"。

有些方言词语反映了农村的风俗民情。例如赵树理的《小二黑结婚》中对小二黑的介绍：

> 小二黑，是二诸葛的二小子，……说到他的漂亮，那不止是在刘家峧有名，每年正月扮故事，不论去到哪一村，妇女们的眼睛都跟着他转。

"扮故事"，是山西农村一些地方在春节期间搞的一种艺术表演活动，也叫"闹社火"或"闹红火"。表演的形式是多样的，有"踢鼓子秧歌"、"走旱船"、"踩高跷"等。在这些活动中，参与表演的人常常以一些历史故事为基础，扮演各种人物。如正月十五各地表演的"踢鼓子秧歌"中，所扮演的人物常常是《水浒》中宋江、吴用、林冲、武松、一丈青等梁山英雄好汉。小二黑就是在这种活动中，吸引了姑娘们的眼球。一个"扮故事"，山西农村的风情跃然纸上。

有些方言俗语反映了当地的饮食习俗。例如胡正《几度元宵》中，梁玉仙劝翠叶说：

> 不要等他了。等也等不上，等也是白等。你这么好一个闺女，怎么不往远处看，不往高处走！放着现成的和子饭不吃，偏要蒸酸窝窝头！杨申全小时和你同学，现在是大队支书，还是顺顺的听上我一句话，乖乖的依了你爹妈吧！

"文化大革命"中，漂亮的女共青团员翠叶不愿意和大队支部书记杨申全成亲，却痴心不改地深爱着"有政治问题"而被关押过的青年薛安明。媒婆梁玉仙受支书之托，前来劝导翠叶时，说了上面的话。"放着现成的和子饭不吃，偏要蒸酸窝窝头”，是山西民间的一句惯用语，意思是有好日子不去过，却偏偏要找着吃苦受穷受累。从句中可以看出，小米、面条加蔬菜做成的“和子饭”在当时的山西农村是上等饭食，而用豆渣等做成的粗糙、松散的“酸窝窝头”，仅能果腹而已，是无法和“和子饭”相比的。

在反映农村题材的作品中适当地加入一些方言成分，无疑可以增强作品的乡土气和表现力，但是，文章是写给人看的，读者是否能够读懂这些方言所表达的意思，是对作家实力的检验。因此，“山药蛋派”的优秀作家，在运用方言时是很慎重的，对一些外地人不大明白的词语，常常会作一些适当的注解。例如赵树理的《李有财板话》：

> （李有财）还有个特别本领是编歌子，不论村里发生什么事，有个什么特别人，他都能编一大套，念起来特别顺口。这种歌，在阎家山一带叫“圪溜嘴”。

一目了然，“圪溜嘴”就是“歌子”，也就是顺口溜。

有些作品对方言词语的处理十分巧妙，令人叫绝。如西戎《过节》中有这样一段对话：

> （马家媳妇）说：“有甚法子呢？豆子剜不回来，干的一苗苗地往地里奔。我家他大‘难活’哩！不能动弹，唉！”她靠住墙，悲哀地诉着苦。这时，崔二嫂带几分傲意地拧一下鼻涕说：
> “你瞅我今年，比他在家都好活。这沾全村人的光呀！”
> “这哪能比你呢！你家是抗属。”
> “天有不测风云，真是，本来人少，他大大又病了！不过，你家虽不是抗属，人手缺少，也能找互助队嘛！”崔二嫂见她眼睛湿湿的，忙安慰她说。

马家媳妇向抗日家属崔二嫂诉苦，说丈夫“难活”，不能干活儿。崔二嫂在安慰马家媳妇时，把比较难懂的“难活”悄悄换成了“病了”，为这一通行地域较窄的方言词作了注解。"病了"一词从"能文能武"的崔二嫂嘴里说出，十分自然，完全符合人物的身份，丝毫没有影响对话的表达效果。

杨义《中国现代小说史》中曾说，"作家的本事在于把村俗的乡音土调点化为滋味十足的文学语言"，这话是极有见地的。如何既保留浓郁的乡土气息，塑造鲜活灵动的人物形象，又不至于土话连篇，让人不知所云，"山药蛋派"作家作了有益的探索。

结　语

山西方言所反映的文化现象是全方位的。除了上述几方面之外，我们还可以看到：历史悠久、多姿多彩的戏曲作品中，包含了丰富的方言词语，构成了以四大梆子为代表的绚烂多彩的地方戏剧文化；方言中丰富的关于牛、马、羊系列的词语，构成了丰富的"牛文化"、"马文化"和"羊文化"；稷山红枣、临县滩枣、柳林骏枣等众多品种的大红枣，也在一定程度上形成了具有山西特色的"枣文化"；一些积淀在深层的方言词语还反映了民族的交融，等等。我们徜徉在山西方言的汪洋大海之中，在浓浓的晋韵晋腔的浸润下，仔细追寻着历史的足迹，享受着地方文化的熏陶。

时代要发展，语言在变化。一些表现出地方特色的词语，已经随着时代的洪流在渐渐消失。记录、整理和研究这一份宝贵的历史遗产，带有"抢救"的性质，这需要语言学工作者和民俗学工作者的共同努力。

（原载《山西历史文化丛书》第八辑，山西春秋音像出版社 2005，2009 年 7 月修订）

后　记

　　书稿即将付梓之际，我们的心情喜悦而又惶恐。喜悦的是，五年来的心血终于有了结果；惶恐的是，山西方言中的"语"浩如烟海，博大精深，复杂多变，我们能不能真正揭开其冰山一角，让它美丽的面容展现于世人面前？还有待于时间来检验；我们研究的方法是否得当，分析得是否妥当，所得结论是否可靠？也还等待着同仁和读者的评判。

　　本书是"山西方言语汇研究"课题的研究成果之一。这一研究于 2005 年在山西省社科院作为重点科研项目立项，2007 年被列为山西省哲学社会科学"十一五"规划年度课题。书名定为《三晋俗语研究》，主要是由于从现有资料来看，三晋大地上通行的"语"以"俗"为基本特色，其中少有来自书面的"雅成语"；另一方面，也考虑到我们对山西方言语汇资料的收集还不够全面，理论的探讨也刚刚起步，我们希望，山西方言语汇的调查研究在全省进一步开展以后，我们能够拿出更有新意和更深入的成果来。

　　这项研究是在"汉语语汇学"理论的指导下进行的，从始至终都得到了温端政先生的鼓励和支持。成稿后，他又通读了全稿，提出修改意见，并欣然作序。可以说，没有温先生的指导和督促，就没有这部书稿的问世。对引领我们在学术之路上步步前行的前辈，我们表示深深的谢意。

　　研究也得到了众多同仁的支持和帮助。《山西省方言志丛书》（温端政主编，41 种）、《现代汉语方言大词典》山西分卷（李荣主编，3 种）、《山西方言重点研究丛书》（乔全生主编，16 种）中所记录的俗语，是我们俗语语料数据库的主要来源；张光明先生提供了大量的忻州俗语的材料，并为部分歇后语做了初步解释；辛菊、范瑞婷、姚勤智、马启红、王海静等同仁和我们进行了有益的讨论或提供了部分资料。山西人民出版社孔庆萍主任为本书的顺利出版作了大量的工作。对这所有的一切，我们均表示衷心的感谢！

书稿第一章与第六章，由吴建生执笔；第二章至第五章，由李淑珍执笔；最后由吴建生统稿。我们衷心期望得到读者的批评指正。

作　者
2009 年 9 月